Volume stampato con il contributo del Centro di Studi sul Diritto Romano e Italiano
UNIVERSITÀ DELLA CINA DI SCIENZE POLITICHE E GIURISPRUDENZA (CUPL)

Sandro Schipani
Scritto di diritto romano pubblicati in cinese
(2010 – 2019)

A cura di Fei Anling
Professoressa di Diritto civile e Commerciale e Diritto Romano
UNIVERSITÀ DELLA CINA DI SCIENZE POLITICHE E GIURISPRUDENZA (CUPL)

本书得到中国政法大学罗马法与意大利法研究中心的资助

桑德罗·斯奇巴尼教授文集

Sandro Schipani, Scritti di diritto
romano pubblicati in cinese

（2010年–2019年）

[意]桑德罗·斯奇巴尼◎著
费安玲◎编

中国政法大学出版社

2019·北京

图书在版编目（ＣＩＰ）数据

桑德罗·斯奇巴尼教授文集：2010 年-2019 年/（意）桑德罗·斯奇巴尼著；费安玲编
北京：中国政法大学出版社，2019.11
　ISBN 978-7-5620-9318-3

　Ⅰ.①桑… Ⅱ.①桑… ②费… Ⅲ.①罗马法－文集 Ⅳ.①D904.1-53

　中国版本图书馆 CIP 数据核字(2019)第 249110 号

出 版 者	中国政法大学出版社
地　　址	北京市海淀区西土城路 25 号
邮寄地址	北京 100088 信箱 8034 分箱　邮编 100088
网　　址	http://www.cuplpress.com（网络实名：中国政法大学出版社）
电　　话	010-58908285(总编室) 58908433（编辑部）58908334(邮购部)
承　　印	保定市中画美凯印刷有限公司
开　　本	720mm×960mm　1/16
印　　张	19.5
字　　数	320 千字
版　　次	2019 年 11 月第 1 版
印　　次	2019 年 11 月第 1 次印刷
定　　价	79.00 元

序　亦师亦友的学术楷模

桑德罗·斯奇巴尼（Sandro Schipani）教授是我于1993年1月至1994年7月在意大利罗马学习期间的指导老师，他每次给我写信或者电子邮件时称呼我为"Cara Amica（亲爱的朋友）"，在我心中，他是我亦师亦友的值得极为尊重的前辈。

大学教授的专业授业，主要表现在课堂上的授课和对学生的指导。凡在意大利罗马第二大学和第一大学法学院留过学的中国人，大多知道斯奇巴尼教授是一位对学生要求很高的教授。课堂上，他的授课内容信息量很大，旁征博引，罗马法原始文献的大量资料信手拈来。课堂下，他与学生交流时语言轻柔，不发脾气，但如果学生未做任何准备而与他交谈学习或者研究内容时，会被他问得面红耳赤、满头冒汗、甚至狼狈不堪。他会给学生指定一些读书目录，并对读书情况进行检查，如果学生没有读书或者严重拖拉，他在与学生交流时眼中透露出的极为失望的眼神，会令学生自责不已。

但凡一个大学教授能够对他人高要求者，必首先是一个对自己要求相当苛求之人。斯奇巴尼教授对学生的严要求就是源自他对自己的严格。我们这些中国留学生不少人都知道斯奇巴尼教授在大学学习期间是一个"学霸"，其在都灵大学法学院的毕业论文获得了最高分"110分＋嘉奖"的极佳成绩。他的指导老师是著名的罗马法学和罗马法史学家朱塞佩·格罗索（Giuseppe Grosso）教授。即使斯奇巴尼教授已成为意大利乃至整个欧洲著名的罗马法学家后，他对自己的高要求依然不懈。他在72岁荣休之后，每年组织、主持和参与的学术会议均以两位数计算，同时笔耕不休，这次出版的他个人第二部文集，收集了2010年至2019年期间他在中国发表的23篇文章（包括在中国学术期刊刊发的7篇学术论文，2篇含有丰富学术内容的学术会议上的讲话稿和 14 篇为罗马法原始文献《民法大全·学术汇纂》不同卷[1]中译本撰写的序言，以及给张晋藩先生祝寿文集问世的贺函。这些文章仅是他 19 年来出版的众多作品中的一部分，但依然彰示出斯奇巴尼教授以勤奋研究而恪守着学者的责任。

大学教授同时亦是学生晚辈的朋友。凡在意大利罗马第二大学、第一大学法学院留过学的中国人，几乎都是斯奇巴尼教授对中国青年学生和年轻学者的留学事宜缜密安排的受益者。其以仁厚之心给年轻人以授业指导、生活帮助和人生指引。自 1988 年开始，斯奇巴尼教授即全身心地投入到对中国年轻一代的罗马法学习和培养上，迄今为止他直接作为导师或者联系其他意大利教授作为导师先后培养了 63 位中国青年学生，其中有 51 位在学成归国后分别任教于北京大学、清华大学、中国政法大学、华东政法大学、中南财经政法大学、厦门大学、北京师范大学、湖南大学、西南政法大学、西北政法大学、四川大学、中国农业大学、南昌大学、中国传媒大学、北京化工大学、苏州大学、同济大学、湘潭大学、华侨大学、山东财经大学、中国社会科学院法学研究所等 20 余所大学和研究机构。给中国法学界培养了一批懂得拉丁文、意大利文并有着很好法学素养的人才。

明年，即 2020 年 4 月就是桑德罗·斯奇巴尼教授 80 岁寿辰了，作为一份祝寿礼物，我们将斯奇巴尼教授在 2010 年至 2019 年期间于中国发表的主要论文汇集在一起，作为其第二部文集在中国出版，旨在彰示他在罗马法、中国民法与民法法典化领域中的成果，同时亦旨在以他为学术楷

---

[1] 这些罗马法原始文献《学说汇纂》中译工作是斯奇巴尼教授主导、我加以辅助的翻译工程，自 2010 年至 2019 年分别出版了如下《学说汇纂》不同卷：陈晓敏译的《民法大全·学说汇纂（第二卷）·司法管辖》、吴鹏译的《民法大全·学说汇纂（第三卷）·起诉的问题与基本制度》、窦海阳译的《民法大全·学说汇纂（第四卷）·恢复原状与责任的承担》、吴鹏译的《民法大全·学说汇纂（第五卷）·遗产及其对物之诉保护》、米健、李钧译的《民法大全·学说汇纂（第九卷）·私犯、准私犯与不法行为之诉》、翟远见译的《民法大全·学说汇纂（第十二卷）·请求返还之诉》、张长绵译的《民法大全·学说汇纂（第十三卷）·要求返还物的诉讼》、李超译的《民法大全·学说汇纂（第十六卷）·抵销与寄托》、李飞译的《民法大全·学说汇纂（第十七卷）·委任与合伙》、徐铁英译的《民法大全·学说汇纂（第二十一卷）·保护买卖的配套诉权》、胡东海译的《民法大全·学说汇纂（第二十二卷）·利息、证据、对法的不知》、罗冠男译的《民法大全·学说汇纂（第二十三卷）婚姻与嫁资》、黄美玲译的《民法大全·学说汇纂（第二十四卷）夫妻间财产关系》和贾婉婷译的《民法大全·学说汇纂（第四十一卷）·所有权、占有与时效取得》。

模，在我们的学术生涯中继续努力为中国法治事业奉献出自己的思想和创造。

最后，我特别向如下朋友致谢，正是因为这些朋友的共同努力，才使本文集得以顺利出版：（1）感谢翟远见、肖俊、李超、罗智敏、陈汉、陈晓敏、吴鹏、窦海阳、米健、李钧、张长绵、李飞、徐铁英、胡东海、罗冠男、黄美玲、贾婉婷、程科（以所译文章在本文集中出现为序），由于他们的精彩翻译，斯奇巴尼教授的作品方得以同我国公众见面；（2）感谢戴宇鑫、刘畅、郭通、李苑君和覃榆翔，他们在本文集的选文、初稿校对等阶段做了大量认真、精细的工作；（3）感谢出版社团队，由于他们尽职尽责的高效工作，本文集方得以顺利面世。

费安玲

2019 年 9 月 19 日

于京城静思斋

目　录

罗马法在当代的用途之探讨

[意] 桑德罗·斯奇巴尼 著　翟远见[*] 译

一

（一）对于罗马法而言，①共同法存在并有效；②与共同法并行的是，每个民众共同体自己的法律和法（每一个政治共同体都应该能够使用自己的法律；都有一套属于自己市民的法）

1. 罗马法体系从起源之时便认识到了实际存在着一个"共同法"，该法对一切民众共同体和所有人都适用；同时，它还认识到了"每个民众共同体自己的法"与之并存。

根据公元 2 世纪的法学家盖尤斯的论述："所有受法律和习俗调整的民众共同体都一方面使用自己的法，一方面使用一切人所共有的法。每个共同体为自己制定的法是他们自己的法，并且称为市民法（iuscivile），即市民自己的法；根据自然原因在一切人当中制定的法为所有的民众共同体共同遵守，并且称为万民法（ius gentium），就像是一切民族所使用的法。"[1]

关于"共同法"，公元 3 世纪的法学家乌尔比安还将"万民法"与"自然法"相区分，后者是自然本身设定的法（D. 1，1，1，3 - 4[2]）。

此外，与其他民众共同体一起拥有"许多共同的规范"的认识自建城之

---

[*] 译者系意大利罗马第二大学法学博士，中国政法大学比较法学研究院副教授。

[1] Gai，1，1；D. 1，1，9. 文中所引片段为黄风教授翻译。

[2] D. 1，1，1，3 - 4："自然法是大自然教育一切动物的法：这个法不是人类特有的，而是出生于陆地、海洋的一切动物包括飞禽的共有法。……万民法是全体人类使用的法。……万民法仅仅是人与人之间的共同法。"【罗智敏译】

初就扎下了根；而且，即使和与之没有订立盟约的异邦人之间，也存在这样的规范。这一点不仅为原始文献所证实（西塞罗：《论义务》3，29，108；李维：《自建城以来》5，27，5[1]），而且为体系传统和最近的深入研究所证实：朱庇特，也就是"宙斯"，被认为是不同种族的神，守护着法律宗教体系；与罗马人有交往的已知和未知的其他民族，都已是该体系的"潜在"规范对象；与拉丁人达成的盟约（foedus Latinum），是以罗马人与拉丁人之间形成的所有协议都具有效力为前提的，而盟约本身只规范与之相关的裁判事宜[2]。罗马法学与体系的这一开放性密切关联，且正是此项工作的科学性满足了后者的要求：大致从公元前 3 世纪开始，法学家们就致力于提炼对所有人都适用的法，并在概念上将之整合，统称为前文提到的"万民法"。[3]

（1）同时，还应该注意到，罗马城邦之建立亦应归功于诸多法律的颁行。关于著名的公元前 5 世纪的《十二表法》，人们说，透过它们"罗马城建立在了法律的基础之上"（D.1，2，2，4）。这些法律成为了罗马城邦不可或缺的象征；相应地，它们也只约束表决制定这些法律的民众共同体的市民。也就是说，在民众共同体的身份和自己法律的适用二者之间，存在着根本性的关联。

基于此，该体系不否认其他城邦可以适用它们自己的法律（suis legibus uti）[4]

---

〔1〕 西塞罗：《论义务》3，29，108："……因为战争是公正地、合法地同异邦人进行的，随军祭祀团法和许多其他公共法都应该适用。"【王焕生译】在这一点上，李维的《自建城以来》5，27，6："我们与法利斯基人之间不存在那种在人们之间凭协约建立的同盟关系；但是双方都具有，而且以后也会继续具有由天性产生的那种联系。如同存在和平法一样，也存在战争法，我们不亚于知道勇敢地进行战斗那样地知道公正地进行战斗。"【王焕生译】

〔2〕 主要参见，［意］P. 卡塔拉诺：《罗马超民族法体系概要》（第一卷），都灵，1965 年，第 5 页以下、第 41 页以下。

〔3〕 ［意］G. 隆巴尔迪：《万民法之研究》，米兰，1946 年。

〔4〕 在执政官提图斯·昆图斯·佛拉米尼努斯打败马其顿人之后，对希腊人实施了解放。我们可以在其宣言中清楚地看到"可以适用自己的法律"这一原则："罗马元老院和在战争中战胜了国王菲利浦和马其顿人的、具有执政官权力的统帅提图斯·昆图斯·佛拉米尼努斯把自由给予科林斯人和希腊其他的民族，使他们免于纳贡并按照自己的法律来生活"（李维：《自建城以来》33，32，4－6）。普鲁塔克在《名人传》之《佛拉米尼努斯》10，4－7 中，也提到："宣布者来到前来集会的人群中间，通告说罗马元老院和战胜了国王菲利浦和马其顿人的行省总督提图斯·昆图斯·佛拉米尼努斯，恢复科林斯人和希腊其他民族的自由，使他们不必有自己的卫戍部队，不纳贡并且可以适用各自原有的法律。"在昆特·穆丘斯·夏沃拉向亚洲行省颁布的告示中也确认了这一原则（西塞罗：《致阿提库斯》6，1，15）。凯撒也给予了高卢同样的权利（凯撒：《高卢战记》1，45）。西塞罗认为对于西西里而言也适用同样的规则（西塞罗：《致盖尤斯·维勒斯》2，2，32："西西里的居民根据这样的法而生活，即如果一个人打算控告同城的另一个人的话，他将依据他们的法律而起诉；如果一位西西里的居民要控告不是同城的另一个人的话，裁判官将根据路比乌斯的一个法令，从由十位诚实的名人组成的

（例如那些同盟城邦[1]和自治城邦[2]）。

（2）在罗马法体系中，法（ius）有别于法律[3]。当然，法的第一渊源是法律，不过，还有其他渊源，尤其是法学家基于他们的专业、智能和知识以及因其能力而被市民所公认的权威而成就的独立创造（相关论述例如，D.1，2，2，5 和 D.1，2，2，49 结尾部分[4]）。

相对于法律而言，法学家对法的创制是在解释这些法律的过程中完成的（Gai.1，7；J，1，2，4；D.1，1，7；D.1，2，2，12）[5]，创制的形式是多样的：将法律汇编在一起（D.1，2，2，2[6]），逐词对法律进行评论（D.1，

委员会中，抽签决定其中一人担任承审员。如果某一个人起诉某一民众共同体，或者相反，那么，将由另一城邦的元老院担任承审员……"）。

[1] ［意］P. 卡塔拉诺：《罗马超民族法体系概要》（第一卷），都灵，1965 年。

[2] 关于自治权，最为根本的是 A. 革利乌斯（A. Gellius）《阿提卡之夜》16，13 的叙述："自治民（municipes）是指自治市（municipia）的罗马市民。他们适用自己的法律，与罗马人分担责任，且自治民一词即由此而来，即他们要承担责任（munera），但不受任何压迫和罗马人的法律的规制，除非这些人所在的民众共同体同意接受罗马的法律的规范。"（B. 阿尔巴内塞：《fundus fieri 与 municipia fundana 之评析》，载《多纳图蒂致敬文集》，第一卷，1973 年，第 1 页以下，现载氏著《法学文集》（第二卷），巴勒莫，1991 年，第 1189 页以下）。

[3] 简而言之，也许可以说，其他文明不承认 ius，而只承认法律和习俗；这一论断同样适用于本文不予讨论的后世的一些文明。

[4] D.1，2，2，5："这些法律被通过后（就像自然而然发生的那样，法的解释要求法学家的权威），开始需要法庭的讨论。这种讨论和这种法，没有被明文写入〔法律〕，被法学家汇集到一起，不像法的其他部分那样有自己特定的名称，……而是被以'市民法'这个共同的名称来称呼。"【罗智敏译】

D.1，2，2，49（结尾）："……最为优秀的哈德良皇帝对向他请求合法解释权的一些具有裁判官地位的人作出批复说，通常解释权不是请求的，而是被实施的；因此，如果有人非常自信地准备向民众提供解答，他很高兴。"【罗智敏译】

[5] D.1，1，7："市民法来自于法律、平民会决议、元老院决议、皇帝敕令以及法学家的权威。裁判官法是裁判官为了公共利益，为了帮助、填补、纠正市民法而引进的法。"【罗智敏译】

正如其他所引片段，在该列举中，法律被置于了首位，法学家的解答被放在了末尾。除非彭波尼的片段（D.1，2，2，pr.－12）被改动过，那么，顺序就应该是这样的，即继法律之后，依次是平民会决议、元老院决议、皇帝敕令等这些直接或间接制定法律的人民的意志的表达；习惯法也应该归入这一大类。显然，如下文所述，法学家的解答在法的创制过程中，遵循的是另外的法理基础。裁判官告示在彭波尼的这个片段中被列在了市民法之外，目的是为了强调告示在法之创制方面的间接方式。在优士丁尼的《法学阶梯》中，裁判官的告示被置于谕令之后、法学家的解答之前。考虑到执法官也是由人民选举产生的，并受后者的监督，故而，可以认为"司法权"（iuris dictio）及作为其结果的裁判官告示，也是人民意志的直接或间接表达形式之一。但是，恕我无法在此对与"治权"（imperium）和"司法权"（iuris dictio）相关的问题展开论述（需要提请注意的是，裁判官作为人民选举出来的执法官，只指出应该适用什么法；具体案件的审理则由承审员而不是裁判官来负责）。

[6] D.1，2，2，2："这些法律全部汇编在塞斯图斯·帕比利乌斯的书中……帕比利乌斯将已通过的毫无秩序的法律整理在一起。"【罗智敏译】

2，2，38[1]），并且不限于此；实际上，有时还表现为，在没有成文法法源的情况下，法学家对法的独立创制活动（D. 1，2，2，5.12[2]）。法学家努力把所有的法统合在一起，将作为成文法的法律以及其他的法源体系化（D. 1，2，2，39.41.44[3]），使之成为一个整体并不断完善它（D. 1，2，2，13 结尾[4]）。彭波尼认为，大体而言，他们的工作"创立"和"构建"了法（D. 1，2，2，39.41）。所以，法学家的工作，尽管作为一门科学，从结构特征上对所有人都适用，具有如前文所言的，将所有人都纳入共同法的规范对象的开放性；不过，它也参与针对某个民众共同体、某个城邦（civitas），创制有别于共同法的"市民法"，以作为该政治共同体的诸市民的自己的法[5]。西塞罗将"人民"（"民众共同体"）定义为"许多人基于对法的认同和利益的一致而结合起来的集合体"（《论共和国》1，39），且将市民对法的认同置于该定义的核心。也就是说，这种法被认为与一个民众共同体的身份密不可分。

于是，对整个体系而言，与所有已知的民众共同体，以及将来可能会与之接触的未知民众共同体会拥有一个"共同法"就显得具有结构性意义。与此同时，对于整个体系而言，下述原则同样具有结构性意义，即每个民众共同体不但能够使用上述共同法，而且还都能够使用"各自的法律"，且有一个纽带对该体系不断进行着丰富和完善。

---

　　〔1〕 D. 1，2，2，38："……他有一本书保留了下来，被命名为'三分法'：可以说这本书包含了法的起源；之所以被称为'三分法'，是因为先写了十二表法，又加上了解释，最后加入了法律诉讼……"【罗智敏译】

　　〔2〕 D. 1，2，2，5.12："……没有被明文写入〔法律〕，被法学家汇集到一起……仅由法学家解释所构成的不成文法……"

　　〔3〕 D. 1，2，2，39.41.44："……普布利乌斯·穆齐乌斯、布鲁图斯和马尼利乌斯，他们是市民法的奠基人……昆图斯·穆齐乌斯，他是普布利乌斯的儿子，曾担任过祭司长，他第一次将市民法分类整理编辑为 18 卷……阿尔费迪乌斯·纳穆萨把他们写的所有书按顺序整理成 140 卷的汇编（digesta）……奥菲利乌斯……在司法权方面，第一个非常仔细地整理了裁判官的告示……"【罗智敏译】

　　〔4〕 D. 1，2，2，13："……我们将谈论法学家的沿革，因为如果没有日益完善法的法学家，法就不会稳定存在。"【罗智敏译】

　　〔5〕 应该注意的是，拉丁语中我译为"市民籍"、"城市"或"政治共同体"的 civitas 一词，来源于意为"市民"的 civis 一词；所以，ius civile（"市民法"）是指某个政治共同体的诸市民所使用的法，参见 〔古罗马〕优士丁尼：《法学阶梯》1，2，2。"人民"指的是基于共同的法律认识而联合形成的人的共同体（见西塞罗对"人民"的定义）。

（二）在罗马法中，这一多样性并不阻碍对体系内部的和谐连贯的构建。①多样性的问题：实例。②人作为法的终极目的，使自由均等的目标，以及构建整个体系的标准：禁止为他人确定一个不同于可能会适用于他自己的法

1. 前文所述的多样性，是与潜在规范冲突相关联的诸多问题之根源；无论是在一个民众共同体的法律和市民法之间的关系方面，还是在法律与所有民众共同体共有的共同法的关系方面，均是如此。

比如，最初，城邦（civitas）内部的，其民众共同体投票通过的法律不得修改“法”。该界线注定被逾越（《乌尔比安论著要目》1，1－2〔1〕），倘若没有“如果某项规则不应当被确认为法，那么，确认该规则无效的”（西塞罗：《为阿·凯基那辩护》33，95）这一规则的话〔2〕。

例如，如果一个别的民众共同体自己的法与罗马法中一项成熟的原则相冲突的话，则前者应让位于后者；如下述情况，即被告未出庭则不得定其罪〔3〕；或者不得适用相对于男性、在继承问题上歧视女性的习惯法，因为在这个问题上，罗马法中“男女之间毫无差别”〔4〕，等等。

例如，在自愿的前提下，自治市的规范自治可能会让步于罗马的市民法〔5〕，或者也可能出现双重市民籍〔6〕，等等。

例如，有一些贵重之物，早期的市民法禁止将它们转让给外邦人；相应地，这些外邦人也无法完成旨在使它们的所有权发生移转的行为〔我指的是要式物（res mancipi）的流转情形。外邦人不能实施可以使这些物发生移转的曼兮帕蓄（mancipatio）或拟诉罢权（in iurecessio）〔7〕〕。但是，后来这些物

---

〔1〕“法律要么是完善的，要么是不完善的，要么是不完全完善的。这样的法律是完善的……这样的法律是不完善的，即它禁止作出某一行为，但是并不认为违反该禁令而完成的行为是无效的，如规定赠与不得超出一定限度的《琴其亚法》……这样的法律是不完全完善的，即它禁止作出某一行为，但是如果这个行为作出了，也并不认为该行为是无效的，只是对违反此法律之人规定有相应的惩罚；例如《关于遗嘱的富里亚法》规定，除非在特定人之间，否则不得接受超出1，000阿斯这一最高限额的遗赠，违反此规定接受遗赠之人应受到四倍的处罚。”参见［意］朱塞佩·格罗索：《罗马法史》，黄风译，2009年修订版，第57节；对于上文所提及的两个法律，参见［意］彼得罗·彭梵得：《罗马法教科书》，黄风译，2005年版，第181节、第226节。

〔2〕［意］朱塞佩·格罗索：《罗马法史》，黄风译，2009年修订版，第57节。

〔3〕参见《圣经·使徒行传》25，16：“非斯多将保罗的事告诉王……我对他们说：无论什么人，被告还没有和原告对质，未得机会分诉所告他的事，就先定他的罪，这不符合罗马人的做法。”

〔4〕参见《优士丁尼新律》之21。

〔5〕参见前引A. 革利乌斯：《阿提卡之夜》16，13，以及西塞罗：《为巴尔布斯辩护》8，20。

〔6〕这是对公元212年所谓的“卡拉卡拉告示”的一种解读。

〔7〕参见彼得罗·彭梵得前引《罗马法教科书》，第88节。

逐渐变得不那么重要，于是，在万民法中，法学家们就针对它们设计出了一个产生债的效力的买卖形式；透过这一买卖形式，前面所说市民法上的限制被跨越，且该跨越得到了裁判官的支持。

例如，一个民众共同体的法律，如前文所述，通常只对该共同体具有约束力；但是，在有些情况下，它们还要求政治共同体之外的人予以遵守，亦即外邦人、没有对之投票的民众共同体也要遵守它们；倘若这些法律保护是人的核心价值，且如果不使其效力得以延伸，就会有人规避法律，导致对于它们的民众共同体而言，立法的目的也会落空的话（尽管在这些法律中可能并未明文予以规定，但是可以从具体情形中清楚地看到这一点）。也就是说，这些法律的效力范围有时也会扩张，从而它们对所有的民众共同体都具有约束力，并最终似乎成为了所有民众共同体共有的规范（李维：《自建城以来》35，7，2–5[1]）。

例如，乌尔比安强调指出："市民法不是完全脱离于自然法或万民法而存在的法，也不是在任何事情上都追随它们的法"（D.1，1，6pr.）；这些法在人的地位问题上的差异众所周知，"因为根据自然法，所有人生下来都是自由的……；但是，后来根据万民法产生了奴隶制度……；尽管所有人都被以唯一自然的名称'人'来称呼，但是根据万民法，开始有了三类人的划分……"（D.1，1，4）。

凡此种种，不一而足。

故而，罗马法体系在其形成时期，给我们展现的是这样的一幅图景，即涌现了诸多得到遵守的原则和制度，尽管它们可能在原则和法律的辩证关系中，与罗马人自己投票通过的法律相冲突（如上文西塞罗提到的自我限制条款），尽管它们可能与罗马人的法或其他民众共同体的法相冲突（如向外邦人

---

〔1〕 李维：《自建城以来》35，7，2–5："另外一个问题亟待解决：全城被高利贷压得喘不过气来。尽管制定了多部限制利率的法律以遏止这些贪婪的行为，但是，人们还是找到了一个规避这些法律的途径，即将债权登记在盟国居民的名下，因为他们作为外邦人不受那些法律的约束。债务人深受高额利息的折磨。为了打击这一规避法律的行为，规定在一个固定的日期届至之后，所有向罗马市民提供金钱借贷的外邦人都必须申报自己的债权，并且自出借之日起按照罗马的法律规定计算利息。但是，鉴于申报结果发现，透过上述诈欺行为缔结的债务数量惊人，平民护民官征得元老院的同意，提议制定一部法律；并且此草案得到了民众大会的批准通过。根据该法律的规定，针对与外邦人和拉丁人缔结的金钱借贷之债，同样适用规范罗马人之间的金钱借贷的法律。"参见〔意〕桑德罗·斯奇巴尼："总结发言——Livio 35，7；Gaio D. 13，4，3 与国际债务问题"，载 S. 塔法罗主编：《昨天与今天的高利贷——1995 年 4 月 7 日至 8 日福贾会议论文集》，巴里，1997 年，第 271 页以下。

开放原先特别贵重之物的贸易、对被告人的保护、在继承问题上的男女平等原则），尽管它们可能与各自不同的法共存的规则本身相冲突（如关于利息的法律）；因此，有的时候，这些原则不是被遵守，而似乎只是对未来的展望，有待于透过后来的批评和革新逐步成熟和完善（如所有人天生的自由）。我们看到这个体系呈现的是理论和实践中的诸多潜在重大冲突；这些冲突不仅来源于一个政治共同体内部的各种关系，而且来源于不同政治共同体之间的关系以及法源的多元性。

2. 公元 4 世纪古罗马的法学家赫尔莫杰尼安指出，人——无论是复数还是个体——乃法之终极目的（D. 1，5，2[1]）。

公元 2 世纪古罗马的法学家杰尔苏曾经这样给"法"下了一个定义："法是善良与公正的 ars（'艺术''人造''体系'）"（D. 1，1，1pr.[2]）。这也许是我们唯一能看到的古代法学家们对"法"所下的定义。

我们可以清楚地看到这样几个要素：人、体系、善良与公正。

我在前文已经说过，《十二表法》是使"罗马城建立在法律的基础之上"不可或缺的因素。这些法律是在贵族和平民这两个社会阶层的斗争过程中制定的。我们可以明确地看到，它们的目的是通过"使自由均等"（aequare libertatem）来实现这两个阶层间的和平（Livio 3，31，7）[3]。

该判断和这个追求平等的目标介于历史与应然之间，且是抓住上述法律，甚至是体系内的一般法律之本质的关键：通过使自由日趋均等，也就是说，在民众共同体内部各阶层之间、产生冲突的民众共同体之间、个体之间（《十二表法》9，1 规定不得予人以特权，亦即不得制定有利或有损任何个人的法律[4]）实现经济自足、地位独立和意思自治等，以获取和平、达成协议、构

---

〔1〕 我要强调的是，作出这一论断的法学家赫尔莫杰尼安，既没有使用个体意义上"人"的概念，也没有使用集体意义上的概念，而是使用了"多个具体的人"这样非常简明的表达方式。另外，与此类似，我们还可以发现，拉丁语中的 civitas（可译为"政治共同体""市民籍""城邦"）一词，来源于 civis（"市民"）一词，而不是像希腊语中那样恰恰相反。我还要强调的一点是，这也正是优士丁尼和他的法学家们在编撰《民法大全》时遵循的理路。

〔2〕 D. 1，1，1pr.："……就像杰尔苏非常优雅地定义的那样，法是善良与公正的 ars（'艺术''人造''体系'）。"

〔3〕 ［意］桑德罗·斯奇巴尼："社会转型、法律改革与和谐：优士丁尼诸法典的启示"，载朱勇主编：《社会转型与法律秩序的重建》，北京，2011 年，第 355 页以下；意大利文版本载《F·卡斯特罗纪念文集》，那波里，2011 年。

〔4〕 ［古罗马］西塞罗：《论法律》3，4，11。

建人类社会（提请注意上文所引西塞罗对"人民"的定义）。

法学家的工作与法律密不可分（D. 1, 2, 2, 4. 5. 38），且后者被视为是实现平等的基本路径；他们的任务是不断追求"更公正（更平等）和更完善"的东西（《Deo auct 敕令》6）。他们的工作进一步发展了平等的目标；该目标几乎是法之重新"构筑"的内在科学动力（见上文所引 D. 1, 2, 2, 39. 41），即将法统合在一个有序的（digestum）体系（ars）之内。法学家在法之重构过程中发挥的作用举足轻重[1]。

优士丁尼及其法学家们的法典编撰活动，标志着罗马法体系形成阶段的终结[2]。恕我在此不再赘述这个漫长的演进过程。我们发现，有两条道路摆在优士丁尼及其法学家面前，是用武力实现和平，还是努力使法日臻完善；最终，他们选择了后者，因为"在所有的事物中，没有比法之权威更值得为之献身的了；它安排关于神和人的事务，拒绝任何不公正（不平等）"（《Deo auctore 敕令》1）[3]。正如拉皮拉（G. La Pira）指出的那样，虽然从罗马法体系发端之时起，立法的目标便是"使自由均等"；但是现在透过制定《民法大全》来完善法，更加强调了帝国版图内东罗马和西罗马的各民众共同体间的平等，尽管他们之间存在语言、文化和习俗上的诸多差异；另外，该体系也向版图之外的民众共同体保持了开放性[4]。

于是，根据罗马法，法律与法的关系、使自由均等的目标、在体系内对法进行重构，这些问题都与对一个民众共同体或政治共同体的识别与确定相关[5]。法还会超出政治共同体的范围，超出自己的法（"市民法"或称"市民的法"）的范围。"使自由均等"的努力，是通向承认其他民众共同体的道路，是通向承认其他政治共同体也拥有自己的法律和法的道路。这也是通向

---

〔1〕 这不禁使人想到，西塞罗在论述法的目的之时所强调的在通向平等之路上的紧张关系，见其著《论演说家》1, 42, 188："市民法的目的应是：根据法律和习俗，使市民在事务和诉讼中日趋平等。"

〔2〕 在我看来，对罗马法做下述历史阶段的划分是合适的：罗马法体系的形成阶段，始于罗马城邦之建立，止于优帝《民法大全》之制定；继而是罗马法和中世纪其他法律制度共存、竞争的阶段；最后是大革命与现代民法典的制定阶段。如一切历史阶段的划分一样，这个划分并不是没有值得商榷之处，所以不能僵化地理解它。

〔3〕 还可参见但丁《神曲》之"天堂篇"VI, 23～25。

〔4〕 ［意］桑德罗·斯奇巴尼："法典典范的诞生"，载《罗马与美洲——共同罗马法》，总第27期，2009 年，第 35 页以下。

〔5〕 关于"维护平等"（aequabilitatis conservatio）与"法的体系化"（ius in artem redigere）二者之间的差别与交会，西塞罗的《论演说家》1, 42, 188 中有所提及；参见［意］桑德罗·斯奇巴尼：《罗马共同法的法典化》，都灵，2011 年，第 199 页以下。

承认"共同法"的道路：对平等的追求亦构成这种法的基本元素，它对于一个社会中的所有民众共同体所有个人和平共处，起着至关重要的作用。

通过不断地精雕细琢，通过使自由均等、使法以一种有序的方式组合在一起的努力，"罗马人诸多的法律规范"（iura populi Romani）最终被锻造成了一个"共同罗马法"（ius Romanum commune）[1]；于是，不同来源的规范处于美妙的"和谐"（《Imperatoriam 敕令》2）中，处于同一个"体系"[2]中。多样性被转化成了体系的整体性。在这个体系中，不同的规定汇聚交融，并不断丰富着该体系的内涵。

我已于上文强调，法学家的工作使他们不断地找寻"更完善和更平等"的事物；在找寻过程中，他们要遵循如下的标准，即为别人制定假如自己处在同样的情形中将会适用的法（D.2，2[3]）；这个标准具体而又代表着"最高的公正"（D.2，2，1pr.）。

在我看来，重新反思这一路径具有至关重要的意义。

<h2 style="text-align:center">二</h2>

（一）罗马法体系掌握在人民和法学家手里：提炼一般原则；权衡所有立场以使法日臻完善的必要性

今天，罗马法体系已经不再占据任何政治—制度高地，顶多可以说在最后一个阶段它曾经占据过；它已经不再被运用于具体的审判以带来法之效力，就像古罗马的裁判官、帝国皇室法院（Rerchshofrat）以及承继该法院的帝国枢密法院（Reichskammergericht）所做的那样。后一个法院成立于 16 世纪中叶，并延续了长达 200 多年的时间。

罗马法体系，作为一个体系，它只掌握在人民和薪尽火传的法学家手中。说它在人民手中，是因为人民透过行使自己的权力、根据体系中的原则来决定法律；说它在法学家的手里，因为法学家的学问、由此产生的具体思路、他们提炼出来的原则的强大力量，都具有连贯性和可验证性，并且他们透过来源于自身能力的权威，维持和发展着这个体系。

---

〔1〕 参见〔意〕P. 卡塔拉诺："Ius Romanum：一个概念的形成"，载《介于城邦和普世性之间的"Romano"概念——从罗马到第三罗马》（第二卷），那波里，1984 年，第 533 页以下。

〔2〕 "体系"一词来源于希腊语，翻译成拉丁语，对应的词汇是"Digestum"（见《Tanta 敕令》17）。

〔3〕 这个标题值得重新深入研究。

我已说过，肯认"共同法"与诸多"各自的法"和谐共存，对罗马法系的法学家而言，此乃出发的起点[1]。使人的自由趋于均等的努力，在利益衡量问题上人我采用相同的标准，以及由此而来的逻辑力量，这些都构成该肯认的一部分。

在该体系的近代传统中，透过对"法之一般原则"的严格筛选和精心阐释[2]，这个"共同法"和这些"各自的法"被不断重新构建和完善。之后，这些一般原则要明确体现在法律意义相同的多个情形之中[3]。

编撰优士丁尼《民法大全》的法学家们[4]，应该认真研读过先辈法学家的著作，这是遗留给他们的一笔宝贵财富；应该对之进行过认真的对比，并按照上文所说标准，经过严格的鉴别，挑选出了他们认为"更完善和更平等"的规范。

在很多年前的一个场合[5]，我曾经认为有必要指出，倾听所有的声音、所有的思想，特别是来自西欧地区之外的思想，将会大大促进对共同罗马法体系的重新解读：不同的制度背景，这些背景中的不同立场，从这些立场出发而产生的思想，会开阔法学家看待问题的视野，帮助我们选择"使自由均等"的正确方向，找到"更完善、更公正"的法律方案。

1.《国际商事合同通则》（以下简称《通则》）及其某些规定的单方面性

个人认为，在对国际统一私法协会制定的《通则》进行探讨的时候，我已经结合具体实例，指出了倾听不同声音的必要性。该《通则》某些方面的规定很有讨论的价值。《通则》，如第 1.7 条，明确规定了诚实信用原则——

─────────────

〔1〕　确实，在西欧，从 19 世纪末期开始，与法制民族主义相关联，国家垄断立法的理论占据了绝对主导地位。这一理论否认共同法体系的存在，认为每个国家及其相应的法都是孤立的，不存在国家间以及关于国家的法，除非这些国家共同作出相应的规定（也就是说，国家垄断了法的创制）。但是，我们都看到了民族主义，以及人与人之间不平等的极端形式——种族主义，所带来的灾难性后果。

〔2〕　我们知道，大多数的民法典都规定有"法之一般原则"以填补立法空白和指导法律解释。中国大陆 1986 年的《中华人民共和国民法通则》这部重要的法律也采纳了这一模式。

〔3〕　此乃这个体系的特点，它也是追求平等的结果，即对具有相似性的一类法律事实，在包含其中的具体法律事实发生之前，预先规定其法律效果。

〔4〕　我已经指出过，他们被认为是这些作品的"奠基人"（《Tanta 敕令》17）；参见［意］桑德罗·斯奇巴尼："法之奠基人"，载 G. 达拉·托雷、C. 米拉贝利主编：《法之挑战——A·瓦利尼枢机主教致敬文集》，罗马，2009 年，第 395 页以下。

〔5〕　1977 年与东欧的罗马法学者们共同在莱比锡举行的研讨会。我在此次会议上的讲稿见［意］桑德罗·斯奇巴尼："罗马法与当代法——意大利的情况概览"，载《克里奥》，第 61 期，莱比锡，1979 年，第 143 页以下。

这个具有绝对共同约束力的法——不得为国际商事合同的当事人所排除。在拉美介绍该《通则》的时候（1996 年于委内瑞拉的巴伦西亚），我提出了在国际商事合同中全球南北当事人间的地位不对等问题，并得到了拉美同仁的共鸣[1]（这种不对等与技术革新、知识水平、相关预测以及货币等多个因素存在联系）；我还论述了，对诚实信用的充分解释（像1857 年《智利民法典》中建立在罗马法原始文献基础之上的第1546 条那样），还可能对债的内容确定产生影响，使得在必要的时候可以重新找回当事人间的平衡。1998 年在北京介绍该《通则》的时候，我重申了自己的观点，并特别强调了缔约阶段的信息告知义务，比如说，供销商，甚至是生产商应提供与产品相关的技术发展情况的信息[2]。我的观点被提交到了国际统一私法协会的相关委员会讨论。但是由于该委员会全部是由西欧和美国的法学家组成的，所以后来并未采纳我的观点。我认为，由于这是在没有倾听不同声音的情况下单方面制定出来的规则，所以未能最终找到真正更完善和更公正的法。

2. 关于国家外债的一般原则；在联合国的框架内，透过起诉勒索行为，以谋求更完善的法之方案的破产；继续深入研究并将一般原则法典化的任务。

与拉美同行的对话交流使人受益匪浅，特别是在上面提到的国家外债以及对之进行规范的应有一般原则这些问题上。他们的意见也得到了北非同行的赞同。

---

〔1〕［意］桑德罗·斯奇巴尼："《国际商事合同通则》在美洲，共同法与国际合同中南北当事人间的结构性不对等"，载《〈国际商事合同通则〉：美洲的共同合同法?》，罗马，1996 年，第251 页以下。该书还收录了 D. 奥佩蒂·巴旦和 A. 博贾诺的文章。

〔2〕隐瞒或掩盖信息是西塞罗《论义务》3，50～54 的中心议题："例如，如果有一位正派之人在罗得斯岛食物匮乏、饥饿蔓延、粮价昂贵之时，从亚历山大里亚把大批粮食运到罗得斯岛，倘若当时他知道有许多商人也离开了亚历山大里亚，看到许多满载粮食的船只驶向罗得斯岛，这时他是把这些情况告诉罗得斯人，还是保持沉默，以尽可能高的价格出售自己的粮食？我们设想他是一位智慧而正派的人，如果他认为向罗得斯人隐瞒真相是可耻的，他绝不会这样做；但是他也可能就隐瞒是不是可耻的产生疑惑。……安提派特罗斯认为应该让买主知道卖主知道的一切情况；狄奥革涅斯则认为卖主应该按照市民法的规定说明自己货物的缺陷，其他方面可不带欺诈地去做，并且由于他是卖主，他可以希望卖出更好的价钱。……掩盖是一回事，沉默是另一回事；我没有对你隐瞒，如果没有对你说……假如一个人要出售房屋，由于那房屋有某种缺陷，他知道那缺陷，而其他人不知道；那房屋是有损健康的，其他人反而认为是有益健康的，殊不知所有房间都爬着蛇，建筑材料也不好，可能倒塌；除了房主人外，其他人谁也不知道这些情况。请问，如果卖主没有向买主说明这些情况，并且以超乎想象的高价卖了出去，他是否作出了一个不正当和不诚实的行为？……"【王焕生译，略有改动】在这个问题上，还可参见［意］桑德罗·斯奇巴尼："《国际商事合同通则》与罗马法——债务人优惠制与国际贸易原则初探"，载《彼得罗·雷西尼奥致敬文集》，第一卷，米兰，1998 年，第753 页以下；现载《桑德罗·斯奇巴尼教授文集》，北京，2010 年，第207 页以下。

　　简而言之，可以说，在 20 世纪下半叶，国家外债导致了新殖民关系的产生。实际上，国家外债给债权人带来了暴利，使债务人被迫服从于一种不当的隶属关系。对调整这种债务的法的解释曾是肤浅和错误的。该解释也是从一国货币制度的"不可侵犯"原则出发的，尽管导致危机产生的主要和初始原因恰恰是货币"价值"的变化；而且，国家外债还涉及其他许多原则[1]。另外一种解释是在倾听多方面声音的基础上完成的[2]，它不但得到了学界，而且得到了一些重要组织的认同，如拉美议会、欧盟—拉美议会间大会、意大利议会[3]。然而，联合国的机制在事实上阻碍了将相关争议提交海牙国际法庭，以便由它查明并宣布本应调整这种债务的一些基本原则。

　　在与法进行较量的过程中，对债务人的压迫或者说敲诈占了上风。

　　在完成对上述原则的起草后，同样也是在拉美议会的支持下[4]，我们成

――――――――――

　　[1]　《圣塔加塔迪高提宪章》的《关于高利贷和国家外债的宣言》是由法学家组成的国际委员会起草的，我本人有幸参与其中。该"宣言"2002 年于意大利贝内文托的圣塔加塔迪高提发表；最近被重印，并被译成了法文、西班牙文、葡萄牙文。它列举了 14 项相关的法律原则：（1）订立、解释和履行合同过程中的诚实信用原则（尽管法典化时代之前的法学也认为"凡合同皆受诚信约束"，但是在 19 世纪将该原则写入法典的过程中，它却受到了不小的限制；这些限制主要来自于当事人意思的绝对优先思想；于是，1804 年法国民法典的第 1134 条将该原则的适用范围限定在了"契约的履行"阶段，有些法典干脆对它只字未提。直到 1855 年被批准通过、1857 年正式生效的智利民法典的第 1547 条，才发生了转机；德国民法典和 1942 年的意大利民法典对该原则作出了明确的规定。这是对原始文献重新解读的结果，且该进程还未结束）；（2）契约自由原则（包括并明确了达成的协议应得到遵守这一原则）；（3）缔约过失禁止（Divieto diculpa in contrahendo）之原则；（4）契约的要因原则；（5）公平原则；（6）非常损失原则（Laesio enormis）；（7）禁止约定高利贷原则；（8）债务人勤勉义务原则；（9）情势变更原则（Rebus sic stantibus）；（10）有利债务人原则（Favordebitoris）；（11）禁止权利滥用原则；（12）能力限度照顾原则（Beneficium competentiae）（欧洲的许多法典都径直取消了该原则。然而，它是维护债务人基本权利的重要民法手段。针对债务人，罗马法孕育了关于债的结构以及债务人以其全部财产承担责任来满足债权人的债权的制度；不过，它还同时规定了对债务人的"照顾"，据此，执法官可以要求承审员，不要超出可能会使债务人陷入极度贫困的数额来作出判决。也就说，不能使债务人的履行债务行为危及上面提到的、他的基本生活需求。可能有人会说，在现代法的体系下，根据另外的逻辑，社会保障制度承担或应该承担满足人的基本生活需求的功能。或许如此；不过，规定一项使当事人之间直接承担社会连带责任的辅助性制度总归是有用的）；（13）不得侵犯人权，特别是生存权的原则；（14）人民自决原则。

　　[2]　相关研究综述见［意］卡塔拉诺、斯奇巴尼："国家外债问题备忘录"，载《罗马与美洲——共同罗马法》，总第 23 期，2007 年，第 185 页以下。

　　[3]　意大利第 206/2000 号法律的第 7 条重新解读和确认了这些原则，可惜在必要的国际诉讼问题上它也没有得到支持。

　　[4]　参见在拉美议会资助下，于巴西圣保罗举行的一个研讨会上我的发言，［意］桑德罗·斯奇巴尼：不该偿还的债？可以承受的债？蒸发的投资？中止和继续？低利息，对谁而言？不可避免的统一。拉美为统一债法规范而制定的"示范法"，载《罗马与美洲——共同罗马法》，总第 23 期，2007 年，第 273 页以下；关于该研讨会的总结性文件，见此文第 4 点。

立了一个工作小组。现在该小组正在实施《拉美债法示范法典》的制定计划[1]。我们认识到，假如事先制定一套规则，并将上述原则明确写入其中，那么，国家外债的治理情况将会有所改观。进一步讲，如果不对该领域内的国际贸易所适用的法进行修改的话，考虑到许多人都是在工业化程度相对较高的国家之外完成的借贷，所以，这些人也得不到自己国家法律的保护，并最终会给他们本人和他们国家带来损失。这个计划应该能够实现制止任何相关形式的盘剥的目标。

多亏有了对不同情形的考察，学术讨论才得以展开，传统中许多未被发现或者未受重视的经验才有了用武之地。

三

（一）"金砖诸国"；"叶卡捷琳堡联合声明"；其前景的法律特征

不久前，在圣彼得堡举行了一个关于"金砖诸国"的法律前景的国际会议。我想在此简述一下会上我在罗马法问题上的观点，以供和大家一起探讨。

巴西联邦共和国、俄罗斯联邦、印度共和国和中华人民共和国这四国的国家元首和政府首脑达成了一个相当有意思的共识。2009 年 6 月 16 日发表的《"金砖四国"领导人俄罗斯叶卡捷琳堡会晤联合声明》的第 12 点写道："我们强调并支持，在国际法治、平等合作、互相尊重、由各国协调行动和集体决策的基础上，建立一个更加民主和公正的多极世界。我们重申支持通过政治和外交手段和平解决国际争端[2]。"今年南非也加入了进来，成为了论坛的第 5 个成员国[3]。

许多评论家都指出，这些国家在经济、金融、商业等领域的利益不同；

---

〔1〕 1996 年、1998 年和 2001 年在波哥大举行了 3 次研讨会。2008 年在阿根廷的罗萨里奥通过了"推动拉美私法和谐统一之建设性小组宣言"；2009 年在波哥大、2010 年在罗马、2011 年在利马也分别通过了相应的"宣言"。

〔2〕 英文版本原文是如下："We underline our support for a more democratic and just multi-polar world order based on the rule of international law, equality, mutual respect, cooperation, coordinated action and collective decision-making of all states. We reiterate our support for political and diplomatic efforts to peacefully resolve disputes in international relations".

〔3〕 参见 2011 年 4 月 14 日于中国大陆三亚发表的《金砖国家领导人第三次会晤三亚宣言》的第 2 点，引自《亚洲首脑会议文件汇编》（2000 ~ 2011），C. 曼佐利诺翻译，M. 帕内比安科主编，萨勒诺，出版中。

这些不同也许会使金砖诸国之间的合作停留在表层[1]。

对上述消极评论（或者别的积极评论）中所列举的主要是经济方面的因素进行分析，超出了我的能力范围。我只想就金砖诸国协同合作的法律基础和前景，谈一下自己的几点看法[2]。

对此，的确，我依据的主要是这些国家的政府首脑会晤后所发布的相关档案。

前面所引"联合声明"的片段，强调了国际法、国际秩序的重建以及实现该目标的原则。2011 年发表的"三亚宣言"，意义深远地提到了"和平""独立""民主""合作""团结"，以及我认为最重要的"公正"（还有与此同义的"平等""平衡"等）。

所以，我不同意那种在评论家中间相当流行的经济方面的判断；相反我认为，应该看到"金砖诸国"的核心目标，并非是在国际货币和金融体系中，为了稳定和安全，使本位币向其他货币或货币篮子敞开大门。的确，这一点在"三亚宣言"中也被提及[3]，但是它是被置于包含众多其他要点的整体框架中的。在这个框架中，为了重建信用和公平，法及其原则应该向许多国家基于不同立场所提出的建议敞开大门。今天"金砖诸国"似乎就是要代表这些国家发出声音，并推动世界格局发生深刻的变化[4]。

---

〔1〕 这些国家的利益冲突也许主要与下述因素相关：其一，原料引进和产品供应（技术含量或高或低）之间的关系；其二，因为一些进口消费品具有价格优势，而进口国还没有能力用技术含量更高的产品替代本国遭到冲击的产品，由此带来的去工业化的风险。参见 A. 戈德斯坦的一部非常简明的著作：《引领全球经济风骚的金砖四国》，博洛尼亚，2011 年。

〔2〕 关于这一点的法学研究才刚刚起步。

〔3〕 参见"三亚宣言"的第 16 点。实际上，这一点勾勒出了在双边贸易中要逐步更多地使用各国货币或者货币篮子的方案；表达了要改革特别提款权体系的愿望，也就是说，要打破现在特别提款权篮子中主要由四种货币构成的格局。我绝对不是说要低估宣言中的这一点，因为只需想想在 1983 年拉丁美洲债务危机中本位币制度所带来的后果就清楚了；但是，我想提请注意的是，问题的根本原因是法的不完善，或者更准确地说，是因为法未得到遵守（对此，下文还会涉及）。

〔4〕 如果我们想跳出本文第二部分所举例子的领域，那么，首先值得关注的问题当然是如何和平解决国际争端。金砖诸国领导人最近发表的"三亚宣言"的第 9 点十分正确地强调了这一点。我已经提到，法律的手段优于武力（第一部分的 2. b），并且建立一个"帝国"的思想相当重要（当然，任何人都不会将之与"帝国主义"相混淆）。20 世纪后半叶，面对核危机，人们对"正义战争"这个概念进行了意义重大的再次解读。在这个千年的前面几年里，相对于为了保障自由均等和国家独立，尽一切努力避免在国际关系事务中使用武力的理论和愿望，人类似乎开了倒车。金砖诸国的上述宣言，以及他们最近在联合国安全理事会的立场，表明了他们完全可以在谋求世界和平、保障各国人民的尊严方面大有作为。根据前面的论述，我认为，该组织透过实际行动体现了自身的重要性，透过对话推动了共同法体系原则的进一步发展。

（二）"金砖诸国"不同的立场和角度，丰富着这个促进自由均等和统一的体系；这些国家的发展使得改善成为可能，并且对所有人都有利

在对使"金砖诸国"协同合作的法律目标进行考察的时候，一方面，要有整体观察的意识；另一方面，要区分哪些是国际组织的法律目标，哪些是共同法的效力。

前面几点留给国际法专家来完成。在此我只强调一下共同法复兴的重要意义。从罗马法体系中汲取养分的共同法的价值，从 20 世纪后半叶才凸显出来。该法在深层结构上被遵守的时候，我在本文前两部分想强调的是，它不是强加的，而是被寻找和被接受的；并且，它和其他法律文明展开对话，并向后者提供自己的原则。江平教授曾指出这是"人类的共同财富"。在许多方面"金砖诸国"各自视角的不同，可以推动这个不专属于任何政治组织、作为人类共同财富的罗马法之体系的发展，这对大家都有利。

中国、拉美、俄罗斯、南非都继受了罗马法，并且各自发展出了不同于西欧大陆的重要法律制度。这些人民、这些国家，再加上印度，文化差异很大，有些国家的文明还相当悠久灿烂；另外，他们的工业都很有活力，同时又都不得不直面一个深层次的问题，即如何避免重蹈工业化发达国家的覆辙的危险。这些国家从各自不同的角度重新解读和勾画着这个体系：体系内部的和谐以及和平，正像罗马法体系的每一个阶段那样，应该透过使内涵越来越丰富的自由更为均等，使人们活得有尊严，使人们参与公共生活，使人们组织自己的私人生活等途径来实现；但是，这些国家勾勒出来的前景可以是不同的、革新的。因此，有赖于他们各自具有以及共同构建起来的统一，他们不会再像拉美过去几十年那样，在国家债务问题上遭到压榨（有些国家现在还未摆脱它的困扰）。

鉴于此，我相信，你们一定有能力将罗马法的传统完全变成自己的，就像你们正在做的那样；一旦将之变成了自己的，你们就应该超越"重读"和"重解"，在共同法的构建及其原则的阐释方面，作出伟大的贡献。

前面，在谈到国家外债问题时，我在注释里列举了一些基本原则；我想在此提一下与本文相关的其他原则，如：

1. 家庭是公民培养的基本结构和场所（seminarium rei publicae）；它被"支配权"（potestas）"支撑"着（D. 1，6）。

2. 结婚双方的合意是婚姻的本质要素。

3. 不法侵害他人人身之人，应该根据"善良和公正"原则弥补所造成的

后果。

4. 应该把物区分为一切人的共有物（空气，对之曾强调要有益健康；水源，曾保护它不被污染[1]）；公有物（属于作为组织起来的市民集合即人民，应该始终为全体市民所有）；安魂物（也就是坟墓、祭礼之地、陪葬物品等）；个人所有的物；调整它们的制度各异。

5. 任何人不滥用自己的财产，乃政治共同体利益之所在[2]（团结、安全[3]）。

6. 在没有正当理由的情况下，因过错而给他人带来损害的人，应该对损害进行赔偿（D.9，2）；但是在一些情况下，即使没有过错，法律也规定要对损害进行赔偿（D.9，1，4；D.9，3），等等。

（三）一个研究和教学的纲领

我们可以看到，对所有这些原则都存在着不间断的再解读。再解读的方向表面上看是多元的，然而根本上却是受到上文提到的该体系的结构性特征的指引：应使自由更加均等；作为个体的人是整个法的终极目的。不过，历程总是艰辛多磨的，而且偏离轨道的解读多有发生，并会继续发生；对法本身的概念范围的理解亦是如此，当然，它受到现实社会中政治、文化、经济等多方面的不同要求的影响。不过，前面已经说过，使法之根基更为牢固的任务落在了我们头上，因为正如彭波尼所言："如果没有日益完善法的法学家，法就不会稳定存在。"也许这正是我们的研究协作和教学活动的行动纲领。

　　　　　　　（本文原载于费安玲主编《学说汇纂》（第四卷），元照出版有限公司 2012 年版）

---

　　〔1〕 我无意进入关于对水的不同分类的讨论，它有时是一切人的共有物，有时是共有物，有时是私有物。环境的问题日益突出。另外，在环境保护问题上，应结合由不同市民组成的人民所担当角色，来重新研读原始文献（民众之诉）。

　　〔2〕 为《优士丁尼法学阶梯》1，8，2 所确认的这一原则，被 19 世纪带有强烈个人主义印记的诸法典所抛弃。对体系传统的"再读"使它有时得以宪法规范之形式而重现。关于这个原则的讨论一直都很激烈（考虑到在早期有监察官的干预，透过对从《盖尤斯法学阶梯》1，53 到《摩西律法与罗马法汇编》3，3，1 - 3 及 D.1，6，2 的演变的解读，提炼阐述这个原则；《意大利宪法》的第 41 条现在已经陷入重围）。

　　〔3〕 从 19 世纪到 20 世纪，在这一点上，透过对归责原则的再次解读，也存在过很有意义的重新解释。从一个个人主义色彩不那么浓厚的视角来观察，一些情况下的相关问题似乎可以看得更为清楚。

20 世纪罗马法研究中的罗马学派

[意] 桑德罗·斯奇巴尼　著　肖俊[*]　译

一、罗马学派

在意大利，罗马法是必修课。在一个大学里，一个老师带学生，学生留校当老师，如此传承，即构成他自己的学派。在意大利语中，学派就是从一个老师所出者构成的学术共同体的意思，它并不意味着该共同体具有与其他共同体不同的观点或方法。在这个意义上，意大利的罗马法学派众多，本文篇幅有限，只能研究在罗马城的罗马学派。

1999～2000 学年，在罗马第一大学讲授罗马法的学者有：马里奥·塔拉曼卡、皮兰杰罗·卡塔兰诺、路易吉·卡波格罗西·科洛涅西、萨尔瓦多·托恩多、马西姆·布鲁迪、朱利亚诺·克里弗、安德雷阿·迪波尔多、安东尼·曼特罗、安托略·马西、奥利维耶罗·迪里贝尔多；在罗马第二大学讲授罗马法的学者有：桑德罗·斯奇巴尼、菲利浦·康却利、朱利亚娜·弗蒂·塔拉曼卡；在罗马第三大学有：洛伦佐·法薛尼、列奥·佩佩、维琴察·马尼诺；在罗马拉特兰诺教皇大学讲授罗马法的学者有简路易吉·法尔齐。

在上述研究罗马法的学者中，马里奥·塔拉曼卡和弗蒂·塔拉曼卡是阿兰乔·鲁伊兹的学生；迪波尔多和法薛尼都是塞劳的学生，而塞劳本人也是阿兰乔·鲁伊兹的学生；马西是朱塞佩·布兰卡的学生，迪里贝尔多也间接是布兰卡的学生——他是斯提齐亚在卡里亚里的学生，而后者的老师正是马西；康却利是德·法兰齐西的学生，但并不是直接的，他曾师从法尔齐，而法尔齐则是伽布里奥·伦巴第的学生，后者曾在罗马的拉特兰诺大学任职，一度也是德·法兰齐西的学生；布鲁迪、曼特罗和佩佩是里卡尔多·奥雷斯

---

* 译者系意大利罗马第二大学法学博士，系上海交通大学凯原法学院副教授。

坦诺的学生；托恩多和克里弗是埃米略·贝蒂的学生；瓦卡是卡尔罗·奥古斯多·康纳塔的学生，同时也是乔万尼·布里叶瑟的学生。所有的这些人都属于罗马学派，他们的研究才能也是在这里发展成熟的。

瓦尔特纳、布兰卡、德·法兰齐西和埃米利奥·阿尔贝达里奥都是彼得罗·彭梵得在帕维亚时期的学生；德·法兰齐西的学生古列莫·罗切拉也听过里克波诺的课；朱塞佩·拉瓦吉在 1916 年曾是阿尔贝达里奥在罗马的学生，在罗马第二大学度过了他全部的教学生涯。奥雷斯坦诺曾是萨尔瓦多·里克波诺的学生。与他们不同的是阿兰乔·鲁伊兹，虽然他的许多学生在罗马，但直到 1946 年他才成为这里的教授。他的老师是那波利大学的卡尔罗·法达，尽管他们在方法论上有很大的差异。贝蒂和布里叶瑟自身也并非罗马学派的，他们是都灵大学赛格列的学生。彭梵得是维多利奥·夏洛亚的学生，而里克波诺首先在巴勒莫学习，然后在德国的温德沙伊德和贝尔尼切学派中成熟，之后逐步向夏洛亚靠拢。

夏洛亚是尼古拉·德·克列孙齐奥的学生和接班人，在艾拉里奥·阿里布兰迪 1871 年离开罗马大学后，作为伟大的罗马法研究的革新者和《法学档案》主编埃列罗的接班人，菲利浦·塞拉菲尼从博洛尼亚来到了罗马，克列孙齐奥也从那波利来到这里。但塞拉菲尼很快就离开罗马去了比萨，而克列孙齐奥在 1882 年回到了那波利。夏洛亚于 1884 年成为罗马的教授，创立了罗马学派。正如这些资料所展示的，在这个学派里，有着不同的思维模式以及来自不同学派的罗马法研究者，这形成了罗马学派的特色。

二、罗马法研究视角的多元性

1888 年，夏洛亚创立了罗马法研究所。他主持研究所期间，其成果除了具有学术影响力的作品之外，还包括他主编的《罗马法研究所公报》。在 1925 年，公报出版了第 34 卷，作者分别属于意大利不同大学的不同学派，由此展现出公报的全国性特征。夏洛亚还扩大了罗马法历史研究领域中文献的利用范围，包括了文学、碑文、纸莎草纸以及考古学的材料，等等。

说到古典文献，夏洛亚、彭梵得、法达、费尼尼和里克波诺合作，想要在批判分析的基础上重新编纂一部《学说汇纂》。到 20 世纪初，成果已超过此项宏伟计划的半数（第 1 到第 28 卷，两卷本，米兰，1908 年版）。毫无疑问，这是一个学派成熟的标志，同时也展示出意大利罗马法研究的能力。在那个时代，代表了文献分析方法论变化的"添加"具有普遍的权威性。

在罗马法的讲授中，在"意大利法史"课里分离出一门新的课程"罗马法史"，它研究的是从罗马法产生到优士丁尼时期的公法和私法，提出了"罗马共和国研究"。在起源和发展的整体视角下，彭梵得用一种生动而又一致的笔法，从起源、内在的结构、由危机所引发的进化以及此种进化与政治和社会形式进化之间的关系中，对所有的法律制度进行研究。他的文本超越了那种简单的历时性研究模式。[1]

1925 年，在罗马出版了彭梵得的《法学论文集》（第四卷），从中可以发现作者对于过去大量成果的总结。在同年 6 月出版的《罗马法教科书》序言中，彭梵得提到他的全部教科书将分成八卷（第九卷是民事诉讼法），第一卷是家庭法（1925 年），随后又出了其他四本（第五本是他的遗作），虽然并未全部完成，但已形成了一个对优士丁尼法罗马法研究的参照系。[2]7 月 9 日，在罗马出版了德·法兰齐西《罗马法史第一卷》，其余两卷紧随其后出版，这是一部非常成熟的作品。同年，在罗马出版了彭梵得的《商法史教程》，这是他在博科尼大学商学院 1908～1909 年开设的课程，表现出他多样性和类型化的学术兴趣。[3]

1904 年温格为《罗马与古代法学》所作的序言，象征着国际层面的古代法争论的展开，它成功地说明了在我们的法学研究中罗马法相对于其他古代法的作用。1917 年，米特西的论文《古代法和罗马法研究》也讨论了同样的问题。此时在罗马，另一种正在成长中的方法论开始受到重视，即由鄂瓦里斯多·卡如西（1866～1940）所推动的"东地中海法"研究。

一系列重要的论题包括：关于与非法律文献以及与历史学关系的问题；起源的问题，公法和私法的法律史问题，社会和法律的问题；对古典法律文献的批判性研究并重构的问题；"添加"的研究方法问题以及东地中海的

〔1〕 ［意］卡萨沃拉："19 世纪的罗马法教学"，载《指南》1994 年第 22 卷，第 586 页。

〔2〕《所有权》两卷本，罗马：A. Sampaolesi 出版社，1926～1928 年；《继承》（总论部分），罗马：A. Sampaolesi 出版社，1930 年；《物权法和占有》，罗马：A. Sampaolesi 出版社，1933 年；再版《彭梵得全集》，米兰：Giuffrè 出版社，第三卷 1963 年出版，第四卷 1966 年出版，第五卷 1968 年出版，按照这套教程的计划还有两卷本的债法，一卷是关于遗赠与赠与；一卷是关于一般原则、民事诉讼。还有一些其他授课内容的整理。在全集这个版本中，1918～1919 学年及 1919～1920 学年彭梵得关于债法的讲课内容，在 1979 年被当作第七卷刊行。

〔3〕 ［意］彭梵得、克里弗主编：《彭梵得全集》（第 1 卷和第 2 卷），米兰：Giuffrè 出版社，1982 年，第 11 页。

古代法和法律研究。这些问题都围绕着罗马法研究中历史更久远的一种"两分法"，即：或以《民法大全》为基础的研究；或是通过对于它的形式和变化的每一种可能的渊源考察，而对其内容进行重构。这种两分法比前列的诸多问题更为简单，虽然不准确，但抓住了在我们的体系中的优士丁尼法的基本核心，这是值得重视的。对于各位才华横溢的同事，我也不能全面地介绍他们的兴趣以及在科研活动中的累累硕果，只能谈一些基本的方法论。

三、法兰齐西等学者对公、私法起源以及法律与社会关系的研究

法兰齐西《罗马法史》的第一卷超出了彭梵得《法学论文集》的论述范围，对之前的罗马法学者关注问题的研究进行了总结，但又不局限于此。它充分地考虑了罗马法学者的诸多贡献：对于要式移转物和非要式移转物、家庭和氏族、家父权、遗产继承、世袭地产、占有、债的起源等所做的研究。这些前辈的研究结果在法兰齐西的作品中被讨论并吸收，而且他也常常不惜宝贵的篇幅对之进行评析。除此之外，如果说法兰齐西是以私法为基点开始研究的话，后来由于受罗马法史这门课程的影响，他开始展示出对公法中宏大命题的广泛兴趣，包括谕令权、祭司团体以及更为广大的涉及社会、文化、政治各方面历史中的问题。可以说，他是诸罗马法学派的学者中，能把法学家和伟大的人文主义者完美结合的一位学者。

以独立的视角对公法进行研究的，除了法兰齐西的弟子，还包括其他学者。首先要说的是罗切拉，他的第一篇文章是《论保民官》，第一部专著是《民众大会的权力及其限制》，而《公法》则是他意义最深远的一部作品。伦巴第写了两卷本的《万民法》，对"公法"这一概念作了阐释。其次我想说的是克里弗关于流放、自由和公平、市民权的研究，[1]他和托恩多的《罗马公法史》具有相同的特征，两者的共同努力实现了公法与私法研究的分立。与此相反的是，彭梵得的《罗马法史》在起源的问题上囊括了两者。而法薛尼的主要兴趣以及他的《阿尔卡尔那索的蒂奥尼修斯的古罗马史中的罗马宪

---

〔1〕〔意〕克里弗：《罗马自由的几个方面》，摩德纳：Società Tipografica Modenese 出版社，1958 年；〔意〕克里弗：《共和国时期的"流放"研究》，米兰：Giuffré 出版社，1961 年；〔意〕克里弗：《从城邦中被驱逐——关于罗马流放的其他研究》，佩鲁贾：Edizioni Scientifiche Italiane，1985 年；〔意〕克里弗：《古罗马的自由和平等》，罗马：Bulzoni 出版社，1984 年；〔意〕克里弗：《市民：现代和古代的市民权》，罗马 – 巴里：Laterza 出版社，2000 年。

法》，则是从纯粹的宪政视角进行考察。马尼诺的研究起点也是如此。

托恩多特别研究了起源问题，在宗教文化的背景下，他通过语言分析学（执杖解放、报复刑）对单一制度进行分析。相反，对于彭梵得重视的论题，以《共和时期的所有权结构和地役权形成》为出发点，人们可以在卡波格罗西·科洛涅西的作品里重新看到。[1]在该书中，他把彭梵得看做是和马克斯·韦伯、梅因、麦克林南、迈耶尔、尼布尔、布鲁奇等人一样中心兴趣在于社会科学史的学者。如果我没有误解的话，他对方法论的介绍超出了法律史教材前两章的范围，而成为一个独立的作品：首先他对各个学者所关注的起源问题的特殊结构进行研究，由此，他分析一个时代并建构一种关于起源的罗马法与当代现实之间结构精细的关系模式，尤其是与其中植根于罗马制度的其他学科的解释与方法论的对应关系。通过对这一模式的简短概述，科学与法学研究内容得到了相互印证。[2]关于起源的另一个中心论题是对于《十二表法》的研究，那是迪里贝尔多的最重要的作品。[3]

起源问题和公法的其他主题构成了这些专题性研究的重心，但从更大的范围上看，也使得对于罗马之外内容的研究变得成熟。卡塔兰诺对此重新进行了现代性而非历史的解读，他并非以一种历史编纂学的方法论，而是在考察同样法律制度的连续性和现实性的方法论中，澄清并调和古今的对话。这种方法论受到了格罗索对古罗马保民官和工会进行比较这类模式的启发，而后也在意大利宪法的文本以及多学科方法论视野下的拉美宪法研究中得到证明。[4]随着观察解释的视角不断扩张，卡塔兰诺发展和促进了对于地中海国

---

〔1〕〔意〕卡波格罗西·科洛涅西：《共和时期的所有权结构和地役权形成》（两卷本），米兰：Giuffré 出版社，1969 年和 1976 年；〔意〕卡波格罗西·科洛涅西：《古罗马土地·远古时代》，罗马：La Sapienza Editrice，1981 年。

〔2〕〔意〕卡波格罗西·科洛涅西：《马克斯·韦伯和古代史》（第 1 卷），罗马：La Sapienza Editrice，1988 年；〔意〕卡波格罗西·科洛涅西：《八世纪历史编纂学中的国家和家庭模式》，罗马：La Sapienza Editrice，1994 年；〔意〕卡波格罗西·科洛涅西：《现代性起源，马克斯·韦伯 1891 ~ 1909》，罗马：La Sapienza Editrice，1997 年。

〔3〕〔意〕迪里贝尔多：《还原〈十二表法〉的材料》（第 1 卷和第 2 卷），卡利亚里：Edizioni AV di A. Valveri，1992 年和 1998 年。

〔4〕参见〔意〕卡塔兰诺："自由权利和消极权力"，载《法学档案》第 157 卷，1972 年，第 321 页；"协商与独裁：巴拉圭共和国的罗马法实验（1813 ~ 1844）"，载《罗马法研究》第 25 卷，1978 年版，第 178 页；"保民官、监察官和独裁者：玻利瓦尔的宪法概念和罗马传统在拉丁美洲的延续"，载《拉美杂志》第 8 卷。还可参见由卡塔兰诺在萨萨里大学召开的一系列会议，与会的研究活动都发表在《萨萨里研究》第 1 期到第 4 期。

家法律和社会的研究。在罗马，他也开始了对于不同论题采用这种延续性研究的方法论，如《罗马观念中的法律和宗教——历史面面观：传统与革命》这篇文章，用一种功能完全不同的方法论来处理市民权、人民和领土这些重要的问题。我认为由他命名的选集《罗马法体系的起源与现实研究》，更好地表达了他的方法论核心。

德·法兰齐西还讨论了法律与社会的关系。正如塞劳所解释的，那些德·法兰齐西提出的"非同质的时刻，即制度对于社会中的信仰、观念、经济的需求的表达"，对此的研究是一条通往更为全面理解法律自身的道路。[1]

也许是由于过于简单化地解读彭梵得，人们常常忽略了在他的思想中存在着的细微差别以及一种一致性。它的整体构思表现为一种"循环"的逻辑，包含了政治和社会的形式、政治制度、私法各方面的变化。自然主义的方法论是他最有原创性的贡献，并且一直得以确认和保持。在对制度的结构和功能的区分中，他找到了一种外在于积极进化论的价值，并被看作是产生强大统一动力的一般性的法律在进化中所引导的有机规范的重组。这种构思在德·法兰齐西的作品中逐步被抛弃，而自身处于变化中的社会及其历史，不再被恢复为一般性的法律。

1934 年，德·法兰齐西这样评价彭梵得和他的科学家观念："因为他是这样一个法学家，深信法律自身不是一种可以诠释文明的表达方式，如果一个人不能了解文明的各个基本要素，就不能完全理解法律自身和它的具体活力。如今，在他的科研理念被贯彻之后，这些思想成了共同的财富。"[2]而对法兰齐西自身，1931 年版《意大利百科全书》（第 12 卷）的评价则是："他所有的科学活动都指向扩大罗马法的历史知识基础，把法律看作是更为广大和深刻的历史现实环境的一部分。"我们可以根据德·法兰齐西 1923 年在帕多瓦开场白的标题"法学教育中的教义与历史"，来理解他的方法论。而这种方法论，在《城邦的原型》这本书的导论部分中变得更加精确："每一种法律制度，在我看来，并不是一个特定的社会在他的历史发展的某个阶段的政治、经济和宗教秩序的特殊方面的反映。换句话说，它是我们称之为文明的诸种精神行为在其实现中某一部分的表达。如果不把制度置于他所诞生和运作的

---

〔1〕［意］塞劳："彼得罗·德·法兰齐西"，载《罗马法研究》第 7 卷，第 389 页。

〔2〕［意］德·法兰齐西：《庆祝优士丁尼法典编纂 1400 周年》，帕维亚：Gia Cooperativa 出版社，1934 年，第 56 页。

文明之中，就不能理解它的形式与内容，内在的逻辑和精神。"〔1〕

法兰齐西对于社会实证主义和进化主义的教条进行了重要的反思及超越，他提出一种对抗历史主义的辩证关系：其一是把法律科学看作法律现象的历史知识；其二即教义学的观点，把法律科学看作是实现法律的技艺。此外还存在这样一种可能性："第二层次的法律科学"，它存在于前两种方法论之上。在法兰齐西看来，"人类的精神是一种在历史中存活的现实，历史孕育了它，它也要影响历史"，但通过一种对于历史精深、有条理且广泛的研究之后，必须承认法律自身具有一种永恒的本质，由此可知，终有一天可以深入法律活动的内部，捕捉到它的实现模式，即法律运作的进程。历史学家桑托·马扎尼罗在《在历史主义和社会学之间的法兰齐西》这篇文章里，提到了法兰齐西"历史主义"的另一个特点，认为人们不应该从狭义的方面理解历史主义，"它已经被法兰齐西所拒绝，但另一种'历史主义'，如果我们这么称呼它的话：它可以被看作是对于社会和法律的进化现象的科学研究。"人们应该接受一种"与法兰齐西的定义近似的看法，某种意义上，把法看作是一个历史总体的需要"。〔2〕

当然，对经济要素的注意也体现在阿兰乔·鲁伊兹的书里，但此一要素对塞劳而言意义是不同的，那是他的研究最根本的特点。做同样研究的还有德·马尔蒂诺，他的教程是一种对马克斯·韦伯非教条式的解读。以塞劳对罗马各种法律的研究〔3〕及其作品《罗马历史中的私法、经济和社会》为例，〔4〕在深入分析不同法律制度形态中不同的经济社会结构的需要之后，他对罗马私法做了整体性的重构。在导言里，他阐明了方法论的各个基本点。他所研究的这些要素呈现出一种张力，学生们更愿意通过表示总分关系的连字符将之称为"社会—法"，其中社会是第一要素。这种表达方式，被迪波尔多接受和改进，他的首部作品就表现出对于经济关系和法律——组织规则的重视。〔5〕

卡波格罗西·科洛涅西的方法与塞劳不同，他注意的是在"所有权的形式

---

〔1〕［意］德·法兰齐西：《城邦的原型》，拉特兰诺：Lateran University Press，1959 年，第 24 页。

〔2〕 具体论述，可以参见［意］德·法兰齐西：《统治者的秘术》（第 1 卷），罗马：Bulzoni 出版社，1970 年重印本导读，第 5～20 页。

〔3〕［意］塞劳：《罗马共和国中的古典政党和法律》，比萨：Pacini 出版社，1974 年；［意］塞劳：《罗马法共和国中的法律和社会》（第 1 卷），那波利：Jovene 出版社，1981 年；［意］塞劳：《罗马法共和国中的法律和社会》（第 2 卷），那波利：Jovene 出版社，2000 年。

〔4〕［意］塞劳：《罗马历史中的私法、经济和社会》（第 1 卷），那波利：Jovene 出版社，1984 年。

〔5〕［意］迪波尔多：《罗马古代（从公元前 2 世纪到公元 2 世纪）的联合企业和奴隶总管》，米兰：Giuffrè 出版社，1984 年。

和生产关系"之间一种特殊的互动，这也正是他的作品的副标题。他更为关注的，是在罗马社会特定历史时刻的法律形式中的各种现实社会要素，由此来理解"罗马国家法律制度的形成"。佩佩的主要贡献也与此种方法论有关[1]。

四、对法律渊源批判的、历史的、教义学的分析及渊源中的法律重构

彭梵得的《罗马法初阶》是一部构思宏大的作品，它展现了以优士丁尼的《国法大全》为中心的罗马法研究。在这部作品里，作为起源问题的调查者、"自然主义"方法论的作者，他通过对优士丁尼法典化的比较，利用对罗马法主要制度多年的教学活动以及专著式的教科书，依靠已在《罗马法初阶》《罗马法教程》以及《罗马法史》这些作品中综合运用的各种历史分析法，致力于对私法诸制度总体的系统性重构。而在重构的过程中，对教义学的历史重建以及对添加的批判问题，并不能切断罗马法与现代民法的共通感与相互关联。脱离潘得克顿体系传统是为了寻找一个这样的视角，正如彭梵得在《罗马法教程》第一卷序言中所言："给历史以及它的批判留下了广大的空间，但我不认为我与潘得克吞的方法论有根本的疏远，我要通过足够的广度来描绘优士丁尼的法律，在历史和对渊源的批判中讨论传统的争议与现代的论战。"他认为："优士丁尼法不应该构成一个终点，而是研究的目标……对于古典法的重构总是一部无尽的作品，仅仅在它的基本的方法论上是可以说明的，我们冒着把对罗马法的阐述范围降低到如同与希腊法和埃及法或者亚细亚—巴比伦法一样狭窄的危险，明确地代之以语言学和法学的方法。"在随后的几卷作品中，彭梵得开始欣赏"添加"的批判方法但没有经常运用。他并非不受添加的困惑，而是其重心在对教义学的重建。我们认为现代法学家对民法典的解释，应该受到优士丁尼的解释的影响，有时甚至是从不同罗马古典法的方法论中获取。[2]

在"添加"方法的使用中，产生了阿尔贝达里奥和里克波诺之间巨大的冲突，这是由古典法重构兴趣变化所引起的。阿尔贝达里奥把"添加"的研究作为一种文本批判工具发展到极端。面对文本数量问题的增加及其在不同

---

〔1〕 ［意］佩佩：《人身执行研究·在共和国前两个世纪的债与债务人》（第 1 卷），米兰：Giuffrè 出版社，1981 年；［意］佩佩：《共和国时期女性的法律地位和社会角色》，米兰：Giuffrè 出版社，1984 年。

〔2〕 ［意］彭梵得：《罗马法教程·家庭法》，米兰：Giuffrè 出版社，1925 年，第 118 页以下和第 314 页。

法律制度关系中所引发的多样化的方法论，他仍然坚持一种特定的法的概念，因此把古典法缩减为只是在优士丁尼法和古典法冲突背景下一些基本要素的整体，而并非一直关注优士丁尼法中的不协调。里克波诺在他的研究的第一阶段同样使用了添加方法，随后由于此种方法所产生的过度后果而放弃。他的一个令人尤其信服的意见是，从内容上看，过度使用添加方法的结果就是把一部分具有永恒价值的内容从罗马古典法的范围内排除出去，而它们一直是被当作每一种权利的模型。里克波诺通过他的能力以及所提出的各种罗马法论题，构建出一个与阿尔贝达里奥观念不同的学派。经过这样高度概括，可以发现，基于两种权威研究工具的使用所带来的内容和方法论上的冲突，意大利罗马法研究中一个稳固的部分被分成了两个方面。

　　双方势均力敌，但争论的结果是富有历史意义的，在全国和国际层面上受到承认。此时，在罗马大学的教育中产生的那些成果，标志着罗马法研究全局的转向并且超越了之前的争议。在 1949 ~ 1954 年间阿兰乔·鲁伊兹出版了三部关于委托、合伙以及买卖的重要教程，并且对从埃及的羊皮纸中复原出来的乌尔比安 32 卷的《告示评注》进行了分析，它使得后古典时期东西方文本的变迁被重新讨论。博大的兴趣使得这位伟大的学者成为罗马法学者中最权威的古典法学者。他对历史的敏感性来源于那波利文化哺育出的历史主义的熏陶。我要强调的是，阿兰乔·鲁伊兹最好的作品是他专题式的论文集，当然也包括他所写的大学教程，在这些教程里对客体的研究逐渐形成系统的专著，最后变成论文集，围绕着一个主题展开有序而封闭的研究。此种封闭不是基于限制，而是为了清晰地解释变化、复杂甚至还是支离破碎的古典罗马法，摆脱要么将一切变成现实，要么将一切归为实在法这两个完全相反的极端，但没有放弃对于法技术层面上的研究。[1]

　　瓦尔特纳的研究与此不同，但并非完全相反。作为彭梵得的学生，他接受了老师在制度建构方面的遗产并有所发展。他极度重视语义分析学方法，特别是通过对于渊源（元老院）和文本（比如关于皇帝敕令的文本）的变迁以及一系列相关问题的研究，把此种方法论发展到了一个非常精深的地步。

　　阿兰乔·鲁伊兹的学派里培养出了很多学者。如前文提到的塞劳，他在从添加方法论到对文献中的法律进行批判性重构的过程中，做了许多法学渊

---

　　〔1〕　〔意〕塔拉曼卡："维森佐·阿兰乔·鲁伊兹（1884 ~ 1964）：三十年后"，载《罗马法研究所公报》1994 年第 96 ~ 97 卷，第 17 页及以下。

源解释方面的辛勤工作。在坚定的语义分析和历史分析方法论研究的背景下，塔拉曼卡对法律技术问题以及教义学重构的分析，始终保持着近乎严苛的要求。在他的领导下，《罗马法研究所公报》尽力保护这种严格的作风，不惜为批判性文本花费大量宝贵的篇幅。但我认为，古典法成熟的标志在于把古典法看作"争议性规范"或者法学家的争论。塔拉曼卡并没有抛开正在变得完善和成熟的各种关于添加的工具，与此同时，通过对各种必须的研究方法的保留，他既没有放弃对后古典时期东西方发展的争议，也没有放弃在不同需要之上法律和社会的互动问题，[1] 逐渐将古典法研究定位为古典法学家所讨论的法的研究，认为古典法是在一个统一的时期——它表征着"我们的罗马法全部知识的中心时刻"，在大法学家对法律问题的批复中形成的，这关系到与优士丁尼的编撰者承认的法律相区分的问题。

五、罗马学派的学术成果

（一）从起源到优士丁尼时期罗马法变迁的重构：复杂性、争议性规范与变化

彭梵得学派发展出的历史的方法，经过里克波诺和阿兰乔·鲁伊兹的发展，为罗马法学者开启了新的视野，他们把材料、渊源以及在体系形成过程中的变迁都纳入了自己的研究对象。从令人赞叹的公法史到对于罗马法和东地中海诸法关系的思考，从罗马法家庭法婚姻法的重构到所有权、无名合同、流放，从《十二表法》到这些文本在后古典时期的变迁等，这些成果是难以计数的。与此相对的，这时候，添加的方法论也获得了相当的成果，它是对文本变迁的研究，通过对《国法大全》文本分析以探索古典罗马法的真正研究对象。在罗马学派之外，还有一种对于单个法学家的传记和意识形态进行研究的方式，基本上是由那波利的一个学派发展而来的。但在罗马学派中，则演变为对法学家争辩意见的充分利用，是对一个问题不同解决方式的争议性规范的研究，为了解释制度，对于与片段相关的论述结构的相似或者差异面做出讨论。

这样的工作带来了罗马法的概念、原则、制度、规则、论点、片段、环境和文化的复杂化，但我认为不应该就此瓦解它的系统，需要的是找到新的视野和观察角度，讨论从多样性的方法论到某个方法论占据了优势地位的变

---

〔1〕〔意〕塔拉曼卡："昆图斯·穆丘斯之前的法律建构和社会结构"，载《罗马社会和奴隶的生产（第 3 卷）·伦理和法律的模式以及社会的变化》，巴里：Laterza 出版社，1981 年，第 15 页及以下。

迁，需要找到对于统一性持续研究的意义。这样的方法论重新考虑了时间和变化的维度，对它们的研究是历史的基本因素或者说是历史循环中理想的要素，但罗马各学派优先考虑的中心，始终是对于罗马法学家言论的内在结构的研究。罗马法蕴含在古典文献中，但又不受此拘束，需要从时间和变化上辩证地看待这些维度的融合。

我要强调的是，在国家立法主义的路径上，民法典已沦为国家的法律制度。同时，我们也要讨论罗马法自身的路径。在罗马诸学派对"法"的研究中，他们为这样一种理想找到了空间，即法律应该追随形成并领导着正义的生活，由此使得法学家可以与一个 18 世纪末 19 世纪初才开始统一的意大利国家，一种更复杂更有生命力的社会生活进行对话。而要为法律提供这样一种社会生活，就必须有一个对于解决的方式和提议非常开放的结构，一种可以面对变化、寻找变化并且有助于发展此种变化的结构。确实，虽然现在仍处于一种模糊状态中，我们在研究和方法论中已经阐明了问题的多样性，它是罗马学派的一笔巨大遗产，其地位就如同其他值得长期投入的研究一样。

（二）开放性问题和对话：从解释的问题到法学思想完全的历史解释以及对罗马法研究基础的比较

这些日趋成熟的罗马法所重新带来的复杂性和共时性，并没有触及改变现有的罗马法研究本质，它变得更为开放，但仍然与现行法的新问题没有什么积极的关系。

1927 年，贝蒂在米兰开设的"罗马法和现代教义学"的一堂课上，强调了关于罗马法研究中的现代法律术语类型使用的必要性的解释问题。此种罗马法研究中的"历史方法论"，在其使用的术语中，对于公法以及起源问题予以关注，因此忽略了与其他法律以及法律思想的连续性，由此导致了一个理解上的问题，使得它与一系列被忽略的发展相联系，貌似同质的法律却相隔遥远。还有一种与里克波诺的方法论不同的古典法研究方式是，在这一时期里研究找寻被《优士丁尼法典》编纂以及 18 世纪法典编纂的原则所添加和改变的视角。所以这种方法论是与连续性无关，但与制度和原则的"重生"有关，同时还发展了与现代民法的对话。这些在课堂上提到的问题，后来在他大量的其他文章中被继续研究。贝蒂是塞格列的学生，但即便是重读赛格列 1892 年在卡利阿里塔的开场白，也不能找到后者对于类似的一般性命题的讨论。在贝蒂的众多著作中，我要讨论的是《解释的一般理论》一书以及 1955 年所创设的解释理论课，他的作品可以为人提供巡视法的诸多分支的至高点，发现了在法兰齐西和阿兰乔·鲁伊兹之间方法论的矛盾，并从中找到新的视角。

相反，奥雷斯坦诺的观点与罗马法学派更为一致，里克波诺对他的研究生涯影响很大。他在重建古典法和对于添加批判的解释工具的利用方面，更忠实于其导师里克波诺的方法论。他以一种更为深刻的方式来看待法律知识的分类问题，这不是法兰齐西和阿兰乔·鲁伊兹的研究方向，而是经过重新解释和改变的方法论。在他看来，这不仅仅是解释的认识论问题，而且也是在法律经验及其历史解释模式中所展现的历史性这一背景下法学思想自身的一个特殊问题。他强调，需要通过大量研究工作以实现对许多现行概念、原则和制度的现代起源的重新认识，明确非连续性和差异对它们的意义。因此，他强调从罗马法的经验整体到现代法典编纂其中的千丝万缕的关系早已被切断。在《罗马法（历史）研究导论》中，他认为"法律的建构"并非基于古代法和现代法的连续性，因为在法律文化研究中，对于历史的研究已经是法律科学的一部分了。

作为塞格列的另一名学生——研究中世纪法和比较法的布里叶瑟，其成就超出了罗马法的研究范围。布里叶瑟整合和修改了贝蒂的方法论，有意识地承认对罗马法渊源中连续性、一致性和历时性精确历史重构的意义。虽然他是以比较法教授的身份结束了教学生涯，但是他进行法律比较的方式传达出了更为重要的信号：他没有放弃罗马法的研究。从对法律研究的方法论以及此种方法论对罗马法研究的意义上看，他是一个有能力的罗马法学者。他在罗马创立了以罗马法为基础的比较法研究学派，由此，比较历史的研究法呈现出一个完整的方法论结构。

（三）意大利国家法学的建立：限制和开放

在意大利法学形成的同时，从夏洛亚的教学模式以及种种具体抉择中，可以看到罗马法与意大利国家法学之间存在的开放合作以及冲突争议的辩证关系基础。

阿兰乔·鲁伊兹认为："卡尔罗·法达是一个真正伟大的意大利民法学的奠基者，罗马法学者总是更侧重于历史研究，因此，夏洛亚的最重要的精神就是在教学中注入了历史特点，这是他对学生的引导方式……"[1]我们注意到，卡尔罗·法达个人的思想在其关于温德沙伊德《潘得克吞教科书》的著名

---

〔1〕［意］阿兰乔·鲁伊兹："纪念卡尔罗·法达"，载《纪念卡尔罗·法达全国法学会议论文集》，米兰：Giuffrè 出版社，1968 年，第 333 页及以下。

翻译评析本中，占据了极端重要的位置，颠覆了对于民法典与法的一般原则传统而稳固的解释。1877 年，伯纳米奇在比萨的预备课上，承认一些原则是"从罗马法中抽取而来"，尽管这些法律不再能适用，但被铸造成了原则[1]；塞拉菲尼在 1872 年的罗马演讲中表达了相似的内容，法达和本萨则更明确地提到"罗马法并非我们的法律"，人们使用的是"意大利法的原则"。这些作者部分地明确承认这样一种事实："我们的民法典不可避免地受到罗马法原则的影响……当我们碰到这样情况时，在罗马法中寻找补充的内容就不仅是正确而且是必须的。"[2]

夏洛亚的路径在很大程度上是与这种国家主义的路径相契合的，这是为了满足建立统一的意大利制度的需要。在 1879 年出版的《实在法与衡平》一书的序言中，他非常郑重地提到应该反对这样的主张：立法者建立法律而法官对之衡平。提出他应该以《优士丁尼法》目的中衡平标准作为议会的指引："为了使法获得与其名称相匹配的力量，自然法应纳入实在法"，法官只能在法律无明文规定之处诉诸衡平。由此可见，为了统一的法律，在法院还是有效的诸种法律渊源之一的时候，夏洛亚就明确从学理上反对法官，只寻求和国家立法者对话的路径。

在这样的背景下，历史与罗马法遭遇了。在 1881 年写给塞拉菲尼的信中，夏洛亚提到，罗马法是一种死去的法，通过对它可能的"语义学"和"解剖学"研究，可以获得知识上的重大突破。同样的，在罗马学派看来，选择翻译萨维尼的《当代罗马法体系》，是因为这部作品代表了"一个停顿的时刻"，而不仅仅是因为它包含了"罗马法的历史学家萨维尼广泛的印迹"。沿着这一方向，彭梵得和法兰齐西成为此种方法论的最早的诠释者。

这种方法论与我们法律体系中罗马法真实状况不相符的问题，造成罗马法研究者学术人格的矛盾，他们的罗马法研究能力即使在制度封闭的状态下也能照常运行。夏洛亚在布农斯《众有诉权》意大利译本的序言中写道："唤醒市民的法律意识，使他们感受到个人与国家之间更为紧密的联系……为了让法律获得自身真实价值，为了明了研究众有诉权的功能和目的，他们注意

---

〔1〕 ［意］伯纳米奇：《现代意大利法学中的罗马法》，比萨，1877 年，第 27 页及以下。

〔2〕 ［意］法达、本萨：《温德沙伊德〈潘得克吞教科书〉以及评注》，都灵：UTET，1902 年，第 128 及以下。

到这一制度复兴的政治意义。"[1]彭梵得强调"罗马法也是现代民法的一部分"，因此他提出罗马法有助于民法规范的理解。而德·法兰齐西也发展了对于类型化的研究。

这 20 年来，我开始注意到夏洛亚的作品展现出的另一种重要建议正在逐步成熟：统一私法的研究会的提议和成立。一个罗马法学者应该知道如何提供科学的视角和方法论基础，而罗马法的体系则应具有生机勃勃的共同性和普遍的开放性，这迫使夏洛亚不得不做出抵消国家主义的封闭性回应。人们应该根据当代的研究模式进行运作，即利用罗马法的元素，将它们融合、分裂，再根据不同的目的，重构出一种以人为中心的宏大视角。然而这条新的道路与夏洛亚的设想有所不同，20 年来的创举是在国家条约法的背景下来管理法律。但如果这只是一种经过变形的实现方式，它将是罗马共同法的普适性教义核心的承载者。在深入的研究之后，依然可以看到核心是可以辨识、实在而具有操作性的（即便有所冲突，我们的法学知识的核心依然具有永恒的价值，正如瓦萨利所承认的，民法从来都不是国家的奴隶，不能否认民法的国家主义对于民法的理性和伦理基础以及学科的普适性所造成的伤害）。

（四）法律中的传统和人文主义要素

后夏洛亚时代里最伟大的三位罗马法学家是里克波诺、彭梵得和塞格列。塞格列师从费尼尼（1859～1902），他反对把罗马法看作是迷信式的崇拜，认为这是一种不正确的鄙视。因此，他提出了与彭梵得、阿尔贝达里奥和里克波诺不同的问题，这表现在他关于文献的重构以及罗马法与现代民法交织的研究中。贝蒂、格罗索和布里叶瑟都是塞格列的学生。经过对贝蒂方法论的扬弃，格罗索发展出一种关于法律制度的传统与经验具体化的方法论，这些法律制度是在不同的历史时期、多种的环境里所存在的诸多价值的具体实践，并且能与基于批判研究基础上的历史差异性相对应。他强调了法的维度，除了法的解释这一方面的内容外，还结构性地包括了时间及其变化。在格罗索看来，罗马法并不是纯粹的法的历史，而是一种有利于为了人类更好地选择不同法律框架的传统（法律中的人文主义要素），从而避免原本为人类创设的法律制度和原则（其中也包含了合法性原则本身）被用来对抗人类，或使之

---

〔1〕［意］卡萨沃拉："法达和众有诉权理论"，载《拉贝奥》1955 年第 1 卷，第 132 页。

沦为客体。[1]他从罗马法中发展出对于法的一般问题的思考，以确定罗马法对今天的法的意义，即所谓的法的一般理论。他认为，可以通过罗马法实现对现代国家立法垄断的超越。[2]在担任国家科研中心法学和政治学委员会主席的时候，他还提出罗马法研究应该包括东欧国家以及非欧洲国家，尤其是拉丁美洲国家。

在描述了罗马学派在发展中所提倡的多元化的方法论和大量的文献之后，或者说通过对于具有"向心力"的合作与对话所做出的不同寻常、富有特色的关注之后，我认为，古代史学家、语言学家以及那些我们必须借此充实自身的学科合作，这样的方法论绝不能被搁置或减少。夏洛亚当年的抉择已经获得了基础性的成果，而且直到现在仍有其现实意义。在这些抉择中，最终当然包括了向其他学科开放这一结果。在这部分的工作中，我们的方法论显示了罗马法学者的意见在持续建构政治和市民共同体中的作用，即罗马法的现实性通过我们法律制度中法的一般原则、古典法学家方法论的传授以及"诚实和衡平"所表达的原则、概念和历史共同发挥作用。现在，在实在法尤其一些部门法领域已经出现了法的再统一化，这将导致全人类共有的法的重新形成。在我有幸整理的罗马各学派的学术蓝图中，我们的连接点正在不断增加，而分歧的存在则是为了保证方法论的多样性。

（本文原载于《厦门大学学报（哲学社会科学版）》2014 年第 1 期）

---

[1] ［意］格罗索：《法的人文主义传统和方法》，米兰：Edizioni di Comunita，1976 年；［意］桑德罗·斯奇巴尼：《罗马法和现代法——对意大利形势的批评》，载 Klio1979 年第 56 卷，第 154 页。

[2] ［意］格罗索："一个问题的实质"，载《意大利法学杂志》1954 年第 90 卷，第 473 页及以下。

法典、法官和学说

——意大利民法典草案起草者阿尔博特·德·希摩尼为视角

[意] 桑德罗·斯奇巴尼 著 李超* 译

一

公元 14 年，奥古斯都皇帝逝世，距今[1]刚好经过了 2000 年。借此机会笔者想提醒大家，是奥古斯都设计了第一个把法学和立法职能结合起来的形式体系，而这个体系需要我们用开阔的视野，对其进行综合性的反思。法学家彭波尼（Pomponio）告诉我们："在奥古斯都之前，君主们没有授予以官方名义进行解答的权力，然而那些很相信自己学识的人可以对那些向他们咨询的人进行解答……为了提高法的权威，奥古斯都皇帝第一个规定，根据他的批准可以解答。"

显而易见，这段话表明存在一种可能的形式上的协作，这种协作既开创了法学家理论作为法律渊源的机制，同时也带来两种法律渊源之间的混淆[2]。奥古斯都为两种法律渊源之间的协作提供了依据和基础，而该依据也未导致二者相互限制对方的权威。一个半世纪后，彭波尼在反思时又重申了这点，这种相互不

---

* 译者系意大利罗马第二大学法学博士，北京化工大学法律系副教授。

[1] "今"指 2014 年，是作者完成本文的时间。——编者注

[2] 参见彭波尼的论述。他一方面确认奥古斯都皇帝之前的法学家"已经创建了市民法"（彭波尼的上述论断得到了我们历史研究的证实，这些研究表明几乎所有十二表法之后的市民法都是不成文法的形式，更不用提万民法，他们的一部分是通过裁判官告示产生）；另一方面认为是哈德良皇帝确定了法学家解答权"通常不是请求的而是被实施的，因此如果有人非常自信的准备向民众提供解答，他很高兴"。此外，关于两种法源之间的区别，彭波尼还向我们证实之前曾参与法的创制，包括搜集整理法律（D. 1. 2. 2. 2）、解释法律（D. 1. 2. 2. 5，38）、利用这些法律重建法律（D. 1. 2. 2. 39）、并将其发展成为科学（D. 1. 2. 2. 41，42）、包含诉讼种类的诉（D. l. 2. 2. 6），等等。参见 S. Schipani, *I giuristi iuris conditores/fondatori del diritto*, in *Roma e America. Dirtto Romano Comune. Rivista di Dirtto*；此外，关于两种法源，参见 *dell' integrazione e Unificazione del diritto in Europa e in America Latina*，13/2002, pp. 275s.（www. romaeamerica. it）.

混淆且可能相互作用的协作正是罗马法体系在组织结构方面的一个重要特征。

开始于 15 世纪末期的"伟大革命和现代法典化"的现代，在之前的数个世纪里已经接受了《优士丁尼法典》和他的法学家们以及他们包含的两个维度，即由人类创制和为人类而创制的法律（legge）及法学（diritto scientifico）。《优士丁尼法典》没有像考古发现的文物那样被埋没数个世纪，而是通过很多次的更迭和"解读"——这些解读有的发生在罗马帝国境内，有的发生在东欧（比如先是在君士坦丁堡而后是莫斯科），有的发生在西欧；有的是围绕大学展开（比如先是在博洛尼亚大学，而后是数以百计的大学），还有的围绕法学（它延续着其一贯的角色，即仅信任专业性和权威性）展开——而得到不断的成长和发展。

在经历了"法律特色主义"和中世纪的封闭后，伴随着政治革命、独立革命和社会革命，为了追求自由的平等，越来越多的法学家和人们对法典展开研究，在此基础上，现代社会革新了法典。

用 17 世纪中叶以来的新的视角和再法典化观点，来审视法典、法学理论和法官之间的关系，对我们罗马法体系法学而言总是有着特别的意义。

就法典、法学理论和法官之间的关系而言，自 18 世纪末期开始在欧洲大陆，围绕法律体系的基础出现了一系列非常重要的分歧，即除了法律之外，还把权威法学家精细的研究创造、裁判官的告示和习惯列举在创制法的渊源的不同形式之中。[1] 自 18 世纪末期就渗透入欧洲统治阶级[2]意识形态的国家主义（nazionalism）在引入法律领域后体现为国家法律主义（statual-legalismo）的支配地位，以及国家对创造法的权力的垄断（"目光短浅的国家至上主义"）[3]。这种在欧洲大陆普遍流行的垄断地位，也传播到欧洲大陆之外的

---

〔1〕 参见 Gai. 1. 2；J. 1. 2. 3；Papiniano in D. 1. 1. 7；Pomponio in D. 1. 2. 2. 12.

〔2〕 我想强调的是，这里提及的"国家主义"（nazionalismo）是对"民族"（nazione）的异化，它构成了很多欧洲国家政治权力的思想体系，这种思想体系与第二次工业革命和国家大举干预经济生活密切相关。这种国家主义导致了国家和民族的混同（即国家和民族混为一体），其目的是实现国家的稳定团结，以便对各个阶层进行统治。

〔3〕 参见 G. Del Vecchio, *Le basi del diritto comparator e i principi generali del diritto*, in *Riv. Fil. Dir.*, 32, 1960, pp. 70s. 的确，法学理论对这种垄断权的支持可以追溯和扎根于罗马法复兴时期。比如，17 世纪最重要的意大利法学家之一，被称为平民博士（dottor volgare）的 Giambattista De Luca（1614 ~ 1683），详细阐释了共同法的特别："罗马人的法律，即被我们称为共同法的法，事实上应被视为任何一个独立王国的特别法，遵守这些法律的必要性并非仅仅因为我们现代这些地方曾共同位于古罗马帝国领域内因而应屈服于罗马立法者的权力，而是因为这些君主愿意接受罗马法并允许它以君主喜欢的现代化方式在自己的领地被遵守，即这种必要性源自每一个不同君主的权力。"但除了此处他提出的这点之外，还应感谢君主霸权与国家主义的结合。

其他地方〔1〕。

　　但是，就结构的角度而言，将法律规则以特定顺序排列集合起来的法典形式，带来的恰恰是对国家法律主义的抵抗，因为法典是法的创制的两大渊源——法律和权威法学家精细的创造〔2〕——碰撞的结果。法典的形式保持了

---

　　〔1〕　即便撇开"国家主义"不谈，也不可能对与国家和民族的混同相关的难题进行明确，即当创制出"民族国家"（statati nazionali）这一在书写上一般为复数形式的概念时，也应创制出其他配套的政治制度。事实上，这是一个永恒的难题。然而，我想指出的是，把国家对法的创制权力的垄断与法的国家（即公共权力应依法运行）相混同是肯定不正确的。在罗马法体系形成的时代，尽管存在着对"君主不受法律约束"（principes legibus solutus）规则的滥用，即不必遵循某些特定的法律［参见 D. 1. 3. 31，最初指的是《尤利和巴比法（lex Iulia et Papia）》］，而权力的使用应遵守法律规定这一原则却有着更深的根源：我们可以在普林尼（Panegyricus 65，1）"君主不在法律之上，法律却在君主之上"（princeps super leges，sed leges super principem）话中得到证实，对这点的反思也可以在法学家的作品（保罗 D. 32. 23，"遵守那些其可以不予遵守的法律，会凸显一个君主的伟大"＝ Pauli Sent 5. 12. 9a；4. 5. 3）和赛第米·赛维鲁、安东尼·卡拉卡拉皇帝的君主谕令（J. 2. 17. 8）以及亚历山大·赛维鲁皇帝的君主谕令（C. 6. 23. 3）中找到。该原则的最佳表述似乎是在狄奥多西皇帝的一份谕令中（C. l. 14. 4），该谕令颁布于公元 429 年，根据该谕令，君主遵守法律（submittere legibus principatum）的依据是这样一个原则，即皇帝的准可权依附于法律的权威（de auctoritate iuris nostra pendet auctoritas）（关于该谕令中的相关问题，参见 F. Gallo, *Sul potere normative imperial*，in SDHI，48，1982，413 ss.；Id.，*Per il riesame di una tesi fortunate sulla* 《solutio legibus》，in *Sodalitas. Scritti Guarino*，2，Napoli，1984，651 ss.，ora in Id，Opuscula selecta，Padova，1999，particolarmente p. 310 s.；343 ss）。对这点的反思，以及将国家对法的创制权力的垄断与君主遵守法律原则相区别，十分重要，这既是因为只有当上述垄断权未实现时该原则才可能得到真正落实，也是因为对法律的垄断常常阻碍对法的错综复杂的不同方面的辨识，而这会腐蚀法律建设的基础。

　　〔2〕　根据对历史事件的再解读，通说认为，那种认为优士丁尼已经完成了立法者对法的创制权力 Tanta 的垄断的观点是一种曲解，它受到国家法律主义（statuale-legalistà）视角的误导，与包括《谕令》以来的很多文献记载相违背。事实上，《Tanta 谕令》确认法学家是 huius operis conditores。我们对动词 condere 的了解，始于 ab urbe condita［Varrone 也曾使用 condere 来表述城（urbs）的建立：D. 50. 16. 239. 6］一语。在论及法学家的活动时，盖尤斯将其称为如 iura condere（Gai. 1. 7；4. 30），通过选择这样一个术语作为回应。彭波尼，在论述法学家布布里奇·穆奇（Publio Mucio）、布鲁图（Bruto）和马尼里奥（Manilio）所起的作用时，倾向于使用动词 fundare，说他们是市民法的"奠基人"（D. l. 2. 2. 38）。优士丁尼法学家，包括尤里安和其之前的那些法学家（C. l. 14. 12. I e 5；C. 4. 29. 25. 1；C. 4. 39. 9 ecc.），同样获得了作为 conditor iuris 的资格，而且并非仅仅因为是告示的创立者（Const Tanta 18）；甚至优士丁尼皇帝也被定性为 conditor（C. 1. 14. 12. 5）。君主（principes）创制了法是由于人民授予他的权力，但对法学家而言，人们强调是由于他们的精通（peritia）、博学（prudentia）、研究（fiducia studiorum）为他们赢得的权威（auctoritas）。而正是该权威（auctoritas）建立了由他们创造的法（D. 1. 2. 2. 5，49）。将同一术语 conditor 通用于皇帝和法学家，这暗示了二者之间的平行关系，并且表明对这部"作品"，这部法典而言，作为法的渊源体系两根支柱的这些 iuris conditores 的接近，在思想上已经成熟且明确。此外，不能排除的是，在优士丁尼和他的法学家中存在不同的想法，而且这种想法在第一部《优士丁尼法典》被批准后，于决定编纂《学说汇纂》时，变得成熟和普遍；把包括《优士丁尼法典》、《学说汇纂》和《法学阶梯》所有三部作品放在一起作为一部

它的生气和活力，而且由于它的这种结构核心的地位，也保持了开放性，这种开放性穿插于"尽用自己法律"（suis legisbus uti）和"享有平等的自由"（aequare libertatem）原则，即在所有的人们和各个民族之间存在一个广泛适用于所有人的共同法[1]。

或许在超越了国家法律主义，超越了国家对法的创制的垄断的今天，重读在此之前那些见证了现代再法典化被确认时刻的有关研究会更有意义，这种解读并非旨在复活相关的研究，而是为了给我们的反思和批判提供更大的范围。为此，我认为围绕《1802～1803年德·希摩尼法典草案》、《意大利共和国民法典草案》以及《北方意大利共和国民法典草案》的一些研究非常有意义。

二

法国大革命把法典化作为众多政治—法律任务的核心。最初的三个草案（1793年、1794年和1796年的冈巴塞雷斯草案）是在一种对法学家充满敌意的氛围中制定的。草案一方面旨在让所有的公民都能了解、知晓法律，并通过民法典来了解自己的权利，使民法典成为所有公民行使自己权利的向导；另一方面则旨在把所谓的法学家群体排除出去[2]。依据上述三个草案，法官只能是"法律的口舌"。然而，这些草案并不成功，因为这样的法案无助于解决不断出现的矛盾和纠纷。

1800年，法国组建了由波塔利斯（Portalis）领衔的立法委员会，该委员

"法典"来设计，这无疑表明其中蕴含了共同的特性。参见 Cfr. S. Schipani, *Unificacão do direito (Direito romano-codificacão). in Enciclopédia Saraiva do Direito*. 75.［1982］. 463 ss.；Id. *La codificazione del diritto romano comune*. rist. 2 ed. con brevi Note aggiuntive. Torino. 2011. 16 ss；Id. *"Huius operis conditores". in Le sfide del Diritto. Scirtti in onore card. A. Vallini*. a cura di G. Dalla Torre-C. Mirabelli. Roma. 2009. 395 ss.

〔1〕参见 S. Schipani, *El principio del suis legibus uti o del valerse de las propias leyes. in Roma e America*. 31～32/2011［ma 2012］. 139 ss.（www. romaeamerica. it）；Id. *Las Códigos de Justiniano como modelos de búsqueda de la consonancia en las transformaciones y reformas del derecho y de la sociedad y los códigos modernos. in Revista Chilena de Historia del Derecho-RChHD*. 22-I. 2010-Estudios en honor de Bernardino Bravo Lira. 137 ss.

〔2〕让法律能够为公民所读懂和理解的愿望有着很深的根源：《十二表法》被公布于市苑，但彭波尼很快指出这种公开并未彻底完成，而是需要借助法学家的作品（D. 1. 2. 2. 5）。在近代，当制定《德意志民主共和国民法典》时，语言的通俗易懂曾被给予了特别的注意，此外，人们在其背后还注意到两点非常重要的精心设计：潘德克顿文化和共产党官僚机构的解释。

会采纳了波蒂埃（Pothier）[1]对罗马法原始文献"批判性"解读的成果以及一些学者的教科书[2]，再次确认了大革命中制定的法律对中世纪某些制度的废止，并在此基础上起草了一部民法典草案。1803～1804 年，该法典草案经过多次审读后，以 36 部法律的形式被分别通过，其后又在 1804 年被汇集起来以民法典的形式颁行。此后，该民法典与其他法典一起，构成了一套"法典体系"（sistema di codici）。

由于这些法典具有较高的立法水平，又与罗马法有着密切的渊源，它们很快被意大利所广泛接受。事实上，这种接受甚至可以追溯到初始阶段，在 1798～1799 年罗马共和国收到的一部从法国寄来的民法典草案——即法国人多努（P. Daunou）起草的民法典草案[3]——中，就可以找到这种痕迹。对此，我无意展开，我更愿意谈一谈意大利独立成熟的民法典制定经验。

三

随着法国大革命和拿破仑影响的扩大，意大利北部于 1797 年创建了阿尔卑斯共和国（Repubblica cisalpina），后于 1802 年转变成意大利共和国，并由拿破仑担任总统，直至 1805 年。其后，该共和国于 1805 年又转变为意大利王国，直至 1814 年。[4]

早在阿尔卑斯共和国时期，人们就发起了一场有关法典化的争论。之后在 1802 年，刚成立不久的意大利共和国司法部部长就委任德·希摩尼起草了一部民法典草案[5]。

---

〔1〕 首先我所指的是 *Pandectae Iustinianeae in novum ordinem digestae* 一书的第 50 卷第 17 编，在该编中作者搜集了远超过优士丁尼《学说汇纂》第 50 卷第 17 编中所列的规则，并根据优士丁尼《法学阶梯》的体系顺序所确立的更抽象的方式项重新组织编写，做了进一步的发展，几乎制定了一部准法典草案。

〔2〕 S. Schipani, *La nascita del modello di codice*. in *Roma e America*. 27/2009. 35 ss.（www. romaeamerica. it）.

〔3〕 该民法典草案沿用了冈巴塞雷斯 1796 年民法典草案的路径，具体情况参见 *Projet du Code civil de la Republique romaine*（1798），edito da Filippo Ranieri, Francoforte/M. 1976.

〔4〕 这段历史的过程较为复杂，但并非是我们讨论的重点，因此在此笔者无意就此展开。

〔5〕 参见 P. Peruzzi. *Progetto e vicende di un codice civile della Repubblica Italiana*（1802～1805）. Milano. 1971. 231 ss. 该作品还研究了"法国占领军向莱昂国家委员会（comizi nazionali di Lione［1801～1802]）提交的为了在北部意大利进行法典化的建议和发起书"。

德·希摩尼[1]曾在奥地利茵斯布鲁克（lnnsbruck）大学学习法律，之后又在（今天的）意大利伦巴第大区的一个小城市做律师。与此同时，他还研究了"潘德克顿的现代运用"（Uso moderno delle Pandette）学派和以普芬道夫（Pufendorff）[2]、寇切斯（Cocceius）[3]、海奈克希乌斯（Heineccius）[4]为代表的自然法学派的学说，以及意大利的传统习惯（Mos italicus）。因此，其受到意大利法学和欧洲法学的滋养[5]。随后，出于政治原因其迁居到米兰，在那里，他的才华很快就受到赏识。他接受委托并编订了一部民法典草案。他还在民法典草案的正文之前写了一个说明，以介绍法典的基本构想。这份民法典草案被托斯卡纳的一位法学家斯诺里尼（Signorini）[6]看到，并就该草案做了论述。之后编纂了该草案的第二稿。然而，1805 年意大利共和国转变为以拿破仑为国王的王国。与此同时，如前所述，1804 年法国通过了《拿破仑民法典》，而且该法典在 1806 年被意大利王国所接受。由于以上种种政治原因，德·希摩尼的民法典草案最终被束之高阁。

德·希摩尼的民法典草案产生于《拿破仑民法典》之前，因此没有受到该法典的影响[7]，它是《拿破仑民法典》之前唯一一部体现意大利法学家观念和想法，并由意大利法学家编纂的民法典草案。

---

〔1〕 有关该法学家的生平，参见 P. Peruzzi, *Progetto e vicende di un codice civile della Repuhblica Italiana*（1802～1805）. Milano. 1971. 53 ss.

〔2〕 塞缪尔·普芬道夫（1632～1694），代表作为 8 卷本《论自然法和万民法》（*De iure naturae et gentium libri octo*）.

〔3〕 塞缪尔·寇切斯（1679～1755），第一部普鲁士法典草案（*Corpus Iuris Federicianum del*）（1749～1751）的作者，并因此而享有盛誉，然而该草案并未全部完成，并被腓特烈二世驳回，驳回的理由是该草案过于偏重罗马法。

〔4〕 约·歌·海奈克希乌斯（1681～1741），以其哲学著作而出名，特别是《按照〈民法大全〉次序叙述的民法原理便览》（*Elementa iuris civilis secundum ordinem Institutionum*），该书被译为 149 种语言的版本。

〔5〕 德·希摩尼的阅读范围显然超出前文所举，就整个阅读情况以及其对阅读的反思中，值得我们注意的，既有对"某些作者，如巴尔多鲁、巴尔杜斯、加索纳·德·卡斯特罗（Giasone de Castro）以及该学派的其他古代学者"作品的评析，也有对体系性教科书的作者及最早一批教科书的评价。因为其远离反优士丁尼和批判优士丁尼观点，远离某些启蒙主义的典型视角，远离为超出法律字面含义的解释〔因为通过这种方式——用 F. Bacone 的名言来说，（*De dignitate et argumentis scientiarum*. VII. 3. af. 44. in *Opera Omnia. Francofurti ad Moenum*. 1665）——"法官转化成为立法者，而一切都取决于法官的裁量"〕进行正名的观点进行定位时，我们显然要考虑他这种开阔的视野。

〔6〕 关于 Pompeo Signorini. giurista toscano. cfr. P. Peruzzi. *Progetto e vicende* cit. 239 ss.

〔7〕 参见 P. Peruzzi, *Progetto e vicende di un codice civile della Repuhblica Italiana*（1802～1805）. Milano. 1971.

对于这部民法典草案我想强调两点，这两点都是围绕该法典草案展开，并反映了那个时代意大利法学家的思想，这种思想为之后的法典所采纳，并与后来《拿破仑民法典》的立场惊人的一致。为此，我将援引若干历史文献。[1]

四

在一份 1798 年的《共和国议会立法动议》（以下简称《动议》）中，有这样一段阐述："在阿尔卑斯共和国中存在着 400 多个不同的法令体系（statuti），其中的一些甚至还相互矛盾冲突。那么这些规定之间的差异是合适的么？我们真的需要像在驿站更换马匹一样，（每到一个地方）更换法律吗？这真的合适吗？难道我们不能暂时适用罗马法么？"[2]

就这些简单的阐述，我们应注意以下几点：

首先，这是某个团体组织批准的动议，这意味着它并非某一学者的观点，而是得到广泛认同的观点。

其次，它很好地阐释了其理解的"法律特色主义"，即每个城市和每个古老的封建领地都有自己特别的规则、特权和负担。这种"法律特色主义"是共同法时期，作为中世纪法逻辑结果的产物，但它违背了当时（18 世纪时）人们对统一的法律日益增长的需求，因为统一的法律可以使人们享有平等的待遇，保证人们自由的迁徙，使公共管理更加理性，促进经济繁荣等。

最后，《动议》期望能够废除所有这些特别的法律，并用一部法典取而代之。《动议》还建议在法典诞生之前，寻求罗马共同法的帮助，并认为根据"潘德克顿的现代运用"，罗马法能够满足实践的需要，并起到法律统一的作用。

德·希摩尼在民法典草案的说明中宣称："如果我们剥夺法官所有的裁量权力，否认法学通过法律原则为法院解释法律提供指引的使命，法律会越制定越多……法学无法与罗马法割裂开来，因为正是罗马法启示人们产生了适用于所有民族的法律的理念，也正是罗马法在每种政府可能制定并遵守的法律之外，临时承担了法律的功能，对实在法起着弥补法律缺陷的

---

〔1〕 在引述这些片段时，我依据现代的语音表达方式对原文做了调整，以便于阅读和理解。

〔2〕 参见 P. Peruzzi, *Progetto e vicende di un codice civile della Repubblica Italiana*（1802 ~ 1805）. Milano. 1971. p. 195.

作用……"〔1〕

对这段话,我们应注意以下几点:

首先,在对民法典草案进行评价时,德·希摩尼认为有必要结合民法典之外的其他一些要素,特别是这些要素与民法典本身的关系,进行综合考量。具体而言,这些要素包括:

第一,将法典适用于具体案件的人的裁量权;

第二,"法学"活动,即根据罗马时期以及德·希摩尼时代的术语所指的法学理论或法律科学,它们为上述裁量权的行使提供指引,并对这些裁量进行评估、讨论,甚至批判,以辩证地保证法律得到正确的适用。

其次,假如没有上述两类活动,那么法典就需要规定所有可能的案件类型,〔2〕一旦出现法典没有规定的情况,就得不断诉诸立法者。

再次,法学利用一系列的原则,起着指导功能。

最后,法学及其阐述的原则有补充各个民族国家自己的法律的作用,并可起到填补法律漏洞的作用。

在民法典草案说明中,德·希摩尼还说:"但是,我们不应支持和追随某些实务工作者的意见——事实上这些意见也受到最优秀的法学家的批判——即在对法典、地区性的法规和自治的法规进行解释时,应在共同法准则之下做狭义的解释……相反,国家颁布的法典才是适用于该国公民的主要法律,而罗马法应被视为一种补充性的法律,用来辅助法典的运行,即用那些从罗马法学中提炼出来的规则来更好地解释和适用国家和自治市制定的实证法,并对它们进行补充完善。"〔3〕

对这段话,我们应注意以下几点:

首先,对于这部孕育中的法典,法学家们存在两种不同的态度:第一种倾向于保留法院惯常的做法以及法院形成的稳定的法律解释规则,它们与共同法——如前所述中世纪的法律制度发展出了"法律特色主义"——相关联,而不是罗马法。为达此目的,他们主张把中世纪的传统法律原则,即对政治共同体制定的法令和法规应做严格的解释,延续至将来的法典。该观点在

---

〔1〕 参见 A. De Simoni, *Discorso preliminare al progetto di Codice Civile per la Repubblica Italiana*. par. 19. in P. Peruzzi. *Progetto e vicende* cit. 262.

〔2〕 值得提醒的是,德·希摩尼在另一篇有关立法者不可能规定所有情况的文章中,引用了著名的片段 D. 1. 3. 10(cfr. P. Peruzzi. *Progetto e vicende* cit. 79 n. 96).

〔3〕 参见 A. De Simoni, *Discorso preliminare* cit par. 25. in P. Peruzzi. *Progetto e vicende* cit. 263 s.

"实务派"中较为流行。第二种观点则反对这种意见，他们认为，中世纪的这个传统原则事实上为罗马法优于制定法和特别法提供了便利。现在他们希望让法典居于优势地位，因为法典带来法制的统一。

其次，它非常巧妙地划定了一条界线，并以此界线区分了两种不同的适用罗马法的方式：一种是中世纪法律制度中适用罗马法的方式；另一种是现代适用罗马法的方式，这种新的方式剔除了中世纪法律的残留。这种新的方式，既是对法典体系的再解读，也是解释法典体系的基础，因为它支撑和补充了法典。这种新方式并非想要为法典体系划上中止符，而是想把这个体系扩展至平等（人们行为的平等）和法律适用的一致，扩展至那些仍可能存在（或提起[1]）的中世纪法律及其残余的障碍中。

在斯诺里尼（Signorini）的有关评述中，笔者认为有必要引述这段话："针对新的法典，有的人对其持批评意见，认为其没有详细地规定所有的行为，也没有囊括所有地方法令所规定的事项。在我看来，这种批评不值一提。事实上，对这种批评涉及的困境，已经被一种既新颖，又正确、实用的想法克服，即将优士丁尼的《国法大全》作为法典的补充辅助。罗马法学是一笔巨大的财富，一些现行法律没有规定或者法律规定模糊的情形，法官可以从罗马法中提取相应的规则以兹补充或进行澄清……"

上述评论完全印证了我们到此为止所做的分析：法典不应包罗一切，其仅仅是整个法律体系的一部分，即精挑细选后解读的部分，应该通过对法典的解释和补充来保障法律体系的运行。

五

撇开这些不谈，就上述观点而言，在腓特烈二世针对 1794 年批准通过的《普鲁士邦法》的草案说明和颁布令中，即该法序言第 47 段和第 49 段的规定[2]，我们可以看到相反的立场，事实上，腓特烈二世创设了一种偏激的法律文化，它只愿承认基于法律文义的解释。同德·希摩尼草案明显相反的是，

---

　　[1]　"公民"的称呼的确来源于近代的法国大革命，而且受罗马法影响。但是不能遗忘的是，意大利的市镇以及欧洲的城市的地位，它们都是"罗马市镇帝国"的自治市（municipia）。
　　[2]　第 47 段规定：如果法官对法律的含义存有疑问，应当抛开具体的案件情况，将其疑问提至立法委员会，并根据立法委员会的解答适用法律。第 49 段规定：如果法官在审判案件时，不能找到可以适用的法律，那么应在其对案件进行仔细审查后，根据法典规定的基本原则，或者法律规定的类似情况的规则进行裁断。

该法典规定当法官对法律的含义产生疑问时，其有义务诉诸立法者；并且否认法典存在任何漏洞；要求立法者对适用的法律的解释有权进行审查和控制，而且独自享有确定《普鲁士邦法》法的范围的权力，并认为任何争议都被法律规定的条文和法律原则所涵盖和包括。[1][2]

另一方面，通过罗马法体系来补充法典规定，这一被《普鲁士邦法》和《特蕾莎法典草案》所排斥的方式，却出现在 1756 年的《巴伐利亚民法典》[3]中，这也是第一部被作为"民法典"来设计的法典。事实上，《巴伐利亚民法典》（Codex Maximil-ianeus Bavaricus Civilis），既没有规定漏洞的存在，也未规定"诉诸立法者"规则，因为这个法典本身就是"潘德克顿现代运用"的产物，因此法律漏洞本身当然可以通过其他的规则——主要是罗马法——来予以填补。该法典第一章第二编第9段明确规定："尽管罗马法原本的确仅适用于罗马人，但其随后被引入其他地区，特别是德国。在我们这里，罗马法应以更方便的方式来适用，可以将其适用于那些我们的法律规定的不够明确的情况。"[4]质言之，法典并不被视为唯一的法律渊源，也不排斥其他的法律渊源，而是作为被外部吸收体系中的一部分。随后，颁布该法典时的文件还提及解释问题，提及那些法律明确规定之外的案件，提及"共同法、制定法、

---

〔1〕 参见 G. Tarello, *Storia della cultura giuridica moderna. I. Assolutismo e codificazione del diritto.* Bologna. 486 ss. ; S. Schipani, *El Código civil español como puente entre el sistema latinoamericano y Los códigos europeos：apuntes para una investigación sobre la referencia a Los "principios generales del derecho".* in Rev. de Derecho Privado. 1997. 427 ss. ; Id. *La codificazione del diritto romanno commune.* rist. 2 ed. *con brevi Note aggiuntive.* Torino. 2011. 122 s.（tr. Port. del capitolo cit. *in Sistema Jurídico Romanístico e Subsistema Jurídico Latino-americano.* a cura di D. De Araujo-S. Schipani. São Paulo. in corso di stampa）; A. Guzmán-Brito, *Codificación del derecho civil e interpretación de las leyes.* Madrid. 2011. 318 ss.

〔2〕《普令士邦法》确定的这一思想，之前也曾被奥地利特蕾莎女王任命的法典起草委员会（《1766 年特蕾莎法典草案》）所使用，但后者做了轻微的调整，给予一定的弹性。参见 Par. 5. 81 ~ 5. 85 e 5. 82. 5. 87，只有当立法者明确规定时，方可援引"自然公正"原则。关于这点，参见 G. Tarello, *Storia della cultura giuridica moderna.* I. Assolutismo cit. 253 s. ; A Guzmán-Brito, *Codifiación del derecho civil* cit. 294 ss.

〔3〕 之所以援引这部法典，是因为其被公认为代表着国家实证法取得了统治地位。此外，这部法典也被 M. A. Saint-Joseph, *Concordance entre les Codes civils étrangers et le Code Napoléon.* Paris. 1840，所收录，因此也被广为流传。

〔4〕"Das Römische Rechet. welches zwar urprünglich nur denen Römern gegeben. hernach aber auch in anderen und sonderbar in Teutsch-und hiesigen Landen eingeführt worden. soll in Sachen. welche etwan durch einheimisches Recht nicht gnug bestimmt seynd. auf schicklich-und thunliche Weis zur Hülf gebraucht warden". 前引 Saint Joseph 在评价该法典第9、10、11 段时，总结说："罗马法和封建法将以辅助法的方式被适用，即在不违反地方法令和法律的情况下，可以适用罗马帝国的法律。"

自然法和其他古老法律的原则"。[1]

因此，可以说德·希摩尼另辟了一条蹊径：一方面，德·希摩尼抛弃了让法典承担共同法角色的理念，即只有在其他特别法律没有明确规定时才诉诸共同法，质言之，在德·希摩尼对法典的定位中，法典超越了其以往的辅助地位。而且，他还抛弃了将法典放在国家法令的逻辑中做严格解释的理念。另一方面，德·希摩尼摒弃了启蒙运动要求法典无所不包的定位，肯定了法学家造法的功能。事实上，他恰恰指出，如果立法者需要以具体案件的形式规定每种现有和未来的特别情况和具体情况，那么必然导致立法者动辄需要立法，甚至出现更糟的"为个人制定法律"式的立法。他的这种观点与之后波塔利斯的观点完全一致，后者在 1804 年就《拿破仑民法典》的报告中表达了相同的观点（名言："认为我们不能预测所有……这是明智的想法"）。这种理念也被以法律的形式规定在《拿破仑民法典》第 4 条[2]以及 1811 年《奥地利民法典》第 7 条中[3]。

由此导致了法官裁量权的必要。事实上，裁量权不仅对法官而言是必要的，而且对任何以针对具体案件寻求法律适用作为其职业的人——即所谓的

---

〔1〕 "aus den gemein-gescbrieben-natürlich-und anderns ehemahligen Rechts-Principia". Von Kreittmayr（vol. 5. 1758）如此评价该法典。特别有意思的是，其重复提到 principia，该术语的概念和作用都在不断地增长（关于该概念，参见 S. Schipani, Principia iuris. Potissima pars principium est. *Principi generali del diritto. in La codificazione* cit. 83 ss.；trad. port. in *Sistema Jurídico Romanístico* cit.），它在 domestica particularia 和 comunia 中的区别，最早的一些来自于国家的谕令、人民的习性、法律的渊源和我们之前谈过的某些古代法，以及法律被批准的环境、法律的历史；如果这样还不能得到充分理解，那么应诉诸第二点，即所有人类的理性（rationes omnibus gentibus comunes），对此可以援引 J. 1. 1. 4. 根据该片段，司法包括自然法、万民法和市民法（collectum est ex naturalibus praeceptis aut gentium aut civilibus）。

〔2〕 笔者想强调的是，我们不应将拿破仑法典的制定和拿破仑法典的生效时间提前，尽管的确已经有一些法学家开始对该法典进行解释，但直到 19 世纪末期，在法律实证主义的影响下，其才其正占据优势。罗马法对法国民法典的持续补充除了可以从最早的一批法典评注（cfr. ad es. Desquinon, L'esprit des Institutes de l'Empereur Justinien comparé avec les principesdu Code Napoléon. 2 vol. Paris. 1807；Dupin, Recitationes in Elementa juris civilis secundum ordinem Institutionum J. G. Heineccii. 2 vol. Paris. 1810. la cui redazione l'A. ci presenta sottolineando di avere trattato il diritto romano e il Codice Napoleone；Delvincourt, Iuris Romani elementa secundum ordinem Institutiorum Iustiniani cum notis ad textusexplicationes eiusque cum iure Gallico collationem. Paris 1814 ecc.）——这些评注多基于罗马法——中得到证明外，也可以从 1804 年第 22 号法律所提出的有关权利能力的改革方案中以及其他相关法律命令中得到印证，有关这点，参见 S. Schipani, La codificazione del diritto romano comune. 3 ed. Torino. 2011. 120 ss. e nota 7；227 ss.

〔3〕 关于这点，参见 S. Schipani, *La codificazione* cit. 123 ss.；A. Guzmán-Brito. *Codificación del derecho civil* cit. 348 ss.

广义的执法者（operatore del diritto）——而言都是必要的：在这些具体的案件中，为在解决争议中寻找能够最好地平衡当事人权益的措施和提供更透明的规则，必须进行相应的法律裁量。

在 18 世纪末的意大利语中，术语"arbitrio"借用了罗马法中的术语，为简便起见，我们可以借用拉丁术语"arbitrium boni viri"（第三人公平裁断），后者符合客观法律伦理观，与"简单裁断"相对。[1]由于无法准确地界定前引 Bacone 的话中 arbitrio 的准确含义，因此，为了确认德·希摩尼的观点，仔细审查 arbitrio 在当时文化背景和草案序言中的问题显得非常重要。事实上，德·希摩尼另外补充道："Arbitrio 是一种基于语言缺陷的不恰当的表达，人们无法找到一种能够准确无误地解释应如何理解'法官和司法裁量'的词语，基于正义和正当的诉求，它可以被定义为一种在法律没有规定的案件中裁断公平的权力，这种裁量无论是在精神层面还是实体层面都符合法律本身。这就是在罗马共和国时期裁判官荣誉法中的 arbitrio。"[2]

随后，就前述法学学说的角色和法官权力的限制，德·希摩尼做了更深入的论述："法学理论应总是构建一种能够而且适合转变为法官之间学术研讨的科学……法学应是这样一种科学，它应能够规范法官和司法人员的裁量，以使得他们能够运用民法的原则和准则，把法律的精髓和精神贯彻到争议案件和类似案件中，并实现立法者的立法目的……民法学不能从罗马法律中分离，罗马法为每个文明的民族所重视和尊重，并被作为自己民族法律的补充，为人们所广泛的接受……这部（罗马法）法律大全的确包含了那些最智慧的博学者们长期以来都认同的法律，它们十分接近公平、正义和谨慎的判断，而这些都是最能为所有政府接受，并将其作为自己国家或地区法律的补充规范并予以效仿的部分……人们完全有理由担心，法官和司法人员会为了扩大自己司法管辖权的界限和司法活动，以某些方式间接地盗用立法权和立法职能……但民事纠纷范围的扩张是无限的……不可能用准确的法律来规范调整无限的争议，因此法学是必要的，而法官需要经过深入的法学理论学习……在裁量时不能依凭简单和普通的是非感……而应接受最重要的和最值得信任

〔1〕 参见 Heuman-Seckel, *Handlexikon zu den Quellen des römischen Rechts. s. v. arbitrium*；F. Gallo. *La dottrina di Proculo e quella di Paolo in materia di arbitraggio.* in *Studi in Onore di G. Grosso.* 3. Torino. 1970. 477 ss.

〔2〕 参见 A. De Simoni, *Discorso preliminare* cit par. 21. in P. Peruzzi. *Progetto e vicende* cit. 262.

的法学大师的指导。"[1]

在这段话中，我们注意到一种在诉诸裁判官制定的荣誉法和重复诉诸法学指导之间的摆动，这种法学的指导作用，在我看来，用优士丁尼的话说，应指的是法学教育的基础作用。

但是，众所周知，现代的司法——法官与罗马法上的裁判官存在很大的区别，后者并非法官，而是经过选举产生，享有治权（imperium），履行特定司法职能（iuris dictio，即公布在争议案件中适用的法律、规则）的官员，其不参与案件判决的制定，而把案件的判决留给法官。同时，我们可以认为，在德·希摩尼言语的背后是对帕比尼安关于荣誉法帮助（adiuvare）、填补（supplere）功能论述的回应，他对纠正（corrigere）功能的认同存在明显的困难，而对该功能，帕比尼安论述时也曾予以强调（D. 1. 1. 7. 1）。事实上，我们的倾向是依据法律的精神来求助于公平。德·希摩尼同样倾向于深入研究法官和学说之间的互补性，其法学学说，一方面充分吸收以优士丁尼及其法学家的作品为主流的传统的营养，另一方面使用由批判性解释得来的一系列原则（这些原则也应用来判断法官以及培养法官），发挥着之前所说的功能。笔者不认为在德·希摩尼的思想中，这种学说——执法者之间的互动使得执法者本身也被包含在学说中（尽管这可能值得我们做进一步深入的研究）。事实上，这种互动开始于执法者的培养，而后在其职业活动中进一步发展，并且永不停歇。无论如何，重要的是学说在行使权力者面前所扮演的角色。

但是，那些并非旨在就具体案件或者利益冲突提供解决方式，而是就某类事实是否归于法律管辖做出决定的人，也值得我们注意。

与具体裁判之人的角色不同，法学家需要对批判性的反思进行引导、评价和理性的论证。这种批判性的反思是基于更广泛的、更一致性的考量，并激励人们以理性、善和平等的名义探究更好、更平等的规则。正如古罗马法学家彭波尼所说："如果没有法学家日复一日的完善，法学就无以成为一个坚实的整体。"法学家的这种作用，似乎也得到了德·希摩尼的认可。

六

在裁判过程中，法学家之间的对话、讨论、分析、评论、分歧以及支持

---

[1]　参见 A. De Simoni, *Discorso preliminare* cit par. 18. 20. 22. 24. 27. 30. in P. Peruzzi. *Progetto e vicende* cit. 262 ss.

或批判的争论都是法律体系构成中至关重要的一环，应将其广泛应用于非诉活动、合同条款和法律文件条文的拟定等活动中。

德·希摩尼指出，如果法典—执法者—学说之间的关系失去了平衡，让学理屈服于法官的权力，放任法官裁量，不再让其倾听来自学理的理性批判——而这些理性批判建立在能够带来进步的广泛一致和平等基础上——尽管会提高效率，但同时也削弱了植根于法律实施的效用基础。此外，对法律原则的整理优化将处于危险之中，判决将面临趋于僵化的可能，而那些有利于促进判决向更好方面发展，能够创新法学讨论的可能性也有消失的风险。正如理论分歧在法的产生过程中使法日益完善所起的基础性作用一样，司法判决之间偶然的差异同样必不可少，尽管这些差异会导致某些混乱无序，但同时却对法的产生和优化起着重要作用，特别是使法获得广泛的认同，以及确保从传统经验——这些经验不是从实验室中产生，而是从日新月异的生活中不断研究得来。这种研究，通过深入的调研和小心谨慎的论证，展示了在寻求独特个体和平等之间的平衡时需予以考量的各个方面所具有的多样性之间的所有牵连[1]——中借鉴更优的纠纷解决机制而言。这使立法者不可避免地增加使用抽象概念和所谓的一般条款。[2]

古哲学家弗隆托（Frontone）曾向皇帝进言，指出：恰恰是皇帝作为立法者，对不同的案件进行规定。命运每次只能决定一个案件；法官不会强过命运。[3]法学家既没有任何权力，又不裁决任何案件，但却是作为法律的渊源，根据科学的方式和权威，就不同的案件提出解决方案和解决的方法。

笔者想补充说明的是，德·希摩尼所阐释的平衡关系中，假设存在一个"制定法律的法学特别要素"（momento giurisprudenziale specifico del diritto leg-

---

〔1〕 格罗索提出的"传统——经验"概念显得非常重要，关于这点，参见 G. Grosso, *Tradizione e misura umana del diritto.* Milano. 1976. 25 ss. ; 35 ss. (= in Id. *Scritti storico giuridici. I. Storia. Diritto. Società.* Torino. 2000. l37 ss. ; 269 ss.). 另参见以 D. 2. 2 中所提及的告示为基础的观点：对每个人都应适用其提出的适用于他人的法律。

〔2〕 在巴西，2003 年民法典扩大了所谓"一般条款"的适用范围，并发展出了一个有关使用"súmulas"的条款。这在巴西引起了广泛的讨论和研究，并围绕它发表了非常多的作品，在此笔者想强调一篇文章，即 F. dos Santos Amaral Neto e di N. Posenato *in Dez anos. Contributi per il primo decennio del nuovo codice civile brasiliano.* a cura di S. Lanni. Napoli. 2014. 该文的论证与我们共同的体系进行广泛的对比。同样有趣的是，在这样一个对比中考查了中国的司法经验，特别是中国最高人民法院享有的制定法律补充性规定的权力。为了制定此类规范，一个专门的委员会利用法院本身的判决，并对这些判决进行筛选，然后把它们制定成一般和抽象的规定。

〔3〕 Epistolario di Frontone e Marco Aurelio. I. 6 ed. Naber. 14.

islativo），一方面它被附加于法律并对其进行补充，另一方面它已经被广泛地包含在法典中，并将它们定性为立法者和法学共同作用的产物[1]。这种特别要素植根于一种多元化的创制法的渊源的体系中，它承认可能存在一个非基于法律而是为了填补法律漏洞的"法学家法"领域：这个领域是指那些法律没有明确规定，但不能凭主观的公平感进行调整，而需诉诸法律体系的客观标准，通过那些经过几个世纪不断积累、提炼所研究和发展出的概念、原则以及"更好和更平等"的规则来调整的领域。

七

此外，法学还使所有的法"成为一个整体"（D. 1. 2. 2. 13），既包括由制定法和习惯发展而来的法，也包括由法学要素发展出的法以及源于法学家作品的"法学家法"。事实上，存在一个涵盖所有的"法学要素"（momento giurisprudenziale），它综合了广泛的一致性，通过对"平等"广泛一致的认同来扩展"善"的理念，并把所有这一切转化为一个"体系"，对此，我们可以将其称为"一般法学要素"，它由"完整意义上的体系性解释"所创制，超越了规则和规定集的多样性，但这种多样性并未被废除，而是被整合[2]。

当法学理论和法学家法（iuris prudentia）突破自我禁锢，不把自己的视野局限于作为简单的"法律的口舌"或者简单地解释国家制定的法律，法学理论和法学家法（iuris prudentia）的这种功能保留了其作为法律渊源的地位，这种法律渊源可以收集一个民族或人民生活中各个方面最复杂的法律问题，这些问题并未被作为法的首要渊源的法律所否定，但却将其从法的渊源中排除在外。

在我们的法律体系中，由于之前所说的自我限制，法的一般原则被某些人限缩为"国家法律的一般原则"，而且几乎可以说存在着很多不为人所知的"隐

---

〔1〕　参见 S. Schipani, *La codificazione* cit. *passim e particolarmente* 16 ss. ; Id. *Huius operis conditores* cit.

〔2〕　认为存在《momenlo giurisprudenziale del diritto》，参见 L. Lombardi, *Saggio sul dirtto giurisprudenziale*；Milano. 1975；认为存在《formante dottrinale del diritto》R. Sacco, *Introduzione al diritto comparato*. Torino. 1992；R. Sacco. *Legal Formants. A Dynamic Approach to Comparative Law*. in *The American Journal of Comparative Law*. 39/1. 1ss. ; 39/2. 343 ss. 在此笔者无意就上文的综合论述，以及这些学者观点之间的区别进行说明。同样重要的是由格罗索提出的概念 "tradizione-esperienza"，对此参见 Cfr. S. Schipani, *Sistema jurídico latinoamericano e códigos civis*. in *Sistema Jurídico Romanístico e Subsistema Jurídico Latino-americano*. cit. in corso di stampa.

性法律"的领域，对它们的认识始于对这种体系本身存在的发现，例如在美洲，始于前哥伦比亚原住民制定的制度；或者源自特大城市郊区或者农村[1]的事实上的法律；或者在超越民族层面上，开始于合同或者债的原则[2]，如诚实信用原则[3]等。

　　关于前述法学理论的地位，我们可以援引法学家乌尔比安的论述，他把法学家称为法的"祭司"（sacerdote），如此明确地指出，法学家所从事的活动显然并非简单地宣布立法者的意志，而是重新把法学家的活动引回公法领域。[4]

　　　　（本文原载于费安玲、桑德罗·斯奇巴尼主编《罗马法·中国法与民法法典化文选——从罗马法到中国法：权利与救济》，中国政法大学出版社 2016 年版）

---

　　〔1〕 对原则在立法层面的认可，参见 2003 年《巴西民法典》第 1238 条（già nella CostBras. / 1934 art. 125）和第 1258 条。关于这点参见 A. Calderale，Possesso e proprietà nel nuovo codice civile brasiliano. in Dez anos cit. 215 ss.

　　〔2〕 可以参见很多关于在拉丁美洲国际性债务中应适用"法的一般原则"的论文［cfr. P. Catalano-S. Schipani，*Promemoria sul debito internazionale. in Roma e America.* 23/2007. 185 ss.（〈www. romaeamerica. it〉）］以及在拉丁美洲债法统一的论文（cfr. S. Schipani，*Reler os Digesta de Justiniano-contribuções para um Código latinoamericano das obrigações.* in *Sistema Jurídico Romanistico e Subsistema Jurídico Latino-americano.* cit.）。

　　〔3〕 强调诚实信用原则的普遍有效有着重要的意义，如在 2003 年《巴西民法典》第 422 条规定诚实信用原则之前，该原则被广泛认可。

　　〔4〕 D. 1. 1. 1. 1 和 D. 1. 1. 1. 2. 在此意义上准确的综合，参见 C. Pecorella，*Osservazioni sui " romanisti" e la "codificazione".* in *Studi Sassaresi.* 5. 1977～78 = *Diritto romano. condificazioni e unità del sistema giuridico latinoamericano.* a cura di S. Schipani. Milano. 1981. 568.

罗马法中的体系化论题

——债

[意] 桑德罗·斯奇巴尼 著 罗智敏[*] 译

在此文中，我并不想对债的问题泛泛而谈，首先概括理论上债的概念的出现、基本特征及其相关规则，强调债与其他早已存在的支配权关系的区别，后来这些关系与债一起发展；其次考察债如何具有体系化的作用，如何组织并指引法的一个重要领域连贯发展；最后论述它如何在法典中具有中心地位。

一、债（obligatio）的起源：其特征之体现

债是罗马法中最有意义的成果之一。[1]

（一）就支配权而言的债

就一个主要把支配性法律地位和家庭间、氏族间的关系置于中心的社会而言，罗马城的建立、社会斗争及法律与法学相交，发展了债的特殊性，家庭间与氏族间的关系完全走出了支配权关系的范畴。支配权既针对一个家庭成员，包括奴隶，也针对处于权力之下的外国人以及物，并首先在那些具有从属特征的物上有所体现。在这里我不可能阐述所涉复杂情况的所有法律概况，我只强调最有意义的一些问题。[2]

---

* 译者系意大利罗马第二大学法学博士，中国政法大学法学院教授。

[1] 在浩繁的文献中，请允许我提及 G. Grosso, *Obbligazioni, Contenuto e requisiti della prestazione, Obbligazioni alternative e generiche*, 3 ed., Torino, 1966.

[2] 参见 G. Grosso, *Schemi giuridici e società nella storia del diritto privato romano. Dall' epoca arcaica alla giurisprudenza classica: diritti reali e obbligazioni*, Torino, 1970, 307 ss. 也参见 F. Serrao, *Diritto privato, economia e società nella storia di Roma*, 1, *Dalla società gentilizia alle origini della economia schiavistica*, Napoli, 2006, 在第 171 页及以下页他提到不同的从属关系以及在氏族社会与劳动力相关的法律概况；为了从多元化的关系中将债的统一的出现排列在复杂的论述中（375 ss.），在第 335 页及以下页他考察了交换行为、债权、担保、社团，以及犯罪（365 ss.）。

1. 因债受役者（nexus）的地位与履行的目的

当然从因债受役者[1]看出对其束缚来自于一种类似于要式买卖（manci-patio）（正是支配权关系的渊源）形式的行为以及束缚本身的直接人身性，在该束缚中也体现了"责任"的具体化。直接人身性使他处于债权人的支配权之下，与奴隶的地位很容易混淆。然而需要作出两点说明：一方面，奴隶不包括市民，另一方面，我们看到从这个阶段开始对因债受役者的束缚实质上是为了使债务人履行债务；束缚是债务人履行义务的另一面，旨在于消除，因此义务是第一位的，正是因为如此才有了债（ob-ligati，与 ob 相连 = 由于）。尽管倾向于支配权的表达，但与处于支配权之下的地位相比，因债受役者表现出了的"另外的"法律规则。

2. 债务奴隶（addictus）的地位，他的食物需要及确定给付

在《十二表法》时期就明确了义务的首要性。在全部市民[2]具有同等自由的背景下，我们看见《十二表法》规范了债务人的地位，他们随着一个司法程序而被交给（addicti）债权人（《十二表法》3，3），并且犹如因债受役者一样，他的地位也被指向表现为债权人支配权之下。对此，该法透过规定脚镣的重量（《十二表法》3，3）及受束缚人的食物供给（《十二表法》3，4），十分有趣的是，规定在集市日公开宣布没有履行的债务数额，以使有人能出来履行债务（《十二表法》3，5）。这些规则肯定了这种人身性束缚的目的，即履行债务，并且明确指出一个自由人只能为一个确定的给付而被强迫，突出了债务奴隶（addicti）的地位与因所有而显示的支配权关系之间的区别。[3]此外，这些规则指出这种束缚不能涉及被束缚人的生存，生存应该得到保证。不履行给付的最严重后果（死亡或者被卖到外国领土当奴隶）（《十二表法》3，5，第二部分）是因为故意破坏信任而严重违法的表现。

换句话说，尽管债务奴役使对人的人身束缚成为现实，它似乎使一个自由人处于他人支配权之下，但这种束缚实质上是为了履行在某种具体情形下的确定债务，在结构上与支配权的表现形式是不同的。

---

[1] 债务人，受另外一方当事人的束缚以保证履行一种确定的给付。这个规则的发展似乎是因此受束缚的是债务人本人，他透过自己的劳动进行赎救。

[2] Livio 3，31，7.

[3] 结构上这种确定也包含消费借贷，在消费借贷中，所给予的数量界定被"归还"的数量，也包括"要式口约"，透过庄严的形式而被保证。

3. 自己行为的誓约（sponsio）与人身束缚

根据以上论述，我们可以思考债相对于处于他人支配权之下最初的结构差异。

在誓约的发展过程中，当它从他人的许诺变成了自己的允诺时，人们强调这种差别：那个自身负有债务之人必须履行债务的义务变成了自己的义务，而该人不再被人身束缚。对于那个发誓清偿（solutio）的人，如果仅仅因为没有履行，就会导致对他的人身束缚，并使一个自由人处于刚才所说的他人权力之下，是为了履行一个确定债务。

4. 债务履行的不可能性，关于束缚的存在及债务人自由问题

这就构成一个不需要解释的合乎逻辑的要求，即为了解脱债务奴隶（addictus），交由任何人履行的确定债务应该存在于一个对某人而言可能的行为之中。相应的也存在这种偶然性，尽管对债务人的人身束缚是为了迫使其履行一个确定债务，但如果没有实现该目的，就显示了这种关系结构的另一面，也就是说即使具体的债务主体（所谓的主观不可能并不重要）不可能履行给付，该关系仍然存在。这就以一种完全特别的方式形容所期待的合作，即使束缚的目的是为了解除债务，束缚的永久性却可以以一种对人残酷的现实方式表现出来，包括将债务奴隶出卖到台伯河之外（外国领地），这也是历史学家提到的社会斗争原因，首先就提到了自由问题。

5. 责任的财产化；自由权优先（favor libertatis）；债务人优先（favor debitoris）；能力限度照顾（beneficium competentiae）

公元前 326 年的《博埃泰利亚和帕比利亚法》（lex Poetelia Papiria）规定：“除了那些犯罪执行刑罚的人之外，任何人不得被囚禁或束缚。”[1]这样在所有阶段，包括没有履行的情形，束缚开始演变为具有非人身性。利瓦伊告诉我们从那以后只有财产受到约束，[2]他的叙述不具有法律上的准确性：但具有历史学家的概括能力（预知能力）。最初财产执行很可能具有一般特征，针对债务人的全部财产，并伴有对人的预先执行；但在这里我并不阐述该执行的普遍化及复杂化的过程。

于是出现了债务财产偿还的概念，它成为各种情形的应为行为的唯一标准，

---

〔1〕　Livio 8，28，8：任何人在偿还债务之前，不得受足枷或镣铐拘禁（ne quis, nisi qui noxam meruisset, donec poenam lueret, in compedibus aut in nervo teneretur）。

〔2〕　Livio 8，28，8：为借贷的金钱由借贷人的财产而不是借贷人的身体偿还（pecunae crediate bona debitoris, non corpus obnoxium esse.）。

注重财产偿还的实现，在责任本身的束缚方面，排除了人的要素[1]而突出财产的、金钱的要素，[2]形成了债的关系与表现为支配权范围的彻底分离[3]。

我没有肯定人身束缚是一种纯粹的事实束缚，相反，它也与法相符。但它是针对债的早期形式之一，这在术语中保留了下来。因此，债可以定义为实质根植于债务人的人身自由、自由权优先（favor libertatis）之中的一种概念，随后在自由权优先中又产生债务人优先（favor debitoris）。[4]这种以保留债务人自由而对债进行定义，意味着从微妙的平衡中创造了一种已经进步的法律规则。在这个平衡中，出现三个重要问题。

首先，相对债务人对债权人的欺诈行为来说，为了债权人的利益而保护债务人财产，即使这样会带来与此无关的第三人的显著义务（我指由裁判官作出的恢复原状的各种情形，以及由《艾里亚和森迪亚法》[5]所规定的行为无效）。

其次，针对缺少所期待的合作，特别是它不可能突然发生，准确确定合作成为法学家解释的中心问题，由此出现了作为这种确定合作共同客观基础的勤勉善良家父的义务，以及对一切人来说产生不可能的那些因素的思考（被盗以及不可抗力）；尽管勤勉义务构成基本原则，有时在涉及特殊情形与利益时，对所达到结果的保护显得更为重要，以至于也根据客观规则标准来使人承担没有实现结果的后果[6]。

最后，因具有经济价值的财产交换的合作而产生的经济行为在某种情形下直接影响人生存本身的需要。例如，对市民社会来说，债务在市民社会内部仍然是生产关系过程中非常态的表现，曾经规定过债务奴隶（addictus）的

---

〔1〕 因此劳动行为也趋向于具有财产价值，如上所述，由于这种价值，因债受役者（nexus）得到自我解放，但是对于因债受役者与债务奴隶（addictus），增加了具有个人性质的囚禁与相关的规范。

〔2〕 关于作为交换价值典型标志的金钱，参见保罗的见解（参见 D. 8，1，1. pr.），它应该构成该领域的共同之处。

〔3〕 我不详细论述关于债的履行的结构与物权担保结构（信托与质押）的区别；也不对处于束缚中的一个人的解放与履行一个给付〔也可能为理解一些行为如被赎还者（redemptio ab hostibus）的性质与效力而使用〕之间关系的构建进行详述。

〔4〕 J. C. Moreira Alves, *As normas de proteção ao devedor e o favor debitoris do direito romano ao direito latinoamericano*, in S. Schipani（curatore），*Debito internazionale*，*Principi generali del diritto*，Padova，1995，77 ss.

〔5〕 关于撤销诉讼或者保利安之诉以及其前例，参见 G. B. Impallomeni, *Scritti di diritto romano e tradizione romanistica*，1，Padova，1996，27 ss.；217 ss. 当然人们不能说财产一连串的权利以及附属物暗含形式的权利，这涉及的仅是对束缚的财产范围方面的深刻思考。

〔6〕 R. Cardilli, *L' obbligazione di praestere e la responsabilità contrattuale in diritto romano（II sec. a. C. - II sec. d. C.）*，Milano，1995.

食物供给（《十二表法》）。同样如此，在责任财产化的新背景下出现了能力限度照顾（beneficium competentiae），对某些未履行债务的债务人的判决及财产执行规定一个限度，它的范围甚至扩大到在连带责任范围的变更中那些具有合伙权利的人（ius quodammiodo fraternitatis）（D. 17, 2, 63）。

6. 因犯罪而交纳一项罚金的义务

这种情况也包括私犯之债。同态复仇先于私犯之债而出现，法律规定了特定的身体反抗，这是支配权的表现（《十二表法》8, 2）[1]；此外，将现行窃盗者交给被窃者的形式也先于私犯之债而出现，其结果并不确定，但也使罪犯处于一种支配权的范围中（《十二表法》8, 14）[2]。透过以交付一定数额金钱形式的一种刑罚普遍代替上述结果是法律作出的规定；法律也规定了金钱的数额或者由双方对数额达成协议（《十二表法》8, 2 - 4），并将这种交付引向了债的范畴，虽然经过了一定时期，它随着给付财产化的成熟而发展，如现在从《博埃泰利亚和帕比利亚法》（前面提到的）看到的。这样被纳入到债之中的犯罪后果继续保持自己的特征，其中损害投偿以一种更明显的方式显示出它与支配权长期交织的状况，但它不是唯一的。

（二）合意、诚信效力的扩张及对行为的债的效力更普遍的使用

这种情形得益于因财产交换的合作之发展。在市民法自有的债权渊源形式中，给付被庄严地在人身上确定（特别是与要式口约、债权誊帐、消费借贷相连），除此之外，在万民法开放的背景下，又发展了与诚信原则相符的缔结债的其他重要形式，诚信影响义务内容的确定，包括期限、履行及不履行。这种新的缔结债的形式也具有典型性，债几乎与产生它的前提条件相交织。它的出现与对合意及双务性的思索相联系，合意与双务性是这些前提重要类别的共同因素，也与行为（契约或者如互易契约中不止当事人中一方的执行等其他复杂情形）及其产生的效力之间的区别相联系，如产生市民法之债或产生于裁判官的保护后来被概括称为裁判官法之债的效力[3]。

---

〔1〕 惩罚权再次处于权力之中，从其表达的形式来看似乎首先针对家庭成员。

〔2〕 对于白天的明显行窃，不使用武器，参见 Gai. 3, 189；A. Gellio, Noctes Atticae 11, 18, 8 e 20, 1, 7. 后者认为被捕获的现行窃盗者 "被交给被窃者处于奴役状态"；盖尤斯认为，对于一笔以刑罚的名义的金钱而言，因债受役者是一种产生私犯之债的效力的制度。

〔3〕 我特别指由乌尔比安提到的拉贝奥的贡献（D. 50, 16, 19）以及同样由乌尔比安提到的阿里斯多芬、杰尔苏、尤瑞安、马尔切罗的贡献（D. 2, 14, 7, 1）的讨论；但这些不是唯一的参考数据。文献非常丰富：参见 G. Grosso, F. Gallo, A. Di Pietro 等人在 *Roma e America*, 7, 1999 中的著作。

另一方面，债的延展性也出现在其他领域，例如在遗赠中，尼禄时期的元老院决议将不能在所规定的形式中，而在附义务的遗赠中发生效力的遗赠转化为间接遗赠；或者在对可消耗物设立的用益权领域，因为另外一个元老院决议，对可消耗物设立的用益权被转化为所谓的具有返还义务的准用益权〔然而注意到这里使用契约，即是一种保证（cautio），际上已经使用了受益人保证（cautio fructuaria），人们重新改变了它的内容，向我们肯定了在扩张中债与债和契约关系的作用〕。

（三）支配权表达范围内的复杂性、区别性及永久性

在债的特征之确定、债远离于支配权的表达（除了因犯罪引起的那部分）以及债的使用之推广的同时，支配权的表达本身也在发生变化。

1. 出现了作为具有交换价值的物——要式物/略式物（res mancipi/nec mancipi）范畴

这里把所揭示的支配权的表现放在一边，从城市建立起，在政治－市民（"权力"也成为人民的）的范围内，在其他范畴中，财产化的规模开始了一个深刻的变革。在无区别的统一的家父权范围内实际上一个根本的区别已经形成，与其对应的是出现了要式物/略式物的概念，它们作为外部世界的一部分，是被专门化的一种权力的表达客体，也具有交换的经济价值的特征，从《十二表法》时代起，就包括了土地〔土地时期作为世袭地产（heredium），作为继承人的土地份额，如今已经成为"物"的主要部分〕。

然而，当这些权力的表达仍然刻有行使家庭仪式时的根本烙印时，即具有支撑的、团结的、纪律的，以及在家庭与内部规则中心发挥作用的权力特征，财产性与其一起刻画了奎里蒂人的其他特征，在这些特征中市民范畴留有了自己的印记，即所有权（dominium），也包括那些在土地上构成的有限权利，通行权、负重通行权、道路通行权、饮水权，等等，然而所有这些权利都是归属范畴的表现。[1]

2. 关于继承权（ius hereditatis）财产性的出现

随后，财产性的范围又包括了继承，透过对取得继承财产的思考将它纳

---

〔1〕 可以看到，在役权、随后用益权、使用权、居住、奴隶工程中实现的特殊内容的确定，一直作为所有权的压缩形式。在奴隶工程中，体现对一个人而言具有特定内容的一项物权，也被纳入到对同一人的他人所有权的前提中，可以说分离了一些内容。这样就与确定债的给付构成根本的区别。然而，这并不是说权力的表达不被纳入到一个具有规则与限制、家庭与市民的内容中，在市民阶层这些事实由监察官遵守，导致了著名原则的表达。

入其中（我指的是 familiam habere，众所周知，在其确定中 familia 指的是财产），这是从"是继承人"（heredem esse）的意义上讲，其中权力的、财产的等不同因素保持了很长时间。[1]

（四）对物之诉（actio in rem）与对人之诉（actio in personam）的对立是归属和支配权地位表达范畴与债的范畴对立的表现

同样在最后提及中的分化进程中，包括要求继承之诉（hereditatis petitio）的对物之诉在某种程度上代表了支配权地位、归属以及它们持续的根本核心。这种确定归属的核心透过强调被告在物权诉讼中并不针对原告受其某种权利的约束而表现出来，因为原告针对某人提起诉讼是为了某物（J. 4，6，1），并且从诉讼本身的构造来看，在一个物权诉讼中没有任何人被认为处于被告的地位（D. 50，17，156 同样 D. 6，1，80），因为既然原告请求保护的权利内容是允许他获得他想要获得的好处而无需他人的合作[2]，那么只要那个人放弃物、停止侵扰，原告的请求实质上就得到满足了。相一致地，放弃侵犯对物的权利的行使，对任何一个不相干的人主观上是不可能的，普遍的无限期的放弃又回到了不侵犯他人的一般义务中（J. 1，1，3）。这种对物之诉与对人之诉的对立[3]是基础，将需要作为债基础的另外一个人的合作置于中心，合作的满足是功能性的，针对合作的权利比另外一种诉讼的模式更为复杂。

（五）债：一个汇集将支配性法律地位置于中心的社会向一个也包括具有财产特征的交换合作的社会发展的概念；特征与规则的统一

债务；法律束缚，它先透过对债务人的人身方式而实现，随后脱离人身性，对为此目的而需要保护的财产产生影响，并使债务的履行成为必要〔债务口约（nexum）；ob-ligatus 即为了履行义务而捆绑〕；给付的确定，它经过一个根本性的转折，与由那些透过所说的、所写的或所给的，也就是产生于诚信的结果一起发展；给付的可能性，包括主体的最初不可能性以及在一定限度内的突发事件；财产性，也显示了债的效力有限性的特征（能力限度照顾及自由权优先）；为了理解自由人与同等地位的人在财产关系领域中合作的

---

〔1〕 与其相似的是自权人收养（adrogatio）的涵义，指对一个人法律上独立的人的收养，在更古老的民众会议中进行，就像更古老的遗嘱一样。

〔2〕 参见 G. Grosso, *I problemi dei diritti reali nell' impostazione romana*, Torino, 1944；S. Romano, Gai. IV, 2；3；4：*actiones in rem-actiones in personam*, in St. G. Grosso, 6, Torino, 1974, 693 ss.

〔3〕 Gai. 4, 2；J. 4, 6, 1.

特殊性，在历史中产生了债；这些概况被用来形容一个法律制度——债的特征，尽管最初被引向占统治地位的支配权表达之中，也以一种实质方式加以区分。

"债"的术语概念特别实现了统一地代表、命名、联系这些基本特征的目的，并且与相关指示性规则相连，透过确定这些特征与规则并将债从支配权地位的特征与规则中区别开来，起着一个广泛的体系化的作用[1]。

此外，支配权地位之间也是有区别的。

这显示出了前述（三）中分析的复杂的法律规则：支配权、所有权——物权、继承权、债。所有权——物权和继承权不同程度地既属于支配权范畴又属于财产性范畴；债也因为与刑罚功能的使用有关，保存着与支配权地位表达范畴相连的方面。对物之诉与对人之诉的划分概括出了这两个规则的根本不同。

于是在一个比最初提到的变得更为复杂的社会关系背景中发展；在该社会中，财产交换和由此产生的合作与其他在支配权地位表达范畴中发展的社会与生产组织形式并存。

二、《法学阶梯》体系中的债

（一）盖尤斯的《法学阶梯》

这些权利性的、平等人之间合作的法律规则受到财产性、概念化及学科争议的各种影响，盖尤斯在其《学说汇纂》中安排材料时再次提到，《法学阶梯》有力地促使了后来理论的发展并具有强大的抵抗力，这也透过由不同理论的重读而体现出来。

1. 罗马法学家著作中系统阐述的概念

曾经有人考察："昆图·穆齐的民法书，萨宾体系，卡西尤的书等，都是透过行为和交易的考察而展开的，因为与实体制度相关，它们之间相互联系与交叉。"[2]关注对象是某人的权利情况、履行的行为或者引起法律关系事件

---

〔1〕 关于概念产生于功能的这些情况，参参见 L. Lantella, *Regole*, *principi*, *valori*, *fondamenti*, in *Classifica il concetto di obbligazione fra i termini ipostaticiValori e principi del diritto romano. Giornata di studi S. Romano* 2007, Napoli, 2009, 39; L. Lantella, *Note semantiche sulle definizioni di "obligatio"*, in St. G. Grosso, 4, Torino, 1971, 165 ss.

〔2〕 G. Grosso, *Problemi sistematici nel diritto romano*, *Cose-contratti*, Torino, 1974.

的事实：遗嘱，或买卖、解放或非法行为等。[1]

进一步而言，告示与对告示的评论都由程序工具所指引，首先是诉讼、令状，等等。如果在诉讼中从肯定一项权利或者一种义务（必须履行）开始，尽管透过与程序有关的分析方式进行（首先确定谁能够提起诉讼以及针对何人），也将是论述的理想中心，并且所确定的术语概念综合了其不同特征。然而有时候裁判官的保护忽视了确定实体权利的过程，他只根据所考虑的事实而直接命令一个行为，缺少从实体关系方面的阐述，这构成了一个永久事实：在说明论述的一般范畴[2]加入诉讼或其他程序工具。

2. 盖尤斯《法学阶梯》中的体系顺序

（1）整理的概念特征

众所周知，盖尤斯在他的《法学阶梯》中，在对法的划分及渊源的简短叙述后，引入了著名的三分法，即所有的法都涉及人、物和诉讼，涉及法律关系或者人本身，对此，盖尤斯进行了进一步的划分，在论述的第二层次上他考察了构成或消灭事件的原因，在第三部分，考察了程序性保护工具。

就这样，一方面他将法划分为少数的几种，再进一步分类[3]，从而实现了方法论的目的；另一方面，他利用了对原因、渊源、实例等和法律关系以及人（该原因对人引起一个事件的产生、变更等）的区分。然而这两个问题的介绍应该与前面的论述一起思考，既指从术语概念的层面也指从重建沟通方面。

（2）人

盖尤斯在划分为人法之后，将人分为自由人或奴隶（Gai. 1, 9），又进一步将自由人划分为生来自由人与解放自由人，后者又分为罗马人、拉丁人与归降人（1, 10 - 47）。[4]如果考虑到家父权，又分为法律上独立的人即家父以及法律上不独立的人（Gai. 1, 48），后者又分为处于父权、父权及他人权力之中的人（Gai. 1, 49 - 141），前者又分为处于监护、他人照理之人或完全

---

〔1〕 所完成的重构（例如 F. Schulz, *History of Roman Legal Science*, Oxford, 1953［tr. it., Firenze, 1968］，以及随后近几十年的诸多论述）更注意材料的关系，而不是排列的类别关系。

〔2〕 我们不能忘记，向我们指出的是成立的诉讼想要保护的权利；是事实意义上的诉讼。

〔3〕 Cfr. S. Schipani, *La codificazione del diritto romano comune*, 2ed., Torino, 1999, 216 ss.

〔4〕 第一种划分值得强调，因为与权力表达无关，后面的才有关；它也是一个与最初所提到的更为复杂社会中更为复杂的代表性表述，在这里不能展开论述。

独立之人（Gai. 1, 142 – 200）；盖尤斯简短地考察了每一种地位的特征，特别是每一种地位的取得与消灭方式。[1]

（3）物

物被分为神法物与人法物，神法物又分为神圣物、神息物与神护物（Gai. 2, 3 – 8）；人法物分为公有物与私有物（Gai. 2, 9 – 11）；物又分为有体物（无数）与无体物（存在于一项权利中：继承、用益权、债、地役权[2]）、要式物与略式物（Gai. 2, 14 – 18）。像针对人与其资格一样，物也分为从属于个体的私有物，按照市民法（Gai. 2, 19 – 64）或自然法（Gai. 2, 65 – 79）由个体取得/转移的方式也与物的划分相连；[3]随后又考虑到人的划分对这些方式的特殊效力进行考察（Gai. 2, 80 – 96）。[4]

盖尤斯在明确论述物的取得方式后，继续对无体物进行考察，并确定了个体物与概括物的取得方式（Gai. 2, 97 – 98）；又回顾了个体物的取得方式，然后开始论述概括物的取得方式，包括继承、遗嘱继承及无遗嘱继承，与两者有关的制度的中心问题似乎是继承人的确定（Gai. 2, 99 – 3, 76）[5]，随后考虑"物的购买"（Gai. 3, 80 – 81）、自权人收养（Gai. 3, 82 – 84）、遗产的拟诉弃权（Gai. 3, 85 – 87）。

现在我们来谈谈债（Nunc transeamus ad obligationes Gai. 3, 88），这是采用体系化论述引入债的范畴最著名的句子。他马上从关系过渡到产生方式，并且进行了一系列划分：契约与私犯（Gai. 3, 88），随后又将第一类划分为四种缔结债的方式（透过实物、话语、文字以及合意）（Gai. 3, 89），并对每

---

〔1〕 解放；拉丁人取得罗马市民籍的方式；成为奴隶的方式；法律上独立于家父成为自由人的方式；一个自由人法律上不再是从属者的方式；构成监护的方式；停止监护的方式；等等。

〔2〕 注意到盖尤斯《法学阶梯》2, 14 强调："继承权、用益权及债权……对于城市土地与乡村土地的权利同样"（ipsum ius successionis, et ipsum ius utendi fruendi et ipsum ius obligationis…eodem numero sunt iura praediorum）这里 ius 指的无疑是关系中的积极主体地位。

〔3〕 针对有体物、略式物的市民法方式，让渡，要式物的市民法方式，要式买卖；针对无体物的市民法方式，拟诉弃权，但是对债不能使用。然后附带根据从属个体的形式而划分为所有权与善意占有，并分析了后者如何取得的行使及如何透过时效转为前者；自然法方式是让渡、占有、从敌人那获得、冲击地、河流中形成的岛屿、加工。

〔4〕 也就是那些处于监护、父权、夫权、财产中的人的取得、奴隶的取得以及作为奴隶善意占有的取得。

〔5〕 遗嘱被分为四种（会前遗嘱、战前遗嘱、铜式遗嘱、军事遗嘱）；关于继承人的独立制度在遗赠时谈论，随后论述遗产信托、遗产及单个物、在无遗嘱遗产的情况下，又区分出生自由人与解放自由人，根据市民法或裁判官法确定继承人，对于后者要考虑人的划分（市民解放自由人、拉丁解放自由人以及外国人解放自由人）。

一类进行了细分〔消费借贷[1]、要式买卖[2]、副要式口约（adstipulatio）、誓约（sponsio）、承保（fideipromissio）、担保（fideiussi）、债权誊帐（nomina transcripticia）、约据、亲笔字据；买卖、租赁、合伙、委任〕（Gai. 3，90 – 162）；对这些类型接着考察了处于支配权、夫权和财产权中之人的债的产生（Gai. 3，163 – 167），以及债的消灭（履行、庄严言辞宣布履行而免除、任意行为而免除、更新，争讼程序）（Gai. 3，168 – 181）。接着又论述了债的另外一种类型及私犯，将私犯划分为四类（盗窃、抢劫、损害、侵辱）（Gai. 3，182 – 225）。

（4）诉讼

诉讼分为两类：对物之诉与对人之诉（Gai. 4，1 – 5）；随后又分为返还所有物之诉、罚金之诉、混合之诉（Gai. 4，6 – 9）；进一步又划分为法律诉讼与程序诉讼（Gai. 4，10 – 68）；确定谁有权提起诉讼或者可以针对谁提起诉讼，又分为以自己名义的诉讼或他人名义的诉讼（Gai. 4，69 – 102[3]）；诉讼的消灭（Gai. 4，103 – 114）；因此考察了抗辩（Gai. 4，115 – 137），令状（Gai. 138 – 170）；滥诉的惩罚或与这些诉讼相关的惩罚（Gai. 4，171 – 187）。

3. 债

（1）采用具有体系化功能的债的概念

关于债，我们应该强调以前并没有为了整理说明债的范畴而使用它，但已经讲到，它对此使用是开放的，盖尤斯的《法学阶梯》以一种创新的方式完成了这种可能。

（2）债与契约、债与不法行为之间特殊关系的建立

对于不法行为，尽管在永久告示中对每一种不法行为的论述距离甚远[4]，在萨宾的《市民法三卷论》中可能是相近的〔尽管引人注意的是潜在损害（damnum infectum）与阿奎利亚法并置〕，但是在该作品的内容中并没有

---

〔1〕 需要知道不应该的给付，因为缺少合意而被排除在考察的种类之外，即使它同样产生债（Gai. 3，91）。

〔2〕 还应该知道嫁资声言（dotis dictio）与被解放人承诺（promissio iurata liberti），也许因为不是双方行为而被排除在债的渊源之中，即使它们也产生债（另外一种理解，从对方的沉默理解行为的双方性）（Gai. 3，95a – 96，残缺的）。

〔3〕 在此又加入了可能出现的担保义务（Gai. 4，88 – 102）。

〔4〕 我只限于永久告示：在 Tit. 23 中盗窃；Tit. 15 非法损害，vicino alle pauperies che Gai. non riprende；Tit. 35 侵辱；O. Lenel, *Das Edictum perpetuum*, Leipzig, 1927（rist. Aalen, 1974）.

它纳入到债的范畴的启示，比如统一的相同效果，固定的、明确的存在于法律或裁判官告示中规定的一系列典型的、描述性的实例中。[1]盖尤斯对不法行为进行了统一思考，并且阐述了盗窃、抢劫、非法损害和侵辱这四种情况共同的债的后果。然而，盖尤斯并没有忽视已经存在的刑罚与财产之间关系，它们出现在对索回物之诉、罚金之诉以及混合之诉的划分中，可以看出，以上四种不法行为划分为两组，三个属于第二类诉讼（罚金之诉），非法侵害属于第三类诉讼（混合之诉）（Gai. 4, 6 - 9）。

在契约方面，透过彭波尼的论述（D. 46, 3, 80）[2]可以看到昆图·穆齐对契约进行的理论思考，他将「缔结债」进行了四分法的论述，即实物、口头、文字、合意（re、verbis、litteris、consensu）这被盖尤斯采纳（Gai. 3, 89）。这种四分法确定了一系列因缔结债的共同效果而联系在一起的合法的典型实例。但是这个四分法似乎没有把契约作为昆图·穆齐本人的市民法中的一部分，[3]萨宾著作也是如此，[4]我们仅在永久告示中看到一种反思。[5]然而，与不法行为不同，法律对合法行为的债不进行干预，同样裁判官告示的干预也非常有限，如前所述确定哪些行为是债的行为、契约问题是理论中争论的焦点；法学需要在其确立法的任务中（Pomponio, D. 1, 2, 2, 13）统一地确定在契约领域指引它的那些特征与规则。

盖尤斯完成的对缔结债四分法的契约的纳入加强了合意（关于合意已经由一个法学理论强调了其存在[6]）与债的产生之间的联系，也就是说：合意

---

〔1〕 O. Lenel, *Palingenesia iuris civilis*；R. Astolfi, *I libri tres iuris civilis di Sabino*, e ed. , Padova, 2001, 252 ss.

〔2〕 曾经准确地指出昆图·穆齐所指的前三类渊源，即实物、口头、文字，与一部以前的将特定贷款之诉（actio certae credidate pecuniae）的前提进行体系化作品相对应，在西塞罗的著作《为喜剧演员罗斯基乌斯辩护》（pro Roscio com.）5, 14 中。因此，是一种不是来自于犯罪的债；包括要求返还被窃物之诉（condictio ex causa furtiva）也不是因为偷窃的非法性，而是缺少原因，为此物在占有者那里，产生一种要求返还的债，旧相识错债索回之诉（condictio indebiti.）。参见 A. Saccoccio, *Si certum petetur*, Dalla condictio dei veteres alle condictiones giustiniaee, Milano, 2002.

〔3〕 F. Schulz, History cit. , 172 s.

〔4〕 在该著作中，买卖、租赁、合伙与委托并没有安排在与口头之债的论述附近：O. Lenel, *Palingenesia iuris civilis*；R. Astolfi, *I libri tres iuris civilis di Sabino*, cit. , 229 ss. e 265 ss. （Astolfi 及他人所坚持的在萨宾著作中存在四种合意契约，并没有在理论界得到普遍支持。）

〔5〕 在告示中，涉及债款（res creditae）可以行使请求给付之诉（condictio）/以及诚信之诉，构成相近的两章，但不是连续的（分别是第 17 章与第 19 章）。此外，还需注意在诚信之诉列表与四种类型合意之间的区别。

〔6〕 关于约定参见已经提过的著名的 Pedio 片段：D. 2, 14, 1, 3.

与物的典型交付；合意与言词或书面的典型形式；根据诚信产生的典型的相互给付的合意，都产生债。具有这些共同与特殊要素的契约都产生债。盖尤斯强调了契约和契约的债的效力的统一作用；确定了债与契约之间的联系，即存在于债与契约中的实质特征与规则之间的联系。

与此同时，合意与行为的双边性界定了债的产生与可称为契约的必要条件，并导致排除四分法包含的债的某些渊源，或使得包含这些渊源出现问题。[1]

由此可见，契约、不法行为的两分法似乎明显不能确定债的所有渊源，因为将不当支付等排除在外。盖尤斯本人在《日常事务》（Res cottidianae）中超越了二分法，加入了将各种典型原因考虑进去的第三种类型（著名的"各种不同因素"）（D. 44，7，1. pr.)，将它们列举在一个目录中。[2]一方面，该目录强调了特征，另一方面，透过与契约和不法行为的对比以排除相似性，同时也表达了对相关术语的理解。

后来的相似性（为此人们说准契约之债/仿佛产生了一个契约）是指在产生债的统一背景中效力层面的相似，而不是渊源方面的相似，相反，在渊源方面继续明确地强调区别。但是值得注意的是相似分别针对契约之债与私犯之债，为什么会在这个方向这样发展没有任何其他理由（为什么不针对遗赠之债，它产生的债的效果也特别适合，与此问题相关的讨论已经非常多吗？或者不针对代表监护诉讼特征的诚信背景下的监护之债？）要不然就是概念与操作重要性使债、契约相结合，就像经过必要解释债与私犯的结合一样：特别是债与契约功能性相互补充（我们想一下合意、诚信和双务性的作用），这没有因将先验地来自任何渊源的债进行统一的要求而干扰；同时债与契约也互相区别，对于其他与契约不相似的债的典型渊源而言，契约之债得到扩张。

换句话说，盖尤斯将契约及由契约产生的债置于中心，因为由其他不是非法的渊源产生的债之效力将出现在那个相似性的一类（准契约）中，就其本身而言，在体系中除了契约、债的中心地位外没有任何其他基础，这也忠于所提的历史情况，对此盖尤斯在体系化的论述顺序中进行了如此表达。

（3）契约之债统一的后果及其限制

在什么程度上统一体系化的债与契约的结合促进了与相反行为（contrari-

---

〔1〕 已经提到不当支付、嫁资声言与被解放人承诺。

〔2〕 无因管理、监护、遗赠、不当支付、法官非法判决、从家中投掷或掉落某物、船主与旅馆主、动物交换地主人的责任（D. 44，7，5）。

us actus）的消除效力相似的规则在其内部的运行〔我们已经在对昆图·穆齐作品的引用中看到反对行为（contrarius actus）的消除效力〕，这是一个没有面对的问题，尽管在《法学阶梯》中强调体系化的一面，但是也考虑他们的使用者，不适合进行这样的阐述。

按上所说，可以概括地指出要式口约中的一系列特征具有普遍意义，这已经从普遍一致存在的对比中明确地得到证实。[1]

另一方面，要式口约在实践中也普遍使用。因此可以假设其普遍价值也涉及在契约与债的一般规定中将总结的其他方面：关于债的部分，[2]我们发现一些没有明显的顺序要件，给付应该是可能的（Gai. 97 ss.）并且给债权人利息（Gai. 3，103）；债可以附条件和期限（Gai. 3，97a ss.），有时债具有特殊的特征：积极（Gai. 3，110 ss.）或消极的（Gai. 3，115 ss.）连带之债、附加债（Gai. 3，115 ss.）、自然债（Gai. 3，119a）。在买卖中一些规则也具有普遍意义，但仅仅针对另外一种契约（租赁契约）。[3]

对透过处在支配权、夫权或财产权之下的他人取得债的统一论述已经在先前的著作中出现，被盖尤斯采用（Gai. 3，163－167）；在其之后是债的消灭方式（Gai. 3，168－181），尽管继续保持着典型性，我认为总之这是一个向统一论述开放的明确信号。

相反，也不能忽视被强调是一个类债的自己的特征（因此区别于其他种类的债）：对于来自于合意的契约之债，双方应该遵循"按照善良公正而给付"（Gai. 3，137）。可以看出，统一并不缺少可能存在种类的多样性，即使在契约之债范畴本身内部也是如此。事实上，在要式口约之债中给付的确定不适用债本身的标准，可以说对消费借贷和债权誊帐也同样如此。

这些个别种类债的不同制度与那些债的共同特征和规则在一起，使我们能够更清楚地了解到在这个体系化的著作中债的概念被使用的方式：可以说，比如对于契约而言，存在的更多的是典型之债，但也指出了从多元向个别的

---

〔1〕 例如，盖尤斯在《法学阶梯》3，98 提到的关于不可能的可疑条件及相应行为的"无效"，不产生债，这非常有意义。

〔2〕 并不是总列举区别，例如，盖尤斯在《法学阶梯》3，97 中明确提到要式口约的无效，因为给付是不可能的，也就是因为给付的不可能性；在大部分实例中，并没有提出区别，根据后来的构建以及随后的列举具有效力。

〔3〕 这涉及支付的价金的确定问题；在买卖与租赁中是共同的（Gai. 3，140 e Gai. 3，143），但是没有一般性地论述，对于合伙份额的谈论是不同的（Gai. 3，149）。

趋势。

特别是承认一系列范畴的中心性及同一性，对此文本有所指示，并且从整体上理解了其内部发展的自身动力，但并不是封闭性的。

（4）在重建市民法的制度化体系背景中对债的引入：物与一系列人、物、诉讼

把债放置于市民法体系化顺序的更宽泛的背景中也是一个创新。

在《法学阶梯》中，债被放置于物的类别——"无体物"中。我不想涉及由盖尤斯创造出来的在这个透过其确定权利的概念。似乎他根据同样古老的"要式物""略式物"的划分而创造的，在略式物中也包括权利，这对物之设立或者转移的方式非常重要，略式物不能透过让渡成立。[1] 有体物与无体物的论述以及作为划分基础的"物"的概念允许盖尤斯对支配性地位的解释进行统一的法律表述，如前所述，在其中出现了财产性，即使与所有权以及物权有所不同（对其继承），将其与债联系起来：全部构成财产要素。[2] 盖尤斯在论述人之后继续对物进行阐述，并且与其相连考察没有财产化的支配性地位，构成一个中心要素，与个别考察相补充。在物的论述之后是程序性保护方式——诉讼。[3]

（二）优士丁尼的《法学阶梯》

1. 在《学说汇纂》和《优士丁尼法典》的顺序中没有将债进行体系化论述

如同古典时期其他罗马法学家的作品与永久告示一样，在《优士丁尼法典》和《学说汇纂》中对于契约之债、准契约之债或其他债的渊源体系并没有在论述债的顺序中发挥作用。

---

〔1〕 有体物/无体物类别的薄弱在盖尤斯的论述中也可以体现出来，在盖尤斯本来应该使用它来引入遗产的论述时，就停止了转移的体系化论述，即使我不认为盖尤斯放弃将遗产作为继承权，没有忘记遗产属于继承人，是遗产请求的中心（si paret hereditatem Publi Maevi ex iure Quiritium Auli Ageri esse etc.）。

〔2〕 这里不可能说明这个问题，对此参见：G. Grosso, *Problemi sistematici* cit., 39 ss.

〔3〕 也许在此表现出西塞罗在其著名的《论演说家》（De Oratore）1, 42, 187 ss. 中对法作出的定义，西塞罗说："对于市民法需要确定这样的目标：应该保持公民在物和诉讼中基于法律和习俗的公平（sit ergo in iure civili finis hic：legitimae atque usitatae in rebus causisque civium equabilitatis conservatio）（1, 42, 186）"因此，他实际上区分了市民、他们的物与诉讼，这种三分法与盖尤斯的相对应 [M. Villey, *Recherches sur la literature didarctique du droit romani*（à propos d'un texte de Ciceron：De Oratore 1, 188 à 190），Paris, 1945].

在《学说汇纂》中第三部分"论债权人"的第 12 章至第 19 章中论述了债的一部分，tanta 救令指出了债的总体分布情况（Tanta 2 - 8）（这一部分的指定似乎只与前两章即第 12 章与第 13 章相联系），但是对其特征却只字未提。在该著作的革新研究中也没有任何有用的信息，但是强调了与买卖相关的隐瑕疵、因为权利瑕疵的责任，放置在第 21 卷附近（Const. Omnem，4），但仍然在债的范畴之外，间接地表现出对这部分的确定没有任何体系化的意义。因此，在对不法行为及因此产生的债的新的体系中（D. 9 e D. 47[1]）的沉默，在对要式口约及债（D. 45 - 46）的新的安置中的沉默，这放置在关于债与诉讼的题目之后（D. 44，7），在所引的部分没有任何说明。

对于《优士丁尼法典》同样如此：第 4 卷包括债的很长一部分，与《学说汇纂》第三部分相似，也是以请求权之诉（condictiones）的标题开始，除了其他的相似与不同之外，在《优士丁尼法典》中要式口约也是在其他的地方论述的（C. 8，37 ss.），同样在《优士丁尼法典》中债并没有为了统一债的范畴使用。

2. 优士丁尼的《法学阶梯》中规定债的定义

优士丁尼的法学家们重新编纂的《法学阶梯》作出了诸多改变。

我们将注意力集中在与我们的考察有关的方面，首先《法学阶梯》指出了债的定义："债为法锁，约束我们根据我们城邦的法偿付某物"（J. 3，13. pr.）。这就是造成模棱两可理由的定义：比如只要看一下偿付某物（solvere rem）的表达就可以了，特奥菲洛（Teofilo）在其《释义》中相应的表述是"履行应该履行的"（PTh. 3，13. pr.）[2]。

这个定义与《学说汇纂》中保罗的定义[3]一起形成了一个历史的理论概

---

[1] 关于透过 D. 47 - 48 形成的"刑法"及对《学说汇纂》第 9 卷的不同观点，参见［意］桑德罗·斯奇巴尼，薛军译：《从〈阿奎利亚法〉到〈学说汇纂〉第 9 编：罗马法的体系与契约外责任诸问题》，费安玲主编：《学说汇纂》（第 1 卷），北京，知识产权出版社 2007 年版，第 144 页及以下。

[2] 附带地能够注意到特奥菲洛随后也对契约进行定义（PTh. 3，13，2），其中对作为协议的简约（D. 2，14，1，2）和拉贝奥对契约的定义（犹如一人对他人之债）（D. 50，16，19）进行了概括。实际上，特奥菲洛没有注意到，他作出的契约的一般定义与随后考察的《法学阶梯》中与其《释义》中的那些契约的矛盾，那些契约产生仅有一人承担的债，就像他自己随后在 PTh. 3，22，1 所强调的与合意契约是有区别的。

[3] D. 44，7，3. pr.：保罗《法学阶梯》第 2 编，债的本质不在于我们取得某物的所有权或者获得役权，而在于迫使他人向我们或者给某物，或者为某事，或者供。（Obligationum substantia non in eo consistit, ut aliquod corpus nostrum aut servitutem nostram faciat, sed ut alium nobis obstrigat ad dandum aliquid vel faciendum vel praestandum.）

括："很明显，人们在法律规则的连续性因素及其形成中理解它。"〔1〕

该定义在共同特征与规则的解释方面向前迈出了一步，而共同的特征与规则曾是深入明确的问题。这个定义有力地将考察推向约束双方的一个普遍规则：必要的、有成效的法律束缚；应履行的给付；符合城邦的法。

3. 债的概念既涉及市民法也涉及裁判官法

优士丁尼的《法学阶梯》还进行了一个新的重要划分，就是已经提到的市民法中的债与裁判官法中债（J. 3，13，1）。该划分具有体系化作用，是对"债"的说明，也是对裁判官针对那些没有产生"市民法的债"的情形时给予的保护的"反映"。〔2〕在不能产生"市民法的债"时，如果被告没有进行的"给"或"作"的行为，或者没有因特定条件使原告等待，裁判官认为应该判罚。采用由这两种债构成的"债"统一概念很可能对裁判官法之债的必要条件进行重读与再分类，并清除诉讼的相关部分。这并没有表现为立即对债进行重新阐释与再分类（cfr. difatti J. 4，6，8 ss.），但是为此做准备。

4. 债的渊源四分法

随后，和契约之债、私犯之债一起，优士丁尼的《法学阶梯》对那些因准契约、准私犯而产生的债的方式（J. 3，13，2；3，27；4，5）进行了考察，明确并加强了与这些方式相比的两种主要方式的主导作用，而这些方式一部分来自于具有很强结构的权利范畴：监护（J. 3，27，2）、共有物的划分（J. 3，27，3 - 4）以及遗赠（J. 3，27，5），一部分强调了与不法行为中的一种的相似性（J. 4，5)〔3〕。

5. 统一视角下所分析问题之扩展

除了刚提到的增加外，优士丁尼的《法学阶梯》扩大并更新了对契约的考察（J. 3，14，2 ss.；J. 3，21）。

在这里特别有意义地注意到，在要式口约方面，进一步扩大了对可纳入到共同特征与原则范畴的那些问题的论述，并且随后归纳在契约与债的一般

---

〔1〕　G. Grosso, Schemi giuridici cit., 308.

〔2〕　从这个古典时期起，这个术语已经非常广泛使用。

〔3〕　这个领域的发展、私犯之债以及如果违法需要特别的分析，注意在《学说汇纂》与《法学阶梯》中的区别。

部分中：关于最后一部分，〔1〕没有明显的顺序，强调给付分为"给"与"作"（J. 3，15. pr. e J. 3，15，7），此外界定附期限给付（J. 3，15，3）；给付应该具有可能性的条件（J. 3，19，1 – 3 以及 21.22）；债权人的利益（J. 3，19，4；19 – 20）；合法性（J. 3，19，24）；有时也有特殊的债：连带之债（J. 3，16；J. 3，20，4）、自然之债（J. 3，20，1）、附带之债（J. 3，20，5）、附条件之债（J. 3，15，4.6；J. 3，19，11.14.16.25）或附期限之债（J. 3，15，2；J. 3，19，15）。

同样有意义地观察到主要来自于要式口约的严法之债与根据善良和公正所产生的债之间的划分，解释这种划分时重新提到盖尤斯关于确定给付时不同方式的观点（J. 3，22，3 = Gai. 3，137），但是在一个普及诚信重要性的背景下也有所超越。〔2〕

6. 作为无体物的债以及开放的讨论：特奥菲洛的《释义》

在总的顺序中与债相关的一些改变虽然不是很明确，但很有意义。在对物的论述开端就有了显著的变化：取消了要式物与略式物的划分，这就使得已经不明确的问题变得更为模糊，〔3〕尽管如此变化没有涉及有体物与无体物的划分，无体物中涉及遗产与债（J. 2，2；2，5，6），并没有指出改变盖尤斯将债纳入到无体物中的框架。

然而在特奥菲洛的《释义》中（或是更多人的成果）所揭示的问题应该是一个开放性的争议。在特奥菲洛的 PTh. 3，13. pr. 解述中认为物的阐述在前一章已经完成，他认为应该过渡到诉讼；对于涉及的是债而解释到因为债

---

〔1〕 就像已经在盖尤斯的《法学阶梯》中一样，关于契约与关于债之间的区分仅在某些时进行了列举：尽管在 J. 3，17，1 – 2 提到要式口约是 inutilis，即无效；法学家清楚不是因为行为的瑕疵而是因为不能产生债，因为给付是不可能的，实际上在 3，19，2 就说到"不能以任何方式纳入债中"（quia in obligationem deduci nullo modo possunt）（J. 3，1719，2 in fine）；但是更愿意适用一种概括性的表达方式。

〔2〕 关于诚信重要性的推广，一方面应该考虑诚信诉讼范围的增加，对此在 J. 4，6，28 ss. 也提到，另一方面考虑在解释协议时的诈欺抗辩的属性、因为契约中的欺诈的诈欺之诉的使用（D. 4，3，7，3）、公平法优先以及与其相连的诚信（C. 4，10，4），等等，参见 M. Kaser, *Das römische Privatrecht*, 2ed. , 2, München, 1975, 333 ss. 在一些诉讼的论述中也涉及债的一些问题：从多个请求来看，存在涉及选择之债与一般之债的问题（J. 4，5，33d）；从对诉讼的划分来看，透过这些诉讼可以获得或者不能获得他"应该"获得的，只有据此被告才能被判罚，随后又加入了特有产不能的有限责任的重要性（J. 4，6，36），或者"只在一些债务人所能"的限度内（J. 4，6，37，38），对此我已经提到了能力照顾（beneficium competentiae）。

〔3〕 首先的结果就是所有权及其他物权、市民法与自然法取得方式的不同顺序，分析权利本身、地役权、用益权、使用及居住权放于取得方式之中。

是"诉讼之母"。这个观点在 PTh. 4, 6. pr. 再次重复，在这里明确将债放在第三部分即诉讼中，对诉讼的定义作出一个特别解读（权利就是在诉讼中得到它所应得的），明显模棱两可地只与诉讼相连。[1]从获得方式的角度看，随着将债集中在第三部分，第二部分剩下物——物权与遗产。是否债的体系化作用似乎发生了变化，它实际上在优士丁尼的著作中并没有改变，对此留到后面思考。

（三）债与契约的关系

债与契约的关系构成体系的一个领域，提出了对法律规则共同特征发展的一系列主题。无论涉及合意还是涉及所说言辞或者所给之物或者诚信，在构成债的同时契约本身具有重要作用。

盖尤斯及优士丁尼的《法学阶梯》对债的概念进行了体系化的阐述，包括概念的各方面，然后以"法锁"为中心对债进行了定义，该法锁是在城邦法的背景下透过一个"特定的"合作行为而被解除，与为了满足权利者之使用的"必须的"合作行为的物权不同。这个概念特别阐述了债与契约及私犯之间的深刻联系。

《法学阶梯》是在一个仅部分有所超越的法律规则典型性的背景下制定的，因此，透过考察产生债的各种典型行为，以及为了确定债而由形式、所给付或所做之物、诚信、勤勉义务所补充的合意的作用，立即恢复了对债内容的重新构建。

在一般与典型范畴之间，《法学阶梯》的论述就这样创造了一系列主题，这些主题的内部动力向着规则的统一与循环而开放，它存在于一个社会充满动力的解释之中，该社会要求必须履行人与人之间的确定合作，这在权力解释的范围之外，但作为因不履行而产生的一个契约和一种责任的结果，代表人的自由，对财产产生影响。

从整体看这类主题是与其他主题一起规定的：人们可以触摸到的物及在该物上面的权利、继承、诉讼；财产的构成要素以及人对财产的保护；从整体看，已经考虑到支配性地位的复杂性（一部分包括在财产的范围）以及人

---

〔1〕 涉及诉讼的定义（J. e PTh. 4, 6pr.），由杰尔苏谈到的定义（Dei digesti 第 3 卷，很可能题目为"关于一切审判"，cfr. O. Lenel, Pal.），纳入到优士丁尼的《学说汇纂》D. 44, 7"关于债与诉讼"中。在特奥菲洛的《释义》中，没有表达出对这个诉讼定义与马上在物权诉讼之后的定义（J. e PTh. 4, 6, 1）产生的矛盾的任何理解，但指出被告"不受任何权利约束"。此外，在 PTh. 2, 5, 6 中，论述遗产与债之后涉及话题并没有隐含这里所提出的问题。

作为个体的作用。债的表述是制度化的、引导性的，并设想其处于一个非常复杂的现实之中。但是也没有减弱债的作用。在优士丁尼的法典化整体中，实际上是从研究的角度、从《法学阶梯》与《学说汇纂》及《优士丁尼法典》的对话表现出来的，它们体系化的范畴是明确导言，并透过它建立一种动力关系。

在《法学阶梯》内部以及《法学阶梯》和《学说汇纂》之间构建一系列主题，它有助于根据已经建立的基础赋予说明与定义的真正意义。读者可以从文本的一部分到另一部分理出这些微妙的思路，就像注释法学派一样，他们不断地对体系的忠实性进行革新。

三、《通用注释》、《七章律》及波蒂埃（Pothier）作品对体系发展的贡献

（一）《通用注释》：对债务理论重要性的观察、债的种类、给付、内容及条件

注释的方法和后来阿库索斯的《通用注释》采纳了对优士丁尼法典论述顺序；但这并不否定注释和评注也能够揭示出不同的（以及/或者发展）的命题。

对于《法学阶梯》3，13（14）pr. 中的债的定义，《通用注释》在评注与解释债的内容时揭示了定义的潜在力量，它能固定定义所阐明与确定的特征与规则。于是在"债"和"必要性"中出现了对束缚的思考，导致市民法之债和自然法之债的划分，在自然法之债中没有束缚力；于是在债的理论概念中，强调注意债务一面、双方共同要素[1]；在"物"中，增加了行为评估，对此随后增加在物的确定时包括行为，并且强调行为应该以金钱评估，因此引入了关于给付内容和条件的一种可能的表达[2]。对《法学阶梯》3，22（23），3引言的注释评注了合意契约之债，几乎解述了拉丁文本，强调债

---

〔1〕 相反，也应该谨慎评价《通用注释》对于 J. 4，6，6 关于保利安之诉宽泛的注释，在一定限度之内，与债务人透过欺诈行为降低自己的履行能力相比，保利安之诉是为了保障债务人的履行能力，因此纳入责任的视角，即束缚，以某种方式影响财产本身。

〔2〕 附带地可以注意到在前面脚注中提到的同样的观察视角，《通用注释》适用于 J. 3，13（14），2 中的契约，明确契约恰恰是那些根据其从一方与另一方产生债，重申了拉贝奥的观点而不是狄奥多菲的观点。狄奥多菲没有注意到债的定义与那些仅由一人承担义务的契约的区别，与狄奥多菲不同，在对 J. 3，22（23），1 的评注中没有强调，在这种效力双方性明确指出的契约中（item in his contractibus）与诚信的紧密联系：实际上在产生于双方合意而产生的债中，双方互为义务（in obligationibus enim，quae fit ex consensu，obligatur hinc et inde alter alteri）。

"即使没有在契约中约定也会产生"，"如果需要也应该根据善良与公正而履行"，指出了严法之债与根据诚信之债的划分（这一点也将被强调，指出合意契约比严法之债产生更全面更丰富的责任[1]）。

此外，在我没有提到的浩瀚的评论中，《通用注释》接受了狄奥多菲的观点，债属于诉讼。如果对于 J. 2, 2, 2 没有任何重要注释（其沉默几乎是尴尬的），在对 J. 3, 13（14）的开始注释观察到："这里开始区部著作重要的划分的第三部分……现在应该谈诉讼（Hic incipit tertia pars principalis divisionis totius istius operis……nunc de actionibus deberet dicere）"，因此就提到了债是诉讼之"母"的观点。随后在评注诉讼的定义（J. 4, 6. pr.）时观察到："这就解释了两种方式，根据阿佐（Azone），以使得与物权的不同，在这种情况诉讼的定义狭义上仅涉及对人之诉，或者以更宽泛的方式也包括对物之诉。"

根据这个注释，我们发现面对的不仅是强调债务的重要性，而且还有债的种类多样化问题的最初贡献；围绕给付及其条件的问题将确定其他规则。

此外，对仍然存在的超越诚信之债与严法之债的划分方面，《通用注释》对其巨大发展作出了贡献，与此相关，随后严法之债不复存在全部变成了诚信之债。

最后是《通用注释》对仍然存在长期讨论但最终会消失的一个问题的贡献。一方面，债——诉讼的优势关系被认为是矛盾的（也就是"虚假的"，因为诉讼是原因，诉讼之母也应该因为所有权、其他物权就像因为其他人的权利一样而产生）[2]。另一方面，不可避免的出现涉及"诉讼"的一系列问题的瓦解，它是一些复杂事件的结果，因为将由裁判官诉讼保护的请求作为实体权利的重新阐述，以及概念化与及相应的这类权利在物的范围重新体系化（"裁判官之债"的范畴，对此已经提到，它代表该重释）；此外，因为一般诉讼的发展，在共和国晚期已经出现并且在《优士丁尼法典》中出现，重现

---

〔1〕 H. Vinnius, In quattuor libros Institutionum……, ad 3, 23, 3, alter alteri. 很明显，在涉及 J. 4, 6, 28 规定的事实区别方面具有不同的意见，因为那所出现的诚信诉讼目录与契约的体系并不吻合。但是这里我关注的仅是揭示《通用注释》对优士丁尼与盖尤斯的《法学阶梯》中与债内容的确定有关的债的划分方面的观察。关于诚信重要性的扩张，前面已经谈到，例如，对 C. 4, 10, 4 的注释仍然透过狭义的阅读旨在协调文本之间的问题。

〔2〕 H. Vinnius, In quattuor libros Institutionum……, 针对 3, （13）14 pr. 第二个评论及针对 4, 6. pr. 的第一个评论，重申并扩大了批评，在 quod sibi debetur 的评论中，Hotomanus 指出增加 vel quod suum est, 但是提出从更宽泛的方式"应该"所指阻止什么？也就是同意上面的权利的划分。

将其构建在"程序"中。[1][2]

（二）《七章律》："债务"的扩张以及关于由契约而产生的债务的第 5 章

《七章律》编写的标准与《通用注释》不同，不是准确的形式上零碎的评注，而是根据自己的分析对法的论述进行重新组织。《七章律》的顺序是这样的：（1）宗教法（以论述法的渊源开始）；（2）君主特权（包括关于大学的第 31 章）；（3）司法正义（第 28 章至第 32 章涉及物、所有权及其取得、时效取得、占有、役权、新作品的宣布）；（4）人与家庭（涉及家庭中人的"债"、奴隶、自由人及他们的身份、政治债务、附庸、采邑、友谊）；（5）商法；（6）继承（包括对孤儿及未成年人的照顾）；（7）刑法。

在第 5 章的序中，区分第 4 章[3]中"亲属、主人、亲族或朋友"的家庭债务与第 5 章中的根据"协议""诉讼或协议，在拉丁语中称为契约"而产生的债，对于后者强调可以产生单方或双方的效力，还有借贷、使用借贷、保管、赠与、出售与买卖、调换、租赁、海上贸易、合伙、签约的许诺、担保、质押、债的消灭、物的出售与撤销。

因此需要强调具有与诉讼有关的一系列主题（P. 3，1 - 27）；与物和物权有关的一系列主题（P. 3，28 - 32）；随之而至的分别建立在家庭义务和政治义务上的两其他部分主题（P. 4）以及来自于契约的主题（P. 5）；紧随的是由继承产生的主题（P. 6，1 - 15）。

在这个用西班牙语翻译的"债务"框架中改变了债的指定，"债"的体系作用扩大了，增加了一个认为"债务"是家庭关系的视角，即在古代仍然直接与支配力的表现形式相联系的中心。

我并不认为能够否认盖尤斯及优士丁尼《法学阶梯》整体上指出的五类主题（尽管顺序不同）以及《七章律》第 5 章源自 J. 3，13 - 29，后者在某种意义上理解了上面强调的债—契约结合的效力。尽管如此，在这个文本中，以《法学阶梯》相同的方式，我们并不认为对债务本身的规则有所发展。然而，继续加强了债—契约的联系。

---

〔1〕 在此我不能对建议"pleyto"概念的问题展开，对此参见《七章律》，我只能停留在该概念与"契约"相同的程度。

〔2〕 知道此为完成的叙述似乎澄清了关于诉讼的一系列问题绝对不能被认为是有关于程序法的问题。

〔3〕 实际上在第 4 章的序言中使用一个轻微不同的术语。

（三）波蒂埃的著作，关于债的（一般）部分

波蒂埃的《新编优士丁尼学说汇纂》包含了五十卷，第 17 卷将《学说汇纂》中不同部分的规则汇集在一起，根据《法学阶梯》的顺序重新展示，对其评价并有所发展。因此，在《法学阶梯》体系内，在第 7 章"最后无体物的类型；物权；债权"加入了一个，"债的一般部分，契约"（De obligationibus in genere, et specialiter de contractibus）：一般的自然之债，其中，在债的定义之后，提到了给付的可能性、自然之债、债的渊源、不能履行债的人。[1]

波蒂埃在其《论债法》中继续论述，与现今所观察的相比，他进行了根本性的转折：实际上，在下面的论题中他对问题进行了广泛和深入的论述：

1. 债的本质以及债的效力（本质将债产生的原因置于中心，于是产生了契约；关于给予、做、不做的给付的效力，以及关于不履行所产生的赔偿、利息）。

2. 债的不同种类及划分（市民法之债与自然法之债、附中止条件之债、附解除条件之债、附期限之债、选择之债、积极连带之债与消极连带之债、种类之债、可分之债与不可分之债、具有违约金条款之债等）。

3. 债消灭的方式（交付、更新、恢复原状、抵消、混同、应付物之丢失等）。

4. 债及其交付的证明

很明显性这些章节的组成本身值得做一份报告，我只限于指出它，因为它从属于《法国民法典》是十分明显的（见下文），我认为是一个新的发展，当然不从属于多玛（Domat）的著作，他的著作也将扩大了债的作用，但是没有强调到这种程度，他只是考察了债的原因，即契约及其他确定债的情形。[2]

四、在早期欧洲法典体系中的债[3]

（一）《普鲁士国家的普通邦法》：注重行为，债—契约没有结合

《普鲁士国家的普通邦法》以一种极特别的方式对所考察问题进行了

---

〔1〕 根据上述方式，引用到：J. 3, 13. pr.; D. 44, 7, 3; D. 50, 17, 185; D. 44, 7, 10; D. 44, 2, 14, 2; D. 44, 7, 1; D. 44, 7, 52. pr.; 最后 D. 13, 6, 13, 2; D. 50, 17, 171; D. 39, 5, 26.

〔2〕 J. Domat, *Les lois civiles dans leur ordre naturel*, 1689 ~ 1694; *Le droit publique*, *suite des Lois civiles*, 1697, nuova ed. Paris, 1771. 很有趣注意到，在多玛的著作中，我们也看到就像《七章律》第 4 章与第 5 章那样强调债，这些概念旨在代表与重构所有的市民法。

〔3〕 在此参见 A. Guzmán Brito, *Los orígenes históricos de la teoría general del contrato*, in *El contrato en el sistema jurídico latinoamericano. Bases para un código latinoamericano tipo*, Bogotà, 2001, addenda e A. Guzmán Brito, *De la stipulatio romana a la doctrina general de las obligaciones en los modernos códigos civiles*, in *Roma e America*, 22/2006, 43 ss.

规定。

最引人关注的是在第一部分，在确定了法的渊源、人、物、行为及意思表示之后，加入了一个债的契约范畴（第5章）以及由非法行为产生的权利及债（第6章），这似乎[1]表现出对我们谈论的法学阶梯的一部分（J.3，13－4，5）某种程度的继续与发展。

然后规定了占有（第7章）与所有权（第8章）及其取得方式，取得方式直接由一章规定（第9章）或者根据当事人活时有效（inter vivos）（第11章，包括买卖、置换、工程或工作活动的出租等）或死因（第12章）的方式间接取得，这种论述方式已经在《法学阶梯》中就已经存在了（J.2，1－3，12）；然而我们看见普芬道夫（Pufendorf）重新体系化的最关键表现在于在所有权取得方式中把债作为财产的交换方式加进去了[2]。此外，从所有权的取得及透过第三人的权利（第12章）、它们的保存（第14章）、消灭方式（第16章）中也可以看出与《法学阶梯》的对应。在随后涉及物权或者对他人之物的义务却没有这种对应，它们本身是担保或是使用或是受益（第19章至第21章涉及抵押、使用受益权、为了对物的适用的出租等等）。

从上述的实际对应来看，契约被安置在不同的地方[3]，使得债的体系化的角色变得不清晰；对契约的阐述通常在金字塔中位于意志声明之上，然后在这个合法行为之上，与非法行为并置，在一个法典中首次实现了这种构建，形成了一个对以后法典编纂的对照概念，但远离了其效果。

（二）《法国民法典》（《拿破仑法典》）：法典中引入债的一个（一般）部分及其内容；所有权的统治地位及规范制度的曲解

很明显，一般强调《法国民法典》在"法学阶梯法学派"基础上发展的这个事实，法学阶梯的体系化在它上面表现得非常明确；此外，通常强调波蒂埃著作的作用。

《法国民法典》分为三部分：人、财产以及所有权的各种变更、取得财产的各种方式。第3编包括：继承、生前赠与及遗嘱、契约或合意之债的一般

---

〔1〕 实际契约的论述并没有全部在这里，一部分规定在第11章、第12章等（参见下文）。

〔2〕 参见 F. Wieacker, *Privatrechtsgescichte der Neuzeit*, Göttingen, 1967（trad. it., Milano, 1980, 473 n. 32），作者认为在《法学阶梯》中已有体现，而我认为，物取得方式的展望属于第二层次，涉及继承。对此可以透过继承得出，参见 Gai. 2, 97, 在概括取得方式之外，仅仅指出了遗赠，然而，对于单个物的取得，仅仅指出了债不由此产生。

〔3〕 同前引。

规定、非因合意而发生的债（这里指明 engagements）以及各类契约。在契约或合意之债的一般规定一章中包括与下列定义及一般规则：

1. 契约与合意（第 1101 ~ 1133 条）。

2. 债的效力（第 1134 ~ 1167 条）。

3. 债的种类（第 1168 ~ 1233 条）。

4. 债的消灭（第 1234 ~ 1314 条）。

5. 证明（第 1315 ~ 1369 条）。

像《普鲁士国家的普通邦法》一样，继承与契约或者债放在所有权取得方式中，但是，这种表现紧凑《法学阶梯》的重迭，却没有相同的效果。法国民法典以一种比《普鲁士国家的普通邦法》更为概括的方式对契约进行一般性的规定，比《普鲁士国家的普通邦法》更为准确地区分了契约的不同类型。

《法国民法典》以一种创新的方式对债进行了一般论述，它是历史发展的结果，在历史中形成了债的术语概念、债与契约的结合、债的定义以及始于《通用注释》随后被波蒂埃吸取的对定义要素的最早评注。同样，我们有了超越典型契约的法典化，契约的意义不仅是作为汇合了契约共同特征与规则的范畴还表现为是一般的法律规则。于是，出现了债及契约永久结合，及对其论述不再是仅透过阐述各类契约的方式而且以更一般的方式进行，恰恰是这些体系化的概念被转化在一个具有一般意义的制度中。

这部分的内容是：

1. 债的效果（给付的内容细分为：根据诚信的履行；给付作为或不作为[1]；赔偿；确定合意的规则；对合意的补充，其来自于公平、习惯和法律所赋予的义务；给付和第三人，包括由于损害履行或不履行而承担责任的可能性，因有利于债权人的履行及欺诈债权人而对债权人的保护）。

2. 不同种类的债（包括附条件、中止和解除、附期限、选择之债、连带之债、可分之债与不可分之债、附违约金条款之债）。

3. 随之是债的消灭和债及债消灭的证明。

这部法典还表现出其他的特征：例如，根据第 1101 条与第 1134 条第 1 款可以确定债的定义；契约的客体足够确定，第 11238 条至第 1130 条，但也可

---

[1] 这两种给付类型已经在契约的定义的第 1101 条中指出。

以适当地归入到给付[1]；第 1235 条第 1 款重申了自然之债，等等。

不能不强调法典对严法之债与诚信之债区分的超越，更支持第二种类型（第 1134 条第 3 款与第 1135 条）[2]。

此外，给付的履行只要单纯同意即可（第 1138 条），将债放入到所有权取得的各种方式之中（第 711 条，准备契约的物权效果），表现出一种与盖尤斯及优士丁尼《法学阶梯》中的体系化顺序所体现的债与契约的那种典型的一对一关系的决裂（隐藏着的）。

（三）《奥地利民法典》有一些值得一提的特征

《奥地利民法典》保留了盖尤斯及优士丁尼《法学阶梯》中的无体物范畴，作为权利被称为"物权"（Sachenrechte/diritti sulle cose）[3]，包括三部分：物权（par. 309 ~ 530 增加所有权共有和其他物权的共有 par. 825 ~ 858）、继承（par. 531 ~ 824）、对物享有的个人权利（par. 859 ~ 1341），接着是一部分与担保、权利与债的变更与消灭的共同条款（par. 1342 ~ 1502）。

对物的人的权利部分在确定债方面引入了一个全新的术语[4]；在所涉及的主题方面，它也以一种比《普鲁士民法典》更概括的方式规定了契约的一般部分（par. 859 ~ 937），在该部分中涉及具体契约的种类（赠与、寄托、使用借贷、消费借贷、委托、互易、买卖、租赁、结婚契约、射幸契约），随后是对不法行为的论述（par. 1293 ~ 1341）。相反，《奥地利民法典》没有规定《法国民法典》所有的债的一般部分，将这些问题放在了契约范围内（例如 par. 897 ss. 的条件，par. 696 ss. 涉及的眼珠，连带之债在第 par. 891，可分之债在 par. 888 ss. ）

（四）《法国民法典》的表现特征

《法国民法典》表现为一方面所有权占统治地位另一方面意愿万能的特征，但是这没有改变优士丁尼《法学阶梯》所确定的一系列主题，没有停止对债的一般论述以及债与契约的关系的发展，它的矛盾没有限制扩张能力，

---

[1] 作为债的客体的给付的可能性与确定性的特征似乎被认为行为的结果是关系的事件，当人们谈论可能性时，并非是事件而是行为。当然，如果缺少行为的条件使得债及其发生成为不可能。这个问题是学术讨论的问题，参见 G. Grosso, *Obbligazioni* cit. , 39 n. 2（trad. sp. cit. , 67 n. 2）.

[2] 同前引。进一步可参阅 H. Coing, *Europäisches Privatrecht*, 2 vol. , München, 1985 ~ 1989. 还可以参见：J. Domat, *Les lois civiles* cit. , L. 1, Tit. 1. sect. 3, par. 12.

[3] 这是意大利对《奥地利民法典》的官方翻译，它适用于拿破仑倒台后的奥匈帝国。

[4] Persönlichen Sachenrechte（对人物权）。

相对《奥地利民法典》而言，它重申具有物权效力与具有债权效力行为的分离的信息不乏被思考，然而在《普鲁士民法典》中债被规定在各个不同部分使得它处于孤立。对行为和具有法律意义的事实金字塔式的构建还应该有一个更灵活的模式以使其能够推广。

五、在拉丁美洲国家法典体系中的债

（一）《法学阶梯》的四类主题在所有拉美法典中都存在

就像准确地观察到的那样，所有输入了罗马法与独立精神的拉丁美洲法典（直到1916年的《巴西民法典》）都包括优士丁尼《法学阶梯》的四部分内容：人（和家庭）、物（有体的）和物权、继承、债[1]；尽管有时改变顺序，或者加入一个总则部分，或者教义前景与现在使用的术语表述不重合[2]。

（二）安德雷斯·贝略的民法典

安德雷斯·贝略（Andrés Bello）的民法典，重新肯定了债与契约之内在联系，债的表述之变动、诚信、自然之债等；对与《法国民法典》有更直接联系的那些民法典不考察了，对此已经讲述，它们中第一个《法国民法典》分离的是1852年的《秘鲁民法典》，已经不再有效，对于这一点我不论述。

贝略之后的法典（智利，1856、厄瓜多尔，1858～1860、哥伦比亚，1857～1887）[3]在更全面地组织问题方面向前迈出了一步：它们把那些分别规定在有体物和无体物中的物界定为财产（L.2，Tit.1，par.1）；无体物包括物权（其中也列入了遗产）及人的权利或者"债务"（L.2，Tit.1，par.2）[4]的权利。但是就像在《法学阶梯》中规定的一样，遗产随后作为因死亡的继承出现，这并不阻止透过明确地承认遗产的特征清晰地将其从所有权和他物权中分开，以及把它放在物权和/或债权中或与物权和/或债权相连的问题[5]。

---

　　〔1〕　关于由行为造成的对一系列分化，参见上文。

　　〔2〕　关于在罗马法移入与独立时期的拉丁美洲民法典，适当的与欧洲的民法典的体系对比，曾是非常有益的交流，参见 A. Guzmán Brito, *La sistemática de los códigos civiles de la época clásica de la codificación iberoamericana*, in S. Schipani（curatore）, *Mundus Novus. America. Sistema giuridico latinoamericano*, Roma, 2005, 283 ss.（= Roma e America. *Diritto romano comune*, 19–20/2005）.

　　〔3〕　该法典已由徐涤宇翻译成中文，出版于2003年。

　　〔4〕　事实上，在第四部分似乎没有注意由这些条款表达的概念，也没有为了统一债的所有渊源而进行划分。

　　〔5〕　关于体系安置的困难，我们认为，比如遗产也曾经代表说它行使着已经去世之人的角色 D.30, 113, 3; D.41, 1, 34.

贝略的民法典也保留了契约的纯粹的债的效力，在第 4 编中体现了债与契约的结合：一般之债——契约，前二十一章是：

1. 契约的定义与一般规则，契约是一种行为或意愿的声明（第 1 章至第 2 章：在这些章中，明确了给付的条件：可能性、确定性、合法性[1]）。

2. 债的种类（第 3 章至第 11 章：民事的与自然的、附条件与方式的、附期限的、可替代的、可选择的、不同种类的、连带的、可分与不可分的、带有刑事条款的）。

3. 债的效力（第 12 章至第 13 章：根据诚信的执行，包括根据找的性质一致同意的履行，根据法律或习俗的履行以及最大程度勤勉的使用[2]、给付、保存、缔结契约、作为与不作为、支付一定数额的金钱、确定协商的标准[3]）。

4. 债的消灭（第 14 章至第 20 章）。

5. 证明（第 21 章）。

如果说，从一方面承认贝略根据对波蒂埃或者法国民法典〔或者对法国民法典的评注如德尔文科（Delvincout）〕的思索完成了杰作，另一方面很明显他也参考了其他著作及原始文献，这部不仅在单个条文而且在整体中有所体现：例如，在市民法之债和自然法之债的划分中，我们承认在文本中有来自于《通用注释》的根源，或许由维纽斯（Vinnio）间接而至；特别注意债务对束缚的重要性也显示出这一点；再例如保利安诉讼没有与债的效果相连（相对于第三人），出现而在债权人优先购买权的问题中（第 40 章）；等等。

我已经其他地方提到，从对契约的考察而评价这个主题，我认为它的意义在于在一个效果——债和一个行为——契约的对应关系中该主题具有中心作用。契约被重新肯定债的渊源作用，这与其起源的具体社会法律制度相连：债在与其对应的社会动力的背景下，强调债的特征并增加了它们的体系化功能〔……〕。我们可以说处于罗马法体系之中的拉丁美洲法典化进程的共同目标是透过法典完成独立与权利的结合，透过这些法典（透过在债与契约的特别结合），为了具有美洲大陆自己特殊性对其结果的技术性阐述方面向前迈了一步[4]。

---

〔1〕 第 1460 条及以下条。

〔2〕 第 1546 条、第 1603 条：我已经在其他地方强调，诚信的放置与其补充性的作用相联系，参见 S. Schipani, *Las definiciones de contrato* cit., 34 n. 39（38）．

〔3〕 这些条款没有标题，一系列指出的问题是解释的结果。

〔4〕 参见 S. Schipani, *Las definiciones de contrato* cit., 36 ss.

（三）1869 年的《阿根廷民法典》，出现了对债及契约关系的批评

《阿根廷民法典》[1]毫无争论地推进了债的一般规定的内容，规定在第 2 卷（第 495 条至第 723 条）的第 1 编的第一部分[2]，第二部分规定了债的消灭（第 724 条至第 895 条），第 2 编（第 896 条至第 1136 条）与第 3 编（第 1137 条至第 2310 条）规定债的渊源，在第 3 编中涉及契约的一般规定（第 1137 条至第 1216 条）和个别契约（第 1217 条至第 2310 条），契约的一般规定中对事实与合法和非法行为进行了考察[3]。

贝莱斯（Vélez）对此的批评（债的一般规定的注释）是众所周知的，"所有的欧洲法典与美洲法典都模仿法国民法典，在规定债时冠以《契约与合意之债》之标题，从而误解了契约与债，引起了巨大的混淆。"该批评提到了产生债的不同原因，认为该误解使得"没有一章是对产生于不同原因的债的一般性规定，相反〔……〕，谈到的完全是契约的不同的效果和原因〔……〕，鉴于债的不同来源，可以理解我们法典条文不同的原因"。

因此与盖尤斯所提出的相比，不仅债的主题从第四位转移到了第二位，而且为了使债的主题从整体适应产生债的根据而有计划地解除了债与契约的关系。至于这一点，我认为值得一提的是，尽管不那么完全和谐，贝莱斯也阐述了一种包含了一切的更一般的范畴：法律行为，几乎想制造一个普遍程序的对称[4]。总之，我认为在行为范围契约透过其债的效力在使该效力规则成熟化的过程中继续发挥着主导作用[5]。

（四）1916 年与 2002 年的《巴西民法典》；弗雷塔斯（Freitas）及潘德克顿学派对法典总则部分的影响，债与契约主题的稳定性

1916 年的《巴西民法典》吸收了弗雷塔斯的作品及德国潘德克顿学派的

---

〔1〕《阿根廷民法典》已经由徐涤宇译成中文，2006 年出版。

〔2〕从概念的角度讲，使用了确定：在市民关系中的人的权利。对此参见 A. Guzmán Brito, *La sistemática de los códigos civiles*, in *Roma e America*, 19－20/2005, 283 ss. 此外，关于人的权利与债权的关系，参见贝莱斯在《〈阿根廷民法典〉注释》中关于债的一般部分中的分析。

〔3〕这种论述具有一般意义，即使在债的范围之外。

〔4〕为了实现这种对称，贝莱斯应该不阐述行为，并且/或者一般法律行为，而仅仅阐述债，就像已经由拉贝奥根据 D. 50, 17, 19. 强调的，参见 F. Gallo, *Synallagma e conventio nel contratto*, *Ricerca degli archetipi della categoria contrattuale e spunti per la revisione di impostazioni moderne. Corso di diritto romano*, *I*, Torino, 71 ss.

〔5〕此外，我不认为这个变化影响了所谈论的主题：例如，债的遗赠保留在继承中（第 3751 条及以下条）。

成果，在总则部分之后，分为四编，分别为：家庭、物权、债与继承；债独立成为一编，规定在第 3 编。

债与契约的中心作用以及它们之间的关系既没有计划性地出现在关于债的渊源条文中，也没有在理论思考中阐明，而是表现在对这类主题详尽论述的实际中，我认为这个法典也是如此。当然，法典更多特别涉及契约而不是债，法律行为的单独规定反映这一点。（有时也按类别指出或者提及债，法律行为的规定有所反映：例如，如果我们认为附条件或者附期限作为债的方式，然而在 1916 年的《巴西民法典》中我们却发现在第 114 条及以后条中规定了该问题，它的标题是：法律行为方式；而且保利安诉讼是在涉及行为的第 106 条及以后条对债权人的欺诈中谈到的。）

尽管有一些非常重要的变化，2002 年的《巴西民法典》是根据 1916 年巴西民法典的持续发展路线而提出的，从一系列主题的顺序（债被规定在分则的第 1 编）开始，并详细规定有关体系化的范畴。

2002 年的《巴西民法典》[1]在关于债的一编后出现了它最大的创新，也就是第 2 编，企业法，这部分的出现与商业法典的内容抽空相关，它影响着所研究的这一编，代表着在私法体系纳入属于财产的以及为了生产与/或交换的人之间的合作的公司组织，我认为，在以前所存在的四个主题旁边，出现了一个与经济结构的转型相应的新的主题。但这属于另外一个议题。

（五）1984 年的《秘鲁民法典》

不提 1986 年民法典，尽管它很重要。因为前述原因，1984 年《秘鲁民法典》沿着债与作为其产生根据的契约分离的路线走向了另外一步。这部法典在第 6 编全部规定了债。第 7 编规定债的根据（契约的一般规定，各类契约等），因此可以看出这只是分开而不是远离。这两编在前面，其后是人的权利、法律行为、家庭、继承、物权、时效与期间、公共登记、国际私法。

第 6 编包括：

1. 债与债的方式（给付、作为、不作为、可替代、可分与不可分、连带、承认、转移）。

2. 债的效力（主要规定支付及其他消灭方式以及不履行）。

在这里一些与确定给付的规则也规定在契约中，比如根据诚信的执行（第 1362 条），或者涉及给付可能性、确定性与合法性的条件（第 1403 条及

---

〔1〕 2001 年的《巴西民法典》由齐云翻译成中文，2009 年出版。

以下）。

六、罗马法分支体系之间相互联系的背景下在欧洲的平行发展

提及这一点只是为了回忆一些欧洲法典的文本，据此发展了拉丁美洲分支体系法典的具有意义的联系。

（一）1866 年德勒斯登（Dresdener Enwurf）提出的债的普通法律草案

1866 年德勒斯登提出了一项关于债的普通法律草案，并发展了债与契约以及出现在《法学阶梯》中的不法行为之间的关系，在第一部分分为五章：

1. 债的实质及种类。

2. 作为债之渊源的契约及不法行为。

3. 债的效果。

4. 债的转移。

5. 债的消灭。

随后受其启发的是 1884 年的《瑞士债法》（随后在 1911 年修订并扩大）。

一般规定的第一部分的标题是：

1. 债的原因（包括对契约的一般规定、不法行为和不当得利的考察）。

2. 债的效果（包括债的一般规定条款，如给付、客体、地点、时间、交付、不履行的后果、债对第三人的效果）。

3. 债的消灭。

4. 债的特别关系（连带之债、附条件之债等）。

5. 债权的转让与债务的承担。

可以看出，这五部分的区别是很小的。

在 1927 年意大利、法国《契约和债法典草案》中再体现出债独立存在的思想，与前面的法典不同，它的规定突出了债与契约的联系，因此在契约中的规定也几乎明显是结构性的要素。

（二）1900 年的《德国民法典》

1900 年的《德国民法典》发展了总则部分，在分则的四编中又出现了《法学阶梯》的四类主题，债位于第一位，然后是物权、家庭、继承（伴有与前述总则的创造相关的一系列的修正）。

关于债的第 2 编中一般部分分为六章：

1. 债的内容。

2. 契约之债（包括契约的一般规定，与总则第 1 章关于法律行为特别是

契约相连)。

3. 债的解除。

4. 债权转移。

5. 债务转移。

6. 债务人与债权人的多数性。

对此最近的一个修改增加了一部分，关于包括透过格式和公式的法律行为产生的债一章。

（三）1942 年的《意大利民法典》

1942 年的《意大利民法典》在这方面带来了两个创新：一方面，继续进行已经在《法国民法典》中开始的契约的转变并且确定了契约的物权效力，没有进行金字塔似的概念与术语的构建（契约、法律行为、行为、事实），因此在契约范畴内将契约基本转化为双边法律行为；另一方面，强调缺少对该范畴起支撑作用的债及契约关系的理由，对债的规定倾向于更独立，与前面的相比，从债被规定的顺序来看，它被放置在该编的开始。

关于债的第 4 编仍然固定于《法学阶梯》的一系列主题中，债及契约的关系的连接似乎不并仅是文本呆滞的结果。债的论述在契约之前，这被解释为债的主要渊源与债的一种分离。我不知道这种肯定是否正确。我却认为债与契约直接的关系仍然是根本的，表达了债与产生它的一个渊源相连的需要，契约在其更内在的本质上看是承担债的典型：首先，契约是一种特殊的行为，它首先引起一种特殊关系的特殊事件——债，尽管我们民法典赋予契约物权的效力，但随后的发展仍然产生在由这个起源所塑造的法律规则之上。

债的一般规定部分有以下问题：

1. 一般规定。

2. 债的履行。

3. 债的不履行。

4. 债消灭的其他方式。

5. 债权转让。

6. 委任、代位清偿、承担债务契约。

7. 债的一些类型（金钱之债、选择之债、连带之债、可分与不可分之债）。

值得强调的是规定诚信原则的第 1175 条安置于债的一般规定的预备性条款中。此外，第 1174 条强调了在预备性中给付的财产性，即使我不认为适当地指出了它所带来的有限结果，也就是说不履行/执行不可能走出这个范围而影响那些不具有经济价值的事情，就像提到的已经揭示在有一些债中，被告不会因为他应该做的而被宣判，因为他的生存权受到保护。我们也应该在该法典中阅读一下有关契约目标的条款，即给付的可能的、合法的、确定的或可确定有关的条款（art. 1346 ss.）。

对于债的规定与劳动一编相邻，就像 2002 年的《巴西民法典》一样，旨在规范为了生产与交换人与财产的有组织的合作，更强调活动与债而不是组织结构。

七、结论

我并没有做一个简明概括的历史性介绍，只是想重新温习一下符合现代制度的某些历史的教义性问题，因为它们具有现实的规范性意义。

在一个向全部人类开放的市民法背景下，从体系形成时代开始，债的法律规则透过其他法律规则与不同事件出现，它具有确定的特征，其定义与契约相连，债的缔结集中在确定一些前提条件之上，它们与意志以及一系列其他因素相连，在这些因素中，诚信起主导作用。

债的范畴是在一个注重内在结构一致的背景下出现的，随后在一般与特殊情形并置的不同背景中得以发展，总是根据新的需要确定解释与发展这种结构一致的规则。

但并非全部如此。在债所放置的范围中，那些有体物/无体物或者与诉讼有特殊关系（债是诉讼之母）的大部分都没有结果，即使我们考虑法典化的经验，将人的权利和家庭从与财产有关的权利中分离开来：从更广的意义上讲，物。

从盖尤斯、优士丁尼《法学阶梯》中所获得的比与财产有关的更重要，因为所有的法都是为人而设立的（omne ius hominum causa constitutum est）并且物也处于人的使用中。关于这一点还要不断地工作，因为透过责任财产化债的束缚不再回到债务奴役（nexum，addictus），与其所有前提条件一起确定为自由权的保护者。责任财产化构成了在交换中合作的主要特征，并且永远不应该超越其限度（我们仍然应该继续广泛深入研究的事情）。

（本文原载于费安玲主编《学说汇纂》（第五卷），元照出版社有限公司 2014 年版）

债之概念反思及其在体系中的地位

[意] 桑德罗·斯奇巴尼 著 陈汉* 译

前 言

2011 年在秘鲁召开了一次主题为"制定拉丁美洲债法"的会议，第二年会议论文集出版。此次会议引发了热烈的讨论。[1]

以债法作为讨论的切入点，使得我们的讨论再次回到了一个经典的话题，即在法律的某个领域实现超越国界的一体化。这种一体化的努力，最早是 1927 年《意大利 – 债法与契约法草案》（*Progetto italo-francese delle obbligazioni e dei contratti*），随后是 Francesco Cosentini 主笔的 1937 年《国际债法典》（*Code International des Obligations*），最近的则是 2009 年《欧盟私法的原则、定义和示范规则：共同参照框架草案》中的债与相关权利（Obligations and corresponding rights）一节。

如果再往前追溯，我们还能找到更多类似的文献：例如 1866 年在德意志还未完全统一的情况下出现的《德累斯顿债法草案》（*Dresdener Enwurf eines allgemeinen deutschen Gesetzes über Schuldverh ltnisse*），1881 年瑞士《债法》是在瑞士联邦层面制定的，当时虽然各州可以保持自己的立法，但是如果想加入这个联邦的话则需承认《债法》对该州的效力。[2]这些都是超越主权国家

---

* 译者系意大利罗马第二大学法学博士，中国政法大学民商经济法学院副教授。

〔1〕 R. Morales Hervias-G. Priori Posada（curatori），De las obligaciones en general，Coloquio de iusprivatistas de Roma y América，Cuarta reunion de trabajo，Lima，2012. 本次会议事实上是对拉丁美洲私法一体化的讨论。拉丁美洲私法一体化最初的目标是契约法的统一化，然后是债法的统一化。本论文集收集的论文主题包括：债、债发生的原因、债的履行、债的分类、债的消灭、未履行、担保、转移、债权的保护等。

〔2〕 这些体现国家强制力的债法统一草案，与民间组织的草案很不一样。后者包括国际统一私法协会制定的草案、帕维亚大学欧洲私法学者学会的成果。这些民间的草案，虽然都指向契约法统一，但两者还是存在着区别。

的法律统一或者一个国家内各地区立法统一的一些经验成果。

值得注意的是，无论是超越主权国家的法律统一还是一国之内各个法域的趋同化，都是债法作为尝试的主题，债法成为法律趋同性的代名词。

对于罗马法体系来说，对于共同法的未来来说，对这一主题进行思考具有极大的积极意义。[1]

盖尤斯在其《法学阶梯》3，88中谈到"现在我们来谈谈债"[2]中所提到的债的概念在其后的优士丁尼《法学阶梯》（3，13pr. 片段）中得到了重述并进一步丰富，并且在（J.3，13，1）这个片段中对市民法与裁判官法中的债的渊源做了进一步的统一。[3]这些古典文献对债法的发展具有理论与体系化的意义，值得注意的是，在这些文献中虽然并未突出契约之债的特殊地位，但还是以专门并且完整的篇幅来论述契约。

在此处笔者无意对债法的内容进行一般性的论述，因为在本文的第一章到第三章笔者将论述"债"的概念是如何形成的，并在随后的第四章和第五章介绍奠定其在民法体系中重要地位的几个历史性事件。[4]

一、债的概念：以债务与协作为核心

优士丁尼在《法学阶梯》中对债进行了定义，即："债是拘束我们根据我们城邦的法律向他人为给付的法锁"。[5]

本项定义事实上也带有一定的不确定性，引发了对其的批评。简单举个例子：例如所使用的术语"solver rem（给付某物）"到了法学教授狄奥菲尔（Teofilo）在其《优士丁尼法学阶梯希腊语释义》一书中已经被替换为"履行其应当所为"这样的概括性表述。但无论如何，盖尤斯的此项定义精确地将债的核心要素体现出来了，即根据所属的共同体对其的约束而履行其所应当履行的义务。

除了盖尤斯的定义之外，我们在古典文献中还可以找到被收集在《学说

---

〔1〕 笔者在此前由北京师范大学出版的论文中提到过对金砖四国（BRICS）来说，因其继受了罗马法传统，因此，以罗马法传统为基础的共同法对各国都具有重要意义。

〔2〕 中文译本参见〔古罗马〕盖尤斯：《法学阶梯》，黄风译，中国政法大学出版社1996年版。

〔3〕 中文译本参见〔古罗马〕优士丁尼：《法学阶梯》，徐国栋译，中国政法大学出版社2005年版。

〔4〕 这方面，笔者在《学说汇纂》（第五卷）（元照出版社）中的一篇论文中已经详细谈过了，在此不再赘述。

〔5〕 G. Falcone，Obligatio est iuris vinculum，Torino，2003.

汇纂》中的保罗的定义，即：D. 44，7，3pr.：债的本质不在于我们取得某物的所有权或者获得役权，而在于其他人必须给我们某物或者做或履行某事。

虽然在《学说汇纂》中编排的上下文片段并不是那么显眼，但本定义是放在了 D. 44，7~D. 46 这些片段集的第一位，按照法学家库亚齐（Cujacio）的观点，这种编排是刻意的，因为该定义是关于债的一般性规定的讨论的核心。此项定义的精妙之处在于将债源于一种约束关系与物权的支配性关系做了对比，并且说明债的内容的核心之处是履行一项应为的义务，而义务的内容则可能是多元化的。

上述这些定义被后世认为是罗马法学术史上的集大成者。

在上述这些定义中，我们看到的是债与物权及其他为家父所拥有的支配权之间的本质区别，其次强调了债务是根据某项约束所必为。如果我们再回溯到更久远的时代就会发现，最初用于描述债的术语与支配权毫不搭界。例如：债务人（nexum）如果不履行的话将成为债权人的人质；也可能被监禁，甚至被要求以劳务履行，或者强制劳动并以劳动所得抵扣其所欠债务之后才能获得自由。但无论如何，只要其履行了特定的义务，上述这些不利情况都不会出现。[1]此外，债本身首先所期待的是履行：ob-ligatio 这个术语最原始的含义是指进行履行的法锁；所约束的是债务得到履行，其本身并不包含如果债务不履行可能带来的"责任"的含义。

不可否认，在部分情况下，被监禁的或者被强迫劳动的债务人的法律地位，从社会的角度看与家父名下所拥有的奴隶似乎并无不同（在很多非法学类的古老文献中，我们甚至看到该等情况下的债务人就被描述成奴隶），但是从法律的角度看，这些人的法律地位与奴隶总是被清晰地区别对待。此外，在《关于废除债务奴隶的博埃得利亚法》（Lex Poetelia Papiria）确定了债之不履行仅发生经济上的不利益这一规则之后，债与支配权之间的区别就更为清晰明确了，债是债权人与债务人之间的一种协作，并不是将一方置于另一方的支配之下；只是在债权人未得到履行利益之时将取得一项获得赔偿的权利。[2]

---

〔1〕 在《十二表法》第3.5条：债权人得拘禁债务人六十日。在此期内，债务人仍可谋求和解；如不获和解，则债权人应连续在三个集市日将债务人牵至广场，并高声宣布债务人解除拘禁获得自由所需要支付的金额。

〔2〕 公元前326年《关于废除债务奴隶的博埃得利亚法》在历史上的作用，为历史学家李维所记载。李维认为这开启了一个新的自由时代，虽然实践中该部法律被广泛认可是制定后很多年之后的事情了。

法学家们曾经深入讨论过关于履行的内容的确定性及判断标准，这证明了当时关于履行的确定性是法学家们所关注的，[1]同时这也反映了当时讨论的核心其实就是以何种标准或者限制来确定"未履行"。[2]

债权人与债务人的协作则是债的另一方面，虽然也存在着若干不作为的债务类型。

将当事人之间的协作作为债的要义也体现在以保护履行为目的的诉权之中。在优士丁尼《法学阶梯》（J. 4，6ss）中，诉权首先被划分为对物之诉与对人之诉。对物之诉所保护的是物权；而对人之诉的目标则是债务得到履行。在对物之诉，被告可以通过向法官表示弃权从而满足原告的诉求。[3]但是在对人之诉，即使在很多情况下被告放弃抗辩直接承认其有履行义务，此时还需要进一步地主动履行债务才能满足原告起诉的目标，因此，在对人之诉被告的协作是不可或缺的。从《关于废除债务奴隶的博埃得利亚法》开始，将未履行的债务人进行监禁已经为法律所禁止，此时从外观上看，债权人对债务人的任何支配都已经不存在了，债权人所拥有的是对债务人的财产进行扣押、变卖，并从变卖的价款中获得满足。

无论是盖尤斯还是优士丁尼，在对债进行内部分类的时候，都采用了债发生的原因这些标准（Gai. 3，88；J. 3，13，1－2）。我们可以发现债发生的原因是多元的，例如双方合意的行为。对于此类债务履行的确定，一方面要受意思表示的约束，但另一方面更要受客观的诚实信用原则、对等原则的约束。在不体现任何当事人的合意的债的类型中（例如不法行为等），则需要从保护人、保护财产、诚实信用等角度并且根据具体的事件来确定履行的具体内容。

债之内容的确定，部分是源于当事人的意思自治，部分则是根据债之发生的原因由客观情形来确定，也就是说部分是由当事人来议定债之履行的内容，而部分则是由立法来确定。这种二元区分的结果是：债法的部分内容（原则、规则）只能适用于部分类型的债，而债法也有部分内容则能适用于任何类型的债。

---

〔1〕　G. Grosso, Obbligazioni, Contenuto e requisiti della prestazione, Obbligazioni alternative e generiche, Torino, 1966, s. 93.

〔2〕　V. Arangio Ruiz, Responsabilità contrattuale in diritto romano, Napoli, 1958.

〔3〕　这其实是在《学说汇纂》D. 50，17，156pr. 与 D. 6，1，80 所确立的原则，即：任何人不得被强制要求在一项对物之诉中进行抗辩（in-vitus nemo cogitur rem defendere）。当然，也有个别的案件，被告还附有附随性的给付义务，因此，简单的放弃抗辩并不能使原告的诉求得到全部实现。

优士丁尼《法学阶梯》与《学说汇纂》中的罗马债法的体系化，表现为既有一般性的规定，也有类型化的规定。这一特色化的体系表现出了一种能动性，其核心是"对于同等的情况予以同等的法律对待"；逐渐减少个性化的规定而努力寻找统一化的规定，典型的例子为梳理总结履行的各项要件；或者关于多人之债的一般性规定及类型化（按份之债、连带之债、补充之债、选择之债）；或者关于给付标的的类型化（特定物之债、替代之债、金钱之债等）；或者关于债的担保、债的转让、债务利息；另外则是关于债的消灭的一般性规定。

二、从中世纪到现代：两种不同的理念

当《民法大全》再次成为博洛尼亚法学研究的重点之后，注释法学派的学者们再一次将"债务"与"协作"视为债的两个核心要素。[1]

有意思的是：在 13 世纪的一部法律《七步之法》（Ley de las Siete Partidas）中将债的范围进行了扩张：除了传统的罗马法中所提及过的类型，还添加了"亲属关系、与领主之间的关系、同宗之间的关系、友人之间的关系"。

中世纪将"债务"体系扩展的一个结果是：将一人与他人之间的所有关系都视为债，此处的他人包括：上帝、领主及家庭中的其他成员。也就是除了将罗马时代被归为"家父支配权、近亲属关系"包含进去之外，还包括政治上的统治者（包括封建领主的权力）甚至友谊关系都包含进去了，此外就剩下对物的支配权了。

后期，我们也看到关于领主等的表述，发生了一些颠覆性的改变。

关于中世纪，我们不得不提到 1625 年格劳秀斯《战争与和平法》中"关于允诺与契约"（De promissis；De contractibus）的贡献。该章节主要讨论了"完美的允诺"及其他在契约之外的"让他人获益的行为"的类型。格劳秀斯试图归纳所有关于人的法律[2]并且试图整理所有在理论方面的新进展，包括关于私人权力、公权力及国家主权之间的关系。

我们可以看到主观权利这一概念的形成，其相对于所有权的区别其实并

---

〔1〕 注释法学派在债的概念中，融入了市民法上的债与自然之债。对于自然之债，债务不履行的责任是不存在的，也不存在着在未履行之时对债务人财产的执行。因此，注释法学派并不认可债的强制执行力是债的核心要素之一。

〔2〕 F. Wieacker, *Privatrechtsgeschichte der Neuzeit*, Göttingen, 1967, s. 287.

不明显。主观权利一方面试图将所有的法律关系都纳入其中，但另一方面不得不区分物上之权（ius in re）与对物之权（ius ad rem）之间的细微差别，后者最终表现为要求给付特定物之诉权（该项诉权在罗马时代被归入对人之诉）。[1]我们也看到了此项学说在关于给付行为之债方面的发展：根据此项学说，在给付行为之债中，债务人已经将自己的部分自由让渡给了债权人，[2]这又与罗马时代债的观念是相左的：在罗马时代，债的关系不导致直接的人对人的支配权。

从法学体系角度出发，这是对体系的一种重构，最初是权利与义务的二分，后来义务逐渐被权利所吸收而最终只体现为单向的权利关系，这也体现了法律关系中的个体主义。在契约法的总则部分，则出现了一种新的趋势，即不再强调罗马法原始文献中我们看到的债是两个完全独立的主体相互之间的协助；而是强调一方主体对另一方主体某种程度上的支配。

三、萨维尼的贡献

对于债的概念的学理理解，在 18 世纪的法学家朴蒂埃（Pothier）对《民法大全》进行解读之时，相对于我们上文谈论的中世纪的解读，已经有了发展。但是朴蒂埃的学说并未明确说明，而是比较晦涩的表达。1804 年《法国民法典》事实上并未完全采纳朴蒂埃的新学说，而是在第三编中用了"取得所有权的各种方法"这样的标题。在该编中，债法的内容规定于继承与赠与之后。[3]

对《民法大全》进行进一步解读的成果，源于潘德克顿学派的代表人物之一——萨维尼。

萨维尼撰写了两卷本的《作为当代罗马法之部分的债法》来阐述其对债的观点，这部作品值得深入探讨。

事实上萨维尼在《当代罗马法体系》的第一卷中将债在民法体系中的地

---

〔1〕 H. Coing, *Europäisches Privatrecht*, I, *Älteres Gemeines Recht*（1500 bis 1800）, München, 1985, s. 172.

〔2〕 H. Grotius, *De iure belli ac pacis*, II, 2 par. 4 seguito da. S. Pufendorf, *De jure naturae et gentium*, II, 5, 7. F. Wieacker, *Contractus und obligatio im Naturrecht zwischen Spätscholastik und Aufklärung*, in A. A. V. V., *La Seconda Scolastica nella formazione del diritto privato moderno*, Milano, 1973, s. 223. 前引 15, s. 393.

〔3〕 S. Schipani, *Problemi sistematici del Diritto Romano: la obligatio*, in *Digesta*, 5, 2014.

位做了伏笔。在《当代罗马法体系》第三卷的前言中他提到关于债法的特别论述将以其他单独的著述形式出现。萨维尼在论述了物权法、亲属与继承制度之余，论述了债法。这样他完成了一种体系内在的平衡，也体现了其对《法学阶梯》所创立的体系的继受与创新。[1]

对于债法，他曾有一段表述："债法总则的存在具有特定的目的，债法总则具有重要的意义并且其所调整的范围也较为广泛"。关于债法，他提到：物权领域实质上是由少数几个具体的法律制度构成的，每项法律制度所保护的规范是特定的，因此很少有抽象层面的规定。这与婚姻家庭及继承法领域的特征是一致的。……而债法的领域则很不一样。债法领域也存在着诸多的特别的法律……各个部门的债从未被认定为一个独立的制度……并且债的领域一直是开放的，随着时间的迁移及人们新需求的产生，新类型的债总是不断地出现。对于这些新型的债，首先由债法总则部分的规定来调整。同时，债法总则部分为了适应新型的债进入该调整领域，也不得不处于持续的发展之中。[2]

萨维尼几乎通过数学模式的形式"以概念来计算"在实践中不得不面对的多样化样态，以及各种新事物。萨维尼确实对历史经验做了总结并且做了进一步的整理，但还是碰到了新问题。萨维尼与朴蒂埃在解读时所采用的方法与工具是完全不同的，但相同的一点是他们都重视对罗马法文献的关注，甚至萨维尼是进一步挖掘了罗马法文献中的原始意义。

相对于格劳秀斯及主张"对他人意志的支配（Besitz der Willkuhr eines Anderen）"的康德，[3]萨维尼则主张"对他人的支配，但不是支配其全部，而是支配其特定的行为"。虽然这种学说将支配的对象限于财产，但无论如何还是扩张了个人原本所拥有的权力的界限。[4]

根据其对原始文献的解读，萨维尼认为，"根据这样的理解，债务人的行为是最为主要的要素，是债构成中的核心；而债权人的行为则处于附属地位。

---

〔1〕 萨维尼在一定程度上继受了《法学阶梯》的四编，即人法（包括家庭）、物法（所有权、他物权）、继承、债。其创新之处在于首先将人法中关于单一自然人的部分与家庭部分不再合二为一了；其次是创设了总则部分。另外，实质上将传统的契约法规定的一部分置入了总则的法律行为部分。

〔2〕 *Obligationenrecht als Theil des heutigen Römischen Rechts* tr. it, s. 2.

〔3〕 E. Kant, *Metaphysische Anfangsgründeder Rechtslehre*, 1797. *Scritti politici e di filosofia della storia e del diritto*, a cura di N. Bbobbio-L. Firpo-V. Mathieu, Torino, s. 452.

〔4〕 ［意］萨维尼：《当代罗马法体系》（第三卷），意大利译文版本，第346页。

从心理学的角度看，债之根本是债务人承认并履行。强制及诉权都只是在不承认债务的情况下才发挥作用，强制与诉权本身不能被认为是剥夺其他人某项状态的工具"。[1]对此，我们可以解读为：萨维尼并不认为债构成了一个人对另外一个人的支配，而是"非强迫的认可并且履行"，因此，需要两个自由主体之间的协作，并且这两人从社会学的角度看"是助人也是助己[2]"，并且认为债的产生依赖于法律与信任。

笔者认为，萨维尼对于罗马法原始文献的解读又进了一步，并且对罗马法体系的发展做出了贡献。

1753 年《巴伐利亚马克希米里安民法典》（以下简称《巴伐利亚民法典》）（Codex Maximinaneus Bavaricus Civilis）的相关规定值得解读。该部民法典分为四编，第一编为人法；第二编关于所有权与其他物权；第三编则是关于继承的规定；第四编本身并无大标题，但全部是关于债法的内容。该法典显然是遵从了优士丁尼《法学阶梯》的体例。在第四编的第一部分甚至开始出现了一些关于债法总则的规范。

四、当代各国民法典中的债

就本文的讨论主题而言，无论是 1794 年《普鲁士民法典》还是 1811 年《奥地利民法典》都没有特别需要探讨之处。

此前笔者提到过，1804 年《法国民法典》就体例分编而言并未遵从《法学阶梯》，虽然朴蒂埃对《学说汇纂》颇有研究，但也未在民法典中体现太多的《学说汇纂》的痕迹。但是就内容与具体的条文而言，《法国民法典》将债法总则的部分内容作为法典的小标题，例如：债的效果；债的种类；债的消灭；债务及清偿的证明。这些内容具有极高的价值，并且在内容上与上文提及过的《巴伐利亚民法典》具有较高的一致性。《法国商法典》对于《法国民法典》中关于债的规定几乎是全盘接受，除非"另有规定"。[3]

---

〔1〕 *Obligationenrecht als Theil des heutigen Römischen Rechts* tr, s. 5.

〔2〕 在此笔者想补充说明的是，萨维尼在《当代罗马法体系》一书中还说过，"人们在对外的交流活动中，对其极其重要的一点是，与其交易的对手是和他缔结法律关系的主体，而且是本质上一样平等的主体。自由人在相互关系中共同生存，任何一方不损害对方的发展。只有这样，每个人都才有自己发展的空间。每个人都有自己自由的空间，在该空间中不受任何其他人的支配"。

〔3〕 事实上，有学者认为《法国商法典》的视角其实是民法的。参见 Locré，*Esprit du Code de commerce*，Paris，1807.

在 1804 年《法国民法典》之后就是 1865 年《意大利王国民法典》。与《法国民法典》一样，《意大利王国民法典》也使用了"所有权取得的方式"这样的视角，但是在第四章中置入了一小节，名为"关于债与契约的一般性规定"。并且以该小节的第一个条文（即第 1097 条）规定了各种债的发生原因，然后逐一对各种债的发生原因进行了规范，[1] 再后面才是"债的种类""债的效果""债的消灭""债务及清偿的证明"。[2]

此后就是 1889 年《西班牙民法典》，该民法典并未继受《法国民法典》的"所有权取得的方式"这样的立法体例，而是借鉴了拉丁美洲的民法典特别是 1856 年《智利民法典》单独以第四编来规定债法这样的体例。1889 年《西班牙民法典》总共分为四编，其中第四编的标题为"债与契约"。该编的第一节为"债"，该节第一个条文为债的定义，随后是关于债的渊源及几条一般性规定"第 1088～1093 条"。然后在第 2～5 节分别规定了《法国民法典》与《意大利民法典》所规定的"债的种类""债的效果""债的消灭""债务及清偿的证明"的内容。[3]

通过朴蒂埃的贡献，事实上重新找回了罗马法体系形成时代关于债的基本规定。在 18 世纪朴蒂埃不是唯一的通过原始文献解读罗马债法的学者，《巴伐利亚民法典》也不是崇尚债法总则部分规范的唯一示例。拉丁美洲及欧洲的立法例对于债法体系化的贡献虽然不能忘记，但更不能忘记的是萨维尼在《当代罗马法体系》之外另行论述了债法，他对债法发展的贡献巨大。

在德意志，当时拟通过 1866 年《德累斯顿债法草案》来实现债法的统一化，将《法学阶梯》中确定的债的渊源体系化后全部规定进去。从内容上看，其中第一章分五小节：（1）债的本质与类型；（2）作为债的发生原因的契约与侵权；（3）债的效力；（4）债的转移；（5）债的消灭。然后在第二章则规定了各种有名契约，随后又是关于侵权的规定。

在《德累斯顿债法草案》之后，不得不提到 1884 年《瑞士债法典》

---

〔1〕 因此，现代法律相对于优士丁尼时期的一项创新是认定了无名契约的法律地位。在罗马法时代，契约法处于强势的地位，与其对应的是准契约、私犯、准私犯。而在现代法中，则是债法总则与债法分论即各种类的债作为对应方。

〔2〕 在意大利统一之前，除了帕尔玛公国之外，包括 1865 年的意大利旧民法典，都有一部相应的商法典。

〔3〕 西班牙除民法典之外也有一部 1885 年商法典。事实上更早还有一部非常接近于 1807 年《法国商法典》的 1829 年制定的西班牙旧商法典。

（1911 年做了重大的修订）。这部法律对于瑞士境内法律的统一具有重大的意义。[1] 这部《瑞士债法典》从体系的角度也有重大的理论贡献。在此之前 1820 年意大利《帕尔玛民法典》确立过一个新的体系，即：在债法总则之后，关于契约之债的部分不仅包括各种传统的有名契约，还有商事契约的部分。而在《瑞士债法典》中有了进一步新发展；规定了"商事公司与协作社"；规定了商事登记、商事企业与商事会计；规定了有价证券；还规定了：劳动契约、个人劳务契约；学徒实习契约，劳动关系存续期间；对聋哑人的保护，以及契约的解除[2]；具有强行法色彩的集体劳动；此外还有出版编辑契约；商事委托；票据等。可见在当时随着经济的发展，债法的内容在不断地扩大其适用范围。

后来《德累斯顿债法草案》与《瑞士债法典》的命运是一致的，即都被吸收并入了民法典，只是各自民法典的结构体例具有相当大的区别。

1900 年《德国民法典》最终发展了民法总则部分及四部分的分则内容。事实上对于分则内容我们都可以从《法学阶梯》中找到其对应部分。其中债法的规定处于分则第一编，[3] 其后是物权编，然后是亲属编与继承编。当然，相对于《法学阶梯》的体例，还是具有相当程度的创新，特别是上文提到的总则编的创设。[4]

债法编的内容又划分为六个部分，即：（1）债的关系的内容；（2）因契约而产生的债的关系；（3）债的关系的消灭；（4）债权的转让；（5）债务的承担；（6）多个债务人和债权人。

《德国民法典》最新修订的部分是增加了关于格式契约的部分。一方面，还是将债作为第一层面的概念进行论述，而合同[5] 及随后的其他债发生的原

---

〔1〕　总则部分的小标题分别为：a. 债发生的原因（包括契约、侵权行为、不当得利）；b. 债的效力（包括债的一般规定，如给付、标的、地点、时间以及付款和未履行的后果；还包括对第三人之债的效力）；c. 债的消灭；d. 债的特殊关系（连带之债、附条件之债等）；e. 债权让与和债务承担。

〔2〕　《瑞士债法典》第 336 ~ 337、346 条，以及《西班牙民法典》第 1586 条，提及了"正当缘由"。1804 年《法国民法典》关于劳动者人身自由的规定，即该项债并未转变为终身之债（第 1780 条），随后 1865 年《意大利王国民法典》第 1628 条及 1889 年《西班牙民法典》第 1583 条亦是如此规定。

〔3〕　债编的一般规定有 6 节：a. 债的内容；b. 契约之债（包括联系第一编审查一般契约的规定、对法律行为尤其是契约的一般规定的审查）；c. 债的解除；d. 债权的转让；e. 债务的承担；f. 多数债务人和债权人；g. 最近的改革是增加了因格式化缔结的法律行为产生的债的规定。

〔4〕　有关契约的规定被分为两个部分（par. 145 及其后，par. 305 及其后）。

〔5〕　R. Cardilli, *Considerazioni " storico-dagmatiche" sul legame fra contratto e obbligazione*, in A. A. V. V. , *Modelli teorici e metodologicinella storia del diritto privato*, 2, 2006, s. 14.

因则位于第二层面，并且在第 242 条规定了"诚实信用"，此条也体现了法典中对罗马法传统的继受。另一方面，从第 611 条开始规范了雇佣合同，即将关于劳动的法律关系[1]作为特别法进行了规范。而《德国商法典》则还独立在外，特别是关于债法与商事组织法之间发生了热烈的讨论。[2]

1911 年《瑞士民法典》结构的独特之处源于其制定中的故事，因为它本身就是被"分裂"为两个部分（四编制即包括人法、家庭、继承与物权的民法典与源于 1884 年的那部《瑞士债法典》）。虽然瑞士民法学界也深受潘德克顿法学派的影响，但《瑞士民法典》中并未出现以法律行为为核心内容之一的民法总则编；《瑞士民法典》将契约作为债的发生的主要原因，并且没有将商事契约与民事契约放在两个不同的地方进行规定。[3]

1917 年《巴西民法典》吸收了当时拉丁美洲民法法典化的成果，独立设立了一章"债法"，这是法学家弗雷塔斯与德国潘德克顿法学研究成果的结合之作。其整体的体例结构如下：总则编、家庭编、物权编、债编及继承编。可见债编是完全独立成章的。[4]

1898 年《日本民法典》体现了对德国民法成果的吸收，即与物权编相对应设立了债编。《日本民法典》制定过程中对 1890 年的草案曾经讨论过，只是该草案从未生效过。当然在《日本民法典》中也能看到《法国民法典》的影子。

上文已经提及，早在 1927 年《意大利－法国债法与契约法草案》中就出现了将债法体系化、独立化的迹象。

五、债法、商事、劳动与消费

不能回避的一个趋势是：在现代社会债法的适用范围处于持续扩张中。抛开瑞士的立法不说，其实早在《帕尔玛民法典》时期就已经纳入了商法的内容，当时规范的内容因商事主体、商事行为的特殊性即不适用民事规范调整而受特别规范调整的行为。当然当时也发现有时候这会造成民法与商法之

---

〔1〕 早在 1891 年德国曾经起草劳动契约的单行法；同时期比利时、荷兰、法国都尝试过。参见 H. Coing, *Europäisches Privatrecht*, II, 19. Jahrhundert cit., s. 185.

〔2〕 参见 H. Coing, *Europäisches Privatrecht*, II, 19. Jahrhundert cit., s. 354.

〔3〕 《瑞士民法典》第 7 条：关于契约的订立、履行和终止的债务法通则也适用于其他民事法律关系。

〔4〕 该编以债的类型（a. 给；b. 做；c. 不做；d. 可替代的；e. 可分割的和不可分割的；f. 连带的；g. 惩罚条款）作为第一部分；然后是债的效力（主要包括给付及债的消灭的其他方式）；随后则是债权和契约的转让等内容。

间的紧张关系甚至是对传统的某种颠覆。[1]

　　另一方面，在 19 世纪后半期开始面临一个新的挑战，即由于出现了与现代工业化大生产相关的各种新的协作劳动关系、专业人士的服务等，对于这些服务的经济价值的评估成为债法的一个新的研究领域。比如传统的"承揽"面临了劳动契约、集体劳动契约等的新挑战。这类契约，本身看起来是缺乏财产性质的，但契约中约定了当事人的一系列义务，这些义务只能从债法的角度来解读：付款义务、积极作为、双方的协助、诚实信用；这些义务也必须从尊重人的尊严的角度来解读。但是有时候我们也面临着在某些新型的关系中，对于提供劳务或者其他给付义务者表面上的尊严的尊重，这更需要从新型的法律关系的功能中去解读。同样，在公司法领域，关于法人制度及企业组织形式的反思，也是企业组织法研究的新内容。

　　晚近的发展，则是呼吁在新生产与分销模式下突出对消费者的保护需求。

　　事实上早在 1942 年《意大利民法典》中，已经从篇章体例及规范内容上反映了债法在新的领域的一些发展。《意大利民法典》在第 4 编"债"中规定了债法总则，具体分为：（1）债的总论；[2]（2）债的履行；（3）债的不履行；（4）不同于债务履行的导致债的消灭的其他形式；（5）债权的转让；（6）委任债务人、代位清偿和承担债务契约；（7）债的分类（金钱之债、选择之债；连带之债；可分之债与不可分之债）。然后《意大利民法典》也规定了契约法总则[3]及关于商法的内容，并且说明了在部分新型的契约关系中一方主体需要得到特别的保护。[4]

　　《意大利民法典》的另外一个创新之处在于，突破了传统意义上的民、商二分法，除了商事契约之外还将公司法部分纳入了民法典。从体例安排上看，

---

　　〔1〕　商法在某些领域的新发展是非常显著的，甚至在这个简短的报告里无法尽述。譬如物权的证券化；例如从射幸契约与海商企业的保险契约的发展。参见 H. Coing, *Europäisches Privatrecht*, II, 19. Jahrhundert cit. , s. 561.

　　〔2〕　需要强调的一点是：《意大利民法典》第 1175 条规定了诚实信用原则作为债法的基本原则之一；而第 1174 条则规定了给付的财产性质，本条的深刻含义是讲债的给付限于财产层面，即债务之履行不应该涉及人格尊严等层面。

　　〔3〕　值得注意的是，《意大利民法典》第 1324 条规定除法律有不同规定的外，在可以适用的范围内，调整契约的规范同样适用于当事人生前的具有财产内容的单方行为。

　　〔4〕　比如第 20 分节的保险与第 26 分节中的有价证券事实上都是概括性规定，转引自各自的单行立法。此前，第 1342 条规定的是契约的一般性规定，而 1342 条规定的则是格式契约。关于消费者保护，在 1996 年的民法典修订过程中纳入了一条，但后来即 2005 年还是选择订立了一部单行的《意大利消费法典》。

是在劳动编的旁边设立了独立的一编即公司编。[1]事实上，民法典将劳动、公司这些内容置于较高的法律地位，与《意大利宪法》的规定是一致的。[2]在劳动过程中，显然会出现很多债的法律关系，例如双方的协作、处于同一公司实体内的诸人之间的相互不可或缺。但无论如何，不论是劳动还是公司，都不会导致个人自由的丧失。公司法部分规定于第五分节即第2247条之后。关于公司与企业的规定，事实上最初是从将公司与企业定性为自然人所依附进行劳动的组织。[3]

1984年《秘鲁民法典》的一个体例上的创新是将债法总则独立成一编，即第六编。[4]

1996年《俄罗斯民法典》在体例上是将债法的规定即从第307条开始的条文列为第三节，紧接其后的则是契约法总则。这样的体系安排也是值得琢磨的。

1942年《意大利民法典》的某些创新在2003年《巴西民法典》中找到了追随者。虽然早在1917年旧民法典中就有"债法"[5]的专章规定，但是2003年的创新或者说与《意大利民法典》的相似之处在于新纳入了一章"企业法"。这部分内容事实上废除了《巴西商法典》的部分相关规定。[6]

2002年《德国民法典》对债法部分的修订，亮点之一就是增加了关于消费者保护的规定。[7]

《阿根廷民法与商法典》（2014年修订）在体例上值得注意的是第三编：第一节为"债法总则"；第二节为"契约总则"。[8]

---

〔1〕 其他国家则制定了单行的《劳动法典》，比如智利（1931年）、墨西哥（1931年）、委内瑞拉（1938年）、厄瓜多尔（1938年）、巴西（1943年）、危地马拉（1947年）、巴拿马（1947年）、西班牙（1950年）。这些法典后来一直处于持续不断的更新过程中。也有部分国家起草了类似的劳动法典，但是没有颁行。

〔2〕 1948年《意大利宪法》第1条规定："意大利是以劳动为基础的民主共和国。"

〔3〕 在二战之后意大利制定宪法的时候对1942年所规范的内容进行了彻底的调整。

〔4〕 Cfr. S. Schipani, *Problemi sistematici del Diritto Romano*：*la obligatio*, in Digesta, 5, 2014.

〔5〕 相对于1917年的旧民法典，新民法典特别是这一编中有不少细节上的创新。比如说对于诚实信用原则（第113条与第187条）之外还有关于契约的社会功能的第421条。

〔6〕 2002年《巴西民法典》已经由中国学者齐云译成中文。值得关注的是关于企业法部分的一般性规定。

〔7〕 例如根据第305条新增了契约的条件；另外有保护消费者、远程销售、上门推销等方面的规定。

〔8〕 该法典由前言及6编构成：内容上包括总则、家庭关系、对人权、物权法、物权和对人权的共同规定等。该法典也吸纳了商法的内容，也包括对消费者的保护的规定（第1092条及后文）。

2005 年《法国民法典》中债法的修改案即"法与时效法的改革计划"（也被叫作 Catala 修正案）中增加了三个小节，即"债的种类"、"关于债权的相关规定"及"债的证据"。

六、期待债法的更新发展

法律体系中值得探讨的问题越来越复杂，而债法体系所面临的越来越多的复杂微观事项就是其一。我们的目标是寻求债的关系中的核心内容，并且对债的关系进行长期的反思。

要寻找债法总则与债法分则之间的平衡非常重要。一方面，我们需要在债法内部统一概念、原则、制度与规则，这些本身就很复杂。谨慎地制定债法总则的必要性是毋庸置疑的，虽然在债法的各个细分领域需要更直接的法律规范来调整，但是相对于这些具体的规范，也需要债法总则的规定作为价值引导，这一点笔者认为非常重要。在谨慎地制定债法总则的过程中，核心的一点是我们不能忘记法律应以人为本；以人为本的价值判断，支撑着我们的创新，并且贯穿于我们的概念术语中。

罗马法原始资料中（D. 1，5，2）早就提出了"人是所有法律的中心"。在语言表述中，"人"这一词使用的是复数即 hominum，从这一点我们了解到当时所指的是诸多的不特定人，而不是抽象的主体人；更不是指"人民""群体"这样集体的名义。罗马法时代是区分这样的表述的。

事实上，不断出现的新事物与新需求，一直督促着我们去更加深入了解何为债中的协作，何为法律约束的核心并促使我们去尊重相互帮助的关系；理解何为履行的自由；理解债本质上体现了主体之间的平等性。

（本文原载于《北方法学》2015 年第 3 期）

侵权法当今问题之思考

——罗马法原始文献的重新研读

［意］桑德罗·斯奇巴尼　著　翟远见* 译

一、侵权行为法体系形成的三个关键历史阶段

我曾多次撰文论述契约外责任[1]。尽管"责任"（responsabilità）是一个从 18 世纪才开始出现的现代法学概念[2]，但是构成契约外责任体系的其他一些重要概念，如"应当""损害""过错""私犯/侵权行为"等，却是历史悠久，经历了不同的演进阶段。

1. 伴随着阿奎利亚法的制定和对它的解释，契约外责任的一般原则的雏形初步形成。

2. 盖尤斯在其《法学阶梯》中，把债的渊源划分为两类：契约与私犯

---

* 译者系意大利罗马第二大学博士研究生，中国政法大学比较法学院副教授。

〔1〕 在该领域，我的下述文章已被译成中文：《罗马法系的侵权责任：过错和特征》，费安玲、张礼洪译，载杨振山编：《罗马法、中国法与民法法典化》，中国政法大学出版社 1995 年版，第 440～456 页；《从〈阿奎利亚法〉到〈学说汇纂〉第 9 编：罗马法的体系与侵权责任诸问题》，薛军译，载费安玲主编：《学说汇纂》（第 1 卷），知识产权出版社 2007 年版，第 144～169 页；（或江平、桑德罗·斯奇巴尼主编：《罗马法、中国法与民法法典化：罗马法与物权法、侵权行为法及商法之研究》，中国政法大学出版社 2008 年版，第 252～273 页）；《法的建立：合同外责任注释方法实例》，罗智敏、宋晓君、李静译，载费安玲主编：《学说汇纂》（第 2 卷），知识产权出版社 2009 年版，第 96～144 页；《论罗马法中的侵权责任体系》，翟远见译，系参加 2008 年于苏州举办的侵权法改革国际论坛的会议论文，《研读优士丁尼〈学说汇纂〉，构建法律体系：以在契约外责任领域，我们可以从〈学说汇纂〉中汲取的营养为例》，系 2009 年在北京举行的一次研讨会上的会议论文。

〔2〕 ［意］桑德罗·斯奇巴尼：《罗马法系的侵权责任：过错和特征》，费安玲、张礼洪译，载杨振山编：《罗马法、中国法与民法法典化》，中国政法大学出版社 1995 年版，第 440～456 页。

（Gai. 3，88，这一分类随后得到了补充丰富[1]，并且仍是我们今天构建侵权行为法体系的基础）。盖尤斯将阿奎利亚法规定的非法损害列为债的渊源之一（Gai. 3，210 ss.），并将"侵辱"与其他类型的"私犯"一起论述（Gai. 3，220 ss.）。

3. 优士丁尼《学说汇纂》第九卷除囊括了《阿奎利亚法》规定的行为类型外，还对下面几种情形作了规定：家养动物造成损害（D. 9，1）；坠落物或抛掷物致人伤亡或致物受损，或者存在悬挂物可能导致损害发生的危险（D. 9，3）；处于家父权力之下的人实施的私犯（D. 9，4）。我们看到，在这一卷中，侵权行为法向内容多元化又迈进了一步。[2]

本文将扼要地阐述在体系的演进过程中至关重要的若干问题。笔者以为，它们与当今侵权法领域内的热点问题休戚相关。讨论的范围限定于"侵权行为"这一最具包容性的体系之内。

二、侵权行为一般构成要件的成熟归纳

继对非常有限的几种不法行为类型的零散规定之后，通过《阿奎利亚法》的颁布，罗马法较为系统地规范了契约外责任。随后，针对该法出现了一系列的裁判官解释和法学家的创造性解读。

该法规定的典型不法行为的构成要件有四：其一，须有损害事实存在，即造成了某物的灭失或毁损；其二，行为人对受损之物实施了直接接触行为（因为这类特殊行为具备形式上如此严格的限定，故而，无需再考虑今天所说的主体要件和因果关系要件）；其三，侵犯了所有权；其四，加害行为须具备"非法性"，亦即不存在正当的原因。

裁判官告示和法学家解释使侵权行为的构成要件变得更加精细。一般而言，要件有七：其一，须存在损害事实。除某物物理上的灭失或毁损外，还包括不能使用某物，或为使用某物须支付特别的费用，或者因此产生了任何

---

〔1〕　D. 44，7，1pr. 在"契约"和"私犯"之外，增添了"债的其他产生原因"；J. 3，13，2 新增加了"如同产生于契约"和"如同产生于私犯"两个债的渊源，它们在后来被称为"准契约"和"准私犯"。

〔2〕　关于《学说汇纂》第九卷的建构，以及该卷对盖尤斯的私犯之债的理论体系的突破，参见［意］桑德罗·斯奇巴尼：《从〈阿奎利亚法〉到〈学说汇纂〉第 9 编：罗马法的体系与侵权责任诸问题》，载［意］桑德罗·斯奇巴尼：《桑德罗·斯奇巴尼教授文集》，费安玲译，中国政法大学出版社 2010 年版，第 286 页。

其他形式的财产的消耗，以及因自由人的人身受到侵害（如受伤等）而导致了财产的减少（如治疗费用的支出、正常收入的减少）。其二，须有加害行为。其三，行为主体具有故意或过失，即是说，"一般谨慎之人能够预防损害的发生，而行为人却没有预防，或者虽然采取了预防措施，但是为时已晚[1]。"（这里强调损害发生的"可预见性"，以及随后采取相应措施以避免损害发生的"应为性"。换言之，"过失"即意味着疏忽、轻率、不胜任或在一定情形下行为人对应当遵守的法规或章程的违反。）其四，主体须有责任能力（可归责性）。其五，因果关系。其六，须是侵犯了他人权利，不仅包括所有权，还包括用益权、使用权、地役权、质权，以及饱受争议的受损物之上的债权（如租赁权），以及身体完整权等。其七，不具有正当的原因。所谓正当的原因，即是指没有故意或过失地超越法律允许的界限。

实际上，在优士丁尼《民法大全》中，这样的一般性原则已经成熟：任何在故意或过失的心理状态下实施的行为，只要不存在违法性阻却事由，给作为他人权利客体的某物造成了毁损或灭失，或导致无法使用该物，或为使用该物需要支付额外的费用；或者造成了某人的受伤或死亡，给他人带来了财产损失，均构成以金钱赔偿[2]为内容的债的发生原因[3]。

这已经成为了侵权行为法领域的一项基本原则[4]。它不是18世纪的自然法学派的创造，而是一项可以在罗马法原始文献中找到源头的法律原则[5]。

三、过错责任原则的多种功能

过错责任原则具有以下功能：预见与预防；过错作为追究责任的标准和避免损害的手段；无经验即为有过错；无知与预防。

过错责任原则的适用范围不局限于特定的侵权行为类型；对于不断涌现的新的损害类型，可以据此进行赔偿。所以，该原则在侵权行为法领域具有

---

〔1〕 D.9，2，31.

〔2〕 确切而言，在罗马法中称作"罚金"，不过这种以民事赔偿为目的的罚金在顺位上优先于惩罚性质的罚金。

〔3〕 这一原则被1986年颁布的《民法通则》第106条第2款，以及中国最新的《侵权责任法》第6、7条所采纳。

〔4〕 ［意］桑德罗·斯奇巴尼：《论罗马法中的侵权责任体系》，翟远见译，2008年苏州举办的侵权法改革国际论坛的会议论文。

〔5〕 ［意］桑德罗·斯奇巴尼：《罗马法系的侵权责任：过错和特征》，费安玲、张礼洪译，载杨振山编：《罗马法、中国法与民法法典化》，中国政法大学出版社1995年版，第440~456页。

举足轻重的地位。

"过错"（包括"故意"）这一概念在侵权行为法体系中发挥着关键性的作用。罗马法原始文献中"过错"的定义深具价值："过错是指一般谨慎之人可以预防损害的发生，但是行为人却没有预防；或者危险的发生已经无法避免，行为人才迟迟采取了预防措施[1]。"[2] 在拉丁语中，"provideo"具有"预见"和"预防"的双重含义。"预见"是"预防"的前提。但这里的"预见"不是指具体实施某一活动的行为主体的"预见"，而是根据活动性质的不同抽象出来的一般经验。大体而言，从事不同的活动要遵守不同的规范。要想确定某项活动的行为规范的具体内容，需要考察该活动是一般性的，还是专业性的。法官、医生、牲口驭手以及某项职务的担当人等，均须具备相应的经验和能力，能够"预防"损害的发生。这样界定过错，我们就可以说，未尽一般人的注意义务，即为"疏忽"；不具备从事某项活动所要求的职业技能，即为"不胜任"[3]。如果完成行为人自愿从事的某项活动需要特殊的能力或体力，而行为人不具备足够的能力或体力，虽然其本人已竭尽全力，似乎无可非难，但也仍将被认定是"轻率的"，是有过错的。这是因为，"如果一个人知道或应当知道他的相关能力的缺乏会对他人构成威胁，他就不应该着手从事这项活动。[4]"

过错导致损害发生，行为人必须受到惩罚的一般原则，还可以起到避免损害发生的"预防"功能，因为它可以引导人们为了避免赔偿损失而勤勉、谨慎、内行地行事。

的确，今天该原则的这一功能已经受到了来自保险体制在某些情形下对成本与收益的关系，以及将赔偿损失的责任间接地"转嫁"给其他主体的可能性的考量的挑战。在这两种情况下，人们也许可以将制度设计为：造成的损害比较大的人需要缴纳较多的保险费，不需要赔偿损失的人只需承担较少的费用。但是，这两个制度均无法给出针对某一具体的损害应该如何赔偿的

---

〔1〕 之所以库伊特·穆齐在这个片段中说"采取了预防措施"，是因为他所举的例子是，若一个人从事可能对他人造成危险的活动，则此人负有将危险"提前通知"的义务。

〔2〕 D. 9，2，31. 对这个片段的分析，参见［意］桑德罗·斯奇巴尼：《罗马法系的侵权责任：过错和特征》，费安玲、张礼洪译，载杨振山编：《罗马法、中国法与民法法典化》，中国政法大学出版社 1995 年版，第 440 ~ 456 页。

〔3〕 涉及医生医术不精的片段有 D. 1，18，6，7；D. 9，2，7，9；涉及其他职业活动的片段有 D. 9，2，8，1；D. 9，2，27，29；D. 19，2，9，5；D. 19，2，13，5；等等。

〔4〕 D. 9，2，8，1.

答案。正因为如此，我认为，"预防"功能在不属于"因损害而产生的责任"但却与侵权行为密切相关的民法问题中，也同样应有它的用武之地。尽管我们经常使用其他法律的相关规则[1]，这一体系还是再次提醒我们应当注意与其他民法制度的协调，一部侵权行为法应当涵盖与其他相关制度共有的一些规范（如民众诉讼）。

具有疏忽、轻率、不胜任这些含义的过错，其核心的要求是对损害发生的预见以及随后避免损害的预防。技能、职业经验、不同领域的行业知识，催生了不同的规范。它们逐渐被法律、"条例、纪律、规定"所吸纳。上述规范作为预防损害发生的行为准则，以"不胜任即为有过错"[2]为归责基础。

此外，我们在罗马法原始文献中还会经常发现这样的内容，即只要违反了相关的条例、纪律或规定，就认定行为人具有过错，尽管这些规范并非以可预见性作为基础[3]。这种意义上的过错，扩大了一般意义上的过错的外延。随着人类知识的增加和经验的积累，某些情势或事件逐渐变得可以预测和防范，于是就有特殊的规范对它们进行类型化的专门规定，自然而然，过错的外延也就越来越大。在许多情况下这个结论都是成立的，在此仅择一而论。这个例子是我们当今关注的焦点问题。

在原始文献对不同于下面的例子的其他问题的论述中，我们可以发现一个相当有意思的一般规律，即总会有新鲜事物出现，总会有连最有经验的人也不能完全掌握的事物出现[4]。伴随着科学技术的蓬勃发展，新鲜事物层出不穷，我们难以完全认识和预测其后果，于是乎，人类的经验、认知和技能的局限问题也因此日益受到深切的关注。这就引发我们重新思考采取"防范"措施的必要性。"防范"是为了"确保万无一失"。在一些特殊领域（如环境

---

　　[1]　虽然违反要求行为人须谨慎、勤勉和内行的规则，但是如果并没有造成损害，则不会受到处罚。但是文中所举例子（保险机制，成本与收益关系的考量）则与此不同，违反这些规则，将会直接受到惩罚（或行政法性质的，或刑法性质的）：比如违反要求谨慎驾驶的交通规则，如果没有造成损害，则不会产生民法意义上的惩罚，不过同样会导致行政法性质或刑法性质的惩罚的产生。

　　[2]　见第99页注释[3]和意义更为普遍的 D. 50, 17, 132.

　　[3]　根据优士丁尼《法学阶梯》J. 4, 3, 4 之规定，只能在指定的用于军事操练的场所投掷标枪，这样的规定可以说是以可预见性和谨慎义务为基础的；可是，在一个用于军事操练的场所只有士兵可以从事这些活动的规定就不具有这样的规定基础。我们可以认为这是基于安全的考虑，所以规定普通人不能拿着兵器进行玩耍。类似的例子还有很多。

　　[4]　C. 1, 17, 2, 18 告诉我们"……大自然瞬息万变，总是催生新的事物"；以及 D. 22, 6, 2 "法律可以也必须做到明确，不过对生活事实的理解，连最有经验的人也会弄错"。

保护领域），这一思想得到了明确的体现。也就是说，在这些领域，仅仅做到采取措施以避免可以预见到的损害的发生还不够，还要构建一道安全防线，确保不产生损害和能够控制风险。对所进行的这类活动的安全性，以及在操作过程中万一出现意外的风险控制能力，要有绝对的保证[1]。这应是行政管理的一项指导原则。不过，对这些旨在防范风险的规定的违反，属于上面提到的那些违反条例、规定、纪律的过错类型。因此，我们现在讨论的过错责任原则在这个问题上仍然适用，只是不再要求一般意义上的过错的核心要素——可预见性罢了[2]。

四、以无过错责任为归责原则的侵权行为的类型以及预防损害发生的其他途径

在罗马法中，还存在一系列其他类型的侵权行为，它们不以过错责任为归责原则，而是采用与之并行的其他原则作为追究责任的标准。一些这类的侵权行为，与《阿奎利亚法》一起，被集中规定在了《学说汇纂》的第九卷。就如何看待不同归责原则之间的关系问题，存在两种截然不同的观点。一种观点认为，应以过错责任原则统领所有的侵权行为。另一种观点认为，应延续责任的多轨制这一久经岁月洗礼的立法经验，并保持体系的开放性以不断吸纳新的发展成果。本人觉得后一个选择更为明智。这些其他的归责原则，是基于各自特殊的理由对一般归责原则的背离。为了保障在街道上通行或逗留的人的安全，那些居住在临街房屋中的人，对坠落物或抛掷物所产生的损害，即使未从事导致结果发生的行为，也要承担责任（D.9，3）。在其他一些情况下，安全因素可能也是别的解决方案的正当性基础。这也就不难理解在家养动物造成损害的情形中，为什么是动物的所有权人而非动物的使用人承担责任了（D.9，2）。家父须对处于其权力之下的家子或奴隶的加害行为承担责任，信赖关系的考虑是如此规定的特别理由（D.9，4）。与此类

---

〔1〕 欧盟条约第 174 条第 2 款。

〔2〕 对预见性原则的民法学反思，参见 E. Del Prato：《对私法中的可预见性原则的反思》，载 F. Busnelli, *Liber amicorum*, Milano, 2008, 545 ss. 还可参见 ［意］桑德罗·斯奇巴尼《论罗马法中的侵权责任体系》一文中关于环境保护的论述；A. Di Porto 的一篇相关文章；以及 G. Acuna Solorzano, *Los interdictos popularee como in strumento de tutela de las res in usu puhlico en el derecho romano y su intluencia en las codificaciones latinoamericans coo atenci6n a la tutela del ambiente*, in *Roma e America. Rivista di diritto romano comune*, 25/2008, 53 ss.

似，客栈老板、船舶经营人需要对由于自己雇员的行为所导致的旅客的损失承担责任，即使他们本人并没有任何过错。这类侵权行为也采用了不同于过错责任的归责原则（D. 4，9；D. 47，5)[1]。

在我看来，两种立法技术形成互补是这种立法模式的本质特征：首先规定一项基本原则（"因过错而导致他人受损的，应该受到惩罚"）；除此之外，补充规定一些典型的情形。在这些情形中，出于特殊原因的考虑，突破了过错责任原则，出现了不同的追究责任的标准。正因为这样，它们一起被统称为客观责任。

在刚刚提到的这些情形中，因为不再考虑责任主体是否具有过错，所以也就无从发挥过错责任原则所具有的预防损害发生的功能，这就需要借助其他制度来达到同样的目的。比如，在临近街道的建筑物的屋檐或顶棚悬挂、放置物品，对任何从此通行或在此驻足的人都可能造成损害。于是就规定，任何人均可提起民众之诉，控告将该物如此放置的持有人。若被告败诉，他将要向原告支付一笔固定数额的罚金。这个例子向我们展示了在侵权行为法领域，罗马法是如何利用多个制度来达到预防损害发生的目的的[2]。

五、"过错应受惩罚"与"损害当被填补"之间的必要平衡

我认为还有必要指出的是，侵权行为法体系不能只侧重强调看似对立的"损害"与"过错"这两极中的一极。事实上，从罗马法开始，立法就力求找到二者之间的平衡点。如果整个侵权行为法体系只适用单一的过错归责原则[3]，将无法满足上面提到的某些情况下的特殊需求。同样，上述规定的对立面，即任何损害都应得到赔偿的设想[4]，也是无法实现的。不仅因为建立在自己责任和个人财产之上的侵权行为法体系不允许这样做，否则针对任何损害，人们都得转向债务保险机制，将损害的结果向社会分摊，从而大大增

---

〔1〕 ［意］桑德罗·斯奇巴尼：《罗马法系的侵权责任：过错和特征》，费安玲、张礼洪译，载杨振山编：《罗马法、中国法与民法法典化》，中国政法大学出版社1995年版，第440~456页；［意］桑德罗·斯奇巴尼：《从〈阿奎利亚法〉到〈学说汇纂〉第9编：罗马法的体系与侵权责任诸问题》，薛军译，载费安玲主编：《学说汇纂》（第1卷），知识产权出版社2007年版，第144~169页。

〔2〕 ［意］桑德罗·斯奇巴尼：《研读优士丁尼〈学说汇纂〉，构建法律体系：以在契约外责任领域，我们可以从〈学说汇纂〉中汲取的营养为例》，系2009年在北京举行的一次研讨会上的会议论文。以"民众之诉"为题，罗智敏博士出色地完成了她的博士学位论文。

〔3〕 这曾是自然法学派的设想，并且在1804年《法国民法典》中占据了主导地位。

〔4〕 这个与社会连带理论相关联的思想今天已经占据了主导地位。

加了成本；还因为赔偿损害并不是整个与侵权行为相关联的制度体系的唯一价值目标，而是还要发挥上文提到的预防损害的社会功能。我认为，尽管存在一些例外，过错责任、勤勉义务仍是侵权行为法的支柱，处于整个体系的中心。针对不适用过错责任原则的类型，我们看到，需要通过制定相关的惩罚措施或禁止规范，使普通民众也有权在损害发生之前进行预防控制，而不是使国家或行政机关或其他公权力机关独揽这项权利。整个侵权行为法体系要合理地权衡这两项要求。至于在某个具体法律制度中该平衡点的位置如何，则取决于众多的因素。

六、非但造成了经济损失，还侵犯了人格尊严：在适用损害赔偿的同时，还须依据"善良与公正"原则惩处违法行为

针对人身实施不法行为，给他人的财产造成了损失，并侵犯了受害人的人格尊严，是侵权行为法的另外一个重要问题。通常从两个方面考虑这个问题，即财产损失和所谓的"人身损害"。由于罗马法允许奴隶制度的存在，所以根据受害人是自由人还是奴隶，法律作出了截然不同的规定。不过，这并不影响我们的讨论。这里我们只考虑受害人是自由人的情形。罗马法在这方面的相关规定，值得我们研究和借鉴。罗马法采取了相当成熟的双重标准：其一，受害人可能遭受财产性损失，具体包括医疗费用的支出、正常收入的减少，以及个别情况下未来收入的降低；其二，对人身实施的侵辱行为，不能成为经济性衡量的对象，由此产生的针对受害人的债务，不是对损失的赔偿，而是依据"善良和公正"原则，加害人应当给付的一笔数额固定的金钱，或者说是因侵犯了受害人的人格尊严，加害人应当受到的以金钱为内容的"惩罚"[1]。

上述内容似乎与当代民法的这一原则相违背：民法只调整平等的私人主体之间的法律关系，其规定不具有"惩戒"的性质，而只是为了"填补"损害；"惩罚"只能由国家在一定的程序保障下实施。

但是对像人身权这类本质上不具有财产性的利益的保护，又基本属于民法的范畴，尽管由此产生的债权债务，基于其特征，经常可以进行财产性衡

---

[1] [意] 桑德罗·斯奇巴尼：《从〈阿奎利亚法〉到〈学说汇纂〉第 9 编：罗马法的体系与侵权责任诸问题》，薛军译，载费安玲主编：《学说汇纂》（第 1 卷），知识产权出版社 2007 年版，第 144 ~ 169 页。[意] 桑德罗·斯奇巴尼：《研读优士丁尼〈学说汇纂〉》，构建法律体系：以在契约外责任领域，我们可以从〈学说汇纂〉中汲取的营养为例》，系 2009 年在北京举行的一次研讨会上的会议论文。

量。所以，有必要走出将民法引向纯粹财产法的误区。应该认识到，针对侵犯人格尊严的行为，我们不能同样也采用损害填补的标准，而应根据这类行为的自身特性，采用与之相适应的原则（比如"善良与公正"）包括有些侵权行为之债并不以给付一定的金钱为标的，或者以其他行为为标的，只是在债务不履行时才可以对之进行金钱衡量。

七、契约责任与契约外责任的区分

契约责任与契约外责任的区分是罗马法体系的又一关键之处，尽管自然法学派通过对罗马法的解读试图超越这一分类，尽管两个责任体系曾经出现过并且仍在继续着制度上的融合[1]。

八、受害人自己的勤勉义务及协同减少损害发生的义务

这里，我认为还有必要再次考察一下《学说汇纂》中的相关内容。让我们先从一个简单明了，但却值得深入思考的片段入手。

D. 9，2，52pr. 阿尔菲努斯（Alfenus）《学说汇纂》（第二卷）：一个奴隶受伤身亡，如果在其受伤期间不存在主人的疏忽大意或医生的治疗不当，理所当然，（主人）可以以该奴隶被非法杀死为由提起诉讼[2]。

在这个例子中，一个非法行为所导致的直接后果是奴隶的受伤，在经过一段时间后，受伤的奴隶才命丧黄泉。

这个片段与那些加害行为立即导致损害结果发生的片段的不同在于，在加害行为的实施与损害结果的发生之间存在一定的时间间隔，所以需要思考被阿尔菲努斯本人称做"解决方案隐藏于事件原因之中"[3]的问题。也就是说，需要考察导致死亡的原因到底是什么，即受伤是否是造成死亡的唯一因素。

如果受伤是死亡的唯一原因，那么主人就能够以"奴隶被非法杀死"为由提起诉讼；若非如此，则只能以"奴隶被非法伤害"为由来起诉。如果起

---

〔1〕［意］桑德罗·斯奇巴尼：《论罗马法中的侵权责任体系》，翟远见译，2008 年苏州举办的侵权法改革国际论坛的会议论文。

〔2〕 D. 9，2，52pr. Alfenus, libro secundo Digestorum. Si ex plagis servus mortuus esset neque id medici inscientia aut domini neglegentia accidisset, recte de iniuria occiso eo agitur. ［意］桑德罗·斯奇巴尼：《民法大全选译》（第 4 辑·私犯之债阿奎利亚法），米健译，中国政法大学出版社 1992 年版。

〔3〕 D. 9，2，52，2.

先以奴隶被非法伤害为由提起了诉讼，但是随后奴隶不幸死亡，另一个片段告诉我们，此时主人能够以自己的奴隶被非法杀死为由重新起诉。不过在第二个判决中，应该先扣除依据第一个判决已经赔付的钱款[1]。

对上面这个例子稍加变通，假设医生医术不精、治疗不当，或主人疏忽大意、漫不经心，我们就需要将这些导致奴隶死亡的其他原因一并考虑进去。

我们可以发现，在这个例子中，不涉及多个原因"同时"导致损害的发生，就像古罗马法学家在其他的例子中所讨论的那样（如阿尔菲努斯所举的另外一个例子，数匹骡子在陡峭的道路上拉车前行[2]；或乌尔比安所引用的一个例子，数人将一奴隶殴打致死[3]）；也没有像之后的一些片段那样，准确说明所受伤害是"致命的"[4]。在阿尔菲努斯所举的这个例子中，后来发生的其他原因可能会对先前发生的原因所导致的初步结果产生影响。

在一些涉及类似情况的其他片段中，还可以看到这样的例子，一个奴隶受到了伤害，但在证明这次伤害实际所产生的损害后果之前，另一个伤害导致了他的死亡，或者发生了海难或山崩[5]。如前所述，这些情况与上文提到的例子只是"类似"而非"相同"，这是因为后面所发生的原因独立于先前所受到的伤害：海难或山崩虽然发生在后，但并不是由先前受到的伤害引起的；表面上，后一个伤害最终导致了奴隶的死亡。针对假使该奴隶先前不曾受伤，只是单独受到了后来的伤害，他也许能够活下来的观点，也许可以拿拉贝奥的看法来回应它。拉贝奥强调，加害人应对其行为所导致的实际后果负责，"某一加害行为对一个人可能是致命的，对另一个人则未必"[6]。如果

---

[1]　D.9，2，46 – 47.

[2]　D.9，2，52，2cit.

[3]　D.9，2，11，2. 涉及多个原因同时导致损害发生的片段，还有 D.9，2，11pr.；D.9，2，11，4 和 D.9，2，51，2 等。在这些片段中，我们发现，人们试图确定什么行为是导致损害结果的"唯一"原因，什么是主要原因。在确定这样的原因的过程中，行为的可非难性是一个需要考虑的重要因素。如果不能找出这样的原因，那么所有的行为都是损害的原因。如果受害人自己的行为是导致损害的"唯一"原因，那么其他的主体将不用承担责任。不过需要明白，在多人的共同不法行为导致损害发生的情况下，古罗马法学家并不认为应该将责任按百分比分配给这些主体，而是认为应该将所有的原因作为一个导致损害结果发生的整体看待。按比例分配的方法是由自然学派法学家 Ch. Wolff 提出来的（齐默尔曼："债法，民法传统的罗马法基础"，South Africa-Boston，1992，1010）。

[4]　对"致命的"伤害的论述却是 D.9，2，11，2；D.9，2，15，1；D.9，2，21，1 和 D.9，2，51pr. 但是，我们在后面保罗的一个片段 D.9，2，30，4 中可以发现，阿尔菲努斯的观点的地位是相当牢固的，不过保罗的片段还提到了"非致命性的"伤害。

[5]　D.9，2，11，3；D.9，2，15，1；D.9，2，51pr.

[6]　D.9，2，7，6.

第一个伤害是"致命的"那么如何看待后来所发生的原因，法学家之间有不同的意见。一些法学家认为，实际上是后来发生的因素最终导致了死亡的发生，而前一个伤害行为的实施者只需为奴隶的受伤承担责任。而其他的法学家则认为，前一个伤害的行为人也要为死亡后果承担责任[1]。

在阿尔菲努斯所举的例子中，主人的照料和医生的治疗等后来发生的原因，却是由奴隶之前受到了伤害这一事实引起的。

如果该奴隶先前不曾受伤，也就不会有后来的医生的治疗行为了。医生治疗的目的是消除那些使病人的身体状况下降的因素，恢复其健康。医生必须是有经验的、专业的：一个人知道或应当知道他的相关能力的缺乏会对他人构成威胁，他就不应该着手从事这项活动；他的能力缺乏或经验不足，可能是最终损害结果发生的又一新的原因，或者使他无法阻止先前原因的发展，解决已经存在的问题。不称职的医生的行为是可非难的，属于过错之一种。因为医生违反了由其职业所决定的特殊的注意义务，所以他要为奴隶的死亡承担责任。上述例子中的医生的行为是一种自愿的治疗行为。如果是根据某个契约作出的话，就又涉及两个不同的责任之间的关系问题了[2]。

所有权人（也就是受害人）的行为也可能是导致损害结果发生的原因之一。阿尔菲努斯的这个片段说明，主人的漫不经心、疏忽大意也可能是导致奴隶死亡的原因，比如没有及时地请医生给他治疗[3]。有一点应该引起我们的特别注意，即受害人自己的行为不同于医生的自愿治疗行为。在奴隶受到伤害后，受害人有义务采取一定的措施防止损害结果的进一步扩大。这种义务的产生不取决于义务人自己的意愿。奴隶受到伤害，主人就要履行给该奴隶治疗避免他死亡，至少是降低伤病的严重程度的义务。从自然意义上的因果关系的角度来看，受害人的不作为与其他导致损害结果发生的原因并无不同。只是在法律层面上，如果受害人不履行降低损害后果的义务，或者更宽泛地说，

---

〔1〕　D.9，2，51pr.；D.9，2，11，3；D.9，2，15，1.

〔2〕　D.9，2，7，8.

〔3〕　片段 D.21，1，31，12 谈到，如果出卖人没有过错，则被出卖奴隶病情恶化的风险应由买受人承担；并且指出如果出卖人"未曾请医生为该奴隶进行治疗"，则出卖人应为该奴隶的病情恶化承担责任。在这个例子中，我们发现，在契约责任领域，出卖人在履行自己的合同债务之前，应该先履行为奴隶治疗的义务。

不履行对自己的勤勉义务的话，那么他的不作为将是可非难的[1]。治疗费用可以得到赔偿[2]，也正是因为受害人有义务花钱给受伤的奴隶医治[3]。

之后，该理论又经历了生动的发展过程，并延伸到了契约责任领域（本文对此略而不论）。在意大利，在立法者制定 1865 年《意大利民法典》第 1227 条第 2 款[4]之前，人们都是根据罗马法来解决相关纠纷的。相关学说是建立在 D. 19，1，21，3 和许多其他原始片段的基础上的[5]。最高法院在审理买卖纠纷案件时，也认为 1882 年《商法典》第 68 条第 3 款的规定——即买受人有权采取一定的措施，避免损失的扩大，相关费用由出卖人承担——同时也意味着买受人不得无动于衷，应尽到勤勉义务[6]。这就是权利人应给与配合以降低损害后果的原则的本质内容。这项义务来源于诚实信用原则。不过前面所说的这项义务的基础有着更为一般的意义，即每个人在与他人相处的过程中，都应尽到勤勉的注意义务[7]。如此解读有助于正确适用上述法律原则和民法典第 1227 条，不论是在契约责任领域，还是在契约外责任领域[8]。

九、结论：重新研读原始文献，归纳提炼基本原则

最后，我想就如何正确利用罗马法原始文献简单地发表一下自己的看法。法学不只是为了制定法典，但法学可以制定法典，这是因为，在我们的法律体系中有法律基本原则的支撑。

重新研读《学说汇纂》，有助于我们认真思考那些在侵权法体系初步形成

---

〔1〕 我的博士 L. San Martín Neira 正在就这个主题撰写她的博士学位论文。还可参见 F. Camacho de los Ríons，*Límites en la reparaciÓn del daño*，in *La responsabilidad civil. De Roma al derecho modern*，Burgos，2001，127 s.

〔2〕 关于所支出的医疗费用的赔偿 D. 9，2，7pr.

〔3〕 就受害人自己的勤勉义务的范围问题，还有待继续深入研究：比较复杂的是探究行为的必要性，一个人是有资格（D. 47，9，3，7）还是有义务在给他人造成损害的情况下避免自己的损害。

〔4〕 第 1227 条第 2 款："对于债权人只要尽到勤勉注意就可以避免的损失，不予赔偿。"

〔5〕 Polacco，Betti，ibid.

〔6〕 Cassazione Torino，ibid.

〔7〕 就此问题可参阅 L. San Martín Neira 博士的论文。

〔8〕 第 1227 条实际上还是规范侵权行为的第 2056 条第 1 款的引致对象。在《中华人民共和国合同法》（以下简称《合同法》）中，也可以找到与《意大利民法典》的第 1227 条第 2 款相类似的规定。《合同法》的第 119 条第 1 款规定："当事人一方违约后，对方应当采取措施防止损失的扩大；没有采取适当措施致使损失扩大的，不得就扩大的损失要求赔偿。"这就引出了该项原则的适用问题，它既适用于债务不履行责任，也适用于契约外责任。为了很好地把握它的适用，有必要深入研究阿尔菲努斯的那个片段和法律原则的作用。

的时期就已成熟、并被吸纳规定在优士丁尼法典中的一系列法律原则，有助于我们认识这些原则的新的或别的体现方式。我们应当将这些原则与当今的诸多法典以及该领域内的最新立法相比较，甚至有时还要将之与侵权行为法体系以外的规定相比较，以期找到优士丁尼所说的"最好和最公正的"解决方案。

所以，研究《学说汇纂》可以引导我们正确理解和全面把握当今的法律，甚至在必要的时候填补其中的漏洞。本文最后论述的那项基本原则即为明证：1804 年《法国民法典》和它的追随者 1865 年《意大利民法典》，对这项在侵权法体系形成时期就已经被归纳出来的法律原则，都避而不谈，但是法学研究却重新把这项原则挖掘了出来，填补了当时法律规定的空白。后来，它被运用在了法院的审判工作当中，并最终在制定 1942 年《意大利民法典》时作为一个新的条款被固定了下来。应根据基本法律原则一遍又一遍地深入理解这部法典，因为这些基本原则是法典的灵魂，可以给我们新的启示。

侵权行为法的前沿问题有：过错责任原则作为一般原则，如何发挥其预防损害发生的功能；怎样划定勤勉注意义务的界限；哪些侵权行为类型可以根据特殊的理由背离过错责任原则；其他具有预防损害发生功能的民法制度有哪些，民众之诉的适用范围如何；如何进行赔偿数额的理算，以及对身体完整和人格尊严造成侵犯时，如何在赔偿因人身损害所生的财产损失的同时，一并根据"善良和公正"原则惩治非法行为；"过错应受惩罚"与"损害当被填补"之间的平衡点到底在哪里；坚持还是放弃契约责任与契约外责任这一传统分类；最后是，关于受害人自己的勤勉义务以及协作降低损害后果的义务的问题。我认为，通过认真研读《学说汇纂》，我们可以找到解决这些问题的理想答案。

（本文原载于费安玲主编《罗马法、中国法与民法法典化（文选）——从古代罗马法、中华法系到现代法：历史与现实的对话》，中国政法大学出版社 2011 年版）

罗马法中的侵权责任体系

[意] 桑德罗·斯奇巴尼 著 翟远见[*] 译

我曾多次对罗马法中的侵权责任进行过阐述。[1]虽然关注法律制度的历史演变十分重要，因为其中包含着制度本身生动的演进过程、多彩的历史断面和纷繁的潜在路径；但鉴于本次会议的特定主题，今天我就不再谈侵权责任的产生与发展的历史了，而只就若干基本问题作一简要论述。

（一）罗马法在经过不法行为类型化阶段之后，形成了一个成熟统一的体系，就是今天我们所称的"侵权责任"或"产生于不法行为的责任"。这些典型的不法行为在当时被称为"私犯"。行为人要受到这样的惩罚：向受害方支付一定数额的金钱。私犯是这种金钱之债的渊源。与私犯相类似的是，由裁判官逐渐引进的"准私犯"。私犯和准私犯不同于公法上的公犯，后者的惩罚具有不同的性质，并且不产生以向受害方支付金钱为内容的债务。当然，有时候这两种惩罚会并存。[2]

在侵权责任领域，最初规定在公元前3世纪制定的《阿奎利亚法》中的几项典型的不法行为，适用范围相当狭窄，随后经历了一个适用范围逐渐扩大的过程。

1. 根据《阿奎利亚法》的规定，这些不法行为的第一个构成要件是"对

---

* 译者系意大利罗马第二大学博士研究生，中国政法大学比较法学院副教授。

〔1〕 在该领域，我的下述文章已被译成中文：《罗马法系的侵权责任：过错和特征》，费安玲、张礼洪译，载杨振山编：《罗马法、中国法与民法法典化》，中国政法大学出版社1995年版，第440～456页；《从〈阿奎利亚法〉到〈学说汇纂〉第9编：罗马法的体系与侵权责任诸问题》，薛军译，载费安玲主编：《学说汇纂》（第1卷），知识产权出版社2007年版，第144～169页；（或江平、桑德罗·斯奇巴尼主编：《罗马法、中国法与民法法典化：罗马法与物权法、侵权行为法及商法之研究》，中国政法大学出版社2008年版，第252～273页）；还有一篇相关文章发表在中国人民大学的杂志上。

〔2〕 Gai. 3, 213; J. 4, 3, 11（这两个片段，以及下文引用的罗马法原始文献的大部分，已经有中国政法大学出版社出版的中文译本。特别是D. 9, 2，已由米健教授将之全文译出）。

他人之物造成了有形损害"，（比如，杀死或伤害了动物［由于当时是奴隶社会，所以奴隶亦在其列］，或对房子、船只、衣服等造成破坏或贬损）。

随着法学的发展，这一要件被扩充解释并最终涵盖下列损害：即由于物的破坏或价值贬损而带来的可期待利益及财产性权利的损失，以及需要额外支付的维修费用（例如，由于奴隶的死亡而无法获得该奴隶原本可以继承的他人财产；[1]或某文件的损坏而造成的权利的丧失；[2]杀死四驾马车中的一匹马，从而带来的其他马匹的价值贬损；[3]为医治受伤奴隶需要支出的费用）。

自由人的人身伤害或死亡不属于这里所说的"损害"，但因之造成的可期待利益及财产性权利的损失，以及需要支付的相关费用，随着法学的进一步发展，逐渐被认为是损害的一种（如因造成自由人残疾而使得家父或者自由人本人收入的减少，[4]或者治疗受伤的自由人需要支付的费用）。

损害指财产的"减少"或"价值贬损"；[5]即现实财产状况与如果不发生损害事实将拥有的财产状况之间的差额。

经过这样的扩充，"损害"这一要件就涵盖了所有侵犯他人权利从而造成财产减损的法律事实；[6]事实证明，这样界定"损害"能够适应随后的历史发展。

在这里，有必要说明一下不法行为的客体是第三人之物的情形。最初，"私犯之债"的主要功能是保护所有权；具体表现形式是所有权人享有的各种诉权。[7]后来，逐渐发展到为了保护用益权人[8]、损害发生后表示接受继承的继承人、[9]受遗赠人[10]、有抵押权的债权人[11]、借入人的利益，对自己遭受的损害，[12]或者，如上文所述，对家子或自由人遭受的损害，[13]赋予家父

---

[1] D. 9, 2, 51, 2.
[2] D. 9, 2, 41；"文件"具体指遗嘱。——译者注
[3] D. 9, 2, 22, 1.
[4] D. 9, 2, 7pr.；D. 9, 3, 7.
[5] D. 39, 2, 3.
[6] D. 9, 2, 21. 2.
[7] D. 9, 2, 11, 6.
[8] D. 9, 2, 11, 10；D. 9, 2, 12.
[9] D. 9, 2, 13, 2.
[10] D. 9, 2, 13, 3.
[11] D. 9, 2, 17；D. 9, 2, 30, 1；D. 20, 1, 27.
[12] D. 9, 2, 11, 9.
[13] D. 9, 2, 7pr.

或自由人本人以诉权。[1]从《学说汇纂》的章节安排来看，继"对物和物权的保护"之后，便遵循这样的排列顺序；只是，其中有些例外，或者更准确地说，吸纳了一些新的重大进步。

2. 法学家们根据《阿奎利亚法》归纳出来的第二个构成要件是"因果关系"。

"损害事实"是一个特定的行为所引起的后果，最初该行为限于行为人与被损害之物的直接接触行为；随后，扩展至所有造成损害结果的作为或不作为。这一扩张解释引发了对因果关系的讨论。

（1）需要根据具体情形来考察行为与损害结果之间的因果关系（如轻微地打击一个虚弱的人导致严重的后果——即使该后果不是立刻显现出来——行为人须为此承担责任，因为打击的后果因对象之不同而迥异[2]）。

（2）多个原因的竞合。可以细分为以下几种情形：①如果只有一个原因具有可谴责性，该原因即为损害的法律上的原因（如在一个交通事故中，人们需要考量是否是由于拉车的动物的不老实，还是由于赶车人的可谴责的行为，还是赶车人别无选择只能那样做[3]）；②如果行为人的前一个可谴责行为导致他别无选择地实施下一个行为，那么行为人同样须承担责任；[4]③如果所有的原因均属可谴责的行为，即使任何单独原因均不会导致该损害结果的发生，全部行为人须承担连带责任（如某人被一群人殴打致死，但不能证明是由于哪一个击打行为而导致死亡的[5]）；④受损害方的行为是否具有可谴责性（即与有过错）。[6]

（3）在多个原因相继发生的情况下，后面的原因实际上阻碍了对前面原因引起的损害的证实（如在遭受致命性伤害之后，由于不可抗力或又受到其他伤害从而加速了死亡；[7]因医生的医术不精湛，或诊疗失误而导致了受伤

---

〔1〕　D. 9, 2, 13pr.

〔2〕　D. 9, 2, 7, 5.

〔3〕　D. 9, 2, 52, 2.

〔4〕　D. 9, 1, 1, 4；D. 9, 2, 7, 2（难以坚持背负过重的东西，不能排除其行为的可谴责性，因为行为人应知晓自己不能承担这么多的重量，并因此可能给他人造成损害）；D. 9, 2, 8, 1（不能因为不强壮而排除行为的可谴责性，因为他应知晓这对他人是危险的）。

〔5〕　D. 9, 2, 51, 1.

〔6〕　D. 9, 2, 11pr.

〔7〕　D. 9, 2, 15, 1；D. 9, 2, 51pr.

者的死亡[1]）。

3. 第三个构成要件是"不存在法律上的抗辩事由"：法律没有为该行为提供类似如下的正当理由，如正当防卫（针对一个持械行凶之人进行自卫[2]）；自助行为（如驱赶在自己田地中吃草的动物[3]）；紧急避险（如为防止火势的蔓延推倒一座建筑物[4]）；行使自己的权利（如在自己的土地上从事危险行为而不采取任何预防措施[5]）。但是，若在实施上述行为时存在行使权利过当（如杀死一个已经被捕获或逃跑的盗贼；在将动物从自己田地赶跑的过程中故意伤害之；在靠近道路的自己的土地上，从事危险活动[6]），或实施过程中存在错误（行为违背意愿的错误，即行为的对象不是其所想针对的对象，如正当防卫的过程中伤害了第三人[7]），则均不能排除其可谴责性。

4. 第四个构成要件是"故意或过失"。行为的可谴责性可能是因为故意，可能是因为无经验、疏忽、轻率、违反行为规则。是否具有可谴责性要根据具体情况而定要综合考察不同活动的危险性，以及是否需要特殊的技能等（例如，医师或牲口把式的无经验；因把式的力量不足，牲口失去控制［他应当对此有所预见］；由于疏忽，驮着货物在打滑的路面上行走，货物掉落对他人造成损害[8]）。过错与否可能由法律直接予以规定；但更经常是一如果不构成法律上的缺陷的话一没有明文的规定。

5. 第五个要件是"行为主体的可问责性"：如果行为主体不具有辨别行为意义的认知能力，那么他不具有可问责性。[9]此要件与另一个问题紧密相连，即在一些情况下行为主体不具有可问责性，但照样须为自己造成的损害承担责任。

由过错、损害后果、不存在法律上的抗辩事由、以与损失相当的金钱数额作为赔偿，所构成的体系已经相当完备。这些已经成为侵权责任的一般

---

〔1〕 D. 9, 2, 52pr.

〔2〕 D. 9, 2, 3, 4, 5pr.

〔3〕 D. 9, 2, 39.

〔4〕 D. 9, 2, 49, 1.

〔5〕 D. 9, 2, 31.

〔6〕 D. 9, 2, 5pr.；D. 9, 2, 39；D. 9, 2, 31.

〔7〕 D. 9, 2, 45, 4.

〔8〕 D. 9, 2, 7, 8；D. 9, 2, 8pr-1；D. 9, 2, 7, 2. 我们注意到，这里并没有规定举证责任倒置；而涉及"高度危险"活动时，举证责任倒置制度时常被现代立法者所采用。

〔9〕 D. 9, 2, 5, 2.

原则。

（二）在优士丁尼之后的那个时代，出现了试图通过解释将这些要件进行整合以作为统一标准，来囊括所有的不法行为类型的尝试。其实这种解释在优士丁尼时代的一些法学家的评论中已初见端倪；但正式出现于注释法学派时期，并在启蒙运动和 18 世纪自然法学派时期占据主导地位，且得到了一些法典的确认（如《法国民法典》）；不过，在 19 世纪后半叶，工业化的发展提出了更加复杂的要求，这一模式受到了质疑。

（三）除了上述关于私犯的一般性规则之外，罗马法——经常是在裁判官[1]的文书中——还规定了一些特殊规则。后者难以纳入前者的体系，因为它们常常用于满足特别的需求。人们认为将两者统一并不合适：这些特殊不法行为的构成要件，尤其是归责原则，与一般不法行为并不相同。这些特殊不法行为的法律后果与前面提到的适用一般性规则的不法行为相同，即也是金钱之债的渊源，"类似"私犯。然而，这些特殊不法行为的构成要件中有时不要求故意或过失；甚至有时承担债务的主体并非行为的实施者本人。

这是该体系的一个重要特征，表现为遵循这样的方法：先确定一些一般性规则，然后承认若干特殊规定作为一般规则的例外。具体分析如下。

1. 在动物致害的案例中，动物所有权人自己没有过错，没有实施任何行为，仅仅因对该动物的所有关系而承担责任。如果所有权人有过错，则适用由上面提到的一般性规则；但如果不存在过错，所有权人仍须为之负责。[2]他的责任有可能因损害投偿——即交出致害动物而非赔偿与损害相当的金钱数额——而减轻，[3]然而随着近代法的发展，损害投偿制度已经消失了。

这类案例中，有人讨论是否存在"未尽勤勉看管义务的过错"，但是，因为被告——即动物所有权人——即使证明自己已尽该勤勉义务还是不可能获得免责所以"过错"也就不属于该不法行为的构成要件。还有人讨论是否可以举证"意外事件"而免责。如果接纳这种可能性，那么呈现的将是一种混

---

〔1〕 需要强调的是，裁判官不是法官，而是执法官，由人民选举产生。裁判官不审理具体的案件，只是行使司法治权，就具体案件"应适用的法律"作出裁决。裁决的依据一般是其任职年度之初颁布的"永久告示"，极少情况下也就新型案件颁布新的诉权。但无论如何，具体案件中的法律适用却是由法官负责。（"永久告示"由执法官在其任职年度之初发布，其效力在该执法官整个任职期间均保持不变。——译者注）

〔2〕 D. 9, 1, 1, 4 – 5.

〔3〕 D. 9, 1, 1pr.

合责任，即责任产生的依据不是过错，而是对动物的所属或使用关系，同时受到意外事件的限制。

笔者无意对此再深入讨论下去，只是想指出在此类不法行为中不需要故意或过失这一要件，同时也不问责任主体是否实施了一定的行为；而是适用另外的归责原则，即基于责任主体对动物的所有权，而该动物出于本性而给他人造成了损害。

2. 在对处于自己权力之下的他人的行为承担责任这一类型中，我们可以得出相似的结论。在此类案件中，家父须为家子或自己的奴隶给他人造成的损害承担责任。[1]

在这类案件中，人们不考虑家父的过错，也无需考虑其本人是否实施了行为。因为如果他具有过错，那么正好是为自己的行为负责。[2]相反，人们需要考虑的是，他与造成损害的行为人之间的权力关系。同样在这类案件中，存在这样的可能性，即被诉的主人可以通过交出其权力之下的人来减轻自己的责任。但交出家子而免责的制度在早期就被废除了，代之以家父在家子个人所拥有的财产限额内承担责任这样的制度。

随着法律的发展，在近现代，这种规则主要适用于涉及子女的案件中；在其他领域，延伸至部分行使类似于家长职能的人（如家庭教师、老师、无行为能力人的监护人）。同样，在体系的演进过程中，曾出现过以"未尽勤勉看管义务的过错"来重新解释这类案件的尝试；但这一设想存在明显的缺陷。虽然可以通过证明"无法阻止损害的发生"，来对该责任进行限制，但无论如何它不能解释为过错责任。笔者不认为未尽勤勉义务或过错的标准在该领域是奏效的，虽然有时（过错）确实存在。

此类案例的特殊性在于存在权力关系。[3]此关系首先意味着抚养，其次是教育以及与之相关的偶尔的惩戒；这类关系还会继续维持下去，不能撇开不谈这一关系的存在基础及其现实意义；同时也需要根据家庭及教育结构的变更来综合地权衡它。[4]

---

〔1〕 D.9，4，1；D.9，4，21.

〔2〕 D.9，4，2.

〔3〕 需要指出的是，这种权力首先意味着对处于其"权力"之下的人的抚养，并且与之相关联的"权利"是在抚养的过程中得以行使的。

〔4〕 被监护的精神病人实施的行为所导致的责任，不在该范围之内，D.1，18，14 所讨论的精神病人、罪犯所完成的行为，不是私犯。

3. 从企业主和商人对其雇员造成的损害承担责任的案件中，也可以得出相似的结论。它起源于店主或船长等对其雇员给旅客造成的损害，虽然自己没有过错，仍要承担责任。[1] 这一类型在近现代社会中发生了很大的变化；并且随着工业化的发展，其适用范围逐渐扩大。

当然，下面两种情形的责任依据不同：①如果某人亲自选择自己的雇员来完成某项特殊事务，尔后该雇员被证明不能胜任，[2] 在这种情况下可能能够说是挑选雇员时未尽勤勉义务；②如果一个职员被企业组织委派从事一定的工作，在从事与其职务相关联的活动时（该关联性在罗马法的原始文献中没有明确的体现，但我们可以认为隐含于其中），故意或过失导致了他人损害的发生（在近代的生产流程中，有时可能不能识别某一单个行为是否是在未尽勤勉义务或技艺不精湛的情况下完成的，而只是在生产流程的最后阶段才整体显现出来），该雇员所属的企业应承担由此产生的责任。在后一种情况中，是否在选择雇员过程中未尽勤勉义务无关紧要，只需存在职务关系。

4. 在罗马法中，在执行公务的过程中的不法行为所造成的损害后果，由公务人员本人为之承担责任，而不存在与私人责任并存的"国家"责任（公务人员承担责任的例子有：法官徇私枉法[3] 或司法人员在履行职务时侵犯他人的权利[4]）。

5. 相对于一般规则的另一例外是，从房子的窗户中抛掷或倾倒某物所引起的责任。如果从房子中抛掷或倾倒某物，正好砸到了下面的行人，责任由居住在房子里的人承担。[5] 在这种情况下，不去追究房子所有权人的责任，而是追究与该坠落物有更密切关系的人的责任。[6] 同样在这类案件中，试图证明由于房屋所有权人的"未尽勤勉义务的过错"或者"未谨慎选择的过错"，从而导致居住人实施了这一行为，造成了损害的发生，将是徒劳的。需要明确强调的是，这一特殊类型的基本目标是保障在道路上行走或停留的人的必要的安全：为保护特定地方的人的安全，需要对一般归责原则作例外规定。[7]

---

〔1〕　D. 4, 91; D. 47, 5.

〔2〕　D. 9, 2, 27, 9.

〔3〕　D. 50, 13, 6.

〔4〕　D. 9, 2, 29, 7; D. 47, 10, 15, 39.

〔5〕　D. 9, 3, 1pr.

〔6〕　D. 9, 3, 1, 4.

〔7〕　D. 9, 3, 1, 2,

6. 另一个例外是建筑物坍塌引起的责任。在这类案件的发展历史中，其最初表现为所有人先给付一定的担保。正是源于此，保留了不考虑过失或故意[1]，而采用其他归责原则的传统。所有权人先承担责任，然后可能由建筑者或维修者为损害结果承担间接责任。于是有人讨论，是否可以通过证明意外事件的发生，来对该责任进行限制。这一点已经在前面——即动物致害，所有权人应承担的责任——那一部分讨论过了。

（四）罗马法建立了一个开放性的示范体系。一方面，过错构成了侵权责任体系的一般归责原则；另一方面，还有一系列其他的归责原则作为例外。在这些例外中，有时候责任产生于对财产的所有关系这一事实，而不考虑是否是由于所有权人的行为而导致的损害的发生，同时承认意外事件构成责任排除的原因；有时候由物的使用者承担责任（如房屋的居住人）；有时候某人需要对处于其权力之下的人造成的损害承担责任；有时候需要对受自己委派从事活动的人所造成的损害承担责任。这些不同的不法行为采用了各自不同的归责原则。

可以发现，该体系如此错综复杂，无法用单一的归责原则来整合所有的不法行为，而需要一系列的例外来对一般归责原则进行必要的补充。

笔者认为，立法者应当：一方面，制定一项一般性的归责原则。面对生活中层出不穷的新情况、新问题，这一原则性的规定十分必要，那就是："对他人造成损害，如果行为人具有过错，就应该受到惩罚"；另一方面，尽量详尽地规定一些典型的侵权行为——虽然有时可能只能作出比较宽泛的规定——来限制法官的自由裁量权。立足于罗马法体系下法学的发展和立法经验的积累，不断增添这些典型的侵权行为的种类，丰富其具体规定。但是，在涉及某一类行为是否构成侵权行为时，永远应由立法者来抉择。

在得出这一结论之后，可以作出以下三个富有争议的评论。

其一，上述例子均未涉及对自由人的身体造成的损害（即使有所涉及，如抛掷或倾倒某物的情形，也没有规定损害赔偿）。对罗马法而言，对自由人造成身体的损害的行为属于另外一种私犯，即侵辱。这类私犯包括了殴打、人身伤害、侮辱、对他人自由行动的限制，阻碍他人进入公共场所或者使用公共物等各种情形。

无论是人身伤害的后果，还是是对自由人造成的其他损害后果——比如

---

[1] D. 39，2.

对他人的名誉，人格尊严的侵犯——都不属于"财产性损害"（danno）这一概念的范畴；[1]都不是从财产性损害赔偿的角度来衡量的。所谓财产性损害赔偿，是指对"所有经济利益"的估计，或"财产价值减损了多少"的计算。尽管对自由人的身体造成损害，也导致以支付一定数额的金钱为内容的债的产生，但其计算的依据却是"善良和公正"。[2]这种赔偿不仅意味着支付一定的金钱，更意味着对自由人的人格尊严的维护。所以，这类案件有自己赔偿数额的确定标准，即"善良和公正"。

笔者认为，在现代的侵权责任制度中，不能忽略这一最初的衡量标准。

其二，无论侵权责任体系如何发展，它总是建立在与债务不履行责任相区别的基础之上的。

合同责任，有时也被称为"违反相对义务的责任"（responsabilità contrattuale），[3]它既不同于支配关系，也不同于由某人承担的职责、法定义务和不真正义务。

对"债"这一概念的提出是罗马法的一个伟大成就。最早的社会和法律关系体系似乎大多是从支配关系的角度进行构建的。有人提出，后来演变成"债"的关系在早期罗马法中是否也属于支配关系的一种。在这一讨论中，有人认为最初，"受约束的人"（obb-ligato），即因须完成一定"给付"而"受捆绑的人"（legato）要受到期待该给付的人的躯体"约束，即使他是自由人，也要处于后者的权力之下；但此"责任人"所受的躯体约束将因第三人的给付行为而"解除"。毫无疑问，"债"的概念是在这种躯体约束发展为法律上的约束之后才产生的；其结果是需要完成一定给付的是债务人，他是仅受到法律约束的人，不再是处于他人权力之下的人，而是受约束于平等主体之间的合作关系的人。若债务人不履行债务．将以其全部财产承担责任。即使债务人的全部财产价值小于未履行债务的价值，其自由人格亦不再从属于债权人。债的关系从此有别于支配关系，也不同于由某人承担的职责、法定义务

---

　〔1〕　D. 9，1，3；D. 9，3，1，5；D. 9，3，7；D. 9，3，5，5.

　〔2〕　D. 47，10，11，1.

　〔3〕　译者认为，将 responsabilità contrattuale 翻译成"契约责任"不是很准确，因为 contrattuale 是动词 contrarre 的形容词形式，而 contrarre 不仅指"缔结（契约）"而且有"负（债）"的意思，比如可以说"obbligazion contratta tra le parti"（在当事人之间形成的债权债务关系）。就此译者查询了数本权威意大利私法专著，得到印证：responsabilità contrattuale 与 responsabilità per inademimento di una obbligazione（债务不履行责任）同义，而不单指违约责任。——译者注

和不真正义务等。"债"自此主要成了债务人须向债权人为特定的活动的法律上的必要性，其中包括主义务和从义务的履行。经过法学家不懈的解释工作，债的内容和范围变得更加具体而明确。判断从义务的有无，经常需要综合考虑双方当事人的意思、诚实信用、公平正义[1]、法律规定以及风俗习惯。不同的债务人将根据自己的自由意志完成应为的给付。债的这一概念的形成是社会斗争、立法活动和法学发展的综合结果（在此，我想强调一下立法的作用，比如规定所有借贷不得超过一定的利息限额的法律；《柏德尔法》废止了以债务人的躯体承担责任的做法）。

继而，债务不履行，将基于债务人的过错或未尽勤勉义务追究其责任（除非双方当事人变更了这一标准）。[2]另外，可以以物保或人保的方式为债务提供担保；该担保取决于主债务的命运。除了因清偿而消灭之外，债务也可能因为其他诸多原因而消灭。债的不履行将产生一个以赔偿损害为内容的金钱之债。[3]可能略有变化但是不会超越这个基本的模式。我认为债务不履行责任的特征——相对于其他法律关系以及对其他法律关系的侵犯——在我们的体系中不可能消失。

就像文章开头指出的那样，侵权责任最初表现为"私犯"的法律后果。优士丁尼的《法学阶梯》开篇规定的"毋害他人"（alterum non laedere）的法律训诫，[4]不属于"债务"，而是所有社会成员须对他人负有的"义务"，并且通常是对先前没有任何"接触"的人所负有的义务。该义务的内容一般不取决于双方当事人的意思，也不取决于诚实信用或者公平原则。另外，我们看到，在特定的情况下，有时候可以不考虑承担责任者是否具有故意或过失，有时候甚至可以不考虑造成损害后果的行为是否由承担责任者实施的。

在某些情形下，这两种责任可能发生竞合。产生于私犯的责任，在丧失了其"惩罚性"之后逐渐与债务不履行责任并行；同时，那些行为不再被称为"私犯"，而被称作"侵权行为"。

虽然可以再进一步考察两者之间的相似与区别，但是前面的简要论述已经使我确信，仍应维持这两种责任类型的划分。

---

〔1〕 D. 44，7，2，3；Gai. 4，47.

〔2〕 D. 50，17，23.

〔3〕 J. 4，6，17.

〔4〕 J. 1，1，3.

其三，尽管对物实施不法行为所产生的许多责任类型也旨在保护物权，但有别于物权请求权。物权请求权包括物权遭到否认或侵犯时的确权请求权、返还请求权、排除危险以恢复原有状态的请求权。虽然在返还占有时，也可能考虑占有人对物造成的损害，但笔者认为从概念上看这两个请求权是不同的。[1]

物权尤其是土地权领域，在物的所有关系之外产生了一些新的问题和新的请求权，虽然有的才刚刚被承认。比如，停止有害排放的请求权（烟气、热量、气味、噪声、震动等；甚至有毒物的散发、辐射等[2]）；也可能是，为了空气的流通或环境，保持水流的自然流向的请求权。[3]这一请求权，最初是土地的所有权人为了更好地享有自己的土地而行使，并且涉及土壤、风光、环境、健康。随着以后的发展，在一系列有关公共场所或者公共物的使用和收益的案例中，也可以行使这一请求权。不单单为了保护相邻人的利益，而是为了保护全体人的利益，可以通过申请禁令或提起公益诉讼的方式以达到预防、阻止、救济的目的。这类案件，虽然属于不法行为之一，但是不属于"私犯"，也不属于"损害"，因为在后者需要强调归责原则或者因果关系的问题；在这一类行为中，要考察的是扩散物的存在以及对它的容忍限度。

基于当前的经济社会现实，可以行使上述请求权的主体，已经不再仅仅局限于相邻土地的所有权人。另外，这项请求权的行使主体，可以是私人，他可能与其他人同时享有这项权利。另外，还可以由公共管理部门行使这项权利，但权利的私权性保持不变。为了实现对"公共财产"和"人"的保护，风景、环境与健康都可能构成侵权的客体。

笔者认为，随着"侵权行为"发展，物权请求权应该在这一既有的体系中找到合适位置，并以一定的形式发挥其预防、阻止及救济的功能，以维护公共利益或某些人的共同利益。

（本文原载于费安玲主编《学说汇纂》（第 3 卷），知识产权出版社 2011 年版）

---

[1] D. 6, 1, 13; D. 9, 2, 38.

[2] D. 8, 5, 8, 5.

[3] D. 39, 3.

《民法大全·学说汇纂(第二卷)·司法管辖》序

[意]桑德罗·斯奇巴尼　著　　陈晓敏[*]　译

（一）本卷是民法大全中《学说汇纂》第二卷（D. 2）的译本，包括十五章：①关于【司法】管辖权；②立法者受自立之法的约束；③某人不服从司法者的规定的情况；④关于传唤出庭；⑤如果某人被传唤而不去法院或者某人传唤了依告示不应被传唤的人；⑥被传唤出庭的人提供【出庭】保证人或者作出【出庭】担保的要式口约；⑦避免某人以暴力使被传唤出庭者摆脱【出庭】；⑧被强制提供担保或者作出宣誓允诺的人，以及被强制自己承诺的人；⑨如果提起损害之诉，如何作出关于担保的要式口约；⑩由于其行为使某人不能出席审判的人；⑪如果订立要式口约保证出庭的人不遵守其保证；⑫关于节假日、延期审理和【暂停审判活动的】各种期间；⑬关于诉讼宣告和账目的出示；⑭关于简约；⑮关于和解。

如果阅读本卷除最后两章以外的内容，以及紧随其后的大多数卷，我们很容易将这部分视为是关于"诉讼"的内容。然而，首先值得注意的是，本卷与前一卷的后半部分，即第一卷第十章以后的内容（D. 1, 10 ss.）存在连续性，该部分阐述的是各种执法官。因此，现在进而阐述高级执法官的权力，即治权。司法管辖权是治权中的一项特殊内容，是在当市民之间产生纠纷时，执法官为保障他们之间的和平而进行干预的【权力】。[1]其次

---

[*]　译者系意大利罗马第二大学法学博士，中南财经政法大学副教授。

[1]　"对物的誓金法律诉讼"（legis actio sacramento in rem）的前一部分表明这一附形式的干预体现了如同在剧场的一幕的内容：参见 Gai. 4, 16，执法官面对将木棒放在争议物上的纠纷双方当事人，说道："你们俩都放开这个物"，并告诉他们仲裁人的裁判结果（参见[古罗马]盖尤斯：《法学阶梯》，黄风译，中国政法大学出版社 1996 年版，第 292 页）。

要强调的是，在罗马法体系化形成的时代，对于司法管辖权以及市民享有的，作为在执法官面前使自己的权利产生效力的工具的相应权利，人们使用"actio"（诉）和"iudicium"（审判），即"诉"的概念术语进行界定，而不是使用"诉讼"（processo）这一概念进行界定。这里的"诉"被理解为实体意义的"有依据的诉"，从权利保护工具的角度来看，它就是权利本身，并且这个工具部分的参与塑造形成了该受保护的权利[1]。两者都是具有代表性的。权利与诉是同一个事物的两面。"诉讼"这一法律范畴是对致力发掘某一争议法律情势真相的法官与当事人的活动的统称。采用这一范畴，既是为统一从事此类活动的正确规则、更加精细的构建彼此协调的规则提供概念基础，也是为构建与实体法相区分的诉讼法这一独立的类别提供基础，其产生的风险是将诉讼法与其实体功能，即服务于受保护的实体权利的功能分离开来。

　　仔细研究所涉及的这些章，我们可以看到第二卷所阐述的问题是关于诉的实施的重要问题，即"通过审判诉求某人应得的权利"（J. 4，6pr.）。

　　它们可以被归并为两大块：①司法管辖权，即要求通过诉来行使的职权；行使这种司法职权的人首要的是以公平的方式【行使该职权】；面对这一职权的行使，双方当事人的义务是服从对他们的裁判；②基于这些引入诉的行为，人们被确立为或者可以避免被确立为某一审判的当事人。

　　随后的第三卷所阐述的问题也可以被归入是关于诉的内容，该卷从"诉求"——其含义正是向执法官请求一个解决办法——开始论述，围绕这一中心问题及其关联问题延伸展开。支撑第四卷的内容，使之能够成为一个有机整体的仍然是诉和引入诉的行为。该卷以各种"恢复原状"为中心展开。这些"恢复原状"是裁判官引入的程式。裁判官在行使司法管辖权时，对于那些随着时间的经过本来会导致消灭的一方当事人的权利，他认为应当保护因而视为没有消灭，通过这些程式作如同没有发生某一法律行为或者法律事实的处理。D. 5，1 基本上为这类问题作出了结论，说明了什么情形应当在哪里起诉以及成为被告。这在《学说汇纂》中是放在进入对单个的特别的诉的研

---

　　〔1〕 这植根于对物之诉与对人之诉这一关于诉的基本划分，以及作为其结果的物权与债权的基本划分（参见 J. 4，6，1. ［古罗马］优士丁尼：《法学阶梯》，徐国栋译，中国政法大学出版社 2000 年版，第 455 页）。

究之前。[1]

（二）第一章论述的主题是司法管辖权。[2]这一主题在前一卷的章节中，以及第五卷第一章中也部分地论述过。这些卷已经被翻译为中文，因此我们也会提到其中相关的文本。

本章的标题很可能是来源于关于私人审判改革的法律。这部法律使得程式诉讼可以一般性地适用于几乎所有市民法上的诉讼。这在盖尤斯《法学阶梯》（Gai. 4，30）中被提到。[3]

短语"司法"（*ius dicere*，字面意思为"说/阐述法"）和名词"司法管辖权"（*iurisdictio*，字面意思为"阐明/宣告法"）说明了执法官的职责是"宣告/阐明法律规定"，藉此使争议案件导向一个和平的解决。如前所述，被选定的执法官的这一活动是"治权"的体现，其在最古老的时代可能是原生的权力，但是伴随共和宪政的发展，"治权"当然就被恒定为是来源于选举执法官的人民的"权力"（*potestas*）。"说法"并不是行使司法管辖权的执法官所从事的唯一活动，但是其中最具有意义的部分。一般在执法官面前进行的阶段之后，审判就进入第二阶段。在这一阶段，审判员查证【当事人和执法官】诉求的情形是否存在，并由此作出裁判。"说法"与"阐明法"向我们描述了"法律诉讼"时期与之后的"程式诉讼"时期。[4]在这第二个时期，执法官的职责被导向也包含了对案件的某种简易审判。在越过"程式"时期之后，"案件审理"（*causae cognitio*）成为执法官在被压缩为一个阶段的诉讼中的主要活动。在这一最后的时期，执法官不再是被选择产生，而且还充任审判员。他应当依据法【进行审判】，无论其是产生自各种形式的法律（库里亚法、平民会决议、元老院决议、君主谕令），还是习惯，或者是法学家的著作。"司法管辖权"被用来一般性的指从事审判的执法官的职权，以及一系列相关的

---

[1] 这里我强调诉的中心地位与诉讼的组织构造并不对立，而是想要呼吁人们关注实体与程序问题之间的衔接这一罗马法上的特色，对此，古老的文献生动地向我们展示了诉讼对于实体权利而言是功能性的。在某种意义上，它是实体权利的外衣，而不是替代。关于罗马法上诉讼的概况，参见 G. Pugliese, *Il processo civile romano*, 1~2, Milano, 1961~1963, 以及同一作者所著的 *gli Scritti giuridici scelti*, 1~2 (prima parte), Napoli, 1985.

[2] 参见 F. De Martino, *La giurisdizione nel diritto romano*, Padova, 1937.

[3] 参见［古罗马］盖尤斯：《法学阶梯》，黄风译，中国政法大学出版社 1996 年版，第 302 页。

[4] 参见 Gai. 4, 1~30, 中文译本参见［古罗马］盖尤斯：《法学阶梯》，黄风译，中国政法大学出版社 1996 年版，第 288~302 页。

含义。[1]

关于这一卷，我还建议阅读波蒂埃（J. Pothier）的作品《对优士丁尼〈学说汇纂〉的评注》（*Pandectae Justinianeae in novum ordinem digestae*），其中提到了上文概要说明的内容。[2]

本卷的第一章可以划分为几个论题：

首先，什么是司法管辖权，以及什么是单一的治权（imperio mero）和混合治权（imperio misto）：D. 2，1，3；D. 2，1，2；D. 2，1，1；D. 1，1，4；D. 2，1，19，1；D. 2，1，11pr.；D. 2，1，11，2；D. 2，1，20；D. 50，16，239，8；D. 2，1，10.

其次，通过委托移交司法管辖权：谁可以委托司法管辖权：D. 2，1，5；D. 1，21，5pr. 。什么时候可以委托司法管辖权：D. 1，16，4，6；D. 1，16，5。委托司法管辖权有哪些方式：D. 2，1，16；D. 2，1，17。可以委托司法管辖权中的那些权利：D. 1，21，1pr.；D. 1，21，4，1；D. 1，21，4pr.；D. 1，21，1，1；D. 1，16，11；D. 1，16，6pr.；D. 1，21，5，1；D. 1，16，2，1；D. 1，16，3；D. 1，21，2pr.；D. 1，21，2，1。被委托司法管辖权人的权利：D. 1，21，1，1（prima frase）；D. 2，1，16（ultima frase）；D. 1，21，3。他的权利何时终止：D. 2，1，6。

再次，司法管辖权的延迟行使：如何延迟行使司法管辖权：D. 2，1，11，1；D. 5，1，22；D. 5，1，1；D. 5，1，2pr.；D. 2，1，15；D. 2，1，18；D. 5，1，30；D. 5，1，33；D. 5，1，2，1。对谁以及基于什么事由可以延迟行使司法管辖权：D. 5，1，81；D. 2，1，14。

最后，这一章的一些文本还谈到了裁判官在其告示中界定的某种不法行为（一种所谓的准罪行）。基于此，因为该行为遭受损害，或者伪造向公众展

---

[1]　这里不展开论述在公元前 1 世纪末至公元后 1 世纪初发生的罗马宪制变革的问题。在这场变革的基础上，被改革的罗马共和制包括皇帝的新的执法官。他的权力仍然是来源于人民（《权力约法》：D. 1，4，19）。在这一权力范围内，皇帝也直接或者在上诉期间行使司法管辖权，伴随时间的经过，在他之外设立了一套等级制机构，其中的官员由他直接或者间接任命，并与他共同参与行使司法管辖权。参见 D. 1，10 – 22，以及［意］朱塞佩·格罗索：《罗马法史》，黄风译，中国政法大学出版社 2009 年版，第 84 节以下，特别是第 90 节，第 207 ~ 209 节，第 238 ~ 239 节；［意］弗朗切斯科·德·马尔蒂诺：《罗马政制史》（第 1、2 卷），薛军译，北京大学出版社 2009 年版。

[2]　详细内容参见我对 D. 16 n. 6，D. 4 n. 6 ~ 8 所写的序言。要补充说明的是，相较于其他卷，本卷尤其是第 14 章更经常提到 D. 50，16 中"关于语句的意义"，以及 D. 50，17 中"关于法的各种规则"的文本。这些文本中的一部分被译为中文收入《民法大全翻译系列》。

示的告示文本或者其它裁判官文件的行为会被起诉。关于这个问题的论述放在这里是因为情境相关，因为是围绕着司法管辖权的行使发生的。与这一不法行为相关的片段是：D. 2，1，7pr.；D. 2，1，7，4；D. 2，1，7，5；D. 2，1，8；D. 2，1，7，2；D. 2，1，7，1；D. 2，1，9pr.；D. 2，1，7，3。与"诉讼上的"不法行为相类似的是那些我们在片段 D. 2，3 中看到的，不服从行使司法管辖权的人的行为；D. 2，8，2，5 中起诉承诺某人出庭的保证人的行为；D. 2，7 中用暴力将被传唤出庭的人掳走而阻止其出庭的行为；D. 2，10 中故意阻止某人出席审判的行为；D. 2，13，1 中原告未说明其提起的是何种诉，或者未出示账簿；D. 3，5，1，和 D. 50，16，233 中也提到了关于为了钱而提起没有根据的诉；D. 5，1，15，1；D. 50，13，6；D. 44，7，5，4，Gai. 4，52 以及其他一些文本中涉及的，法官因为友情、敌对或者贪污而不公正裁判，或者违反其他裁判规则进行宣判。

（三）第二章"立法者受自立之法的约束"非常重要。新近的理论没有对其进行更深入的研究，但它值得更多的关注：事实上，它是公平的具体体现，而公平正是罗马法所固有并孜孜以求的[1]，力求对各种层次的如人民的部分[2]、整体民族[3]，或者司法管辖权相关的每一小步，每一个个体公平。

这里的告示规定了这样的义务，即执法官或者接受执法官在裁判个案时运用自由裁量权确立的新规定的当事人，或者其请求被确立并得以实施的当事人，在同样的条件下，对他也可以引入或者请求相同的法。这一规定似乎可以归功于奥古斯都皇帝的父亲。一个被实质性规定的操作标准是，在争议解决过程中设身处地地站在对方的立场进行考虑。如同其所展现的，这与"反击"无关，而是同等的对待自己和他人。前文引用的杰尔苏对法的定义是对"善良"的追求，并以"公平的方式"适用与处于同一情形下的所有人。"善良"通过对整个体系的批判反思是可以识别出来，并且也应当与具体情形的多样性相符合。关于最终的这一符合，参考自己是最后补充分析中的标准：

---

〔1〕 参见杰尔苏在 D. 1，1，1pr. 中的定义："法是善良和公正的艺术"，还可以参见西塞罗在《论演说家》（Oratore 1，42，188）中的定义："因此在市民法中需要确定这样的目标：在市民诉讼与事物中应当基于法律和习俗保持公平"；他在《论义务》（Off. 2，12，42）中写道："人们要求法始终是公平的，否则就不是法"；以及他在《论题术》（Top. 2，9）中写道："市民法是总是公平的对待同一个城邦的人们，通过司法裁判获得他们的物；对公平的认识是有用的，因而对于市民法的认识是有用的"。

〔2〕 例如自《十二表法》开始的贵族与平民。

〔3〕 例如《优士丁尼法典》中地中海的东方和西方。

我认为，善良是即使我处于该他人的境地，其对我也将是良善的。从这一章中还延伸出对"做与其先前行为相反行为"的禁止。

告示：D. 2，2，1，1；D. 2，2，4；D. 2，2，1pr. 。该告示既涉及执法官也涉及诉讼当事人：D. 2，2，1，2；D. 2，2，2；D. 2，2，3pr. ；D. 2，2，3，1。关于该告示的惩罚以及适用何种诉：D. 2，2，3，7；D. 2，2，3，6；D. 2，2，3，2；D. 2，2，3，4。如果该告示的惩罚扩展适用于其他人：D. 2，2，3，5；D. 2，2，3，3。

（四）第三章涉及的是某人不服从行使司法权的人，因而犯了准罪行的情形。这最初是来源于裁判官法，和损坏告示的行为一样，放在这里是因为情境关联。本章只有一个单独的简短片段。

（五）第四章论述传唤出庭，自 D. 2，4，1 开始进入对诉讼的论述，在此基础上人们被确立为审判的当事人[1]。

在"法律诉讼"的古老时代，如果被告拒绝跟随原告一同到执法官面前，原告举证证明其拒绝就可以使用暴力将其拖到执法官面前，除非有保证人介入并承担被告改日出庭的责任。通常所有人都可以被传唤并被带到审判庭上。《十二表法》第 1 表 1～3（还可以参见 Cic. ，de Legibus 2，23）中就已经作了这样的规定。但是，基于其与原告之间存在的某种关系，某些人不能被传唤：D. 2，4，2；D. 1，18，16；D. 50，17，46；D. 2，4，22pr. ；D. 2，4，3；D. 2，4，4pr. ；D. 2，4，18；D. 2，4，19；D. 2，4，21；D. 50，17，103；D. 2，4，20；D. 2，4，18；D. 2，4，19；D. 2，4，21；D. 20，16，103；D. 2，4，20。裁判官告示规定未经许可不得传唤某些人，告示规定的包括哪些人：D. 2，4，4，1；D. 2，4，8pr. ；D. 2，4，7；D. 2，4，4，2；D. 2，4，4，3；D. 2，4，5；D. 2，4，6；D. 2，4，8，1；D. 2，4，9；D. 2，4，10pr. ；D. 2，4，10，1；D. 2，4，10，4；D. 2，4，23；D. 2，4，10，5；D. 2，4，10，9；D. 2，4，10，7；D. 2，4，10，8；D. 2，4，10，10；D. 2，4，13；D. 2，4，10，3；D. 2，4，10，2；D. 2，4，10，6；D. 2，4，10，11；D. 10，4，8，2。违反告示规定传唤告示规定的这些人：D. 2，4，10，13；D. 2，4，16；D. 2，4，15；D. 2，4，14。裁判官在授权许可传唤这些人时应当遵守的：D. 2，4，10，12。对违反该告示规定者的惩罚：D. 2，4，24；D. 2，4，11；D. 2，4，12；D. 2，4，25。传唤最初的形式在几个世纪的发展

---

〔1〕　概要论述参见 A. Burdese, *Manuale di diritto privato romano*, 4 ed. ，Torino, 1993, 80 e 106 s.

中也发生了一些改变，这部分的反映在我们现在所读的文本中，然而更加重要的改变是伴随所谓的书面传唤程序的发展而来。传唤是通过一个书面文件（libellus）进行，在该书面文件上原告写明起诉的理由，并载有主管的公共事务官员的授权许可。起初该文件是由原告通知给被告，命令其出现在法官面前，后来逐渐的就交由公共机构的传达人进行通知，之后随着行为的更进一步公开化，直接交由给予授权许可的公共事务官员进行通知[1]。

第五章可以被看作是前一章的延续，论述的是被传唤的人出席审判，以及假定传唤了依照告示规定不应当被传唤的人的情形。其中，涉及前者内容的是：D.2，5，2pr.；D.5，1，5；D.2，5，2，1；D.46，5，1，9。可能涉及后者内容的是：D.50，16，48。

（六）第六章"被传唤出庭的人提供【出庭】保证人或者作出【出庭】担保的要式口约"，对建立在前文引述的《十二表法》的规定基础上的规则作了简短论述。出庭保证在第八章中有进一步的发展，详见后文。此外，关于担保【出庭】的要式口约被置入裁判官要式口约范畴中，在D.46，5中作了一般性论述。

（七）第七章"避免某人以暴力使被传唤出庭者摆脱【出庭】"论述的是一个将被处以罚金的准犯罪行为，罚金数额将由主案件的原告进行估价。关于这一类型我们要辨别：哪些案件可以适用该告示规定：D.2，7，1pr.；D.2，7，1，2；D.2，7，2；D.2，7，3pr.；D.2，7，3，1；D.2，7，4，1；D.2，7，3，2；D.2，7，5，2。通过该告示给予了哪些诉，以及其中包含了什么：D.2，7，5，1；D.2，7，6。谁在什么时间，可以向谁提起该诉：D.2，7，5，4；D.3，7，5pr.；D.2，7，4，2；D.2，7，5，3；D.2，7，1，1。

（八）被告担保出庭的问题在第八章和第九章中也进行了论述。如同在第六章中所呈现的，被带到法庭的人在提供了出庭担保后应该获得自由。

关于何时以及如何设立前述的担保的问题：D.2，4，17；D.2，6，1；D.2，6，2；D.2，6，3；D.2，8，2，2；D.2，8，2，3；D.50，16，61；D.8，2，2，4。在哪些人之间有效的设立担保：D.2，11，13；D.2，11，9。在哪一

---

[1] 参见在《优士丁尼法典》之后所立之法《新律》（*Novellae Constitutione*，53 del 537；96 del 539 e 112 del 541）；概要论述参见 G. Grosso, Storia cit. ，par. 238；G. Pugliese, *Istituzioni di diritto romano*，3 ed.，Torino，1991，775 ss.

天提供出庭担保：D. 2，8，8pr. ；D. 2，11，1；D. 50，16，3；D. 50，16，154。

前文已经提到此担保是被定位为裁判官要式口约的（（D. 46，5），因而本章的许多片段都与裁判官要式口约的问题紧密相关，例如：D. 2，8，2pr. ；D. 2，8，6；D. 2，8，8，1；D. 2，8，8，2；D. 2，8，8，3；D. 2，8，8，4；D. 2，8，8，5；D. 2，8，8，6；D. 2，8，9；D. 2，8，10pr. ；D. 2，8，10，1。其他片段论述的是关于担保履行判决的要式口约，例如：D. 2，8，7，2；D. 2，8，11；D. 2，8，14，关于这一问题之后的 D. 46，7 有专门论述。

（九）在论述原告要求的出庭担保时，有必要特别说明某种情形，即某人提起一个损害之诉，针对处于权力支配下的家子或者奴隶的罪行或者准罪行，因此以确保享有权力的人以及处于权力支配下的家子或奴隶出庭。对于这后两者要求他们处于和被传唤时同样的法律地位和事实状况。第九章专门论述了这一特殊性问题：D. 2，9，1pr. ；D. 2，9，1，1；D. 2，9，2pr. ；D. 2，9，5pr. ；D. 2，9，6；D. 50，17，83；D. 2，6，4；D. 2，11，9，1；D. 2，11，10，1。此外，隐含与损害之诉（D. 9，4）的论述的关联，以及将其作为一个一般性问题进行论述的片段，例如：D. 2，9，2，1；D. 2，9，3。

（十）前面在第七章中看到的告示涉及的情形是某人被以暴力方式阻止出庭；现在第十章涉及的是另一个裁判官告示，根据该告示规定，对故意阻止某人出庭的人的准罪行进行惩罚是非常公平的：D. 2，10，1pr. ；D. 2，10，1，1；D. 2，10，1，2；D. 2，10，3pr. ；D. 2，10，3，4；D. 2，10，1，4；D. 2，10，1，5；D. 2，10，1，6；D. 2，10，3，1；D. 2，10，1，3；D. 1，10，2；D. 2，10，3，2；D. 2，10，3，3。

（十一）第十一章考察的是担保出庭的人没有履行其所做出的保证的情形。不过，确实应当多方面考虑这个问题。例如，可以提出各种抗辩来对抗原告起诉请求基于担保他所应获得的。的确应当考虑到使未出庭具有正当性的个别特殊情况。而且在个别情形，如果在做出担保之后紧接着出现主诉讼的原告欠缺合法性等，这也可以被纳入考虑。

我们可以读一下关于何时做出出庭担保的问题的这一组片段：D. 2，11，11；D. 2，11，12pr. ；D. 11，2pr. ；D. 50，17，155；D. 2，11，5pr. ；D. 2，11，2，1；D. 2，11，2，2；D. 2，11，2，9；D. 2，11，3；D. 2，11，4pr. ；D. 2，11，4，1；D. 2，11，4，3；D. 2，11，4，2；D. 2，11，2，3；D. 50，17，113；D. 2，11，2，4；D. 2，11，2，5；D. 2，11，2，6；D. 2，11，2，7；D. 2，11，2，8；D. 2，11，8；D. 2，11，5，1；D. 2，11，5，2；D. 2，

11，6；D. 2，11，7；D. 50，17，211；D. 2，8，16；D. 2，11，4，4。对不履行出庭担保要式口约的人的判罚：D. 2，8，2，5；2，8，3；D. 50，17，5；D. 2，5，3；D. 2，8，2，1；D. 2，11，10pr.；D. 2，11，15；D. 2，11，14；D. 45，1，81，1；D. 2，11，12，1。从该要式口约产生的诉能否移转给继承人或者能否向继承人提起：D. 2，11，10，2。此要式口约何时消灭：D. 2，8，4；D. 2，11，5。

（十二）关于传唤、出席审判等，很重要的是对于关于什么时间可以进行，什么时间不能进行，关于延期以及审判活动中止作了一系列的说明。第十二章专门论述了这个问题。

"假日"是法庭审判活动的假期。它可以是盛大的（节日），也可以是偶然的。前者是在确定的时间，如元旦前夕，即12月的最后一天，这一天执法官都不用去法院：D. 2，12，5。其他的假日：D. 50，16，233；D. 2，12，4。偶然的假日则是那些因为非常规事件而规定的日子。任何人都没有义务在假日出庭：D. 2，12，1pr。但是如果裁判官因为不知道或者没有意识到，已经传唤了当事人，并且当事人也出席了审判，该判决是有效的：D. 2，12，1，1；D. 2，12，6。有时候应当考虑客观情形，例如紧急情形：D. 2，12，1，2；D. 2，12，3pr.；D. 2，12，1，2（第二部分）；D. 2，12，2；D. 2，12，3，1；D. 2，12，3，2；D. 2，12，9。关于延期应当说明谁有权许可延期：D. 50，16，99。在同一纠纷案件中是否可以许可多次延期：D. 2，12，10。还有其他一些问题，例如在哪些案件中可以许可延期，延期可以延迟多长时间等。这些问题更多的是在《优士丁尼法典》（C. 3，12）而不是《学说汇纂》中规定的。

最后对从某天开始的时间如何计算进行了说明：D. 2，12，8。

（十三）告示规定，打算提起诉讼的人应当预先向将来的被告告知其想要提起的诉。第十三章部分地论述了这个问题。告知可以通过各种方式完成，例如在便签上写下诉的名称以及相关的程式，并把它交给对方。被广泛传播的方式是拉贝奥所建议的，并被乌尔比安提到的，带着对方到裁判官张贴公告的布告栏前，并告诉他自己将使用的程式：D. 2，13，1pr.；D. 50，16，8，1；D. 2，13，1，1。

不能不强调这一规定对于满足在争议解决中的公正、透明以及时间节省需求的重要性。原告应当从一开始就准确、完整的说明他想要的，以及他主张的理由。理性引导执法官去处理那些原告在文件中也详尽说明的，在此基础上确立他诉求的事实，这样被告可以决定是承认，还是主张其没有根据而否认原告的诉求。显而易见的是，这些规则让原告和被告在作出诉诸法官的决定时更加谨慎，并且在对适用该案件的法律规定的识别上，以及对所提出证据的价值进行衡量时更加迅速。同样显而易见的是，这些规则以双方当事人都已经作了很好的准备，或者在法技术方面有很适当的协助不会出错为前提。这些规则体现了当事人主义的处分原则，以及它在与不同的社会文化背景下所具有的优势与局限。

在这一章中，说明了哪些文件以及应当由谁提供这些文件：D. 2，13，1，3；D. 2，13，2；D. 2，13，1，4。应当以什么方式告知诉及其工具：D. 2，13，1，2；D. 2，13，11。对没有制作文件的人的惩罚：D. 2，13，1，5[1]。

钱庄老板的活动普遍地与私人的交易活动相并立，因此他们的账本就是账簿文件的渊源[2]。对此裁判官规定了一个告示：D. 2，14，4pr.；D. 2，13，4，1。因而有许多片段与这些文件相关。具体说明该告示规定的包括哪些人：D. 2，13，12；D. 2，13，4，2；D. 2，13，4，3；D. 2，13，4，4；D. 2，13，6，1；D. 2，13，9，1；D. 2，13，9，2；D. 2，13，10，1；D. 2，13，9pr.。应当向谁出示账目，出示几次，以及提出出示账目请求所请求的是什么：D. 2，13，9，3；D. 2，13，9，4；D. 2，13，6，5（最后一部分）；D. 2，13，6，8；D. 2，13，6，9；D. 2，13，6，2。应当提供的是什么：D. 2，13，6，3。钱庄老板在何时何地应当出示账目：D. 2，13，10pr.；D. 2，13，4，5；D. 2，13，5；D. 2，13，6pr.。钱庄老板应当如何出示账目：D. 2，13，6，7；D. 2，13，10，2；D. 2，13，6，6。根据该告示规定与之相应的诉：D. 2，13，8pr.；D. 2，13，6，4；D. 2，13，6，5。

（十四）第十四章关于简约的内容是重要性日益凸显的一章。

在永久告示中，这一章是紧随在我们上诉读到的关于宣告诉讼这一章之后，但是在现在的第四章关于传唤出庭的内容之前。可以肯定的是，这一章在永久告示中是"关于简约、协议与和解协议"（*de pactis et conventionibus vel transactionibus*），即包含现在之后的一章 D. 2，15 所论述的内容。这些内容被统一在一章中解释了为什么在告示中将其放在告知诉讼之后，传唤出庭之前。

---

〔1〕 对于这一问题，关于被改变的诉讼活动的论述还可以参见 C. 2，1 中的皇帝谕令。

〔2〕 关于钱庄老板的活动，参见 A. Petrucci，*Mensam exercere. Studi sull' impresa finanziaria romana*，Napoli，1991；P. Cerami-A. Di Porto-A. Petrucci，*Diritto commerciale romano. Profilo storico*，2 ed.，Torino，2004。

此外可以肯定的是，永久告示通过使用"缔结的简约"（*pacta conventa*）的表达，将"简约"（*pacta*）与"协议、商议"（*convenire*，*concordare*）表达的意思紧密联系起来。"协议"（*convenzione*）这一概念在罗马法系的历史中，伴随合同合意主义的发展已经超越了其在法系形成的时代及其之后的时代中"简约"最初的最为狭窄的效力范围[1]。

什么是简约或者协议，协议有哪些类型：简约和协议的定义：D. 2，14，1，1；D. 2，14，1，2；D. 2，14，1，3。对协议最一般的划分是什么：D. 2，14，5；D. 2，14，6。将协议划分为简约和合同：D. 2，14，1，4。简约划分为对物的简约与对人的简约：D. 2，14，7，8；D. 2，14，17，3；D. 2，14，25，1；D. 2，14，7，8（最后一部分）；D. 2，14，40，3；D. 2，14，40pr.；D. 2，14，57，1。合同的分类：J. 3，13，2（第二部分）；D. 22，1，32，2。

合意在协议中处于核心地位，与之相应，合意不能够存在瑕疵，因此就有必要考察合意的瑕疵。关于协议的错误：D. 50，17，116，2；D. 44，7，57。关于合同中的欺诈、暴力以及胁迫：D. 50，17，116pr.；D. 4，2，21，3；D. 45，1，36。关于简约中的欺诈、暴力以及胁迫：D. 4，2，21，4。如果在协议中除合意之外还要求其他，尤其是某种特定的形式：D. 2，14，4，1；D. 2，14，2pr.（最后一句）；D. 2，14，2，1；D. 2，14，3；D. 2，14，57pr.。不过，关于这一问题不能忽视阿里斯多，以及在他之前的拉贝奥的反思，补充在这里：D. 50，16，19[2] 和 D. 2，14，7，2[3]，其阐明了对待给

---

[1] 和其他章一样，请参见波蒂埃对文本的重新排列。但是要说明的是，本章相对于其他章尤甚的是，他的著作和隐含的教义学建构的视角都只是现代的一种重构。这种重构强烈影响了 1804 年的《法国民法典》，并在一个作为合意主义意识形态旗帜的条文中将合同视为一种单纯的"协议"（第 1101 条），但这与该法典本身是相矛盾的（第 1108 条，其中除了合意还要求有"原因"；第 1134 条第 3 款要求诚实信用；第 1135 条要求公平，尊重习惯以及债的性质）。此外，波蒂埃援引了原始文献，他的著作尽管只是给出导引，但没有隐藏原始文献的文本以及视角的多样性，对此每一个批判性解读都始终应当谨慎。

[2] D. 50，16，19 乌尔比安：《论告示》第 11 编：拉贝奥在《论内事裁判官》第 1 编中如此定义道：我们说"做某事"（agere）、"管理某事"（gerere）、"订立契约"（contrahere）。"做"是一个一般用语，可以通过话语、〈通过书面文件〉、通过某物来实现，就像我们通常在要式口约、〈债权誊帐〉，或支付现金的契约中使用的那样。"订立契约"是指相间建立债的关系，即希腊人称之为"双务"的那类契约，如买卖、赁借贷、合伙。"管理"则是指不需要明示的意思表示而去做某件事情。中文译本参见 ［意］桑德罗·斯奇巴尼选编：《契约之债与准契约之债》，丁玫译，中国政法大学出版社 1998 版，第 8 页。

[3] 波蒂埃在稍前面一点引用该片段，但是没有强调其中暗含的平等要件的一般化意义，也没有将其与乌尔比安－拉贝奥的片段相提并论，相对于后者该片段有一些实质性的差别，但是和后者的共同指出是关注在交易活动中对于对等——平衡的追求。

付存在的重要性。这一要件与合意并列，并与诚实信用一起，虽然经过了改变，但是在罗马法法律科学后期被接受，这里只需要提及 Gai. 3，136 ~ 137 e J. 3，22，1，3[1]/[2]。

关于哪些人可以通过协商进行允诺，以及什么事项可以写入协议：D. 44，7，11；D. 50，17，73，4；D. 2，14，17，4；D. 2，14，33；D. 2，14，36；D. 2，14，61；D. 11，7，11；D. 50，17，185；D. 2，14，50；D. 50，16，68。

各种协议的不同效力。所谓合法的协议的效力以及裁判官简约的效力：D. 2，14，17，2；D. 2，14，17，1。万民法上协议的效力，尤其是合同的效力：D. 2，14，7pr. ；D. 2，14，7，1；D. 2，14，7，2；D. 2，14，48。被称为裸体简约的效力：D. 2，14，7，4；D. 2，14，45；D. 2，14，7，7；D. 2，14，1pr. ；D. 2，14，27，1。诚信合同附加简约的效力：D. 2，14，7，5；D. 2，14，7，6；D. 2，14，35；D. 18，1，72；D. 19，5，12；D. 18，5，6；D. 18，1，6，1；D. 19，1，11，6；D. 19，1，11，3；D. 18，3，4pr. 。严法合同附件简约的效力：D. 12，1，40；D. 2，14，4，3；D. 2，14，17pr. ；D. 12，1，11，1。什么事项不能写入协议：D. 2，14，34；D. 2，14，27，4（最后一句）。为某一事物订立的协议的效力不能损害其他事物：D. 2，14，56；D. 2，14，47，1；D. 2，14，27，7；D. 2，14，27，6；D. 2，14，27，8；D. 2，14，27，5。为某个特定人订立的协议也不能损害第三人：D. 2，14，40，2；D. 2，14，42；D. 2，14，52，2；D. 2，14，17，6；D. 2，14，27pr. ；D. 2，14，29；D. 2，14，11；D. 2，14，12；D. 2，14，13pr. ；D. 2，14，13，1；D. 2，14，14；D. 2，14，37；D. 2，14，28，1；D. 2，14，16，1；D. 2，14，16pr. ；D. 2，14，52，1。第三人能否利用该简约：D. 27，3，15；D. 2，14，19，1；D. 2，14，20；D. 2，14，21pr. ；D. 2，14，21，1；D. 2，14，21，2；D. 2，14，21，5；D. 2，14，25pr. ；D. 2，14，22；D. 2，14，32；D. 2，14，17，5；D. 2，14，15；D. 2，14，10，2；D. 2，14，23；D. 2，

---

〔1〕　中文译本参见［古罗马］盖尤斯：《法学阶梯》，黄风译，中国政法大学出版社 1996 年版，第 246 页；［古罗马］优士丁尼：《法学阶梯》，徐国栋译，中国政法大学出版社 2000 年版，第 379 页。

〔2〕　在最近几十年的大量著作中，我要提到的是 F. Gallo, *Synallagma e conventio nel contratto. Ricerca degli archetipi della categoria contrattuale e spunti per la revisione di impostazioni moderne. Corso di Diritto romano*, I, Torino, 1992; II, Torino, 1995, 以及同一作者在他的文章中的综合分析：*Contratto e atto secondo Labeone：una dottrina da riconsiderare*, in *Roma e America*, 7/1999, 17 ss.

14，25，2；D. 2，14，26；D. 2，14，24。一般无效的协议：D. 44，7，27。欺诈订立的协议：D. 2，14，7，9；D. 2，14，35；D. 2，14，7，11；D. 2，14，7，10；违反法律法规的简约：D. 2，14，28pr. ；D. 2，14，38；D. 50，17，45，1；D. 2，14，27，4（第二部分）；D. 2，14，7，16；D. 50，17，156，4；D. 2，14，31；D. 2，14，43；D. 2，14，46；D. 2，14，7，15（最后部分）；D. 2，14，7，13；D. 2，14，7，14；D. 50，17，27。违反善良风俗的简约：D. 13，6，17pr. ；D. 2，14，27，4；D. 2，14，7，14（最后一句）；D. 2，14，27，3；D. 2，14，7，15（第一部分）；D. 2，14，7，3；D. 45，1，121，1；D. 2，14，49。因为错误订立的简约：D. 2，14，51pr. ；D. 2，14，51，1。

关于协议的解释：D. 34，5，21（22）pr. ；D. 45，1，80；D. 50，16，219；D. 50，17，67；D. 18，1，7pr. ；D. 50，17，114；D. 50，17，34；D. 34，5，26（27）；D. 45，1，38，18；D. 50，17，172pr. ；D. 50，17，172，1；D. 18，1，21；D. 2，14，39；D. 8，3，30；D. 18，1，33；D. 8，2，17，3；D. 8，2，17，4；D. 18，1，39，1；D. 45，1，110，1；D. 45，1，99pr. ；D. 50，16，126；D. 50，17，81；D. 50，16，124；D. 50，16，28，1；D. 50，16，29；D. 50，16，158；D. 50，16，170；D. 44，7，53，1；D. 50，16，32[1]。

没有涉及的是 D. 46，3 关于合同以及由合同所产生的债，以及通过一个事后订立的内容相反的简约导致协议消灭：D. 2，14，27，2；D. 2，14，62。

简约最常见的类型：不提出请求之简约：何时认为产生了该简约：D. 2，14，41；D. 46，4，8pr. ；D. 2，14，27，9；D. 46，4，19pr. ；D. 2，14，30，1；D. 2，14，30，2；D. 44，7，29。谁可以订立不提出请求之简约：D. 2，14，28，2；D. 2，14，21，3；D. 2，14，21，4。与遗产债权人约定对部分债权不提出请求的简约：D. 2，14，7，17；D. 2，14，7，18；D. 2，14，44；D. 26，7，59；D. 2，14，7，19；D. 2，14，8；D. 2，14，9，1；D. 2，14，

---

〔1〕 对于来自《学说汇纂》许多部分的关于协议解释的文本的汇集，由波蒂埃在长久以来的传统脉络上构建。这些传统脉络最终导向了大量民法典中关于解释的规则。这一汇集还一般性的揭示了波蒂埃工作的视角，首先对我而言重要的正是扩展了"合意主义"：的确，他聚焦于对"协议"订立的意思这一作为当事人订立合同的基础概念的研究。人们注意到，因此他没有援引对死因行为（遗嘱、遗赠、委托遗赠）解释的文本。他没有构建一个像潘德克顿学派在后一个世纪构建的"法律行为"这样更为一般性的概念。

9，2；D. 2，14，9pr.；D. 2，14，19pr.；D. 17，1，58，1。

（十五）如同前文强调的，第十五章论述的和解协议与前一章的内容具有概念上的关联性，并且从其发生的一般情形来看，它也和想要避免发生诉讼上纠纷的可能相关，或者是以没有形成确定的判决而告终。和解协议并不自动具有重要性。在古典法中，它需要和任何人获得达成协议的效力的行为并列。也就是说，如果协议约定的是转移所有权，就需要履行转移所有权的交付行为或者转移要式物的仪式行为。如果协议约定的是债的效力，则应当采用要式口约。对于消灭的效力，和解协议就直接相当于不提出请求之简约。马可·奥勒留（Marco Aurelio）与卢奇·威罗（Lucio Vero）在 161～169 年间的批复禁止未经执法官审理而就抚养费进行协商或和解，并确认了和解协议是一个典型的法律行为。它在本章中构成了重要的一部分，并在制度史上留下了身影，其最初实质上是作为其他法律行为的原因。之后和解协议获得了更大的效力，与裁判结果具有同等性（C. 2，4，20，del 293）。这样，如果规定了某个债消灭，它就直接产生消灭的效力；如果规定产生某些债，即使没有订立一个要式口约，也可以给予一个与其最初的话语所描述的法律关系相关的诉。和解协议因此直接产生双方当事人所希望的效力。至优士丁尼的时代增加了和解合同的说法。如前所述，在永久告示中没有关于和解的一章。相反，大量存在的是关于和解的法令文本，尤其是收集在 C. 2，4 中。

什么是和解协议以及它的实质体现是什么：D. 2，15，1；D. 2，15，7pr.；D. 2，15，11；D. 2，15，7，1；D. 2，15，7，2。订立和解协议的各种方式及其不同效力：D. 2，15，2；D. 2，15，2。关于哪些内容的和解协议是有效的：D. 2，15，9，1；D. 2，15，5；D. 2，15，9，3；D. 2，15，12；D. 2，15，3，12。哪些人呢可以利用和解协议：D. 2，15，3，2。和解协议对谁造成损害：D. 2，15，3pr.；D. 2，15，10；D. 2，15，9pr.；D. 2，15，17。基于什么事由可以撤销和解协议：D. 2，15，9，2。

马可·奥勒留皇帝关于抚养费和解协议的诏书：D. 2，15，8pr.。该诏书对哪些事项禁止协商：D. 2，15，8pr.；D. 2，15，8，23；D. 2，15，8，2；D. 2，15，8，1；D. 2，15，8，14；D. 2，15，8，3；D. 2，15，8，4；D. 2，15，8，16；D. 2，15，8，12；D. 2，15，8，13；D. 2，15，8，20。在哪些人之间禁止就抚养费进行和解：D. 2，15，8，7；D. 2，15，8，15（第二部分）；D. 2，15，8，5。诏书规定的包括哪些类型的和解协议：D. 2，15，8，15（第一、三部分）；D. 2，15，8，24；D. 2，15，8，6。何种和解协议是需

要裁判官批准的，以及裁判官在这一事项上的职责有哪些：D. 2，15，8，17；D. 2，15，8，8；D. 2，15，8，9；D. 2，15，8，10；D. 2，15，4，11。基于就抚养费达成的和解协议所为的行为不产生效力：D. 2，15，8，22；D. 2，15，8，21。

（十六）最后，我很高兴地看到本卷由武汉的中南财经政法大学的陈晓敏博士由拉丁文翻译成中文，并由 Stefano Porcelli 博士校对。这项工作开始于陈晓敏博士在罗马第二大学攻读博士学位期间，她在 2012 年 "以关于罗马法系与中国法上的所有权" 的论文获得了博士学位，之后完成于武汉她现在所任教的学校。本卷的翻译与出版是在 "罗马法体系下的中国的法典化研究及法学人才培养中心" 的项目框架下进行的，该中心由罗马第一大学、罗马第二大学、意大利国家科研委员会、中国政法大学共同组建。这一译本是将《学说汇纂》的全部内容由拉丁文翻译成中文项目的一部分。该项目自启动以来已经出版了超过 15 卷译本。本译本的出版得到了 "罗马法体系下的中国的法典化研究及法学人才培养中心" 的资助。

随着《中华人民共和国民法总则》的通过，以及民法典分则部分立法的加快，今年对于中国法以及因此而更加丰富的整个罗马法系而言是非常重要的一年。《学说汇纂》中译项目使中国法学家及其人民得以了解那些古老法典的文本。在这一背景下，开展这个项目是信心的表现，是相信对这些文本的科学反思与对话能够对现今的法与法典有所贡献。

（本文原为陈晓敏译《学说汇纂（第二卷）》序言，中国政法大学出版社 2017 年版）

《民法大全·学说汇纂（第三卷）·起诉的问题与基本制度》序

[意] 桑德罗·斯奇巴尼　著　吴鹏*　译

（一）《民法大全》的本卷译文涉及《学说汇纂》第三卷（D. 3.），它包括 6 章：①关于诉讼请求；②关于那些受到不名誉记过的人；③关于代理人和辩护人；④以任一团体名义进行的诉讼；⑤关于管理事务；⑥关于诬告者。它涉及的领域都在广义上与诉讼程序相关，而诉讼程序的开展——正如我在 D. 2. 的《序》中已经说过了的——始于 D. 2. 那一卷，并包括了紧随着本卷的 D. 4. 。但是，根据一种表达了统一概念的分类，该领域被论述的方式既不连贯也不统一；因为它仍然主要与实体法相交织，并聚焦于"诉"。此外，在本卷中被检视的许多制度，也经常有着超越诉讼程序领域的延伸：这是指代理及事务管理，它们主要在日常生活语境下的观点里与诉讼程序相关，并于开展诉讼程序之外有着极大的用处[1]。

（二）在之前的 D. 2. 中，论述了诉的"表示"（*editio*），即原告希望起诉（D. 2，13）。在各方当事人出现在执法官面前之后，原告行使"诉讼请求"（*postulatio*），也就是说，请求执法官准予其正在发起的诉讼以保护其诉讼主张，并批准他从告示中选择示明了的诉讼程式。在程式诉讼中，他同时也更新了诉的表示，并通知被告接受相关的程式，而诉讼将按照这程式开始。

"诉讼请求"正是意味着向执法官请求一项措施。请求必须以明示或默示的方式确定实体上被保护的情况、制造了损害的违法行为、人们所请求制造

---

* 译者系意大利罗马第二大学法学博士，中国农业大学马克思主义学院讲师。

[1] 有关诉讼程序可参考的著作有：G. Pugliese, *Il processo civile romano*, I, *Le legis actiones*, Roma, 1962 e *Il processo civile romano*, II-1, *Il processo formulare*, Milano, 1963；以及许多文章，再版于 *Scritti giuridici scelti*, vol. 1–2, Napoli, 1985.

的效果（这效果是为了去除不法行为在被保护的实体情况上所制造的消极后果）。这请求可以是为了诉讼，但也可以是为了禁令、为了归还和裁判官要式口约。诉讼请求（诉讼主张）可以由被告完成，比如，当他请求在原告的诉讼主张之后插入一项抗辩，而对于该抗辩，原告可以进一步地请求（申请）插入一项反驳，如此往复，直至裁判所需要知晓的、法律上相关的所有方面都被正式提出为止[1]。如果原告所提出的行为或事实也决定了被告的一项诉讼主张，那么后者也可以为它发起反诉[2]。

诉讼请求还可能由原被告之外的人完成，这在当事方无法"诉请"的时候是很必要的。总之，所有人都可以拥有律师，尽管律师在诉讼程序中并不取代他们——就像"代理人"那样（参见 D. 3，3.）——但可以向执法官请求更加恰当的措施。

成为律师，要求有相应的适当身份。实施了不可敬的行为之人，或（及）从事了不可敬的活动之人，不能从事律师职业。此外，还要求有法律上的训练[3]。

程式诉讼的特点是，执法官权力依据对案件的概要审理，准予或拒绝一项诉讼。

执法官可以拒绝一项请求（D. 50，17，102，1），因为他认为它因为各种

---

〔1〕 须要强调的是，"提出"有时很明确，有时很笼统，而这给后续裁判阶段的裁判者留下了或多或少的解释空间，这解释空间是由法学家们的观点所导引的，〈因为有时〉当事人各方为了在诉讼中陈述一种观点，可以参考他们〈即法学家们〉的观点，或者，〈有时〉也应该参考他们〈即法学家们〉过去曾经表示的、与此有关的观点，正如记录在 Gai. 1, 7 中的哈德良的批复所呈现给我们的那样。

〔2〕 参见 D. 2，1，11，1。人们在 D. 3，3. 和 D. 3，4. 的代理人问题中也提及了这些诉讼。

〔3〕 实际上，在公元前 1 世纪及公元后的最初几个世纪中，在诉讼程序中对一方当事人的协助主要是由雄辩家们来进行的，他们受过修辞学的训练和仅仅概要的、入门的法律训练，他们有时会通过参考法学家的观点来补充这种基础的法律训练；他们希望首先"说服"一位这样的法官：他是一位感同身受的市民，并间接地受法学家们的观点所导引，但他没有受过专门的法技术上的教育；但是之后，随着诉讼程序的形式的变迁，以及随着等级制官员的行政、司法官僚机构的形成，不论是司法官员还是律师，法律教育都越来越占上风，在古代晚期，律师们所受的教育与其说类似于修辞学家的教育，不如说类似于法学家的教育，并要求通过一项专门的考试。（参见 C. 2，7 中的君主谕令）。此论据十分重要，不能于此处论述：（参见 C. 2，7 中的君主谕令）。此论据十分重要，不能于此处论述：参见 *Introduttivo sulla trasformazione del processo*，G. Grosso，*Storia del diritto romano*，207 页及以下；关于法学家、雄辩家与律师，参见 F. Schulz，*History of Roman Legal Science*，Oxford，1953；另附 *Geschichte des römischen Rechtswissenschaft*，Weimar，1961（意大利语译文，Firenze 1968，104 页及以下；481 页及以下）。考虑到法律的科学制订、对法学家们及法的一般操作者们的教育、对诉讼程序及结构（人们于其上行使 iuris dictio/宣布争议案件的法律/管辖权）的组织之间的相互作用，这论据是值得深入研究的。

原因而不可起诉。正式的不允许的理由是，比如，被诉诸的执法官对于呈送给他的问题领域或争议发生的地点没有管辖权；当事人起诉的明显无资格，因为缺少他们的诉讼程序角色（原告或被告或必要的保证）所要求的条件；当事人无能力为自己或他人作法律请求。实体的理由有，请求明显无根据或不公平。对于前者，执法官可以依据（由当事人或其他人提供的）对环境的知识加以了解。而明显的无依据还可以取决于原告对其所发起的诉讼的糟糕选择，这选择不利于他使用其诉讼请求的基础。在这种情况下，执法官可以在驳回请求之外，建议另外一个诉讼。当诉讼请求基于一条法律，而该法律的使用，于那情况下产生了不好的、不平等的结果时，或者，当诉讼请求基于一项民法规则，而该规则是执法官"修改过的"（D.1，1，7，1）——比如，在这样的一个诉讼中：债权人要求履行一桩"要式口约"或一项遗赠的，但根据民法，这原本不允许合法性判断，而是一个由裁判官进行判断的"不道德"案件（D.45，1，26 e 27pr.；D.45，1，97，2；D.35，1，71，1）——则产生了不公平。对诉讼的拒绝不构成一项明确的行为：执法官本人可以改变他的判断及撤销之，或者，有关当事人可以将其请求呈送给另一位执法官。此外，当执法官怀疑他在即决判断的框架下无法解决时，他也可以准予诉讼；在这种情况下，在后续的裁判阶段中，被先决评估的无疑是执法官无法充分评估的那些准许的理由，且仅仅是在它进入实质之后。

在程式诉讼之后的年代里，诉讼程序的先导行为被称为"通知诉讼"（*litis denuntiatio*）。它由一个书面行为（*libellum*，意为"小册子"）构成，在该小册子中，原告表明其起诉的理由，以及其请求主管官员授权的理由。在取得授权后，该小册子被通知给被告，同时还有命令他出现在主管官员或主管官员所指明的法官面前的通知。这通知是演变的，人们从私人的通知中还发展出一种由法庭所命令的通知。总之，在法庭上，人们行使诉讼请求。

如果被告决定自我辩护，那么他在考虑抗辩等等（正如上面已经谈过了的）的情况下，作出他自己的诉请时，是对他有利的。相反，如果他决定承认原告诉讼的理由，他就在法庭上做出供认[1]。

原告还可以尝试简化诉讼程序，方法是要求交诸誓言，由裁判官评估是否准许这一移交（必要誓言）；针对这一移交，被告可以选择履行，或——相

---

[1] 关于供认，参见 D.42，2. 根据《十二铜表法》中就已经提出的一条规则，它与判决有着同样的效力。

反——起誓，或者引用原告做出的誓言。还存在一种自愿誓言，未提供此种誓言对被告不产生后果，除非作为线索[1]。

通过准予诉讼，并具体地确定对法学重要方面的陈述，人们开始了诉讼争议（诉的设立），这一时刻于程式诉讼[2]及后来的优士丁尼时代的诉讼中有着不同的形式与效果，现在不是检视它们的场合。

本章主要是关于得以"诉讼请求"的必要要求，要么就是关于行使它的禁止性规定。正如为了其他各卷，为了本章与后续各章，我提出一系列无疑尚能改进的文献片段，它能够提供初步的帮助[3]。"诉讼请求"是什么意思：D. 3，1，1，2。关于可以或不可以在诉讼中行使诉讼请求的人：D. 3，1，1pr.；D. 3，1，1，1；D. 3，1，7。被绝对禁止进行诉讼请求的人：D. 3，1，1，3；D. 3，1，1，4。经裁判官允许，可为自己进行诉讼请求，但不能为他人进行诉讼请求的人：D. 3，1，1，5；D. 3，1，1，6；D. 3，1，6。经裁判官允许，可为自己及特定的人进行诉讼请求，但不能为所有的人进行诉讼请求的人：D. 3，1，1，7；D. 3，1，1，8；D. 3，1，11，1；D. 3，1，1，9；D. 3，1，1，10；D. 3，1，1，11；D. 3，1，1，2；D. 3，1，1，3；D. 3，1，1，11 最后几词；D. 3，1，3pr.；D. 3，1，2；D. 3，1，3，3；D. 3，1，4；D. 3，1，5。被法官禁止进行诉讼请求的人：D. 3，1，9；D. 3，1，6，1；D. 3，1，8。可以进行诉讼请求的人：D. 3，1，10；D. 3，1，11[4]。

（三）在判决的诸多效果中，关于带有民事性质的诉讼存在着"不名誉"的资格[5]。公民的道德品质在社会层面甚至法学层面（不论是私法领域还是

---

[1]　关于必要誓言与自愿誓言，参见 D. 12，2 及我和 A. Saccoccio 所写的《序》第 5 段。

[2]　对于程式诉讼，最明确的特点是（执法官的和当事人的）行为整体上将争讼关系提交给法官（即双方合意选定的公民）来决定；人们就这样服从判决（而判决基于在这行为时被识别与固定的纠纷元素），并且，相应地，将突发情况视为微不足道，以及禁止补充与修改诉讼请求各方面（参见 Gai. 3，180；Gai. 4，114）。另一效果是诉的消耗，这是人们在 ne bis in idem/"一事不再审"原则中表达了的；这一取消性的效果作用于已经发起了的诉讼，只要这是为了已经于诉讼中被陈述了的同一法律关系，并倾向于导向同一结果，则即便它由另一主体重新发起请求或者针对另一主体而请求也不行（事实上可能发生的是，对于同一情况，适用不同的诉讼，即存在着诉、刑、损害赔偿的竞合，或者同一诉讼可由多人发起，即存在着人的竞合，此种竞合可以是任选的或集体的）。

[3]　参见 R. J. Pothier，*Pandectae iustinianeae in novum ordinem digestae*，1748～1752，以及我在 D. 16 n. 6；D. 4 n. 6–8 的《序》中对此的解释；对于我所提议的、我认为更优的其他文献列表，参见我于 D. 9 的《序》中关于 D. 9，2 的部分；以及我于 D. 12. 中的《序》。

[4]　关于诉讼请求，另见 C. 2，6。

[5]　参见 U. Brasiello，词条 *Infamia*，in *Novissimo Digesto italiano-NNDI*，Torino；A. Mazzacane，词条 *Infamia*（*Dir. rom.*），in *Enciclopedia del Diritto-ED*，Milano。

公法领域）上很重要。对于公法领域，人们可以参考的最为重要的是"监察官注释"[1]。对于民法，《十二铜表法》的 8，22 已经规定了：在一项在先的行为中以证人或司秤的身份加入一桩铜衡式交易的庄严行为中，后于诉讼中拒绝证实曾经行使了该职能的，这样的人被禁止以证人或司秤的身份再次加入铜衡式交易的庄严行为中。接下来发生的是法律及裁判官告示。古典法学对这些不同的禁止给出了专门的强调，并将那些受到这种禁止的人们称为"不名誉者＝恶名者"。在这里我们发现，这种资格专指在诉讼中代表他人，或让他人在诉讼中代表自己，或在诉讼程序中给别人当证人的合法性。还有提起民众诉讼，即可由民众中的任何一个成员为保护（民众的）公共利益而起诉的诉讼（D. 47，23，4）。

　　说到这个对人的能力施加的资格限制，我认为值得强调的是 D. 3，2，6，1 中的无罪推定原则，即在得出明确、可核实的判决前推定无罪，根据该原则，如果判决（它使人承受"不名誉"的资格及相应的限制）被提起上诉，或者该判决因上诉期限未过而尚未确定的，则尚不产生紧随着判决的、不名誉本身的效果[2]。

　　裁判官作出规定的文本有：D. 3，2，1pr.。那些因不名誉的原因被开除出军队的人：D. 3，2，2，1；D. 3，2，2，2；D. 3，2，2，3；D. 3，2，2pr.。那些曾在舞台上表演的人：D. 3，2，2，5；D. 3，2，3；D. 3，2，4pr.；D. 3，2，4，1。那些从事拉皮条的人：D. 3，2，4，2；D. 3，2，4，3；D. 3，2，24。那些因诬告或渎职而被判罪的人：D. 3，2，4，4；D. 3，2，20；D. 3，2，15；D. 3，2，16；D. 3，2，17；D. 3，2，18；D. 3，2，19。关于那些在不名誉诉讼中被判不利的人：D. 3，2，4，5；D. 3，2，5；D. 3，2，6，3；D. 3，2，6，4；D. 3，2，6pr.；D. 3，2，13，8；D. 3，2，6，5；D. 3，2，6，7；D. 3，2，7；D. 3，2，6，2；D. 3，2，14；D. 3，2，6，6；D. 3，2，6，1。在服丧之年内结婚的不名誉：D. 3，2，8；D. 3，2，11，4；D. 3，2，12；D. 3，2，13pr.；D. 3，2，11，1；D. 3，2，11，3；D. 3，2，11，2；D. 3，2，10pr.；D. 3，2，10，1；D. 3，2，25；D. 3，2，23；D. 3，2，

　　〔1〕　关于监察官，参见［意］朱塞佩·格罗索：《罗马法史》，黄风译，中国政法大学出版社 1994 年版；F. De Martino, *Storia della costituzione romana*，薛军译，1，北京，2009，章 12，§5.
　　〔2〕　很明显，这一例子仅仅是一条"总原则"的一个情况，其证明颇多：比如，同义的，参见 D. 28，1，13，2："如果一个人，因为〈带来无资格作证的〉死刑犯罪而被判罪，提出了上诉，并且在上诉未决的中间时间段，进行作证并于此情况下死亡，则他的证词有效"。

11pr.；D.3，2，25，1；D.3，2，9pr.；D.3，2，9，1。双重婚约或重婚的不名誉：D.3，2，13，1；D.3，2，13，2；D.3，2，13，3；D.3，2，13，4。那些被判从事公役的人和那些被除名于曾经身为其一员的阶层的人：D.3，2，22。不招致不名誉的诸多原因：D.3，2，21；D.3，2，13，5；D.3，2，13，7；D.3，2，13，6[1]。

（四）下一章 D.3.3. 的主题，一如已经强调了的，习惯上从法律行为的主当事人被一般的他人"替换"的制度开始研究。这个"替换"首先涉及它的效果，这一问题首先涉及"代理"问题，这在今天被区分为"直接的"与"间接的"：前者是指，代理人的行为效果直接归于其为之工作的被代理人；后者是指，代理人的行为效果归于他自己，并通过另一项法律行为而转移给被代理人。

在罗马法上，直接代理的用法是受限制的（为了将其排除，人们习惯上引用 D.44，7，11："我们所管理的任何物，因为债产生于我们的一个合同，所以如果债不始于我们的人格，则行为无效：因此，我们既不能订约，也不能购买，也不能出售，也不能用'让使之有效的诉讼权归于他人'的方式缔结任何债务"）。对于此，人们可以简要而初步地提及如下事实：通常被强调的是，法律意义上的家庭——它包含了处于家父权下所有的人，即有自由人，又有奴隶（D.50，16，195，2～3）——弥补了根据原则（该原则是：家父权力下的人所开展的所有活动，在法律上都被归于家父本人）开展活动的要求，即人们使得家父可以被家子或奴隶所代理，因为后两者的行为被直接归于家父，但不是依据"直接代理"的想法，而是根据"家父对全家人与外人所发生的所有关系进行集权"之想法[2]。这在特有产的巨大发展中也仍是对的，特有产是家父名下财产的一部分，它被托付给一名家庭成员——自由人或奴隶——来管理，但仍处于家父的所有权之下，即使它与余下财产的关系对于第三人来说渐渐地有了法律上的重要性[3]。

---

〔1〕 关于不名誉，另外请见 Gai.4，182（［古罗马］盖尤斯：《盖尤斯法学阶梯》，黄风译，中国政法大学出版社1996年版）；J.4，13，11；J.4，16pr.e2；J.4，18，2（［古罗马］优士丁尼：《法学阶梯》，徐国栋译，中国政法大学出版社1999年版）；C.2，11。

〔2〕 为了简单起见，只需读读 J.2，9，关于有那么一些人，人们通过他们的交易行为而购买或转移财产或物品上的其他物权；J.3，28 关于有那么一些人，人们通过他们的行为获得一些债务。

〔3〕 这里不是研究这一论据及对特殊特有产对此原则的片面超越的场合；关于特有产，大致参见由王莹莹负责的、正在翻译中的 D.14 与 D.15（另见 Cod.4，25；C.4，26）。

但是，在特别的情况下，家庭可能不能完成所有必要的事，并受人干预，人们称其行为为"管理他人事务"。

接下来出现了诉诸"所有财产的代理人"的运用，他经常是被解放的奴隶，人们还允许他为其"被代理人"购买和行使占有，及替他时效取得；在这一形象的边上，还产生了那种"被指定来管理单一事务的代理人"，这在大多数情况下是一桩诉讼的"诉讼代理人"，为此情况，Gai. 4，84 记载了委托。

于远方开展交易行为的必要性，增加了对家外人的使用，这些家外人像代理人那样依据委托管理事务。根据委托，被委托人有义务完成交易行为，而委托人有义务承担交易的全部后果，他就像直接代理人那样，不用对展开的行为作出任何解释，委托人还有义务补偿其费用与所受负担。但是后来，代理人与被委托人的区别减弱了，其减弱的背景是更广义的合意概念，以及在实践中越来越普遍的做法：即用一份写着一般内容的委托书，将自己的事务托付给第三方来管理[1]。但有时也出现这样一种情况，即：一个自然人必须作为"直接代理人"起诉，即为了一个不能亲自起诉的、法律关系所归罪的中心，如民众或自治市；或者为了声称一个被他人主张处于奴役中的人为自由的；或者作为婴儿的保佐人（如果未成年人已经有能力起诉，则完成行为的是他自己，只不过伴着保佐人的帮助或授权）；神经错乱的家父的保佐人；等等（参见 Gai. 4，82；J. 4，10pr.）。

关于"替换"，应当区分一般交易行为与特别诉讼程序行为。在诉讼法律程序行为中，伴有代理人（*cognitor*）的替换产生直接代理；而代理人是个受委托人，即一个间接代理人。这一章中的论述，始于对一般的代理人的考虑，而这个一般的代理人——排除直接代理问题——是从其他角度被检视的。

除了现存于优士丁尼著作中的、流传至我们的文献文本顺序之外，另一份可能的文献文本顺序如下：

一般关于代理人的概念：D. 3，3，1pr.。关于不同种类的事务代理人以及他们是如何被指定的：D. 3，3，1，1。单纯一件事务的事务代理人或所有财产的事务代理人，他们的职能是什么：D. 3，3，63；D. 3，3，60；D. 3，3，49；D. 3，3，46，7；D. 3，3，47；D. 3，3，48。自由管理的代理人被允许做些什么事：D. 3，3，58；D. 3，3，59。事务代理人合同产生的诉讼是为了谁、针对谁：D. 3，3，72；D. 3，3，71；D. 3，3，68；D. 3，3，67。

---

〔1〕 关于委托，参见 D. 17，1；另见 C. 4，35；J. 3，26。

关于诉讼代理人：D. 3，3，1，2. ①如何指定诉讼代理人：D. 3，3，1，3；D. 3，3，2；D. 3，3，8，1；D. 3，3，2，1；D. 3，3，3；D. 3，3，4。在哪些诉讼中可以指定代理人：D. 3，3，40pr. ；D. 3，3，45，1；D. 3，3，42pr. ；D. 3，3，42，1。②谁可以指定代理人：D. 3，3，43，1；D. 3，3，8pr. ；D. 3，3，33pr. ；D. 3，3，33，1；D. 3，3，43；D. 3，3，74。谁能被指定、谁不能被指定：D. 3，3，42，3；D. 3，3，42，4；D. 3，3，42，5；D. 3，3，8pr. （最末几词）；D. 3，3，54pr. ；D. 3，3，41；D. 3，3，8，2；D. 3，3，57，1。可以指定几名代理人：D. 3，3，31，2；D. 3，3，32；D. 3，3，31，1；D. 3，3，42，6。③成为原告代理人有哪些条件：D. 3，3，56；D. 3，3，62；D. 3，3，57；D. 3，3，78，1；D. 3，3，52；D. 3，3，53；D. 3，3，40，4；D. 3，3，33，3；D. 3，3，33，4。在反诉的情况下以某人的名义发起诉讼，为这人辩护的责任落在哪些代理人身上：D. 3，3，35pr. ；D. 3，3，33，5；D. 3，3，70；D. 3，3，34；D. 3，3，43，2。代理人不承担辩护的，招致何种惩罚：D. 3，3，43，4。按照善良家父的判断，何为"辩护"：D. 3，3，35，3；D. 3，3，36；D. 3，3，77；D. 3，3，78；D. 3，3，37，1；D. 3，3，38。代理人为了哪些诉讼、在什么情况下有义务为被反诉的原告辩护：D. 3，3，37pr. ；D. 3，3，35，2；D. 3，3，D. 3，3，39pr. ；D. 3，3，54，1。④当原告代理人准备好满足人们能够要求他的所有事情，那么初告是不是总是有义务接受诉讼：D. 3，3，73。⑤人们要求被告的代理人或辩护人的事：D. 3，3，51pr. ；D. 3，3，46，1；D. 3，3，43，6；D. 3，3，44；D. 3，3，45pr. ；D. 3，3，8，3；D. 3，3，15pr. ；D. 3，3，8，3；D. 3，3，14；D. 3，3，9；D. 3，3，10；D. 3，3，11；D. 3，3，5；D. 3，3，6；D. 3，3，7；D. 3，3，12；D. 3，3，13。⑥被代理人所承担的诉讼的效果：D. 3，3，66；D. 3，3，16；D. 3，3，64；D. 3，3，17pr. ；D. 3，3，25pr. ；D. 3，3，17，1；D. 3，3，27pr. （最末几词）；D. 3，3，17，2；D. 3，3，18；D. 3，3，19；D. 3，3，20；D. 3，3，21；D. 3，3，22；D. 3，3，23；D. 3，3，24；D. 3，3，25，1；D. 3，3，25，2；D. 3，3，55；D. 3，3，25，3；D. 3，3，26；D. 3，3，27pr. ；D. 3，3，69；D. 3，3，46；D. 3，3，42，7；D. 3，3，51，1；D. 3，3，50。⑦ 在诉讼代理人与那个指定了他的人之间，从诉的管理中，相互地产生哪些诉讼：D. 3，3，42，2；D. 3，3，46，4；D. 3，3，46，5；D. 3，3，46，6；D. 3，3，42，2（在首句之后）。

（五）团体尚不构成"法人"，但同样是积极或消极法律关系之归责中心。阐释法人的教义概念，这问题有着极大的重要性。伴着这样的阐释，古代的方法被颠倒了，这种古代的方法是：将特定种类关系的所有权分配给单一类型的法律关系归责中心（比如，纪念死者的团体，它于《十二铜表法》的时代已经存在，并接纳自由人与奴隶，它有章程、共同的资金及自治的结构；或者比如，搁置的遗产，或自治市，等等），或者甚至分配给被单独承认的每一个中心。通过对"法律主体"种类的构建，法人变成了这种"种类"当中的一"种"，奠定了使其与自然人一般地平等而无例外的技术基础。现代法上的法人于许多方面十分有用，但是，也慢慢形成一种类似"面纱"的东西，在这"面纱"后面所发生的事被认为是"私的"，这种事被认为是内部问题，并受到"隐私"保护，而这"隐私"拥有对违背"公共利益"需要之管理加以掩盖的风险，以至于人们也感觉到了超越法人的必要性，即越过它构建在自己周围的那堵墙，不过这种超越必须用合适的措施来进行，且对它的指导方针是摇摆的[1]。

　　为了使这些法律关系的归责中心能够完成交易法律行为和诉讼法律行为，有必要介入一名代理原告（actor），他为了他人利益而起诉，即为了人民的利益、为了市民共同体的利益。当涉及以任何团体的名义起诉时，被论述的是以下几点：什么是团体：D. 3，4，1pr.；D. 3，4，1，1；D. 3，4，2；D. 3，4，7，1；D. 3，4，7，2。团体是否能发起诉讼，及是否能针对团体发起诉讼：D. 3，4，7pr.；D. 3，4，9。谁能发起团体所能发起的诉讼；为了发起这些诉讼，如何指定原告，谁能被指定：D. 3，4，3；D. 3，4，4；D. 3，4，5；D. 3，4，6pr.；D. 3，4，6，1；D. 3，4，6，2；D. 3，4，6，3（最末几词）。为了发起诉讼或其他原因而被指定的代表人，关于他们人们应当遵循什么，以及关于这种代表人的弃之不用：D. 3，4，6，3；D. 3，4，10；D. 3，4，6，1（最末几词）。在反诉的情况下谁能承担团体的辩护，以及当无人辩护时会发生什么事：D. 3，4，1，3；D. 3，4，1，2；D. 3，4，8。

----

〔1〕　这里不是深入研究论据的场合。现代法典化开始时的民法典保留了（自然）人与法律关系归责中心的区别（例如，参见 1804 年《法国民法典》，第 7 条及以下），但存在着法律归责中心（如，第 910 条、第 937 条：医院等），而 1942 年《意大利民法典》，用第一卷的第 1 章与第 2 章创造了平行主义（关于自然人；关于法人）并于第 11 条及以下调整了它们。关于此主题，请参见 R. Orestano, Il "problema delle persone giuridiche" in diritto romano, Torino, 1968；同上, Azione, diritti soggettivi, persone giuridiche, Bologna, 1978, 193 页及以下；P. Catalano, Alle radici del problema delle "persone giuridiche", in 4, Rassegna di Diritto civile, 1983, 941 页及以下（相同的主题可以参看：同上, Diritto e persone, I, Torino, 1990, 163 页及以下）。

（六）对于事务管理，我已经在上述的、关于代理人的评论中略作提及。对他人事务的管理是一种债的渊源，它在《盖尤斯法学阶梯》3，88 ss. 中被忽略，但之后，从这当中发源的诉讼被同一个盖尤斯作为诚信诉讼而加以记录（Gai. 4，62），而管理本身也被提及，以作为债的诸多原因中的典型渊源（D. 44，7，5pr. ）。优士丁尼时期的法学家们使这一类型具有"准契约"的资格。

当一个人——即使利害关系人不知道他，他也没从利害关系人那儿收到任何委托——料理了其事务时，他管理了他人的事务。这应当发生在满足特定要求的情况下：管理应当是在结果有利于当事人的远景下进行的，即便之后该事务解决的结果不利于他也一样；管理者应当知道对他人事务之管理。曾经被讨论过了的情况是：事务的所有人禁止之，即使后来事务一样地被管理了，且结果有利于他；优士丁尼的一则谕令否定保护被禁止的管理人，但存在一则有名的塞维欧的文本——它是由他的学生阿尔菲诺记录下来、被保罗引用并包括于《学说汇纂》当中的——它支持相反的解决方案（D. 3，5，20pr. ）[1]。在任何情况下，事务之所有人对管理活动的认可，都使当初可能的条件缺失变得有效。

从这一类型当中，产生了事务所有人与事务管理人的相互债务，这债务类似于委托之债：因为，管理人有义务完成其进行了的活动，而如果这活动是法律活动，则管理人有义务将后果转移给利害关系人。而利害关系人有义务自己承担后果，并有义务补偿给管理人其在管理中所遭遇的费用与损害。

这一类型被用来调整代理人与事务所有人之间的关系，因为除非在特别的情况下，代理人无法被重新包括在委托之中，而实际上我们可以认为，在公元前 1 世纪，在不存在关于一桩特定交易的明示委托的情况下，管理事务之诉就被用来调整代理人与事务所有人之间的关系。因此法学家们经常将事务管理之诉比作一般诉讼，而将委托之诉比作特别诉讼，因为，首先被调整

---

〔1〕 我已经于我的一堂讲座上评注了这一文本，这堂讲座是 2011 年在长沙的湖南大学（出版中）为罗马法教授们开设的课程中的，我评注这一文本是将其作为例子来例证一条原则的"去语境化"和"重新语境化"，这个"重新语境化"很创新且支持该原则自身的深层理性（ratio）。因为，这一文本在意大利被重新使用，它被用于日工与地主之间集体议价后的审判中，当时这议价还不受法律调整：一个没有参加过与议价有关的会议的地主，不愿接受结果，裁判官就诉诸塞维欧的这一文本，用来声称：尽管有着利害关系人的禁止，但它里面也有着管理事务的拘束力。地主们是拒绝管理的结果的，而裁判官不利于地主的决定于最高法院得到了确认。

的是整体上发源于管理权的关系；其次，是发源于委托的特别关系。

　　然后，另一个问题是管理人的责任问题，因为在一些情况下责任被限于故意，但在其他情况下限制更广泛，并且似乎可归咎于过错[1]。

　　那些履行道德义务或出于慷慨而完成一项行为的人，不构成事务管理。

　　裁判官告示：D. 3，5，3pr. ；D. 3，5，1。①双方通过管理事务而缔结的债务：为使两个人之间缔结管理事务之债，有什么要求：要求一个人管理了另一个人的事务：D. 3，5，6，4；D. 3，5，31，7；D. 3，5，6；D. 3，5，5，2；D. 3，5，3；D. 3，5，29；D. 3，5，11 D. 3，5，12；D. 3，5，13。事务必须在没有委托的情况下被完成：D. 3，5，5pr. ；D. 3，5，18，2；D. 3，5，18，2；D. 3，5，5，7；D. 3，5，35；D. 3，5，31pr. ；D. 3，5，3，11；D. 3，5，4；D. 3，5，45，1。管理事务必须不受主人反对：D. 3，5，7，3。事务必须是在供给他人利益的意图下被做出的：D. 3，5，5，5。管理人必须有着令事务被管理人承担义务之意图：D. 3，5，43；D. 3，5，26，1；D. 3，5，33；D. 3，5，5，8；D. 3，5，45pr. ；D. 3，5，30，1；D. 3，5，5，1；D. 3，5，44，2；D. 3，5，5，10；D. 3，5，5，9；D. 3，5，48。②为产生管理事务之诉，应该管理谁的事务：D. 3，5，3，3；D. 3，5，3，4；D. 3，5，3，5；D. 3，5，18，5；D. 3，5，20pr. ；D. 3，5，19；D. 3，5，11pr. ；D. 3，5，3，6；D. 3，5，11，1。③谁的管理能缔结源于事务管理的债务：D. 3，5，3，1；D. 3，5，44，1；D. 3，5，16；D. 3，5，17；D. 3，5，18pr. ；D. 3，5，18，1；D. 3，5，36，2。④因为产生管理事务的相互债务，所以应当管理哪些事务、管理多少事务：D. 3，5，3，2；D. 3，5，5，4；D. 3，5，42；D. 3，5，8；D. 3，5，31，1；D. 3，5，28。

　　源于事务管理的债务中所产生的诉讼：D. 3，5，2；D. 3，5，4 D. 3，5，46pr. ；D. 3，5，46，1；D. 3，5，3，7；D. 3，5，8；D. 3，5，9pr。①事务管理的直接诉讼：D. 3，5，20，3；D. 3，5，25；D. 3，5，13。人们将管理事务的直接诉讼延伸至什么物、它是针对谁产生的：管理人应当归还其从被管理物中扣除的部分：D. 3，5，47；D. 3，5，22；D. 3，5，7，1；D. 3，5，30，3。管理人应当被判不利，以向事务所有人补偿其所造成的损害及因不良管理而失去的收益：D. 3，5，5，14；D. 3，5，7pr. ；D. 3，5，5，14（最末几词）；D. 3，5，37；D. 3，5，6；D. 3，5，34pr. ；D. 3，5，7pr. （后半部

---

　　[1]　事务管理一般地呈现在 1942 年《意大利民法典》中，它在 2028 条及以下被调整。

分）；D. 3，5，34，3；D. 3，5，34，1；D. 3，5，34，2；D. 3，5，18，3；
D. 3，5，12；D. 3，5，30，2 D. 3，5，20，2。如果人们将情况归责于管理
人：过错或仅仅故意：D. 3，5，10；D. 3，5，36，1；D. 3，5，10（普罗库勒
的观点）；D. 3，5，3，9；D. 3，5，3，10。②事务管理的反诉：可以以此诉
讼请求哪些费用：D. 3，5，44pr.；D. 3，5，24；D. 3，5，30，4。当人们认
为费用被有益地做出：D. 3，5，9，1；D. 3，5，21；D. 3，5，36pr.；D. 3，
5，14；D. 3，5，15；D. 3，5，11，2；D. 3，5，20，1；D. 3，5，30pr.。被
包含在这诉讼中的利息：D. 3，5，18，4。即使涉及有益地做出的费用，这诉
讼何时中止：D. 3，5，7，2.。

（七）本书的最后一章，是关于对那些收受钱财以进行或不进行一项诉讼
活动（诬告）——不论是私犯还是公犯——的人们的裁判官保护。这方面的
裁判官告示规定了 4 倍的制裁或 3 倍于所收数额的制裁，或者，在一年后，
该数额本身的制裁[1]。

为使这告示起作用，有哪些要求：D. 3，6，1pr.；D. 3，6，1，3；D. 3，
6，2；D. 3，6，1，4；D. 3，6，3，2；D. 3，6，1，1；D. 3，6，7，2；D. 3，
6，1，3（第二部分）；D. 3，6，1，2；D. 3，6，3，1。依此告示，谁能发起
诉讼、能对谁发起诉讼、能持续多久：D. 3，6，3，3；D. 3，6，7；D. 3，6，
7，1；D. 3，6，4；D. 3，6，5pr.；D. 3，6，6。产生于此告示的诉讼，与哪
些诉讼相竞合：D. 3，6，5，1；D. 3，6，8。

（八）最后，我很感激地指出，从拉丁文而来的译文是由来自中国政法大
学的吴鹏博士完成的，校译是由腊兰博士（Dr. Lara Colangelo）完成的。本作
系吴鹏博士旅居罗马期间在罗马第二大学完成，他已于今年完成了博士研
究生的学习，其博士论文是关于罗马法与中国法上的不名誉问题。本译作是
按照"罗马法体系下的中国法典化和法学人才培养研究中心"的研究计划来
开展与出版的，对此作出贡献的有：罗马第一大学、罗马第二大学、意大利
国家科研委员会的人文与社会科学部、中国政法大学。本译著加入了《学说
汇纂》各卷的拉丁文翻译计划，我们已经开始了该计划，并在此范围内实现

---

〔1〕 另请参考 J. 4，16，1；C. 9，46 及 C. 2，58（59），此处无法讨论我们说的内容与 Gai. 4，
174 ss〈所讨论的内容〉的关系这一问题，在 Gai. 4，174 ss. 中涉及一种诉讼，可以在任何审判中主张
1/10 的部分（在自由权审判的情况下是价值的 1/3），其依据的前提是，这种主要审判的原告是违背
了最正确的信息而起诉的。

了许多卷的出版。出版是在"罗马法体系下的中国法典化和法学人才培养研究中心"的支持下实现的。

（本文原为吴鹏译《学说汇纂（第三卷）》序言，中国政法大学出版社 2016 年版）

《民法大全·学说汇纂（第四卷）·恢复原状与责任的承担》序

[意] 桑德罗·斯奇巴尼　著　窦海阳 * 　译

一

（一）《学说汇纂》第四卷讨论了两个基本问题：恢复原状（restitutiones in integrum），这在前七题中进行了论述；责任的承担（recepta），这在最后两题中进行了论述，它们之间并没有太多的共同性质。

在由裁判官颁布的永久告示中，已经按照这个顺序对这两个问题进行了阐述，哈德良皇帝要求法学家萨尔维·尤里安（Salvio Giuliano）对此进行编纂，之后就成为后世法学家们［彭波尼、保罗、乌尔比安；盖尤斯（他的是行省告示，但是，顺序都是相同的）］恢宏评注的基础。关于恢复原状，在告示的第10题中，[1]通过轻微的改变，在9个标题下对该问题进行了论述：①在该告示中，没有像《学说汇纂》第四卷第1题那样的介绍性部分；②该告示有一个关于这类人的部分，即不是保佐人的人实施了诈欺行为，事实上这已经被移到了 D. 27，6（它在这个地方的位置与裁判官所安排的程序性手段的种类有关，也就是恢复原状，但是，它被放到 D. 27 中去了，因为《学说汇纂》中的这一卷涉及的是监护）；③另外，该告示还规定了另一种情况的恢复原状，即它导致诉争结果的消灭，不过，这种情况丧失了特性；④该告示有一个关于恢复原状权利可继承性的部分（参见 D. 4，4，19）。关于责任的承担：①该告示的第11题在3个标题中对该问题进行了论述，其中第三个被移到了 D. 13，5 中去了；②D. 4 的第9题不仅包括了该告示第11题相对应的部分，而且还

---

* 译者系意大利罗马第二大学法学博士，中国社会科学院法学研究所副研究员。

[1]　参见：O. Lenel, *Das Edictum perpetuum*, Leipzig, 1927; rist. Aalen, 1974.

包括了这样一个部分的内容，即在告示中，它与阿奎利亚法的部分即 D. 9，2 相邻，涉及的是针对船东、旅店主以及马厩主因其雇员所导致的损害而产生的诉讼[1]（这种统一部分地修改了该题的功能，一方面，造成了因合同不履行的特别责任，比如在旅店中的寄存[2]，等等；另一方面，规定了主人对雇员不法行为的契约外责任[3]）。

（二）在罗马，"对先前状态的恢复原状"作为不同形式的裁判官介入的结果产生于程式诉讼的环境之中。倘若业已发生的事件（法律上的行为、法律事件，比如时间的经过）本来是作为一种权利的消灭结果的，而裁判官却视该权利并没有消灭，那么裁判官就通过行使裁判权将这件发生了的事件处理为没有发生过。

裁判官认为，应当根据不同的理由改变这些事件的后果，我们在 D. 4，1，1 中大概地找到了说明，而且主要地：是受欺骗或受恐吓而完成的（第 2~3 题是关于因恐惧或诈欺而做的事情）；或者行为人是无能力人（第 4 题是关于未满 25 岁的未成年人）；或者是一起法律事件的介入导致权利的消灭，而这种消灭却是不公平的（第 5~6 题是关于人格减等或者在权利人由于正当的缺席而不能行使权利的情况下期间的经过）；或者行为是为了改变诉讼状况而实施的（第 7 题是关于为了改变审判状况而做出的让渡）；或者某个其他的原因介入值得裁判官进行保护，倘若这并不与法律、平民会决议、元老院决议、皇帝的谕令相违背（D. 4，6，1，1 最后；参见在 D. 43，19，1，9 的一个例子，即因不可抗力使得役权没有使用而消灭）。此外，皇帝通过批复或者其他形式的介入准许由于其它不同原因的恢复原状（参见 D. 4，1，7pr.；D. 8，3，35；D. 4，6，26，9 等）[4]。

恢复原状由受益方请求，而对方应当被传唤（参见 D. 4，4，13 pr. 最后；D. 4，4，29，2 最后）。执法官要确证是否存在恢复原状的条件，并且在行使自己的裁量权时决定是否进行恢复原状。执法官并没有为了达到这种效果而塑造出一种特殊的工具，而是利用在其裁量权范围内可以使用的不同手段：

---

[1] 参见在关于私犯的一题中出现：D. 47，5（并不在本卷的考察范围内）。

[2] 参见 1942 年《意大利民法典》第 1783 条以下。

[3] 比如参见 1942 年《意大利民法典》第 2049 条。关于这个，在此可以找到简述，即 S. Schipani, *Scritti di Diritto romano pubblicati in cinese*, Pechino, 2010, 245 n. 45.

[4] 从为了获得恢复原状的手段来看，这部分内容的组织与一些通过抗辩而实现的保护的论述相区别：参见在抗辩告示第 44 题中的诈欺和恐惧，以及 D. 44，4。

比如，授予一种诉讼，在此之中引入了一种拟制，命令审判员判决"如同"事件没有发生过一样，而对于该事件的后果，执法官本来就是想改变的；然后，越过程式诉讼所划分的两个阶段，执法官在恢复原状的前提以及后果上做出决定。在这个逻辑层面下，总是区分两个不同的时刻：首先，提出了一项裁决，该裁决被界定为撤销性的，或者构成对后果的撤销，恢复消灭了的权利；其次，执法官应当责令原来应当的行为或者恢复原状或者赔偿同等的损害。

正如大家所看到的，这7个题的内容被统合在一起，将其作为统一的体系化种类，在此之中，裁判官是通过他的介入，也就是恢复原状，来实现结果的。此外，在这个统一种类的内部，还需要考虑可以导致这种后果的不同种类的前提/情况；这些前提有时属于事件，有时属于行为，有时属于它们的构成部分（意思），或者存在于自身的要件之中（能力），而且，在一个具有不同定位的内容的体系化中，不会再找到像本卷的统一了，就比如在我们现代的诸民法典中所发生的那样。这种视角的改变有时导致了对一些发生的情况在某些层面上考虑的"丧失"（这在恐惧和诈欺问题上尤为明显）。

（三）非正式的"责任承担"（recepta）与一个具有职责的、承担保证的主体（仲裁人、船东、旅店主、马厩主、银行家）相关联，该主体由裁判官通过不同的方式提供保护，而且在银行家的情况下，通过被吸纳到关于他人债务的协议（constitutum debiti alieni）之中，向债务的承担方向发展（C.4，18，2pr. −1）。

正如已经指出的，如果前面所列举的恢复原状的情况在构成要件层面上是不同的，那么，这些"责任承担"的情况则更是如此，并且事实上，裁判官所采取的保护措施也是不同的。

事实上，一方面，我们找到了因争讼方的仲裁协议而从事仲裁职责的人的责任承担：裁判官授予了强制手段（支付一笔罚金等），为的是促使仲裁人除了可能发生的免责原因之外履行已经承担的职责。

另一方面，我们找到了从事经管活动的主体，也就是船东、旅店主、马厩主，他们对在船只、旅店、马厩中与他们缔结租赁（海事运输、旅店等）合同的乘客和顾客所遭受的物的失窃和损害承担全部的责任。这种责任的承担起先应当是明确的，之后对于物的"接收"变得不明确了，而且裁判官通过事实之诉对其进行惩罚，这种诉讼具有一种客观责任的性质，并且与租赁合同所产生的责任相并列，因为这种租赁合同所产生的责任常常不足以在这种情况下对另一方提供所需要的安全。

（四）正如我已经多次阐释过的，尤其是最近在《学说汇纂》第 41 卷的翻译序言中，需要初步地考虑到，在本卷中，正如在《学说汇纂》所有的其他卷一样，每个题所包含的片段不仅仅总是按照论述的顺序编排的：事实上，这些片段的顺序也部分地由编纂委员会的工作方式决定。[1]

这种诸因素的复杂组合，在研究《学说汇纂》的人当中（注释法学派就是这部著作所产生的第一个伟大的例子），产生了一种工作方式，起先就是研究诸片段以及与同一问题有关但不相邻的片段之间的关联，这也包括《法学阶梯》和《优士丁尼法典》的文本，这样就将它们之间的所有文本连接起来了。

对于不同片段所安排的顺序部分地取决于这种"承认"，即我们能够找出罗马法学家们明确地或隐秘地创造出的联系；不过，这种承认又部分地成为一种"重读 – 解释"，它是通过各种方式和结果，在文本以及它所包含的诸原则 – 基础所承认的范围内完成的，而且仍然在继续进行着。

对于本卷，还要提到波蒂埃的解读（J. Pothier, *Pandectae Justinianeae in novum ordinem digestae*），该著作成为 1804 年法国民法典的基础。[2]需要考虑到，波蒂埃在进行汇编时，有时也使用《优士丁尼法典》中的皇帝谕令以及法学家的文本，不过这些文本是《学说汇纂》其他卷中讨论的，这与我在上面提到的所有的他的前任所做的工作一样，也与从注释法学派开始所进行的连接一样；这里，我不考虑这些文本，而是限于对本卷所翻译的文本的顺序，因为我的目的在于对本卷的阅读提供一个可能的起始性线索，并建议一种适合的方法。此外，波蒂埃还常常附着短小的解释性句子，对此，我将其忽略。相反，我使用一些他为了指示不同章节的引语，尽管这些引语在《学说汇纂》中并不存在。做了这些说明之后，接下来我要按照波蒂埃的文本顺序来梳理

---

〔1〕　关于《学说汇纂》的编纂方式，可以参见［意］格罗索：《罗马法史》，黄风译，中国政法大学出版社 1994 年版，2009 再版，第 335 页；斯奇巴尼：《重读优士丁尼学说汇纂：解释、发展、统一法律》，载《斯奇巴尼教授文集》，中国政法大学出版社 2010 年版，第 94 页以下。我们不能忘记《学说汇纂》仅包含了编纂委员会整理和选择的文本的 5%。

〔2〕　罗伯特·波蒂埃，Robert J. Pothier（1699～1772），于 1748～1752 出版了这部著作。

本卷的片段。[1]

二

（一）D. 4，1：关于恢复原状的措施[2]

引言：D. 4，1，1；D. 4，1，2。恢复原状将赋予谁以及针对谁：D. 4，1，6；D. 4，1，5；D. 4，4，20pr.；D. 4，4，19；D. 4，4，39pr.；D. 4，4，20，1；D. 4，4，21。哪个官员有权力授予恢复原状：D. 4，4，16，5；D. 4，4，42；D. 4，4，18。可以通过代理人来参与诉讼的情况：D. 4，4，25，1；D. 4，4，26－27pr.；D. 4，4，26，1。如何完成对原因的审查：D. 4，1，3－4。

（二）D. 4，2：因恐惧而做的事情[3]

引言：D. 4，2，1；D. 4，2，3pr.；D. 4，2，21，5；D. 4，2，9，2。关于对是否属于暴力的调查，以及相关的证明：哪种暴力适用于该告示：D. 4，

---

〔1〕 在他的重构中，波蒂埃有时将一个片段划分为两个或三个部分；在这种情况下，我在文本中使用"到……为止（usque ad）"或"从……开始（a）"这些词语。可以在一些网站中阅读波蒂埃的著作，比如法语的译文，Hathi Trust Digital Library Pothier Pandectae Justinianeae；或者在openli-brary. org/books/网站上；意大利语的译文，Pandette di Giustiniano。

〔2〕 这个标题肯定是优士丁尼习惯的表达方式，即在体系化的工作中建构总则部分。G. Cervenca, *Studi vari sulla restitutio in integrum*, Milano, 1965（rist. 1990）。

〔3〕 对因暴力所导致的恐惧的保护可以在公元前 1 世纪屋大维程式中找到对它的首次表述（对此参见 Cicerone, in *Verrem*, 2, 3, 65.152; ad *Quintum fratrem*, 1, 1, 7, 21; pro *Flacco* 21, 49 e ss.），这就成了一种先例。经过这个起始阶段之后，就有了不同结构的阐述：关于因恐惧而为的诉讼、恢复原状、抗辩，这三个都是基于裁判官所主张的"我不会对因恐惧而完成的事情进行肯定的"。对此所进行的体系化工作全部体现在乌尔比安的著作之中。他发现，如果具有这些前提的话，恐惧是具有法律意义的，即威胁的危险性、对法律的违背与威胁的违法性、威胁的严重性、威胁的正式提出、损害的存在、威胁与被胁迫行为之间存在着直接的因果关系。法学家与裁判官对该类型阐述关注的焦点在于对遭受暴力的受害者的保护，尤其是他遭受暴力之后实施行为的主观状态；相反，较少地关注于谁是实施暴力行为的人，这就反映出对于同一诉讼所可能存在的各种权利人。该诉讼在罚金层面（即处以四倍罚金）与对恢复原状的拒绝相关联，也就是与对遵从审判员的命令对受害人所进行恢复原状的拒绝有关（要注意的是，实际上，这个诉讼如同其他罚金之诉一样，是多倍价值之诉，而没有一些它本身所具有的本质特征，比如累计性质的连带关系；紧密的人身性；不能提起集体诉讼）。因此，多倍处罚是为了促使恢复原状，这个目标就是这个诉讼的特征，而且这与进行保护的条件相一致。参见 E. Calore, *L'actio quod metus causa. Peculiarità e aspetti problematici legati alla tutela del soggetto al quale è stato indotto metus*, Milano, 2011. 在我们的民法典中，造成恐惧的暴力，一般来说，与在合同或者法律行为中的意思相关，这些意思的瑕疵会导致无效或可撤销。欧洲以及拉丁美洲的民法典关于恐惧的条文表述《学说汇纂》片段的表述相类似，明显表现出是对作为其基础的《学说汇纂》文本的反映，比如，在与《意大利民法典》中，第1435条与D. 4，2，6，第1436条与D. 4，2，8，3，第1438条与D. 4，2，3，1 都是可以联系起来的。然而，还需注意的是，1942 年《意大利民法典》却没有罗马法对遭受暴力的受害人的同情心，罗马法甚至可以在针对善意第三人的情况下适用旨在撤销受胁迫行为的诉讼。

2，2；D. 4，2，3，1；D. 4，2，23，3；D. 4，2，12，1。会造成什么样的恐惧：D. 4，2，5 – 6；D. 4，2，7pr.（从 *proinde si quis meticolosus* 开始）；D. 4，2，21，4；D. 4，2，22；D. 4，2，4；D. 4，2，8，1 – 2；D. 4，2，7pr.（到 *restitui* 为止）；D. 4，2，23，1 – 2。恶行不应当仅仅是严重的，而且还得是现实的，以及关于是由另一个人引起的：D. 4，2，9pr.（从 *locum facere* 开始）；D. 4，2，21pr.；D. 4，2，7，1；D. 4，2，8pr.。至于对谁造成了恐惧以及由谁引起了恐惧，并不重要，不过应当证明已经引起了恐惧：D. 4，2，8，3；D. 4，2，9，1；D. 4，2，23pr.；D. 4，2，12，2 – 13 – 14pr.。

告示采取什么措施来应对引起的恐惧的：D. 4，2，9，4 – 6；D. 4，2，21，6；D. 4，2，9，3。这种诉讼属于谁、针对谁：D. 4，2，14，5（从 *Pedius quoque* 开始）。关于物给何人：D. 4，2，14，3.5（从 *unde quidam* 开始）；D. 4，2，9，8；D. 4，2，10；D. 4，2，14，5（到 *absolvi debebo* 为止）。关于何人实施了暴力：D. 4，2，14，15 – 15 – 16，1；关于继承人：D. 4，2，16，2 – 17；D. 4，2，18.20。

应当进行什么样的恢复原状：D. 4，2，9，7（到 *res rei facta* 为止）；D. 4，2，9，5；D. 9，2，12pr.；D. 4，2，9，7（从 *sed et si ususfructus* 开始）；D. 4，2，9，7（从 *et si acceptilatione* 开始）；D. 4，2，10，1 – 11；D. 4，2，9，7（从 *sed et si per vim* 开始）；D. 4，2，14，6。

在不进行恢复原状的情况下，要进行什么样的责罚：D. 4，2，14，1；D. 4，2，14，4；D. 4，2，14，7；D. 4，2，14，14；D. 4，2，21，2；D. 4，2，14，10；D. 4，2，14，9；D. 4，2，14，11。

什么时候可以提起这种诉讼，它与哪些其他的诉讼竞合：D. 4，2，14，1（从 *post annum* 开始） – 2；D. 4，2，21，1；D. 4，2，19；D. 4，2，14，13；D. 4，2，9（从 *idem ait* 开始）。

（三）D. 4，3：关于恶意诈欺[1]

引言：D. 4，3，1pr.。什么样的诈欺可以适用该告示：D. 4，3，1，3；

---

[1]　诈欺现在被定位于合同或法律行为中的意思瑕疵，就其本质以及作为错误的一种可能的原因，是现实的虚假表象，正是在诈欺的情况下，这种虚假表象才被有意识地引入，以完成一项法律行为，而该项法律行为本来还需要其它的条件或者根本就不能达成。对于这种情况，在公元前 70 年，从法学家阿奎利奥·嘎罗（Aquilio Gallo：西塞罗的朋友，Cic. *De Officiis* 3，60——参见［古罗马］西塞罗：《论义务》，王焕生译，中国政法大学出版社 1999 年版）开始，就创立了一种诉讼。此外，该诉讼晚于公元前 94 年在亚洲行省总督 Q. 昆图·穆齐·谢沃拉（Q. Mucio Scevola）的行省告示中所规

D.4，3，1，2；D.4，3，7，10-8；D.4，3，33；D.4，3，7，7。应当确认诈欺不是为了微薄价值之物，以及确认没有其他的诉讼了：D.4，3，9，5-10-11pr.；D.4，3，1，4；D.4，3，7，4；D.4，3，18，2；D.4，3，7，5；D.4，3，9pr.；D.4，3，1，8-2-3-4；D.4，3，18，3；D.4，3，7，8；D.4，3，5-6；D.4，3，7，6；D.4，3，9，3；D.4，3，7，1-2；D.4，3，1，6；D.4，3，38；D.4，3，1，6（从 etsi alia 开始）-7；D.4，3，40；D.4，3，25；D.4，3，7，9；D.4，3，1，5；D.4，3，7pr.；D.4，3，7，3；D.4，3，9，2。授予诈欺之诉的例子：D.4，3，9，1.4；D.4，3，18，5-19；D.4，3，20pr.-1；D.4，3，24；D.4，3，31；D.4，3，34；D.4，3，35；D.4，3，39；D.4，3，32；D.4，3，21-22-23；D.4，3，36。源自该告示的诉讼：D.4，3，15，19-16；D.4，3，18pr.-1；D.4，3，18，4。针对何

定的一种抗辩（参见 Cicerone, *ad Att.* 6，1，15）；它涉及这样的一种程式条款，该条款开始被引入是为了对被欺骗的被告进行保护，通过这种条款，使得欺诈者为了获得通过欺骗所达成的法律行为的成果而起诉被告的诉讼归于无效（另外，要强调的是，从公元前3世纪到公元前2世纪，诚信审判已经惩罚诈欺了，因为诈欺违背了诚信审判所要保护的请求基础，即"应当基于诚信"，因此，这种救济措施被置于市民法的法律行为的环境之中）。

诈欺之诉是一种事实程式的裁判官法诉讼，具有任意性（也就是说，该程式规定了，审判员认为原告有理之后，在判罚被告之前，命令对他进行恢复原状，只有在不进行恢复原状的情况下才进行判罚）、罚金性、破廉耻性、辅助性（也就是说，只有在没有其他救济措施的情况下才能诉诸它）、不可由继承人继承（除了在晚期以被继承人的诈欺所得利益为限可以继承）。

这种诉讼有上述抗辩相配合；但是，这比上面提到的有更为广阔的适用空间；事实上，审判员被要求评判"没有实施任何诈欺"的情况（Gai. 4，119，［古罗马］盖尤斯：《法学阶梯》，黄风译，中国政法大学出版社1996年版），这种措辞的灵活性允许法学家们不仅囊括了"过去的欺诈行为"，也就是在被告为了缔结一项法律行为而被骗的时间里所实施的行为，而且还囊括了"当前的欺诈行为"，也就是在法律行为缔结之后的时间里所实施的行为，这包括了原告以诈欺提起诉讼的时候，比如，当原告提起一项市民法诉讼的时候，但是，它若产生效力，则是不公平的（比如，某人通过抽象的、形式的要式口约允诺了一笔消费借贷的担保，而要式口约人应当将其让与第三人；后来消费借贷没有缔结；要式口约人根据该要式口约提起诉讼，并且该诉讼是市民法的，因为要式口约是一项抽象的法律行为；但是，被告提出了"总的或者当前的诈欺抗辩"来对抗他，基于此，审判员就有权评判原告的要求中是否存在诈欺）。很明显这并非法律行为中的诈欺。不过，不仅是抗辩，它超出了法律行为意思瑕疵的范畴；而且针对不去修正这种瑕疵的行为，也授予了这种诉讼（比如参见 D.4，3，18，5；D.4，3，24；D.4，3，35，或者该卷之外的 D.7，4，5，3）。那么，我们看出，重读是有用的，因为法律行为的框架已经束缚了罗马裁判官为了针对诈欺的保护所规定的诸手段的可能性。参见：G. Longo, *Contributi alla dottrina del dolo*, Padova, 1937；A. Carcaterra, *Dolus bonus /dolus malus. Esegesi di D.* 4，3，1，2-3, Napoli, 1970；M. Brutti, *La problematica del dolo processuale nel diritto romano*, 2 vol.，Milano, 1973；AA. VV., *L'eccezione di dolo generale. Diritto romano e tradizione romanistica*, Padova, 2006；F. Cursi, *L'eredità dell'actio de dolo e il problema deldanno meramente patrimoniale*, Napoli, 2008.

人，可提起诈欺之诉：D. 4，3，17，1；D. 4，3，26 - 27 - 28pr. ；D. 4，3，28，1 - 29 - 30；D. 4，3，15pr. - 1 - 2；D. 4，3，9，4a（从 *haec de dolo actio* 开始）；D. 4，3，17；D. 4，3，13，1 - 14；D. 4，3，11，1 - 12 - 13。

（四）D. 4，4：关于未满 25 岁的未成年人[1]

引言：D. 4，4，1pr. - 1。该告示对何人授予恢复原状：D. 4，4，1，2；D. 4，4，3，3；D. 4，4，3pr. ；D. 4，4，3，4；D. 4，4，3，5. 7 - 8. 10；D. 4，4，38，1。如果未成年人是个奴隶：D. 4，4，3，11 - 4 - 5。对未成年人继受者的考虑：D. 4，4，18，5；D. 4，4，3，9。该告示针对何人授予恢复原状：D. 4，4，27，4；D. 4，4，11，6；D. 4，4，24，3；D. 4，4，13，1 - 14 - 15；D. 4，4，27，2。

基于哪些原因对未成年人授予恢复原状：D. 4，4，7[2]；D. 4，4，7，1；D. 4，4，49；D. 4，4，40pr. ；D. 4，4，27，3；D. 4，4，7，3；D. 4，4，9，1；D. 4，4，48，2；D. 4，4，34，1；D. 4，4，7，5；D. 4，4，7，9；D. 4，4，25pr. ；D. 4，4，7，2；D. 4，4，3，6；D. 4，4，9，1；D. 4，4，17，D. 4，4，18，1 - 2；D. 4，4，29pr. ；D. 4，4，47pr. ；D. 4，4，45，1；D. 4，4，39，1；D. 4，4，24pr. ；D. 4，4，23；D. 4，4，46；D. 4，4，35；D. 4，4，7，11 - 12；D. 4，4，8；D. 4，4，35 - 36；D. 4，4，38；D. 4，4，11，3；D. 4，4，44；D. 4，4，7，6 - 7；D. 4，4，24，2；D. 4，4，7，8；D. 4，4，6；D. 4，4，24，1；D. 4，4，11，4 - 5；D. 4，4，16pr. - 1；D. 4，4，16，3；D. 4，4，16，2；D. 4，4，11，2。基于哪些原因未成年人不被恢复原状：D. 4，4，37，1（从 *in delictis autem* 开始）；D. 4，4，9，3.5；D. 4，4，9，2；D. 4，4，32；D. 4，4，43；D. 4，4，9，4；D. 4，4，9，6 - 10 -

---

[1] 对未成年人的保护由监护和保佐来承担。未满 25 岁的未成年人是一类无能力人，当罗马的法律经济活动变得更为复杂的时候，这类人由公元前三世纪末普莱多里法所规定。这部法对这种人规定了罚金，即他们利用年轻人的没有经验，通过欺诈引诱他们实施不利于他们的行为。这种行为，即使被惩罚，仍然是有效的，为了使之不具有实际效果，裁判官的介入是有必要的，他对在审判中被要求履行所承担的义务的未成年人授予了一种抗辩（D. 44，1，7，1）。之后，裁判官还规定了在未成年人已经履行义务的情况下的恢复原状，因此，抗辩是不够的；只要未成年人被骗了，就是如此（后来，该要件得以缓和，限于陷入错误的情况）。参见：F. Musumeci, *Editto sui minori di 25 anni*, in *Studi Talamanca*, 6，Milano，2001，33 ss.

[2] 一般来说，正如我在上面讲过的，我并不引用在《学说汇纂》其他卷中的片段，但是，例外地，在这种情况中，要考虑众所周知的片段，即 D. 50，16，19（参见［意］斯齐巴尼选编：《契约之债与准契约之债》，丁玫译，中国政法大学出版社 1998 年版），该片段在乌尔比安的著作中就处于这里所讨论的片段的前面。

11；D.4，4，48，1；D.4，4，33；D.4，4，37pr.－1。

恢复原状的形式与后果：D.4，4，24，5；D.4，4，13pr.（从 *causa enim cognita* 开始）；D.4，4，29，2；D.4，4，24，4；D.4，4，27，1（从 *item ex diverso* 开始）；D.4，4，24，4（从 *itaque si in vendendo* 开始）；D.4，4，47，1（从 *item quaero，emptor* 开始）；D.4，4，27，1（从 *praedium quoque* 开始）；D.4，4，11，1；D.4，4，40，1；D.4，4，27，1；D.4，4，56；D.4，4，22；D.4，4，31；D.4，4，7，10；D.4，4，9pr.；D.4，4，29，1；D.4，4，28；D.4，4，47，1；D.4，4，13；D.4，4，48pr.。

放弃恢复原状请求的可能性：D.4，4，41。

当丧失恢复原状恩惠的时候：D.4，4，30；D.4，4，3，2；D.4，4，3，2；D.4，4，3，1。

（五）D.4，5：关于人格减等[1]

引言：D.4，5，1；D.4，5，11；D.4，5，5pr.－1；D.4，5，6；D.4，5，3pr.－1；D.4，5，3，1；D.4，5，4；D.4，5，2，2；D.4，5，6；D.4，5，7pr.；D.4，5，2，3；D.4，5，7，1；D.4，5，8－9－10。告示：D.4，5，2，1；D.4，5，2pr.；D.4，5，7，2－3；D.4，5，2，2；D.4，5，2，4；D.4，5，2，5。

（六）D.4，6：出于哪些理由已满25岁的成年人可以恢复原状[2]

引言：D.4，6，1；D.4，6，2pr.。告示的第一部分规定了缺席者或者被一个正当原因所阻碍的人：D.4，6，2，1；D.4，6，3－4；D.4，6，45；

---

［1］　人的身份状况的改变，可以使得一个自由的外国人获得市民籍，或者一个奴隶获得市民籍，或者一个自由的市民变成一个奴隶，这些改变会对他所进行的法律关系产生不同的后果。在一个自权人变成他权人（自权人收养；归顺夫权的婚姻）的情况下，除了那些与其人身紧密相关的，比如劳务之债、父系亲属的权利、用益权、审判中的关系、合伙之外（参见 Gai.3，83；3，153），获得家父权的人继受了他的权利和债（参见 J.3，10）；一方面，它对债权人造成一种损害，起先这种损害是祭司通过在这样的重大活动中进行的控制而避免的，后来是裁判官通过在由债权人所提起的诉讼程式中引入一种拟制而避免的，最后是由这里讨论的告示所保护的；另一方面，用益权的取消对于一个新的家庭首领来说也是一种损害。反之，在一个他权人通过解放变成自权人的情况下也是如此：他所进行的法律关系被改变了，可能会产生不符合公平的后果，对此，裁判官通过谨慎地适用恢复原状对它们进行规制。当然，这个问题在自然人方面并不是最有意义的，但是它在企业方面却体现出了重要性。

［2］　通过恢复原状的介入应对各种各样的情况是裁判官这种积极作用的表现，即"为了公共利益而帮助、弥补或矫正市民法"（D.1，1，7，1），但这并不能认为，这种灵活性不符合这样一种建构，即根据杰尔苏对法的定义（D.1，1，1pr.），要求执法官以同样的方式处理同样的情况，就像他所宣布的法律应当也适用于他本人一样（D.2，2，该题对于创新的深入研究有重大意义）。

D. 4，6，34pr. ；D. 4，6，35，9；D. 4，6，35，4；D. 4，6，7；D. 4，6，35，6；D. 4，6，33，2；D. 4，6，35pr. ；D. 4，6，35，5；D. 4，6，35，3；D. 4，6，38pr. ；D. 4，6，37；D. 4，6，35，2；D. 4，6，35，1；D. 4，6，38，1；D. 4，6，32；D. 4，6，35，8；D. 4，6，5，1；D. 4，6，6；D. 4，6，35，7；D. 4，6，33，1；D. 4，6，34，1；D. 4，6，6，4（从 *dolum malum* 开始）；D. 4，6，36；D. 4，6，42；D. 4，6，5pr. ；D. 4，6，5pr. （从 *sed haec adiectio* 开始）；D. 4，6，9 - 10；D. 4，6，11 - 12 - 13pr. ；D. 4，6，14；D. 4，6，15pr. - 1；D. 4，6，13，1；D. 4，1，8；D. 4，6，39。

针对何人进行这种恢复原状：D. 4，6，17pr. ；D. 4，6，46；D. 4，6，15，2；D. 4，6，40pr. ；D. 4，6，30，1（从 *item ex reliquis* 开始）D. 4，6，15，3；D. 4，6，16；D. 4，6，17，1；D. 4，6，43；D. 4，6，27；D. 4，6，18 - 19 - 20；D. 4，6，44。请求这种恢复原状的期间和恢复原状的后果：D. 4，6，28，3；D. 4，6，23，2；D. 4，6，28，5；D. 4，6，41。

告示的第二部分：D. 4，6，21pr. ；D. 4，6，22，1。

根据告示的这个部分，针对何人进行恢复原状：D. 4，6，21，1；D. 4，6，23，3；D. 4，6，21，2；D. 4，6，22pr. ；D. 4，6，21，3；D. 4，6，23pr. ；D. 4，6，23，4；D. 4，6，24 - 25；D. 4，6，26，2；D. 4，6，26，3；D. 4，6，22，2；D. 4，6，28，4；D. 4，6，30pr. ；D. 4，6，30，1。这种恢复原状的后果：D. 4，6，26，8；D. 4，6，31；D. 4，6，28，6；D. 4，6，29。

告示的第三部分：D. 4，6，26，4；D. 4，6，26，5；D. 4，6，26pr. ；D. 4，6，26，4（从 *hoc quo* 开始）；D. 4，6，26，7；D. 4，6，26，4（从 *per magistratus autem* 开始）D. 4，6，26，6；D. 4，6，8。

告示的最后一部分：D. 4，6，26，9；D. 4，6，33pr. ；D. 4，6，26，9（从 *idem puto* 开始）；D. 4，6，26，1；D. 4，6，40，1；D. 4，6，26，9（从 *et generaliter* 开始）；D. 4，6，28pr. - 1；D. 4，4，45；D. 4，1，7；D. 4，6，28，2。

（七）D. 4，7：关于为了改变审判［状况］而做出的让渡[1]

告示：D. 4，7，1pr. 。该告示包括了哪些让渡：D. 4，7，4，2；D. 4，7，

---

［1］ 奥古斯都的一个告示禁止在知晓案情的情况下从占有者处购买一个涉诉之物。购买者会被处以罚金并上缴国库（D. 44，6，2），而且，如果出卖者还没有将该物交给他，他的请求之诉会被抗辩驳回（Gai. 4，117；D. 44，6，1）。另外，供奉出诉争标的物构成《十二表法》规定的一种行为，该

8，2；D.4，7，4，4；D.4，7，8，4。

关于改变诉讼状况的意图以及关于诈欺：D.4，7，8，1；D.4，7，8，3.5；D.4，7，9 - 10pr.；D.4，7，4，1.3；D.4，7，10，1。应当查明所进行的诉讼状况对于对方来说是恶化了：D.4，7，1，1；D.4，7，2；D.4，7，3pr. - 1 - 2 - 3；D.4，7，4pr.。

告示以什么方式规定了为了改变诉讼状况而做的让渡：D.4，7，3，4；D.4，7，4，5；D.4，7，3，5；D.4，7，8；D.4，7，4，6；D.4，7，5 - 6 - 7；D.4，7，11；D.4，7，12。

（八）D.4.8：关于［职责的］承担：为了使担任仲裁［职权］的人可以进行裁决[1]

什么是仲裁协议：D.4，8，1；D.4，8，21，6；D.4，8，46。哪些是仲裁协议的要件：哪种事项可以缔结仲裁协议：D.4，8，32，6 - 7。何人可以缔结：D.4，8，3；D.4，8，35；D.4，8，32，2.8。何人可以被选为仲裁人：D.4，8，7；D.4，8，9pr.；D.4，8，9，1；D.4，8，41；D.4，8，9，2；D.4，8，51；D.4，8，6；D.4，8，7，1；D.4，8，8。对仲裁人应当留

法对此行为规定了双倍物价值的罚金（D.44，6，3），就像在非现行的盗窃案中一样：事实上，这样一种宗教行为排除了将该物归属一个私人的可能，而是将该物当作一件贼赃从而排除了请求者的请求。在这两种情况中，通过一种惩罚间接地介入了，不过，这种惩罚仍使得所完成的行为保留完全的效力。相反，如果在请求返之诉中的被告故意地中止了占有，或者如果由于没有占有物而并不是被告的人为了使占有人得利而故意承认自己是占有人，那么这就像被告对要求返还占有的要求有根据一样处理，对于这样的主体，不能进行恢复原状，而要被处罚（*dolus pro possessione est*，*liti se offerre*：参见 D.6，1，22；D.6，1，27pr. ——《学说汇纂》第 6 卷，陈汉译，中国政法大学出版社 2009 年版）。

因此，关于这些问题的线索就提出了禁止为了更严重的刁难而故意地让渡某物，比如将其卖给住在别的行省的人，或者一个非常有权势的人。对于类似的情况，裁判官会授予本题所说的恢复原状或者事实诉讼。

［1］需要事先说明的是，根据仲裁协议的仲裁与程式诉讼中审判员的裁决有着不同的本质，后者强调的是裁判人的特征，是由一个市民根据在裁判官面前所缔结合意而完成的（*litis contesta zio*）。事实上，在程式诉讼中，明显存在着裁判官的权力，针对不承担作为其义务的辩护的人，它具有间接但重要的强制手段；另外，程式的合意是一种复杂的行为，它不仅涉及各方当事人，而且还涉及执法官，他会命令审判员根据程式进行判决。之后，审判员的裁决直接对各方当事人的法律状况产生影响。

相反，仲裁协议是受裁判官保护的一份协约，通过一份正式的要式口约所缔结的罚金条款来达到目的，根据这份要式口约，每一方当事人在不遵守仲裁人裁决的情况下都将以罚金的名义支付一笔金钱。以前它没有裁决的执行效果。不过，裁判官通过间接的手段施以压力以促使仲裁人履行所承担的职责。J. L. Linares, *Reflexion sobre la estructura del compromissum*, in *Estudios J. Miquel*, Barcelona, 2006, 565 ss.

有完全的裁量权：D. 4，8，17，3；D. 4，8，19pr.；D. 4，8，17，5－6。

关于应当互相允诺的罚金：D. 4，8，13，1；D. 4，8，11，2；D. 4，8，32pr.；D. 4，8，27，7；D. 4，8，28；D. 4，8，11，2（从 *proinde etsi* 开始）；D. 4，8，11，2（从 *quid ergo* 开始；到 *deponatur* 为止）；D. 4，8，11，3。关于补充到仲裁协议中的条款：D. 4，8，31（从 *sed si quidem* 开始）；D. 4，8，32，11；D. 4，8，27pr.；D. 4，8，39，1；D. 4，8，25，1－2；D. 4，8，26；D. 4，8，33；D. 4，8，25；D. 4，8，32，19；D. 4，8，49，2；D. 4，8，27，4。

关于仲裁协议的效力；仲裁人的义务：D. 4，8，3，1；D. 4，8，5。履行义务的前提：D. 4，8，11，1.4.5；D. 4，8，12；D. 4，8，32，3；D. 4，8，13，2；D. 4，8，32，1；D. 4，8，34，1；D. 4，8，13，2；D. 4，8，3，2.3；D. 4，8，4；D. 4，8，15；D. 4，8，9，4.5；D. 4，8，10－11pr.；D. 4，8，16；D. 4，8，16，1；D. 4，8，32，4；D. 4，8，9，3；D. 4，8，32，10。在期限内仲裁人应被强迫：D. 4，8，14；D. 4，8，13，34；D. 4，8，17，2；D. 4，8，32，13；D. 4，8，17，4。以何种方式仲裁人会被强迫进行宣判：D. 4，8，32，12；D. 4，8，19，1。

关于争执方的义务：D. 4，8，31。如果仲裁人不能裁决，他们各方的责任：D. 4，8，27，4；D. 4，8，49，1；D. 4，8，32，18；D. 4，8，40；D. 4，8，21，8.10－11；D. 4，8，21，9；D. 4，8，27，6；D. 4，8，30。如果他们中一方没有履行仲裁人的裁决：D. 4，8，44；D. 4，8，38。履行义务的前提：D. 4，8，27，2；D. 4，8，32，15；D. 4，8，39；D. 4，8，21，2；D. 4，8，32，20；D. 4，8，32，16－17.21；D. 4，8，50；D. 4，8，21，4；D. 4，8，42；D. 4，8，27，5；D. 4，8，47－48－49；D. 4，8，17，7；D. 4，8，18；D. 4，8，27，3；D. 4，8，36；D. 4，8，21，3.7；D. 4，8，32，14。

在什么期限内应当遵守仲裁人的裁决，如果不遵守的，什么时候应当开始归责：D. 4，8，21，12；D. 4，8，22；D. 4，8，52；D. 4，8，23pr.；D. 4，8，21，1；D. 4，8，23，1－2－3；D. 4，8，24；D. 4，8，27，1（从 *nec utimur Labeonis* 开始）；D. 4，8，37；D. 4，8，29；D. 4，8，34；D. 4，8，21，1；D. 4，8，43。仲裁人裁决的效力：D. 4，8，2。以哪些方式取消仲裁协议：D. 4，8，27，1；D. 4，8，45；D. 4，8，21，5；D. 4，8，17，1；D. 4，8，32，5；D. 4，8，32，9；D. 4，8，17pr.；D. 4，8，19，2；D. 4，8，20－21pr.。

（九）D. 4，9：为了让船东、旅店主以及马厩主归还［那些基于他们的责任而接受的东西］[1]

告示：D. 4，9，1pr. -1。何人应当进行交付以及在什么情况下：D. 4，9，1，2-3-4-5；D. 4，9，3，2。应当由何人保管以及哪些物应当被保管：D. 4，9，4，1；D. 4，9，5pr.；D. 4，9，1，6；D. 4，9，4，2；D. 4，9，1，7。什么时候被认为发生了交付：D. 4，9，1，8；D. 4，9，3pr.（从 *idem ait* 开始）。关于从这个告示中产生的诉讼：D. 4，9，3，1；D. 4，9，1，8（从 *in factum non* 开始）；D. 4，9，2-3；D. 4，9，5，1；D. 4，9，3，3；D. 4，9，3，4；D. 4，9，3，5；D. 4，9，4[2]。

三

最后，我非常高兴地看到本卷由中国社会科学院的窦海阳博士由拉丁文翻译成中文，并由艾马努埃莱·拉依尼（Emanuele Raini）博士进行了校对。这项工作是在罗马第二大学完成的，窦海阳博士去年在该校获得了博士学位，博士论文是《对他人行为之侵权责任》。这项研究成果的完成与出版是"罗马法体系下中国的法典化研究及法学人才培养中心"所主持的项目的一部分，该中心由罗马第一大学、罗马第二大学、意大利国家科研委员会、中国政法大学共同组建。我们计划将优士丁尼《学说汇纂》的全部内容由拉丁文翻译成中文，这一卷的翻译就是该计划的一部分。在该卷之前，我们已经出版了

---

〔1〕 规定这种责任的裁判官告示颁布于公元前 2 世纪，开始它仅仅涉及船东，之后又补充了其他的主体。在这个告示中，规定了通过事实诉讼保护船东以及所说的其他主体与乘客、旅客所缔结的协约，协约中规定了前者为了保管从乘客或旅客处接受的商品或携带的物而承担一种特殊的客观责任。根据裁判官所授予的保护，协约尽管不受某种诉讼或抗辩的保护，但是它获得了自身的特征，由此产生了一种保障义务和一种责任，这只有在拉贝奥的贡献之后（D. 4，9，3，1），才不再包括不可抗力。F. Serrao, *Impresa e responsabilità a Roma nell' età commerciale*, Pisa, 1989；A. Petrucci, *Per una storia della protezione dei contraenti con gli imprenditori*, 1, Torino, 2007, 119 ss.；A. Petrucci, *Problemi della traduzione in cinesedei testi del titoloD. 4, 9. La responsabilità ex recepto nel contratto di trasporto in diritto romano e nel diritto civile moderno*, in Index, 24, 1996, 464 ss. 我认为，除了我所提到的与由经管人组织起来的人相关的发展之外，还可以深入研究这些问题的另一面，也就是说，上述的经管人服务的享用者应当被带入并处于所组织的空间之中，即与经管人合作的人的活动相关联的，并且它们处于完全可用的状态（也就是说，对这种空间或物的租赁并没有发生）；他们信赖它们所处的环境的安全。

〔2〕 波蒂埃将 D. 4，9，6-7 这两个片段置于我在前文注释中提到的 D. 47，5 这一题中了。

数卷[1]。本译本的出版得到了"罗马法体系下中国的法典化研究及法学人才培养中心"的资助。

（本文原为窦海阳译《学说汇纂（第四卷）》序言，中国政法大学出版社 2012 年版）

---

[1]　参见《民法大全：学说汇纂》，桑德罗·斯奇巴尼主编并作序：第 18 卷，刘家安译，中国政法大学出版社 2000 年版；第 48 卷，薛军译，中国政法大学出版社 2005 年版；第 1 卷，罗智敏译，中国政法大学出版社 2008 年版；第 6、8 卷，陈汉译，中国政法大学出版社 2009 年版；第 41 卷，贾婉婷译，中国政法大学出版社 2010 年版。

《民法大全·学说汇纂(第五卷)·遗产及其对物之诉保护》序

[意] 桑德罗·斯奇巴尼　著　吴鹏[*]　译

（一）《学说汇纂》的这一卷翻译，开始了那些有着"关于审判"的标题〈的章节〉的第二部分，"关于审判"这一标题与本书第 1 章标题首字相同，但它可能还有一种更广阔的、系统的含义，这种含义与人们拿来保护那些被包含于 D. 5 – 11 中的物上权利的审判相关。

这几卷书在主题上的同质性并不是一目了然的。这种同质性在提到 D. 5 – 8 时十分明显，D. 5 – 8 涉及对物诉讼：主张遗产、一件物的所有权、用益权、奴隶的成果、使用权、居住权、土地役权（不论是城市土地还是农村土地）；这种同质性还出现在与第 10 卷的联系中（第 10 卷是关于对边界及分割共有物的保护）、还出现在第 11 卷的最后几章中（这几章与神息物有关）。这种同质性对于第 9 卷以及第 11 卷的部分（它们是关于对物的损害，此种损害没有造成对物诉讼，但我们仍能看到这些物的权利关系于其间受到了保护）而言并不明显。不管怎么样，这是很重要的，而且必须强调的是，对于物权的最广阔最完整的论述被展开的方式是涉及与它们有关的审判，此外，该强调必须与下面准确阐述的"诉讼的实质含义"相联系。

意味深长的是，这个第二部分的主题区块不是从保护物的所有权开始的，而是从遗嘱继承开始的：这无疑是古时候财产进行转移的最重要的方式，它于之后也存在，并部分地延续至今，但我认为，与此不同的是，我们应当首先从继承家族父权的视角来看待这个第一的位置，这一视角被《法学阶梯》描述为 *ipsum ius successionis/hereditatis*（Gai. 2，14；J. 2，2，2），并于这些教科书中被它们的一部分所确认。事实上，父权与家庭的人身关系相适应，而

---

* 译者系意大利罗马第二大学法学博士，中国农业大学马克思主义学院讲师。

且肯定也与财产关系相适应，但后者为前者服务；在能够组织与管理之前，它表达了支持；它表达了人格的和谐、需求的和谐、被包含于家族中的复数的人的利益的和谐。这个第一点是人格在法律上的优位性的一种表达（D.1，5，2）。

（二）上面着重提到的这种主题区块的同质性，开始了本书的第一章 D.5，1，它扮演了铰链的角色；事实上，它致力于那些与一般审判有关的规则。[1]

D.5，1 这一章，在《优士丁尼法典》中有着一个平行的标题，这个标题打开了一个广阔的领域，而该领域正是关于审判创设与展开的各种理论的（C.3，1－27）；这里，在《学说汇纂》中，本章几乎终结了对一般审判理论的论述（事实上，关于此问题的章节是在 D.2－4），与之相伴随的还有有关特殊审判的论述。

此外，本章是由一名已然通读、并已熟悉《法学阶梯》的法学家所读的，尤其是 J.4，6 "关于诉讼"，在 J.4，6 中有着诉讼的定义，即 "通过审判来追求其所应有之物的权利"，还有对于诉讼本身的二级分类，"对一件物的诉讼" 与 "对一个人的诉讼"（J.4，6，1ss.），那之后还有其他分类方式："市民法诉讼与裁判官法诉讼"（J.4，6，3ss.）；"损害赔偿诉讼、刑事诉讼与混合诉讼"（J.4，6，16ss.），而且在此应当被马上强调的是，法官此后将判决支付一定数量的金钱（J.4，6，32），而原告应当注意——不要请求超过他所当有的，因为他可能会败诉（J.4，6，33ss.）。

上面讲到的诉的定义，指明了审判工具的实质性基础：事实上，这一基础首先不是一项对于国家的法律，而是一项从他人处取得某物的权利。因为这项权利被另一人所否认，为了避免市民之间的争执，这项权利通过第三人的 "审判" 以及后续的最终行为而被仔细审查。因此，"诉讼" 即是这样一种观点：一个人为了追求实现其自身权利而行动起来，其方式是经由一场审判——即经由法官的一则判决——因为审判是在诉讼中起作用，所以有时 "诉讼" 与 "审判" 这两个术语可以互换。

诉讼－审判是典型的，正如人们所利用的权利也是典型的。

---

〔1〕 我不使用古罗马人所不用的词 "审判（processo）"，即使它在最留心的罗马法史研究中被大量使用了。它表明了注意力的转移：从实体意义的（见下述）诉讼、基于诉讼而宣告的审判，转向了人们依之而 "起诉" 的规则。它涉及了一个重要的转移，这是值得指出的一点，但这里我不能充分论述它。

程式审判之起诉规定了两个阶段，要完成第一阶段，需要在执法官面前做出一个完整的行为，该行为由各方当事人间的一项协定构成，这项协定被包含在该名执法官的一条法令中，该法令中包括将一名市民指定为法官的指名，当事人之间以及同执法官之间协定的争议要点，以及原告诉权与/或其前提；最终的诉前抗辩与反驳；宣判的标准，等等。人们将这些"命令审判"、"给予诉讼/审判"以及"接受诉讼/审判"称为"讼争"。在原告的这一诉讼行为之后，会造成"耗尽"。这套完整的行为起源于各方当事人的相遇－冲突；是它（即该"冲突"）的结构的一部分：这一结构很好地表达了人们希望实现满足的实体关系。

然后，当事人各方，为了他们的诉讼争议的第二阶段而前往法官处。在这个第二阶段中，突然到来的事实不能被纳入考虑；对于在诉讼中被提出的实体关系而言，时间流逝的任何效果（时效，等等）都停止了；法官应当判断，原被告所指出的、并被固定于程式之中的〈事项〉，是否与事实相对应，之后法官应当针对其所查的〈事情〉适用执法官所说的规定。被告是法官所宣判的最终判决的客体；判决应当考虑原告在讼争后将能取得的所有数额。

在起诉的后来形式上（此形式不再区分两个阶段，而是将所有的都在官员面前开展），人们保留了这一"讼争"（C.3，9），它同样被用来固定诉讼的要点，然而，这种固定部分地变得更加弹性，并受制于可能的、不公平的校正；人们只有用判决才能实现诉的耗尽。在文本中，我们有时找到这两个视角的元素。

如上所述，在一个有着审判典型性的制度中，人们所提出的关于诉讼－审判的问题是对可以利用的诉请的准确识别。该诉请可以在于一件物的归属中，或在对于他人之物的权利的归属中，或在（一个人依据义务应作的）特定给付的履行中。正是在这种识别中，出现了"不得错误地过度〈请求〉"之必要，因为法官有可能会指出他所请求的与他所应得的不一致。"过度〈请求〉"可以由维护一项权利构成，或者由"强调一桩'不同于其有所有权人的给付'之给付"所构成，或者是由于一个"不同于'属于某人的理由'之理由"，或者是先于某人有权之时刻，或者是在一个不同的地点。随着对于"通过程式而在审判中起诉"的超越，以书面传唤来召集被告至审判中，这清楚地打开了新的时效的必要性。

然后，还存在着的问题是识别出可以在审判中传唤和被传唤的人，还有开始于"谁是原告、谁是被告"的角色承担问题。那些关于奴隶（和除特殊情况外的、处于家父权下的家子）无资格进入诉讼的说明，那些关于"有着法学上自主性的客体，或出于特别的临时原因，或针对特定的人之限制"的说明，是几乎先决性的说明。此外，最根本的是，必须身为所使用权利的所有权人。[1]

在这一章中，如我所说，通过使用与单个典型审判相关的书面文本，人们试图说明一种一般的视角。

首先被研究的理论是关于——人们可以于审判中申诉的物，以及当存在模糊时，什么是人们应当认为已然于审判中被申诉的物：D. 5，1，21；D. 5，1，35；J. 4，6，33ss.；D. 46，3，36；D. 5，1，28，5；D. 5，1，41；D. 5，1，61；D. 5，1，66；D. 34，5，12；D. 50，17，172，1；D. 5，1，23。

接下来是关于在审判中提出事务的人们：D. 5，1，62；D. 5，1，13；D. 5，1，29；D. 5，1，14；尤其是，关于奴隶参与诉讼的资格，人们遵守：D. 50，17，107；D. 5，1，44，1；D. 5，1，53；关于身处家父权下的家子的资格：D. 5，1，57（第一行）；D. 44，7，9；D. 12，1，17；D. 44，7，13；D. 5，1，18，1；关于对一些法律上独立的人的起诉之特别限制：D. 5，1，48；D. 47，10，32；J. 1，23；D. 5，1，4；D. 5，1，11；关于必须是诉权的所有权人或其代理人：D. 5，1，74，2；D. 5，1，56；D. 5，1，31。

其他的问题是那些关于执法官的问题：执法官有着管辖权，并有权力提名法官及/或亲自着手进行直到宣判。

在这方面，多数的当事人能够（在行使与私法诉讼相关的诉权范围内）使用他们自己的权利，这种可用性使得它们相互之间的协议变得重要；当不存在这种协议时，还有着不同的标准：住所地；合同缔结地；被请求物所处的地点；合同外的不法行为完成的地点；继承人的情况。有时候一方诉讼当事人或双方诉讼当事人有着法庭特权，或者执法官可以延伸管辖权：D. 2，1，

---

〔1〕 和其他的书一样，为了方便行文，我引用了 R. J. Pothier 于 *Pandectae iustinianeae in novum ordinem digestae*，1748 ~ 1752 中所提出的顺序，方式是：我在 D. 4 的注 4，注 6，D. 16 的注 6 中对它作出了说明，我向这些注中补充：为了本书，我还将引用外部参考，现在已然可行的方法是参考整整 17 卷《学说汇纂》和《法学阶梯》（要么参考相关章，要么甚至参考那本书），将来可能会参考越来越完整的《学说汇纂》的所有各卷。我没有转而引用取自古代晚期的其他来源或《法典》中的参考文献，但它们的译本现在还不在计划内。总之，Pothier 的文本可于此读到：https://books. google. pt/books? id = 4_5aAAAAQAAJ&printsec = frontcover&hl = it&source = gbs_ge_summary_r&cad = 0#v = onepage&q&f = false。此作还被译成意大利文，译者 A. Bazzarini，威尼斯，1833 ss.，它可以于此读到：https://books. google. it/books? id = - IADAAAAQAAJ&hl = it&source = gbs_book_other_versions。

13pr.；D.5，1，12，1；D.5，1，1；D.5，1，2pr.；D.5，1，2，1；D.5，1，22；D.5，1，2，8；D.5，2，29，4；D.5，1，49pr.；D.5，1，33；D.5，1，2，3；D.5，1，2，4；D.5，1，2，5；D.5，1，39，1；D.5，1，24pr.；D.5，1，8；D.13，5，1；D.5，1，26；D.5，1，27；D.5，1，28pr.；D.5，1，28，1；D.5，1，24，1；D.5，1，42；D.5，1，24，2；D.5，1，25；D.5，1，28，3；D.5，1，2，6；D.50，7，5，1；D.5，1，28，4；D.5，1，2，7；D.5，1，3；D.5，1，28，2；D.5，1，19，2（第一部分）；D.5，1，45；D.5，1，19，2（第二部分）；D.5，1，19，3；D.5，1，19，1；D.5，1，20；D.44，7，21；D.5，1，19，4；D.5，1，36，1；D.5，1，65；D.5，1，50；D.5，1，50，1；D.5，1，52，3；D.5，1，50，2；D.5，1，50，3；D.5，1，51；D.5，1，19。最后，它说明了，谁有权决定执法官的职权，即，被告是否拥有法庭抗辩权：D.5，1，5；D.5，1，7pr.；D，2，1，19；D.5，1，30；D.5，1，52pr.。

不是所有的人都适合被指定为法官，但是被指定者有义务承担职责，除非有特殊的原因导致了对他免做要求，以及停止行使职权：D.5，1，12，2；D.5，1，39pr.；D.42，1，57；D.5，1，6；D.5，1，12，3；D.5，1，47；D.5，1，77；D.5，1，78；D.5，1，82；D.5，1，80；D.5，1，61，1；D.50，5，13，2；D.5，1，74pr.；D.50，5，13，3；D.5，1，46；D.5，1，18pr.；D.5，1，17；D.5，1，58；D.5，1，2，2。

诉由在法官面前被讨论。在这里，不检查那些与证据和假定有关的问题——这些问题是 D.22，3 和 C.4，19 所关心的——但是〈检查〉一些其他的问题，比如，能够进行讨论的地点，对于诉讼所预期的标的之突破，等等：D.5，1，59；D.5，1，74，1；D.5，1，40pr.；D.5，1，36pr.；D.5，1，37。判决从讨论中产生。至于人们借以达成宣判的路径，D.5，1，79，1 强调，在具体案件的裁判中，人们应当区分：存在的一个准确识别所适用权利的层面，以及另一个关于理解（受此等权利所调整的）事实的层面。关于这第一个层面，高级执法官有权释明疑问。而法官行使其自身的、与第二个层面相关的职权，一方面不受制于有权者的干涉，另一方面，因为不受限制的自由裁量权而富有特点。在这一空间中，法官应当受其信仰（religio）的指引，此处的信仰应理解为"对法律的信仰（iuris religio）"，皇帝本人也宣称是此种信仰的守护人（Cost. Imperatoriam pr，），并呼唤"教士"之角色，因此他呼唤法律的每个操作者都是"公共的"（D.1，1，1，1-2），而对于法官的必要的指导方针是：依据切尔苏对法律的定义（D. 1，1，1pr.），规定出“善与平等”的东西。这种指引——与每个法官的环境、教育、技术、个人资格相联系——也使得“不在其他案件中使用这些单个的案件的判断”变得必要，使一种理性、有能力且选择性的审查成为必要，这种审查的方法是，从复数的案件中萃取出最终成果：产生法律的法学学问。接着论述的是：D. 50，17，24；D. 42，1，26；D. 5，1，79pr.；D. 5，1，15，1；D. 5，1，40，1；D. 5，1，15pr.；D. 5，1，16，在这些文本中，对诸多问题进行了展开与强调，比如鲁莽当事人的问题，以及依据私利而裁判的法官问题，其他的重大主题在 D. 50，13，6 也有。[1]

由于传唤通知的公开性质，被告拒不出庭的问题，被一种与古代后期通过传唤簿来起诉的形式十分相异的方式论述了：D. 5，1，68；D. 5，1，69；D. 5，1，70；D. 5，1，55；D. 5，1，72；D. 5，1，71；D. 5，1，73pr.；D. 5，1，73，1；D. 5，1，73，2；D. 42，1，47，1；D. 42，1，53，1；D. 5，1，75；D. 42，1，53pr.；D. 5，1，73，3；D. 42，1，54pr.；D. 42，1，53，2；D. 42，1，54，1；D. 42，1，53，3；D. 49，8，1，3；D. 42，1，60。

法官应当达成判决，并以判决结案。而审判则是既不因一方或几方当事人的死亡而终止，也不因审判团中一个（或者甚至所有）有能力者的死去而终止，审判团即使在它的组成部分发生变化时也仍然保持自己。但有时存在着一些疑问。因此，对于一些有关审判何时终止、何时不终止的理论作出了说明，D. 5，1，49，1；D. 2，1，13，1；D. 5，1，76；D. 5，1，60；D. 5，1，32；D. 5，1，12pr.；D. 5，1，34；D. 5，1，57；D. 42，1，8；D. 5，1，10。

（三）接下来的几章指向了遗产继承。尽管有着关于遗嘱、关于（包含于遗嘱中或另附的）处置、关于对它们的解释（提名继承人，遗赠，遗产信托，遗嘱附书，能发源于这些处置的权利，对处置自由的限制），以及关于占有继承财产的主题，但大量论及它的乃是《学说汇纂》的第五部分，即 D. 28 - 38，在这里讨论的是两大主题：不合义务遗嘱之诉，以及请求遗产之诉。

当立遗嘱人不尊重自己情感上的、抚养儿子的、扶养近亲的“义务（officia）”时，其遗嘱是“不合义务的”。人们以一种特殊的诉讼来使用这一瑕疵——“责备（quaerella）”〈之诉〉——它撤销遗嘱，并开启通往无遗嘱继

---

[1] 这一参考文献被译于 CJCfs，I，4，A，《论管辖，论审判，论诉讼》，黄风译，北京，1991。

承的道路。

对这种瑕疵及这种责备〈之诉〉的考虑，其发展采取的方式是保护家父权之价值，家父权，正如已经强调的，是家族、家族的单位、它所负责的对衡平与经济的保障得以支撑自己的支柱；出于社会原因，原始家族体制有了个人主义的分裂，而家父权并不总是抵消分裂的反映和努力。对家父权的要求出现在了公元前最后一个世纪时、特定的百人审判团的法庭上，百人审判团仍然依据古老的法律诉讼（legis actio）来裁判遗产类案件，法律诉讼正是为了这类案件而继续存在的，尽管在其他领域早已普及了程式诉讼。可能在一开始并不存在专门的诉讼，但是被剥夺继承权的合法继承人以诉请遗产的对物诉讼（actio in rem）来起诉遗嘱中指定的继承人，在这种审判的背景下，人们于诉讼之前埋怨违反前述义务，方法是，请求百人审判团不承认遗嘱生效，并由此赋予他请求遗产〈之诉〉的效果。随着时间的推移，这一责备〈之诉〉获得了一种独立于"遗嘱中所指定的继承人之人格"的形式。请求遗产〈之诉〉自己在程式诉讼的范围内变成了一种对物诉讼，而这个责备〈之诉〉则一直只在罗马、只在百人审判团法庭上被使用。尽管请求遗产诉讼有着巨大的权威性——这权威性使得这诉讼不得在预审中使用（D.5，3，5，2，详见下面所述）——但是这种对于不合义务的责备〈诉讼〉，操作起来却是不折不扣的预审性质的，我们恰好能在这儿看到，它被安排在了请求遗产〈诉讼〉的论述之前。责备〈诉讼〉在遗产继承问题上还带来另一种特异性，因为，在责备〈诉讼〉之后，人们可以偶尔认定：继承的部分是遗嘱性的、部分是无遗嘱的。

这一主题还能在 J.2，18 和 C.3，2 中找到论述；然后它还在《新律》中被改造。

关于此文献重新组织的诸要点，我们可以识别出 5 个根本性的要点：第一大主题是那些其遗嘱能受制于该诉讼的人，以及对谁发起诉讼、谁能发起诉讼：D.5，2，27，2；D.5，2，3；D.5，2，8，5；D.5，2，1（第一部分）；D.5，2，5pr.；D.5，2，29，1；D.5，2，6pr.；D.5，2，29，3；D.5，2，27，1；D.5，2，15pr.；D.5，2，30pr.；D.5，2，1（第二部分）；D.5，2，31pr.；D.5，2，14；D.5，2，8pr.；D.5，2，31，1；D.5，2，2；D.5，2，29pr.。

第二大主题是：得以发起此种诉讼的理由是什么：D.5，2，3；D.5，2，4；D.5，2，5，1；D.5，2，2；D.28，2，18；D.5，2，8，6；D.5，2，

25pr.；D. 5，2，8，9；D. 5，2，8，8；D. 5，2，8，11；D. 5，2，8，7；
D. 5，2，27，4；D. 5，2，23pr.；D. 5，2，8，15。

第三大主题是关于临时占有财产：D. 5，2，27，3；D. 5，2，8，13；
D. 5，2，20。

被预先说明的是遗嘱优先（favor testamenti）原则：D. 5，2，1pr.，第四
大主题是用"不合义务遗嘱"来宣告〈遗嘱〉有瑕疵的判决的效力：如果诉
讼是针对遗嘱指定的所有继承人发起的：D. 5，2，8，16；D. 5，2，6，1；
D. 5，2，17pr.；D. 5，2，23，2；D. 5，2，19；D. 5，2，21，2；D. 5，2，
13；D. 32，36；D. 5，2，28；D. 5，2，17，1；D. 5，2，16，1；D. 5，2，
18；D. 49，1，14，1；D. 5，2，8，17；D. 5，2，9；D. 5，2，26；D. 5，2，
11；D. 5，2，8，14；如果诉讼只是针对遗嘱指定的所有继承人中的几个发起
的：D. 5，2，24；D. 5，2，15，2；D. 5，2，25，1；D. 5，2，16pr.；可能
发生的、与此种瑕疵有关的交易的效力：D. 5，2，29，2。

第五大主题是：发起此种诉讼的可能性何时停止：D. 5，2，27pr.；D. 5，
2，8，1；D. 5，2，21pr.；D. 5，2，21，1；D. 34，9，5pr.；D. 5，2，8，
10；D. 5，2，12pr.；D. 5，2，12，1；D. 5，2，12，2；D. 5，2，32，1；
D. 5，2，32pr.；D. 5，2，10，1；D. 5，2，23，1；D. 5，2，31，2；D. 5，
2，21，3；D. 5，2，31，3；D. 5，2，12，3；D. 5，2，22pr.；D. 5，2，22，
1；D. 5，2，22，2；D. 5，2，22，3；D. 29，5，18；D. 5，2，6，2；D. 5，
2，7；D. 5，2，15，1；D. 5，2，8pr.（第二部分）。

（四）D. 5，3这章开始了对继承诉讼的论述，它还于C. 3，31被展开。
有了这一诉讼，人们可以请求遗产，方法是确认他自己对遗产的权利。

请求遗产〈之诉〉的程式大致上被设计成这样："盖尤·阿奎里欧是法
官。假如结果是：〈本案〉所涉及的普布里欧·梅维欧的遗产，依据罗马市民
法属于欧罗·阿杰里欧，并且依据你对物的仲裁评判，不应当被返还给欧
罗·阿杰里欧的，那么你，法官，判决努梅里欧·内吉底欧向欧罗·阿杰里
欧支付一笔等价于其〈即努梅里欧·内吉底欧〉将拥有的物之价值的钱；假
如结果不是这样，则免除之〈即努梅里欧·内吉底欧〉"。[1]

至于诉请的陈述，请特别参见D. 5，3，3以及D. 10，1。

---

[1] 见 O. Lenel, *Das Edictum perpetuum*，莱比锡，1927，176 s.（再版，阿伦，1974）；D. Mantovani,
Le formule del processo privato romano，科莫，1992，35。

如果被告已经"返还过了"，则法官的评判，依据 D.5，3，10，1；34，1；36，1；44；57 而产生。这一评判的默示前提条件有两个：被告占有，或恶意规避占有，或者不占有，但恶意地参与诉讼，以便使真正占有人的期限截止；法官，一旦确认原告的诉请是有依据的，命令被告"返还"（"返还"在这里的语境中意思不是向曾经拥有某物的人还以该物本身，而是更宽泛地指给他以他所应得的）。

法官应当开展的财产性判决或解除，都是在教科书水平上发生的一般性概念，见 Gai.4，51。正如人们在程式中看到的，判决预先假定了：法官确信，原告的诉请是有依据的；他已命令被告归还；他认为被告不曾归还或者没有以合适的方式归还。解除预先假定了：法官并不确信诉请有依据，或者被告已经以他认为合适的方式归还了。

在构成该章的文本当中，关于文献所重新组织的诸要点，我们可以识别出 5 个根本性的要点：第一大主题是，涉及了能够提起此诉讼的那些人：D.5，3，3（中间：在没有遗嘱时）；D.50，17，130；D.5，3，3（最后：根据新律）；D.5，3，34pr.；D.5，3，2；D.5，3，3（第一部分：正如在案件中）；可以对什么人发起这诉讼：D.5，3，9；D.5，3，10pr.；D.5，3，11pr.；D.5，3，11，1；D.5，3，12；D.5，3，13pr.；D.5，3，13，1；D.5，3，16，1；D.5，3，16，2；D.5，3，13，6（第二部分）；D.5，3，13，7；D.5，3，50pr.；D.5，3，16，4；D.5，3，16，5；D.5，3，16，7；D.5，3，13，15；D.5，3，42；D.5，3，14；D.5，3，16，3（第一部分）；D.11，3，13，1；D.11，3，14pr.；D.5，3，16，3（第二部分：最终，对切尔苏说）；D.5，4，10；D.5，4，9；D.5，3，16，3（最后一部分：但假如继承人）；D.5，3，16，6；D.5，3，34，1；D.5，3，35；D.5，3，36pr.；D.5，3，36，1；D.5，3，13，12；D.5，3，13，3；以及对谁能以扩用之诉〈发起这诉讼〉：D.5，3，13，1；D.5，3，13，4；D.5，3，13，5；D.5，3，13，6；D.5，3，13，9；D.5，3，13，8；D.5，3，13，2；D.5，3，13，14；D.5，3，13，13；D.5，3，45。

第二大主题是关于这种诉讼的权威性：D.5，3，5，2；D.5，3，25，17；D.5，3，7pr.；D.5，3，7，1；D.5，3，7，2；D.5，3，49；D.5，3，5，1；D.5，2，8，12。

第三大主题是关于请求遗产〈之诉〉中能包括什么东西，这一主题包含了：

第一，对于（被告为避免财产性判决而必须向原告归还的）物的考虑：D. 5, 3, 10, 1；D. 5, 3, 18, 2；D. 5, 3, 19pr.；D. 5, 3, 13, 11；D. 5, 3, 19, 1；D. 5, 3, 19, 2；D. 5, 3, 20, 3；D. 5, 3, 25, 20；D. 5, 3, 56；D. 5, 3, 41, 1；D. 5, 3, 26；D. 5, 3, 20, 3（末句）；D. 5, 3, 27pr.；D. 5, 3, 32；D. 5, 3, 33pr.；D. 5, 3, 40, 2；D. 5, 3, 24；D. 5, 3, 20pr.；D. 5, 3, 20, 1；D. 5, 3, 19, 3；D. 5, 3, 20, 6；D. 5, 3, 20, 7；D. 5, 3, 20；D. 5, 3, 20, 9；D. 5, 3, 20, 10；D. 5, 3, 25, 19；请求遗产〈之诉〉中，关于被请求物，善意占有人与恶意占有人的区别是什么：D. 5, 3, 20, 13；D. 5, 17, 128；D. 5, 3, 25；D. 5, 3, 25, 6；D. 5, 3, 25, 5；D. 5, 3, 46；D. 5, 3, 41pr.（第二句：而如果）；D. 5, 3, 4；D. 5, 3, 18, 1；D. 5, 3, 41pr.（末句：相反地）；D. 5, 3, 25, 2；D. 5, 3, 25, 8；D. 5, 3, 18pr.；D. 26, 7, 61；D. 5, 3, 20, 12；D. 5, 3, 20, 2；D. 5, 3, 36, 3；D. 5, 3, 33, 1；D. 5, 3, 25, 10；D. 5, 3, 20, 21；D. 5, 3, 21；

第二，包括了交付，尽管请求遗产〈之诉〉是对物诉讼，被告必须完成履行与遗产相关的契约：D. 5, 3, 25, 18；D. 5, 3, 31, 5；D. 5, 3, 55；D. 50, 17, 187；D. 5, 3, 20, 17；D. 5, 3, 22；D. 5, 3, 23, 1；D. 5, 3, 25pr.；D. 5, 3, 20, 18；D. 5, 3, 20, 19；D. 5, 3, 20, 20；D. 5, 3, 27, 1；D. 5, 3, 29；D. 5, 3, 20, 15；D. 5, 3, 51, 1；D. 5, 3, 25, 11（第一部分）；D. 5, 3, 23pr.；D. 5, 3, 25, 15；D. 5, 3, 30；D. 5, 3, 25, 1；D. 5, 3, 25, 16；D. 5, 3, 20, 14；D. 5, 3, 25, 11（第二部分）；D. 50, 16, 126, 1；D. 5, 3, 36, 4；D. 5, 3, 31, 3；D. 5, 3, 54, 2；D. 5, 3, 31, 4；D. 5, 3, 40, 1；D. 5, 3, 25, 4；D. 5, 3, 25, 9；

善意占有人与恶意占有人之间的区别存续至何时，是为了所交付的物：D. 5, 3, 25, 7；D. 5, 3, 20, 11；D. 5, 3, 20, 16；D. 5, 3, 5pr.；D. 5, 3, 53；D. 5, 3, 6；D. 5, 3, 48；D. 5, 3, 40pr.；D. 5, 3, 19, 2（第二部分）；

第三，包括了那些允许死者向占有人发起、并能够在请求遗产〈之诉〉的范围内被使用的诉讼：D. 5, 3, 54, 1；D. 5, 3, 20, 5；D. 5, 3, 40, 4；D. 5, 3, 20, 4；D. 5, 3, 16pr.；D. 5, 3, 36, 2。

第四大主题是应当做出的、有利于占有人的扣除，即占有人向遗产债权人做出的支付，以及他拥有的、对于遗产的债权：D. 5, 3, 31pr.；D. 5, 3, 31, 1；D. 5, 3, 31, 2；D. 5, 3, 5, 1；费用：D. 5, 3, 36, 5；D. 5, 3,

37；D.5，3，38；D.5，3，39pr.；D.5，3，39，1；D.5，3，58；D.5，3，17；D.5，3，44；D.5，3，25，12；D.5，3，25，13；D.5，3，25，14；应当向占有人交付的保证金：D.5，3，4，3；D.5，3，57。

请求遗产〈之诉〉必须在什么期限内被提出，以及，在什么期限内，已经承认了立遗嘱人意愿的合法继承人不再能向〈遗嘱中〉写明的继承人主张遗产：D.5，3，8；D.5，3，43。

（五）接下来三个十分简短的章，分别涉及：第4章，请求部分遗产〈之诉〉：D.5，4，1pr.；D.5，4，1，1；D.5，4，1，2（第一部分）；D.5，4，1，4；D.5，4，1，2（第二部分）；D.5，4，1，3；D.5，4，2；D.5，4，1，5；D.5，4，3；D.5，4，4；D.5，17，64；D.5，4，8；D.5，4，6，1；D.1，2，39pr.；D.5，4，7。第5章，请求占有遗产〈之诉〉：D.5，5，1；D.5，5，2。第6章，请求信托遗产〈之诉〉：D.5，6，1；D.5，6，3，2；D.5，6，3pr.；D.5，6，2；D.5，6，3，1；D.5，3，54pr.。

至于程式，首先，诉请应当这样表达："……如果结果是：〈本案〉所涉及的普布里欧·梅维欧的遗产，依据罗马市民法，一半/三分之一/四分之一是属于欧罗·阿杰里欧的，且依据你的仲裁判定，等等"。或者，如果这部分是不确定的，诉请应当被表达为这样："〈本案〉所涉及的普布里欧·梅维欧的遗产的一部分，依据罗马市民法是属于欧罗·阿杰里欧的，且依据你的仲裁判定，等等"。[1]在请求占有遗产〈之诉〉的情况下，人们认为，在告示中没有提出什么程式。[2]关于请求信托遗产〈之诉〉，见 Gai. 2，253。[3]

（六）行文结束之际，我很感激地指出，从拉丁文而来的译文是由吴鹏博士完成的，他来自中国政法大学，他顺利地完成了在罗马的博士课程，现在是中国农业大学的老师，并仍继续深入罗马法研究。本作是在北京完成的，腊兰博士（Dr. Lara Colangelo）在校译上与他进行了远程的合作。

本译作（系吴鹏博士完成的第二部译作）在"罗马法体系下的中国法典化和法学人才培养中心"的研究计划中占据了一大重要分支，对此研究计划做出贡献的有：罗马第一大学、罗马第二大学、中国政法大学、意大利国家

---

〔1〕 见 O. Lenel, Das Edictum Perpetum, 莱比锡，1927，179；D. Mantovani, Le formule del processo privato romano, 科英，1992，35 n. 16。

〔2〕 见 O. Lenel, Das Edictum Perpetum, 莱比锡，1927，180 页及以下，相关要点。

〔3〕 见 O. Lenel, Das Edictum Perpetum, 莱比锡，1927，183 页及以下，相关要点。

科研委员会的人文与社会科学部。出版是在"罗马法体系下的中国法典化和法学人才培养中心"的支持下实现的。

本计划涉及到《学说汇纂》全文从拉丁文的翻译，它正以多人合作的方式在进行中，至今已产生了 16 卷译作，再加上本卷。我很感激各位专注于此的年轻同事们，并借此机会指出，本译作的学术价值是相当精妙的。

我相信，这些译著能够为中国法学家们所用，他们希望在解释法律时超越法律的文本，他们希望有助于用深入的解释使他们的法律变得坚实，他们希望有助于收获"系统的法"以令它在开放的对话中成长，这种开放的对话以"各自的法"来服务于所有的民族，并有助于阐明"共同的原则"、有助于"每天增加一点""各民族共同的法律"。[1]中国民法典的《民法总则》，已然处于被立法机构通过的时间点，《民法总则》是立法机构与法学家们协作的见证，这种协作使制度成长。通过对社会生活其他方面的最大关注，我们应当努力，因为这是个"法学家们的时代"。

（本文原为吴鹏译《学说汇纂（第五卷）》序言，中国政法大学出版社 2018 年版）

---

〔1〕　我冒昧地引用了自己最近出版的［意］桑德罗·斯奇巴尼：《意大利法典学家阿尔伯特·德·西莫尼的〈法官、学说和规定中教条〉》，载《罗马法、中国法与民法的法典化》《从罗马法到中国法：权利与保护》［Atti V Congresso. 北京 2014］，北京，2016，521ss.（= 载于 Digestum，7，2015，141 ss.）；［意］桑德罗·斯奇巴尼：《论法的解释与法的补充》，系在湖南大学开设的高级培训课程，现已出版于 Ius Romanum Commune，6，2016，3 ss.；［意］桑德罗·斯奇巴尼：《优十丁尼法典对于法典化的贡献之现状》，载于 Ius Romanum Commune，6，2016，36 ss.

《民法大全·学说汇纂（第九卷）·私犯、准私犯与不法行为之诉》：重析（代前言）

[意] 桑德罗·斯奇巴尼　著　米健[*]　李钧[**]　译

1. 我已经做过很多有关契约外责任的报告，[1]在这篇序言中，通过对我最为熟悉的这一卷书的解读，我想继续探索一种重析《学说汇纂》的有效途径。

然而，对于这一本书，我也仅限于"建议"一种阅读途径，以供读者借鉴：实际上，这一途径注定将成为一种解读《学说汇纂》的模式，它不仅适用于罗马法与民法专业的研究生教学，同样也适用于科学研究。我想借助这种研究方法，结合罗马法法系后来出现的法律文本，来重新阐述罗马法体系中的各项原则，并促进中国法的发展。

2. 《学说汇纂》第9卷涉及四个问题，分别是：第1题：四蹄动物造成的损害，由《十二表法》所规定；第2题：《阿奎利亚法》规定的对财产的损害；第3题：由从临街窗户中泼洒或者掉落的物件所造成的损害，或者由以易于掉落的方式放置的物品所造成的损害危险；第4题：由处于他人权力之下的人员所实施的私犯而产生的他权人损害之诉。[2]

我们可以得到的第一个考察结论是，所有资料在裁判官发布的永久告示中并非以现在的顺序排列。永久告示，是哈德良皇帝命令法学家萨尔维·尤里安在公元2世纪时按照确定的格式汇编而成的，它成为后世法学家（彭波尼、保罗、乌尔比安；盖尤斯虽然针对的是行省告示，但论述的顺序是一样

---

[*]　译者系意大利罗马第二大学法学博士，中国政法大学博士生导师。

[**]　译者系意大利罗马第二大学法学博士，中国人民大学法学院讲师。

[1]　[意] 桑德罗·斯奇巴尼：《桑德罗·斯奇巴尼教授文集》，费安玲等译，中国政法大学出版社2010年版，第268页以下，特别是第275页以下。

[2]　早期有学者译为损害投偿之诉——译者注

的）所进行的规模宏大的告示评注的基础。

实际上，我们可以从盖尤斯、乌尔比安和保罗的《告示评注》的片段的卷标号上发现：D. 9，1，1 来自于乌尔比安的《告示评注》第 18 卷；D. 9，1，2 来自保罗《告示评注》第 22 卷，而 D. 9，1，3 则来自盖尤斯《告示评注》第 7 卷；D. 9，2，1/3/5 等来自乌尔比安《告示评注》第 18 卷；D. 9，2，6/10/14/22 等来自保罗《告示评注》第 22 卷；D. 9，2，2/4/8 则来自盖尤斯《告示评注》第 7 卷。因此，可以说这两个议题（第 1 题与第 2 题）在永久告示中本就是在一起的。

至于第 3 题，D. 9，3，1/3/5 则来自乌尔比安《告示评注》的第 23 卷；D. 9，3，4/6 来自保罗《告示评注》的第 19 卷；D. 9，3，2/7 则来自盖尤斯《告示评注》的第 6 卷。因此，这个议题和前面的相隔较远，相反却跟后面的更接近。（它更接近其他一些私人的不法行为：D. 11，3 规定的腐化奴隶的犯罪；D. 11，5 涉及的赌博行为；只有在盖尤斯的著作中比较接近：见第 6 卷和第 7 卷）。

接下来是第 4 题，其中，D. 9，4，2/6/14 来自乌尔比安《告示评注》第 18 卷，此处涉及《阿奎利亚法》；D. 9，4，3/5/7 来自乌尔比安《告示评注》第 3 卷，涉及毁损裁判官告示牌的罪行；D. 9，4，8/36/38/42 来自乌尔比安《告示评注》第 37 卷，关于盗窃（见 D. 47，2，50）；D. 9，4，11 来自乌尔比安《告示评注》第 7 卷，涉及担保被告出庭受审的人（见 D. 2，9，1）；D. 9，4，21 来自乌尔比安《告示评注》第 23 卷，涉及一般审判（此处为他权人损害之诉）。这种多样化的出处同样在保罗和盖尤斯的作品中得到印证，因此，我们可以认定，这一题虽然出现在永久告示中，然而在编纂《学说汇纂》的过程中却大有拓展，与此相关的一些文本也被一并收纳进来，它们都来自有关各种私犯的著述。

因此，我们可以得到的第一个结论就是，第 9 卷是负责编纂《学说汇纂》的法学家按照一定的结构整合的结果，其目的是阐释一个他们有兴趣使之统一标准化的主题。

现在，我们来分析一下每个章节的结构。

3. 第 1 题主要以乌尔比安的《告示评注》为基础。这位法学家首先引述规范的渊源出自《十二表法》[1]（D. 9，1，1pr.），之后，对"损害"（*noxia*）

---

〔1〕　现代复原的《十二表法》将这一条放在第 8 表，第 6 条。

一词进行了解释（D.9，1，1，1），并根据词汇在法条中的顺序逐词对该条展开了一个评论（由于编纂《学说汇纂》的法学家对古典法学家的文本进行了删节[1]，这一评注没能完整地流传到我们手中）。

在 D.9，1，1，2 中，对"四蹄动物"进行了评注。

而在 D.9，1，1，3 中，我们看到"四蹄动物的损害"（pauperies）一词是评注的对象，直到 D.9，1，1，11 为止。这些分析，一方面强调了动物的异常表现是不符合其种类本性的凶残（D.9，1，1，4 的前部以及 9 的第二部分），另一方面强调不存在过错，因为，如果动物所有人，或者其他人存在过错，这一事实将落入《阿奎利亚法》调整的损害范围，由存在过错的人承担责任[2]：明确展示了一个关于所有权人客观责任的实例，责任主体的归责标准在于所有权关系，他的责任额度因此被间接地限定在他可以交付的动物的价值范围内（有关损害投偿制度对客观责任中赔偿金额的限制效果，见后文），后面我将详细说明。

尽管没有保留下来作为专门术语提及的片段，我们还是可以看到 D.9，1，1，11～15 评注的是损害投偿条款，即在程式诉讼的程式中插入的一个条款，用来规定交付动物作为偿债方式的可行性以及由此产生的从给付罚金之债中解脱出来的相应后果（在 D.9，1，1pr. 中这一条款表述为"或者交出致损物"，有关这一责任的由来，有关由此对所有权人产生的有限责任的后果，以及有关损害投偿机制的效果/交付动物的能力限制了客观责任中的赔偿金额，见后文）。

D.9，1，1，16 评注了"私犯的估价"（D.9，1，1pr. 中也有规定）。

D.9，1，1，17 评注了诉权和债权主体资格的可转让性，这一争议没有具体对应的词汇，而是源自私犯所生之债和诉权的一般性特征。

接下来插入的一些片段是为了使论述更加完整而增加的一些解释：如 D.9，1，2pr. 进一步明确了拥有债权的人和具备原告资格的人，它和 D.9，1，1，17 相衔接；而 D.9，1，2，1 则与"四蹄动物损害（pauperies）"的评注相衔接（这一解释与 D.9，1，1，4～5 的内容相呼应，指出看家护院的狗

---

[1] 我们必须始终考虑到这种删节是相当庞大的，实际上，编纂《学说汇纂》的法学家只使用了备选书籍中 5% 的内容，因此，有时甚至连被评注的法律文本都没有提及。

[2] 见 D.9，1，1，4 中明确提及过错；D.9，1，1，5 则间接涉及说，"它本可以被其他人更加严密地看管，或者本不应当被带入此地界"；见 D.9，1，1，6～7；在涉及因果关系上 D.9，1，1，8～9 的前部也没有提到过错。

对突然闯入院内的人造成了损害，为此狗的所有权人应承担责任；但是问题尚有争议，有些人认为只有狗本应被束缚时才成立此结论）。D.9，1，5 也应该与对这个问题的讨论有关，而这些文本间的距离取决于法典编纂委员会的工作方式[1]。

D.9，1，3 涉及私犯的估价，这是一个非常有意味的片段，我不做实质的评论，但是对这一片段，我要强调它清晰地区分了侵害自由人所生的损害（治疗的费用；暂时或永久减少的劳动收益）与自由人自身价值的估价，对于后者，我简要地强调一下，罗马法承认一些基于善良、公正而做出的估价或者一些固定的金额[2]。最后，D.9，1，4 与 D.9，1，1，1 相关联，通过裁判官将有关诉讼进行扩用的方式扩展了法律的适用范围，将其拓展到其他不属于四蹄动物的动物上去。

4.（1）第 2 题由两个部分构成：第一个部分，从片段 1 到片段 29，主要基于乌尔比安的《告示评注》，并插入了一系列的增补。第二个部分，从片段 30 直到结尾，出处复杂，如同前一题一样，为了论述完整而在很大程度上进行了添加。一些补充通过在乌尔比安的论述中插入另外一些文本而成，而另外一些则是补充在乌尔比安的文本之后。这一事实表明这些补充是分两个阶段完成的。可以这样认为，前一部分在《学说汇纂》的编纂工作开始之前就已完成，在大学里，法学家们在教授课程的过程中，为了他们的学生而筛选使用乌尔比安、保罗、盖尤斯等人的文献。这种筛选可能也形成了一个片段选集。法典编纂委员会的法学家们重读并使用了这个选集，或许还加入了一些阐释，但主要的是，通过在这一部分结尾处进行的增补，在添加的前几个片段中，集中表明了他们的思想理念。论述的顺序可以证明这一观点，如同我们现在所见的，重新提及开头所论述过的内容（如，在 D.9，2，3 中解释了"杀害"，之后又在 D.9，2，30pr. 中再次评注"杀害"这个词）。

（2）乌尔比安的评注以法律文本所使用的词汇为基础，它们与诉讼程式中的用语相吻合。他首先说明这一法律同早期一些法律之间的关系，明确指

---

[1] 我在此引用我在 D.41 的注释，参见我的文章"扬弃优士丁尼《学说汇纂》以继续发展和解释罗马法体系"，载［意］桑德罗·斯奇巴尼：《桑德罗·斯奇巴尼教授文集》，中国政法大学出版社 2010 年版，第 94 页。

[2] 同样见后文，特别是 D.9，3 的评注。这一问题值得深入讨论：参见例如，特拉瓦利诺（Travaglino）在课程结束的会谈中的报告，和我在上海举行的关于人格权和对人身的不法侵辱之诉的会议上所做的报告。

出它是一个民众决议（D. 9，2，1）。

哪些是早期的法律值得讨论：我们在动物损害一题中刚刚研究过的《十二表法》肯定没有被废除，这也证实了两个类型之间的不同，前者并没有被后面的吸收。在他人土地上放牧的动物造成损害（《十二表法》8，7）的法律也没有被废除，D. 19，5，14，3 仍旧将其作为有效的法律而引用。最后，应该注意两个保留下来的词语：“……损害……就赔[1]”（*rupitias sarcito*）（《十二表法》8，5）和一个有关“不法（即欠缺合法性）砍伐‘他人’树木”的诉讼（《十二表法》8，11）。把注意力放在法律的继承和后法对前法的包含与否上是有意义的，有时问题也是棘手的。

这是一个民众决议，即在公元前 3 世纪时，一个由平民通过的规范，而不是一个由全体人民通过的法律产生了我们现在所研究的规范。这一结论的作出是经过推敲论证的。

（3）后面的评注涉及本法的三个章节：第一个在 D. 9，2，2；第二个在 D. 9，2，27，4，有关这一章，文本中提到已经废弃不再适用了；第三个在 D. 9，2，27，5。

如同在前一题中，这三个章节也被逐词加以评注，根据词汇的顺序，如下：

D. 9，2，2，2：受损的物品，“奴隶”和“四蹄动物”（涉及的动物的种类）；

D. 9，2，2，3～7pr.：“不法”，即欠缺合法性；

D. 9，2，7，1～11，5：均由动词“杀害”来表明的行为和损害事实；

D. 9，2，11，6～20：受损物为他人所有，对它的分析关系到对原告资格的确定，“主人”，损害事实所生之债的权利人；

D. 9，2，21～23，7：“最高价值”……，即确定罚金的数额；

D. 9，2，23，8～27，4：关于诉讼和它的罚金性；

D. 9，2，27，5：第三章；

通过不同的动词来表明的行为和损害事实 D. 9，2，27，6～12：“烧毁”；D. 9，2，27，13～28：“损坏”；D. 9，2，27，29～29pr.：“打碎”“毁损”；

D. 9，2，29，1～7：“不法”，即缺乏合法性；

D. 9，2，29，8：“其价值”即确定罚金的数额。

---

[1] 参见徐国栋、[意] 阿尔多·贝特鲁奇、[意] 纪蔚民：“《十二表法》新译本”，载《河北法学》2005 年第 11 期。——译者注

之后一些问题的论述没有明确涉及具体词汇，而是通过对过错、因果关系的研究表现出来的。如前所述，从片段 2 起，乌尔比安的文本陆续地被其他法学家的文本补充或替代。而且，就像前文提到过的，从文本 D.9，2，30 起，又重新开始评注"杀害"，但是没有特定的顺序，我们完全可以将这些增加的文本归入前一部分的顺序中去。

（4）关于受损物，我只是发现，在古代，法律曾经程式化的时期，阴、阳性的使用（在拉丁语文本 *si servum vel servam* 一句中，使用了两个词语，一个表示男奴隶，另一个表示女奴隶）与词语的理解之间有着紧密的联系。[1] 这一联系同样表现在对动词的阐述上（如下，D.9，2，7，1 和 D.9，2，51pr. 谈到了"杀害"；D.9，2，27，13.15～17 等则涉及"损坏"）。

（5）①说到对不法，即欠缺合法性的研究，对 D.9，2，3～7pr. 这一连串片段的解读突显了一系列的问题：对合法性原因的考虑（这里主要涉及正当防卫，处罚）；过错，即行为的可归咎性，作为合法性原因的适用限制；[2] 对恐惧的主观因素的考虑，它排除了可归咎性（5pr.）；具有损害性的反抗行为和它的动机之间的客观比例（过当的可归咎性）。对主观可归咎性的分析开启了一个途径，即在不法的情况下要考虑行为能力要件，将其类推适用的论据富有意味，它解释了为什么要排除精神病人和婴儿的责任，以及为什么当未适婚人已经处于一个有能力理解并有意愿的状态时就要认定他负有责任。在乌尔比安的文本中，插入了保罗的一个短小的片段，用来强调这种可归咎性就是过错之所在。

---

〔1〕 对一条法律的解释应该从对它所使用的词语进行解释开始，但却不限于这些词语：参见 D.1，3，17。词意可以通过不同的方式加以确定，我们发现，在特定时期，词意更局限于法律所用词汇的本意，而在其他时期则多少有些出入：例如，在古老的《十二表法》中，"梁"（*tignum*）一词是指在建筑物中使用的木质横梁，或者农业上用于支撑葡萄藤的木架；然而，晚一些时候，盖尤斯却告诉我们，*tignum* 可以是用于建筑使用的各种材料（D.50，16，62）。在早期，债未产生之前，我们发现有时为了保证债务的履行而交出家子作为担保（*nexum*）。而在《十二表法》中，我们发现它规定，如果家父为了上述目的将家子出卖了三次，那么在第三次出卖之后，家子不会重新归入家父的权力之下。后来，这个规定被用来解放家子，通过三次假的出卖而使家子不再处于父权之下。由于原先的法律使用了表示阳性的"儿子"（*figlio*）一词，因此，严格依照字面解释，这一规定不适用于"女儿"（*figlia*），对她们而言只要出卖一次就可以获得解放（Gai.1，132）。我们只能承认，一般而言古代的解释总是更加局限于词语的字面意思。

〔2〕 在盖尤斯的片段中重新引述《十二表法》的规定，这向我们指明，古老的司法实践曾在正当防卫和惩罚防卫人之间举棋不定，之后则排除了正当防卫人的不法性。

　　关于欠缺合法性原因的分析在第三章开头继续展开（D.9，2，29，1~7）[1]。

　　②在此，我要重提一下本题第二部分的一些文本：D.9，2，31；D.9，2，39pr.；D.9，2，52，1；D.9，2，52，4。另外一些文本也值得一提：例如D.9，2，45，4［合法性原因和行为实施过程中的错误，即对象的错误（aberratio ictus）］；D.9，2，49，1（紧急避险）。

　　根据编纂《学说汇纂》的法学家们所做的检索说明，我认为应该注意到他们想对保罗的文本的内容进行添加（D.9，2，31），为此引用了一个古老的观点（见D.1，2，2，41），它来自公元前1世纪初的伟大法学家昆图斯·穆奇，并由另一位公元1世纪十分著名的法学家萨宾传承下来（D.1，2，2，48）。D.9，2，31研究了这样一个情形，即一个工人正在进行一项可能造成损害的工作。在昆图斯·穆奇的意见之前，一些法学家将实施上述活动的场所区分为在私人的土地内，还是在公共的土地上。如此区分的用意是为了主张一个人在自己的土地上可以做他想做的事，这是合法的，因为他是在行使他自己的权利。昆图斯·穆奇——这位比我们前面所引用的盖尤斯早了两个半世纪、比乌尔比安早了三个世纪的法学家，而后两者的作品总是被用在章节的开头——提出了考察是否欠缺合法性的新观点；他主张若一个人没有像谨慎的人那样行事，没有采取设立警告标识或者及时出声警告的预防措施，那么他的可归咎性（过错）也将成为对在自己的领地内从事活动的阻却（根据之后将会见到的在另一部作品J.1，8，2中加以阐述的一个原则，我们可以说："任何人不恶用自己的财产，是国家利益之所在"）。

　　无独有偶，在D.9，2，39pr.中，负责编撰《学说汇纂》的同一些法学家们还对彭波尼的文本进行了添加。在公元2世纪时，彭波尼对昆图斯·穆奇的作品做了一个评注。此处，昆图斯·穆奇没有使用"过错"一词或是它的一般定义，而是同样做了一个示例性分析：描述一个事实，提出疑问，给予意见。事实是一个所有权人发现在自己的土地上放牧着一匹怀孕的母马，该马属于他人所有，于是使用暴力将它驱逐并导致母马流产。问题是他是否负有责任。根据法律所使用的术语，流产已经被认定为损害事实（D.9，2，27，22），因此不是引发问题的疑点。文本中，产生疑问的原因已经在前文中

---

　　[1]　在这些片段中，如同在其他的片段中一样，有时诸多动机交织在一起：例如，考察是否处在可以避免损害的情况（D.9，2，29，2），以及不可抗力（D.9，2，29，3），这种考量还体现在因果关系的层面；而紧急避险却不用（还是D.9，2，29，3）。

提到了，据此土地的所有权人辩解说他是在自己的土地上实施的行为，为了阻止给他造成的损害，因此是合法的。用来形容所有权人所实施的行为的词语是十分普通的，而在回答中，昆图斯·穆奇做了一个区分：如果该行为是相当暴力的，那么即使有合法的初衷，也是可归咎的，它超出了必要的限度，从而产生了责任。

明确不具有过错的必要性是一个巨大的进步，即明确，即使在具备合法性的前提下，行为本身不具有可归咎性也是必要的。昆图斯·穆奇对过错的定义经久不衰地仍然为我们所参照。

应该注意到，昆图斯·穆奇为了拓展法律所规定的责任范围而对过错进行的论述得到了其他法学家的支持。优士丁尼时期的法学家们将其对过错的论述放在首位，将这些片段添加到确定过错责任原则的部分。

在对这个原则的肯定中还融汇了另外一种思路。

（6）①我已经指明在文本 D.9，2，7，1～11，5 中研究了法律中使用的"杀害"一词，它既表示一个行为也表示一个事实。我们看到这一行为起初被限定为一个固定的形式，即必须表现为直接接触，或者通过另一个工具接触被害人的身体，从而给他造成一个包括死亡在内的损害。从这一观点发展到另一个观点：即，即使一个行为不具备对法律中的词语做严格解释时所要求的特殊形式，只要这个行为"造成"了死亡，也被视为杀害，这被认为是对此类型的完善。我们从 D.9，2，7，1～8 开始分析：私犯行为人用自己身体直接接触受害方身体的行为；D.9，2，2：必然的行为，但是从它的起因上讲是自愿的且具有过错的；D.9，2，3：由他人引起的行为和间接实施的行为；[1] D.9，2，4：合法行为；D.9，2，5：具体行为的原因力；[2] D.9，2，6～7：杀害与提供死因；D.9，2，8：不是由于疾病，而是因为缺乏经验和可归咎的行为而造成死亡的，被视为杀害。这一思路在 D.9，2，9 中继续展开，但是在它之前先插入了盖尤斯的一个片段 D.9，2，8，以便更好地突出可归咎性作为"过错"的一个方面（"它归咎于"）也为了进一步明确不仅缺乏经验，甚至没有表明自己因为力弱而不能胜任某一危险活动的事实也是可归咎的，

---

〔1〕 我现在不打算讨论适用"基于事实"之诉和阿奎利亚法责任的"扩用"之诉在程序上的技术问题。这个问题所涉及的程式有时在模式上有少许的不同。

〔2〕 拉贝奥的意见与 D.19，2，57 中的观点相一致（第 19 卷正在翻译中）。

也构成过错，如同第 2 段[1]中描述的行为。D. 9，2，11pr. 冒着被批为强词夺理的风险提出了一个论点：针对多种因素共同致害的情形，明确将可归咎性作为标准来辨别造成此类型损害的决定性行为；之后提出受害人过失竞合的问题，[2]以及/或者始终进行责备的可能性。

之后，文本 D. 9，2，11，2 ~4 对于研究因果关系是十分重要的，它们和 D. 9，2，15，1（尽管它主要是为了阐释另一个问题）相联系：这里讨论的是同时发生的行为的竞合问题（第 2、4 段），之后则是突发原因的问题（第 3 段和 15，1），杰尔苏、马尔切勒、乌尔比安认为损害事实应归咎于最后一个介入的原因（我将在后面回述尤里安的意见）。我认为这一意见延续了拉贝奥所采用的具体因果关系的思路，这个我在前文已经指出了：实际上，在这个基础上可以认为是最后一个原因干扰了那个引起事件的原因（在 D. 9，2，21，1 中，杰尔苏关于计算损害估价的时间点的意见和这个结论是一致的）。

关于阐释哪些属于法律所确认的行为和事件的问题，在第 3 章节的 D. 9，2，27，6 ~29pr. 中也有展开。在这些片段中研究了很多问题，其中的一些十分特殊，例如，有关打碎与毁坏的区别（D. 9，2，27，13 及以下），或者关于没有损失的损害（D. 9，2，27，17/25 及以下），或者没有造成物体的实际损害而是增加了使用该物的必要开销（D. 9，2，27，14/20）等等，我认为 D. 9，2，27，8 值得关注，在这个片段中损害的程度超出了行为人的初衷，而 D. 9，2，28pr. 则是在保罗的文本中插入了一个进一步考察受害人混合过错的片段，等等。

我认为 D. 9，2，27，9 也非常值得关注，它讨论的是用人不当的责任，一个人被指定从事一个活动并由此引发火灾，与 D. 9，2，27，11 不同的是，后者的第二部分讨论了拥有一群恶奴的责任，这群恶奴造成了村舍房屋的火灾。两者的区别很关键：实际上，在第一个例子中，过错在于行为，即选择一个人去从事某一活动的行为；而在第二个例子中，过错则仅仅在于拥有某物。这违背了可归咎性和损害投偿性（如下），并且显露出一种倾向，即认为处处皆有过错的影子，或者甚至假设某人有过错［除了《学说汇纂》，公元4 ~5世纪时所作的一个法律集《罗马法与摩西立法之比较》（Collatio）中也发现同一片段的另一个译本，通过与 Coll. 12，7，9 的文字比较，显示 D. 9，

---

[1] 指 D. 9. 2. 8. 1。——译者注
[2] 罗马法学家没有进一步分析双方在同一个损害事实中的过错程度。

2，27，11 的最后几行系为增补]。可以认为这个增补是由我前文所提到的法律文本选集的编纂者完成的，他们是早于优士丁尼时期的法学家；这一添加表达了一种倾向，即尝试总是将责任引向过错，并使过错无处不在；然而这种倾向没有为优士丁尼所接受，只是由于编者的疏漏而在本题的这一部分遗留了一段添加的文字。

②第一部分后面的一些片段也再次涉及了与确定行为和事件相关的不同问题。

我着重谈一个问题：我们已经看过了对原因性的讨论。编纂者借助公元前 1 世纪的法学家阿尔法诺的文本，对一个已经讨论过情况做了添加：D.9，2，52。第二段描述了一种情形，即多个事件同时发生造成了一个损害事实：前车和负责拉车的牲口们向后退；负责帮助牲口支撑车辆的驾车人闪开了。法学家回复说必须确定哪一个才是造成损害事实的原因。他首先考察是否存在人类的可归咎的主动行为，指明当事先明确在一个活动中，某个物品应该被加以控制，那么疏于作为也可以构成原因要件；或者考察是否存在动物的某种异常反应，从而引起第 1 题[1]所规定的法律的适用。

D.9，2，52pr. 虽然很短，但是涉及介入因素的诸多要点：医生缺乏经验是应被谴责的，它接替引发损害事实的伤害行为成为该事实所归咎的后一原因（如上 D.9，2，7，8）；进而，古代的法学家也研究了受害人的疏忽。应该注意，和 D.9，2，11pr. 或 D.9，2，28，1 中所提到疏忽不同，它不是和其他因素同时出现，而是，相对于加害人所造成的伤害而言，一个突然介入的疏忽。也就是说，这个疏忽，相对于由加害人的行为所引发的原因过程而言，它的后果是可以被阻止或减轻的，因此被视为有义务阻却或减少不利后果（法学家为受害人设定了积极抑制损害扩大的义务，我认为这个问题十分有深意[2]）。

但是，有关介入因素，编纂《优士丁尼法典》的法学家们还添加了尤里安的一个片段：D.9，2，51，也给我们提出了一些问题，因为它表达了一个与现在所援引的杰尔苏等人的意见相反的观点。实际上，尤里安主张相继给奴隶造成伤害的两个行为的行为人双方，都应为整个事实负责（本案中，指奴隶的死亡）。他不赞成拉贝奥的看法，而是考虑潜在因果关系：即第一个行

---

〔1〕 即 D.9.1 动物损害之诉的相关规定。——译者注
〔2〕 参见 D.9，2，30，4 同样涉及此问题。

为造成伤害是"致命的"。在事实已经被完全改变的情况下，必须根据预期的结果来判断"潜在的"的后果。应该强调的是尤里安的争论不仅涉及权宜之计，还有逻辑教条，如同他人一样，援引了多人同时共同实施私犯的情况。他指出不可能独自完成的偷窃就是个例子（D.9，2，51，2 结尾处[1]）。这两种鲜明的观点相互对立并且仍然影响着我们现在的思考。

（7）法律文本明确地指明了对属于他人的受损物享有权利，并从有权提起诉讼的人的角度进行研究，这一评注从 D.9，2，11，6 开始。开头是有关一个术语［"主人"（erus）］的使用的概述，该术语曾在公元前3世纪被使用，而在乌尔比安的时代已经不被理解了。之后转而研究权利保护从所有权人到非所有权人的扩展；以及另外一些值得讨论的问题。

明确所有权人是法律保护主体后，继而考虑那些准备再次转移对物的占有的人（D.9，2，11，7）；那些因为出借而自己不占有物品的人，但是排除借用人享有诉权（D.9，2，11，9[2]）；通过明确继承人（D.9，2，15，1）以及继承人和受遗赠人之间的关系（D.9，2，13，3），善意占有人（已被判决返还的？）的情形在 D.9，2，11，8；17[3]中予以研究。而赋予用益权人和使用权人起诉资格的情况更有深意，它超越了最初设定的限制，并提出一个问题即所有权人本身要承担责任吗（D.9，2，11，10；12[4]）？进一步扩展，如同最后的这个，涉及计算损害方式的革新（参见后文）。在第三章的评论中，我们发现对质押权人诉权的承认（D.9，2，17；以及30，1[5]），进一步扩展，将诉权赋予不享有物权但是享有债权的人——承租人（D.9，2，27，14）。还有一个扩展是对自由人因不法行为受到损害的情况授予诉权（授予家父针对家子所受的损害以诉权：D.9，2，5，3~7pr.；授予自认为是奴

---

〔1〕 这个片段与尤里安在 D.9，2，15 中提到的观点相矛盾。可能是，在第一部分中，优士丁尼时期以前的作者本想删除古典法学家之间的意见分歧。但是，他没有成功，盖尤斯的意见还出现在确定损害估价的计算时间的片段中，在这一点上，他留下了分歧：D.9，2，21，1。这个矛盾是整理一个汇编，一个选集所采用的工作方式造成的结果：一方面，作者们不是总能够达成一致；另一方面，法学家的法律既有他们的一致意见也有分歧，这种观点的多样性也不失为一种财富。

〔2〕 实际上，这个片段很有争议，因为我们还发现权利保护还被特许给了债的关系中的另一种权利人：承租人（如下 D.9，2，27，14）。无论如何在动物造成损害的问题上就存在不同的规定：D.9，1，2pr.。

〔3〕 参见，又例如 D.5，3，55；D.6，1，17，1。

〔4〕 又见 D.7，1，17，3；D.43，24，13pr.；D.4，3，18，2。

〔5〕 又见 D.20，1，27。

隶的自由人：D. 9，2，13pr. ）：应注意到罚金源于由治疗的费用和临时减少或永久丧失的劳动收益所构成的损失，而非自由人自身的价值。[1]

在本题的第一部分之后，还有一个明显是对此论题进行补充的片段，即 D. 9，2，54，关系到债务人延迟交付某物品，而该物品在向债权人实施给付之前已经受到债权人的损害或毁坏（这个意见似乎是对上文 D. 9，2，11，7[2] 的扩展）。另一个阐释关系到妻子，依据这个解释，丈夫的物品对妻子而言，是他人之物（D. 9，2，56），这一解释可能关系到一个事实，即女人不能实施窃取她丈夫财物的盗窃，因为她通常也被视为是它们的女主人（D. 25，2，1）。D. 9，2，43 也做出一些关于谁应该被视为主人的阐释；等等。

（8）关于计算应缴罚金的评注也集中反映了一个深刻变革的到来，文本还保留了这一变革的演变轨迹：我们可以十分概括地说，它从估算物品在损害发生前一年内或一个月内的最高市价演变成计算所遭受的财产损失，即计算从损害发生前到发生后物品价值的减损，或者，换句话说，即假设在损害没有发生的情况下所有权人能够获得的物质利益。如前所述，它与原告主体资格的扩展之间相互呼应。

D. 9，2，21 ~ 23，7 和 D. 9，2，29，8 是在第一部分中两处使用乌尔比安评注的地方，涉及了对两种估价方法的引申，其中插入了保罗的一个小片段。

D. 9，2，21pr. 和 1；D. 9，2，29，8 还有 D. 9，2，33pr. 表明了应根据市场价格和损害的特殊性来确定受损物品的财产价值（参见，例如 D. 9，2，23，3 以及 D. 9，2，40 及后文中涉及文件的损害），其他则是有关最高价值的法律阐释。

D. 9，2，22；D. 9，2，37，1；D. 9，2，51，2 表明了一个概念的变化过程，从为了弥补受损物的市场价格发展到一个更为细致的估价，即将损害事实所导致的全部财产损害后果都计算在内：对这一物体的损害效果牵扯到其他客体、其他后果以及它们的价值，这些问题在研究中都进行了准确的讨论（参见例如 D. 9，2，23，1/2）。

由此导致在 D. 9，2，21，2 的思考中明确地提到对所有权人"有利益的那些"，即如果物品没有被损害或毁坏，则在客观上能带给他的利益，如上所

---

〔1〕 参见，在 D. 9，1，3（上文和后文）中原则的准确格式。

〔2〕 若物品由第三人损坏，则参见 D. 4，3，18，5 ~ 19。

述，即指物品毁坏或损害所造成的财产价值的减少。（如同我所强调过的，相对于以物品的市场价格来计算损害的方法，对确定损害价值方式所作的改变能够实现新突破，通过这种新方法就可以确定非所有权人的损失，甚至是，自由人所遭受的非身体上的损害：上文 D. 9，2，12；D. 9，2，30，1；D. 9，2，27，12；D. 9，2，5，3~7；D. 9，2，13pr. ）。

（9）诉讼的特性从罚金诉讼转向混合诉讼。首先，我们必须认识到私犯的特性，这些私犯是给付罚金之债的成因，这种罚金由一定数量的金币构成，它不是一种补偿，而是带有惩罚的目的。在这一前提下，我们看到在私罚金中赔偿性的增加和这两种目的的融合。

D. 9，2，23，8 通常取自乌尔比安的评注，涉及原告资格的可转让性，以及被告资格的不可转让性，实际上，应由不法行为人偿付的债权总额转让给继承人是符合逻辑的，而表现为罚金的债务不能转移给继承人也是符合逻辑的，因为它具有人身性。

D. 9，2，23，9 间接指明了这种私犯所具有的私法上的特性，为此没有排除对杀人罪的公共刑罚。

D. 9，2，23，10~25 涉及对法官责任的确定，涉及对被告否认事实的诉讼行为课以双倍罚金，如果事后证实损害事实是真实存在的。

D. 9，2，27pr. 涉及两个私犯的竞合；相较于在上述第 9 段中所看到的情形，此处并非一个事实同时牵涉两个不同的受损利益（私利和公利），而是存在两个事实，即一个盗窃和一个损害。

D. 9，2，27，1~3 涉及关于损害投偿性的细微问题，对此我已经在动物致损的类型中提到过，并将在第 4 题中再次予以论述。

关于罚金性的其他方面我们已经遇到过：D. 9，2，11，2 和 4 说明了共同连带性的问题，这也是处罚兼具罚金性和惩罚性所产生的符合逻辑的后果。

D. 9，2，7，8；D. 9，2，18；D. 9，2，27，11 均被认为是经过添加的文本，即可能是由负责编纂本题第一部分的法学家作者根据一个已然成熟的观念变革所进行的修改。它们最初规定的是罚金之诉和损害赔偿之诉的合并，通过合同要求损害赔偿，两个诉讼由同一个事实引起，但是诉求却各不相同：在罚金诉讼中请求的是罚金，而损害赔偿之诉要求的是赔偿。这一转变的基础，一方面在于对上述所言"有利益的那些"所作的估价，另一方面，它也符合那些非因私犯行为而生的诉讼所要求的赔偿性，例如在那些对物之诉中请求返还原物，在不能返还原物的情况下，则请求赔偿"物件所具有的价值"，或者如同合同不履行的诉讼，或其他不构成罚金的债的不履行。实际上可以说私罚金同时兼具了赔偿和惩罚的作用（Gai. 4，9；J. 4，6，19），这导致不再将罚金之诉和损害赔偿之诉合并审理，并引入可选择的诉讼竞合方式，这个我们在现在所引述的文本的解释中已经看到了。这种模式产生了混合诉讼。

这种倾向以补偿性为主的定位没有被概括性地纳入它的逻辑结论中，就像我们从上文提到的罚金诉讼的其他特性（损害可投偿性、被告资格的不可移转性、共同连带性）中看到的，它们并没有被改变。它明确了一个观点，即这一本书，如我们将会见到的，是以一种复杂的方式整合起来的。

至于本题的第二部分，我有意特别提及 D. 9，2，32pr.，即使我要暂缓讨论对那里面所涉及问题的研究。这个片段是优士丁尼时期的法学家插入的，目的是为了补充在第一部分中提及的内容。此处涉及由同属一主的多个奴隶造成一个损害的情形，由于他（指主人）没有什么过错，因此根据客观责任，由于共同连带规则（前文 D. 9，2，11，2 等），将会被判定支付与实施私犯的全部奴隶的价值相等的罚金或者将他们全部投偿，这里提出一个有关为因奴隶私犯而生的责任设定责任限额的问题。

其他一些值得研究的片段有 D. 9，2，44，1～45。

要点众多，我概括性地做一个提示：关于因果关系的考察，特别是介入因素；受害人阻却或减少损失的义务；损害客体范围从处于所有权之下的物扩大到债；惩罚功能到赔偿功能的不完全转变；再次排除将人身损害作为损失考虑，区分这个问题和损失（治疗费用、劳动收益减少等）之间的不同；在损害投偿责任所体现的客观责任中，出现了对责任人的判决负担设定限额的要求；等等。

最重要的是，确定过错责任为一般归责原则，为此，在一个行为中，即使有合法动机，但是存在过错，具有可归咎性，如果这个行为造成了损害，则应承担责任。这一原则，当然也对责任做了一个限制，然而不仅是作为一个限制，我们看到它还充当了一个扩展损害责任的工具，对于损害不再一味归罪和处罚。

5. （1）第 3 题由两个部分构成：第一部分主要基于乌尔比安的《告示评注》，其间有一些小的增补；第一部分又可再分为两部：从片段 1 到 D. 9，3，5，5 主要针对从临街的窗户里倾倒或掉落的物品的裁判官告示，从 D. 9，3，5，6 到 D. 9，3，5，13 是关于以可能掉落的方式放置在通道上方的物品所产生的损害危险的告示。第二部分则在前一告示的评注上增加了两个片段。

（2）①和之前被评注的法律一样，在这一情况下，乌尔比安提到了两个告示文本并对它们逐词进行评注。

D.9，3，1，1~2强调了这一告示特殊的立法基础，即有必要保证路人的安全。D.9，3，1，3研究了什么是泼洒或抛掷而出的物品，并以具有深意的方式明确在这里"抛掷"也可以理解为"掉落"，从而明确法律的目的不在于确认某一个人的行为而在于某物的掉落造成了损害的事实；实际上，乌尔比安进一步明确"居住"在此地的人应承担责任，而不考虑他是否具有"过错"，而在阿奎利亚法责任中，这个过错却是必要要件，此外，也不考虑他是否实施了一个行为。[1]

D.9，3，1，5~6重申了一个原则，即不能对自由人的身体进行"损害"估价，而是规定了一个数额固定的金钱罚金。这个类型不构成市民法中的一个私犯，因为它是由裁判官创造的，并且，如我所强调的，根据一个事件而不需要责任人的行为就认定有责任（"没有造成任何损害"）。D.9，3，1，7~8涉及损害可投偿性的问题，并通过一个关于处在父权之下的家子的例子阐明其深意：对此不再允许将家子进行交付，但是依法允许他亲自接受审判。

如果在第1题的类型中确定客观责任的标准是所有权，那么这里则是居住：这个概念由片段D.9，3，1，9~10.2来阐释。

再者，责任是连带的，如同在私犯中一样，但不是共同的，或者更为确切地说，当一个人履行之后，其他人就免除了责任（D.9，3，3.5pr. ~3）；而在他们（指债务人）之间可以进行追索（D.9，3，5，4~5）。

在这个诉讼的诸多特性中，最为有趣要数它是"民众的"，即任何人都可以提起，因为"道路的安全"一开始就旨在确保所有人的利益（D.9，3，5，5）。

②本题的最后两个片段是关于这个告示的。其中我只想强调盖尤斯的D.9，3，7，它十分明确地区分了财产损害与身体损害的不同，前者即指治疗费用和劳动收益的减少。身体则不同，为此，才有刚才提过的一个金额固定的罚金。在其他的情况下，我强调过，还有针对人身的不法行为的私犯也说明了这种观念，它规定了一个基于"善良和公正"而确定的固定数额的金钱

---

〔1〕 实际上，片段中隐现了一个矛盾之处，因为，在未提到不涉及过错之前，就说"他具有过错"。应当认为这种理解是一个由作者们在空白处所作的注释所导致的结果，就如同我们已经观察到的那些所呈现的，即"假设"过错总是存在（见前文涉及D.9，2，27，11）。

罚金。我相信这也是一个现下值得反思的要点[1]。

③接下来考虑前一告示的一个部分，它被放在 D.9，3，5，6 中，乌尔比安对不同的词汇做了评注。

D.9，3，5，8："谁也不……"；D.9，3，5，9～10："在这个地方上面……放置"；D.9，3，5，11："掉落的物……"；D.9，3，5，12～13："如果物品掉落……"。

基于这个告示，诉讼只能是民众的，因为没有人可以因自己的权利遭受损害而起诉。出于同样的原因，判罚也是一个固定的金额：D.9，3，5，13。

在我看来，所有关系到针对可能发生在确定或既定场所的损害的"预防"行为都是非常有趣的：它不被视为是古代政治共同体的行政机构的"无能"表现，而更倾向于表达一个理念，基于这个理念"公共的"即是全体的（用于通行的道路或允许他人停留之地的安全），由于每个人都是"民众"共同体的一份子，因此也是为了维护他自己而起诉，因为这也是他的（见 D.47，23）。

6.（1）第 4 题，如已经提到的，由对不同私犯的评注的片段构成，以特定的方式，它发展了有关他权人损害之诉[2]的一般规定。

处于他人权力之下的人不能独自应诉，他们的辩护需由对他们享有权力或所有权的家父或者主人来承担。

至于他权人实施的适法行为，裁判官通过适用特殊情形的诉讼而加以调整，指明实施该行为的人是行为人，而应诉的家父或者主人则是承担该行为后果的人：参见裁判官告示第 18 题：船东之诉、经管人之诉、分配之诉，等等，以及 D.14 和 15。

至于不法行为，从《十二表法》的时代起，家父或主人就可以放弃为其辩护并将行为人本人交付给不法行为的受害人；或者也可以为其进行辩护，如果认定该行为人有过错，则依法应支付罚金。这个制度证实由此产生的罚金具有人身性，而家父或主人，作为整个家庭的核心支柱，由其应诉，整体

---

〔1〕　有关此问题的一些文章见［意］桑德罗·斯奇巴尼："罗马法的体系与契约外责任诸问题——从《阿奎利亚法》到《学说汇纂》第 9 编"，载《桑德罗·斯奇巴尼教授文集》，中国政法大学出版社 2010 年版，第 306 页；［意］桑德罗·斯奇巴尼："不法事实的现实界限与重读《学说汇纂》"，载斯奇巴尼、朱勇主编：《罗马法、中国法与民法法典化（文选）——从古代罗马法、中华法系到现代法：历史与现实的对话》，中国政法大学出版社 2011 年版，第 262 页以下。

〔2〕　有学者译为损害投偿之诉。——译者注

评估家庭的共有财产，然后决定两个方法中的哪一个更为恰当。家父选择为自己的家庭成员辩护从而对抗为惩罚私犯行为人本身而提起诉讼的受害人的决定，不排除在诉讼之后，家父在家庭内部其权限范围内处罚行为人的可能，有时还伴有家庭内部法庭的判决。

　　这个制度通过在程式诉讼中插入一个损害投偿条款而实现，规定原告可以起诉的私犯类型，亦如最后在 D.9，3，1pr. 的结尾处所看到的。这种条款是唯一的和普遍适用的，而"他权人损害之诉"却不是唯一的，各种私犯都可以适用这种诉讼。[1]但是，关于他权人（家子和奴隶）造成事实的责任问题的讨论和该条款的使用问题在这里得到了统一规范。《法学阶梯》已经针对因他权人所实施的合法行为和不法行为所生之责任创设了两个相邻的部分（Gai.4，69~74/75~79 = J.4，7/8；这个材料的布局与通过他权人取得的物和债的两个章节相类似：Gai.2，86 及以下；3，163 及以下 = J.2，9；J.3，28）。这个构建是富有创造性的。

　　（2）还有一些不属于这一题的文本也涉及了关于这个法规的更古老的制度。关于奴隶：D.44，7，14 明确告诉我们，他们对一个私犯后果负责任，这同样适用于处于权力之下的家子：D.44，7，39。这个规定使某些学者相信，最初家父必须为交付，而受损方有权要求他将私犯行为人交到法庭，但是家父也有权提供一个赎金（罚金）。从学理上讲，它涉及一个带有改变选择权的债，[2]交付是债的标的，支付罚金是一个可以行使的改变选择权。从这个观点上看，D.9，4，1 和 D.9，4，21pr. 并不十分明确，并且好像设立了一个可选择之债，但是与这个设计相反的事实是，责任总是跟随加害行为人的人身流转而归属到最终的新所有权人身上；或者当行为人成为合法的自权人时，直接加诸他自身；或者因行为人死亡而消灭。

　　（3）①至于损害投偿责任的前提，D.9，4，2pr. 指出所有权人或者主人不知晓其所有的人员的行为是必要要件，D.9，4，3 和 4pr. 则强调家父或者主人不具有阻止损害发生的可能性。因此，如果所有权人或者家父当时知晓，则基于他们自己的不法事实而对其产生直接责任。

―――――――――

　　〔1〕　实际上，是一些单独的私犯，它们初步确定了对被视为值得保护的财产的法律保护。

　　〔2〕　带有改变选择权的债（obbligazione facoltativa），不同于选择之债（obbligazione alternativa），它的标的是唯一的，只是债务人单方享有一个改变给付标的物的选择权。如果标的本身消灭，则整个债随之消灭，债务人没有义务实施其他给付。例如，在他权人损害之诉中，交付奴隶是债的标的，如果交付奴隶本身成为不可能，则债也消灭，奴隶主人无须再交付相应的罚金。――译者注

D. 9，4，2，1 指出关于不知晓的要求在《十二表法》中尚不存在（这与已经提过的确定损害行为人负有义务相一致，杰尔苏的阐释恰恰强调了私犯行为人的决策自主性，即使此人处于他人的权力之下）。然而，这一要求却在阿奎利亚法责任里出现。尤里安重申了这二者之间的区别，他强调家父或者主人的直接责任不能消除实际行为人的责任。由此将会产生两个刑罚的合并，而这种合并在履行刑罚的同时也将解除，即是说履行了一个债，则另一个消灭（D. 9，4，4，2）。[1]

前文《阿奎利亚法》（D. 9，2，27，9）中已经提到，在给奴隶指派工作上的"选派过错"，它牵涉家父在对自己的事务进行经营管理的过程中直接或间接地实行的组织管理原则，且与所研究的前提明显一致，如果他想要通过投偿致损行为人来免除自己的责任，则他必须具备的"不知晓"的要件。然而，"拥有"致损奴隶的"过错"（D. 9，2，27，11 结尾）则完全架空了损害投偿机制，因为拥有那些奴隶的人不能因为证明其不知晓（奴隶们的）所作所为而免责。

在共有一个奴隶的情况下要求不知晓要件的后果更为有趣（D. 9，4，8）。事实是一个人可能知晓（奴隶的私犯）而另一个却不知晓，则对第一个人适用直接责任而对后者适用损害投偿责任（D. 9，4，5pr.；D. 9，4，9），更多的不同还表现在后一种情况在程序上还有多种选择（交付奴隶或者支付罚金），以及追诉权在这两种诉讼上的适用（D. 9，4，17pr.），还有被告资格在直接诉讼中不可移转而在适用损害投偿的诉讼中却可以移转（D. 9，4，5，1）。在单纯所有权人和用益权人之间，所有权人在判决之前抛弃投偿物将导致用益权人获得被告资格，然而在判决时他有义务出席（D. 9，4，17，1）。

②鉴于所有权人或者家父[2]是诉讼的当然被告，损害投偿的效果也不一样。而在涉及家子的情况下有所变化，这在后文将会提到。

D. 9，4，32 指出第一个后果，即，如果拥有所有权的人不为处于他权力之下的私犯行为人进行辩护，行为人将被原告带走；但是，在私犯行为人是

---

[1]　可以看出缩限共同连带原则的适用范围的明确倾向，这种缩限还表现在共同居住人对于掉落物和倾倒物损害的责任分担上（前文 D. 9，3，3），以及由同属一主的一群奴隶实施的损害（和偷窃）中（前文 D. 9，2，32pr.）。

[2]　在 D. 9，4，11.12；D. 9，4，28 中，考虑善意占有人，而在 D. 9，4，13 中则涉及恶意占有人。

自由人的情况下，该制度发生了一些改变，放弃为其所有的家子进行辩护的模式随着时间的推移而不再使用，并且，如上所见（D.9，3，1，7）增加允许处于他人权力之下的家子本人作为被告应诉，直接自行辩护（D.9，4，33/34/35）。

已经提过的 D.9，4，1 和 D.9，4，21 涉及一旦进行辩护并结束审判，（主人或者家父就享有）交付私犯行为人的权利。在共有的情况下，在应诉之前，可以在份额内放弃投偿物，但是在判决做出时则不行（D.9，4，8pr.）。

D.9，4，14，1；D.9，4，15 考察了在自身原因的限制下，交付的责任。

D.9，4，6.7pr.~1；D.9，4，20 指出，与私犯责任的人身性相一致，请求支付罚金或交付私犯行为人的诉讼也紧随实施私犯的人。

在多个原告因先后发生的多个行为起诉的情况下，D.9，4，14pr. 指出在此不能适用诉讼跟随加害人的原则，而是应将奴隶交给首先完成诉讼的人，其余的人则仍得不到偿付。在 D.9，4，4，3；D.9，4，7，1 中，讨论了争讼的完成，等等。

这些后果概括地展示了家父或主人为家子或奴隶的行为所承担的客观责任，他们自身不具有过错，而仅仅基于与致损行为人之间的权属或所有权关系。

这一责任，依据家父或者主人自己的选择，可以被限定在私犯行为人的"价值"内，通过交付私犯行为人而实现其所负之债的履行。

实际上，这个限制本来是一个程序规则的间接后果。我已经强调过从金钱罚金和对其所包含的财产性赔偿的确认中所显现出来的双重前景。从支付一定数量的争议金额所具有的财产性这个角度看，损害投偿机制为主人或家父必须为第三人（家子或奴隶）的私犯所承担的客观责任设定了一个财产负担的限额（我认为这个限制和为了不法行为所设立的特有产很相似）。

但是，关于确凿的起源，我必须指出，我们发现在一些特定的片段中，明确强调了对为第三人的不法行为承担客观责任的责任限额要求。我认为回到一个在第 2 题（D.9，2，32）中曾一带而过的问题是十分有意义的，现在我们要在 D.9，4，31 中再次思考一群奴隶实施了盗窃的问题。根据一个告示——在 D.47，6 中对它的研究更为彻底——奴隶们的私犯产生一个债，而通过对受害人履行一个自然人实施盗窃时所应为的给付，这群奴隶的所有权人就可以从共同连带的债中解脱出来。我们看到，在 D. 47，6，1〔1〕中，这个告示被称为"最有用的"，为了"每当，他（主人）不知晓奴隶将要做什么，奴隶们却实施了"损害〔2〕的情况下，不"扰乱"所有权人的财产。

7. （1）我试图展开一个解读，以求涵盖所有从文本中显现出来的不同方面：对于它们，益处可能仅在于重建过去，但是对于今天的法学家而言，如同在过去所进行的多次解读和再解读中，兴趣则在于可能引发的思考或深入研究的动机，以求不断制订和完善当前的法律。

我首要指出的是这本书是优士丁尼的法学家们的创新：他们打破了将四种私犯分类一起论述的统一性，而这种格局是盖尤斯在《法学阶梯》中所确定的（Gai. 3，182~225），请注意！他们在优士丁尼的《法学阶梯》中保留并补充了一些产生与私犯相似法律效果的类型（J. 4，1~5）。他们在《学说汇纂》中整理了两卷专门论述刑法的汇摘（D. 47~48），构成了我们刑法典的雏形。在那两本书中，他们截取了四种私犯类型中的三种，以及与之相联系的类型。他们把第四种类型作为这本书的核心，辅之以其他两个我们已经研究过的类型，即由动物造成的损害和由掉落或倾倒物品造成的损害，又辅之以因第三人（家子和奴隶）的损害事实而产生的损害投偿责任，相对于这些人（家子和奴隶）实施的单独私犯而言，构成一个独立的类型。

如果我们想探求这本书的法学家作者们究竟想说明什么问题，我想我们可以考虑几个不同方面。

这些类型采用了所有权保护，即物的归属，和他物权保护的其他形式

---

〔1〕 D. 47，6，1pr. "这是裁判官为调整所有权人与奴隶私犯所提出的最有用的告示，为的是，若多个奴隶实施了盗窃，在他（指主人）必须将他们全部投偿或必须〈根据罚金诉讼的共同连带原则〉为每个奴隶支付诉讼估价的情况下，他们（指奴隶）不会扰乱主人的财产……通过这个告示，赋予其一个选择权，使得，若他真的想确认所有参与盗窃的奴隶受到惩罚，他可以将其全部投偿；若他倾向支付诉讼估价，他只需交付相当于一个自由人实施私犯行为所应支付的金额，而自己保留这些奴隶。D. 47，6，1，1赋予主人这个权利，每当盗窃发生而他却并不知晓奴隶将要做什么的情况下。实际上，如果他原本知道，〈根据损害投偿责任的原则〉不能授予他选择的权利，他应以自己的名义〈为他自己的私犯行为〉应诉并为每个奴隶承担他权人损害之诉。"

〔2〕 从这一情形可以看出，如前文 D. 9，4，4，2 和 D. 9，3，3 中提到的一群人的限制一样，是对罚金承担共同连带责任这一刑罚特性的减弱，和向简单的赔偿功能的过渡，从这一点上还不能看出是裁判官的干预对责任负担设定了限制，因为一个与自然人私犯应缴罚金相当的给付本身是完整无减免的；然而，将罪过者交付投偿的可能性产生了这样一种可能，即所交付人员的价值或许低于应偿付的损害，因此包含了一个真正在客观责任中限定赔偿份额的理念，并将其限定在所遭受损害的价值内。这一点值得深入研究。

（D.5~8），并且，除了一些假设（指掉落或倾倒之物造成自由人损害的责任和家子或奴隶对他人实施的不法行为而产生的损害投偿责任），它们涉及对他人之物的损害，或者当然还有关系到自由人的时候，涉及财产性的损失（治疗费用等）。关于债的损害行为，我强调了针对 D.9，2，11，9 和 D.9，2，27，14 所作的一个创新性分析的重要性，在这些片段中第三人侵害了由借用人或承租人实际占有的出借物或承租物的使用利益。

对于这些损害事件，被归入罚金类的制裁，具有切实的赔偿性和财产性，这些特性通过不断确认排除对自然人人身的适用来印证，对它的保护留给针对人身的不法损害的诉讼，自由人的价值需根据善良和公正来估价，而这里所涉及的假设，则是采用一个固定的罚金（其标准明显不同于财产性赔偿中所遵循的）。

《阿奎利亚法》关于这些类型的规定是在惩罚过错的标准上发展起来的，这个标准被设定为责任的基本归责原则；而其他的那些规定所属的动物致损、居住场所的物件致损、所属的人员致损，则是典型的、限定性的客观责任，如前所述，它们或以所有权，或以居住，或以私犯行为人处于其权力之下作为归责标准。

（2）第 9 卷无疑是现代民法典章节的前身。这些民法典都延续了这个制度的体系，将一部分内容设定为债，和债产生的原因，对此区分：合同（和准合同），私犯（和准私犯）。[1]但是，最后的两项却没有采用盖尤斯的私犯四分法，而是依照本卷的编排分为窃盗、抢劫，而对人的不法行为则被调整到刑法的范畴（关于对人的不法行为，我觉得这种调整造成了民法上一个真正的缺失），相反引入动物致损，代其承担责任的其他人员致损，掉落物或倾倒物以及对安全的特殊要求，延续着这个基本核心的逻辑，这种聚合仍然在扩大，在某些法典中表现多一些，另一些法典则相对少一些。

至于这个核心，实际上，因处在权力之下或所有权下的第三人的不法事实而产生的责任类型在构成要件发生了很大程度的改变。对于家子，保留权力——支持——引导——后果——惩戒等不同的部分，从而奠定了一个家长

---

[1] 我们可以回忆一下盖尤斯的《法学阶梯》，和后来优士丁尼的版本，两者都区分：法律渊源、人、物、行为。在人的章节中，也涉及家庭；在物的章节中，区分所有权和物权、继承、债。至于债，则确定其来源。四个部分的内容：人和家庭、所有权和物权、继承和债，分别体现在《法国民法典》第 1804 条，《意大利民法典》第 1865 条，《西班牙民法典》第 1889 条等；它们还体现在《德国民法典》第 1900 条作为四个特别的部分，只是前面的部分将人与家庭拆分开，将前者归入总则之内。

特有的直接责任，我认为深化了父母对子女的"支持"作用的思考，支持是权力的核心，为与此关系相关的规则提供了最好的基础。得益于所有人生来平等这一原则的成熟（D. 1，1，4），因我们所使用的奴隶第三人的不法行为而产生责任如今已不复存在，而仅存在因作为自由人的从属人员的活动或犯罪等行为所生的责任。有关属员的不法行为所生之责任的规则同样显示其中一部分出自本卷 D. 9，4 而另一部分则来自 D. 4，9 题关于自由人的不法事件，这些人从事为诸如船主、旅店主，马厩驿站经营者等企业主提供服务的工作。这两个类型都确定了客观责任，即使他们的前提和限制有所不同。

过错责任的一般原则构成了这个微型体系的重要轴心，还须以建立在不同标准上的客观责任的典型类型为补充，这些标准适合所考虑到的那些情况（这种客观责任被自然法学派影响下的史料重析所忽略，但是在 20 世纪却重新成为研究的中心）。出现了由此产生的债的损害赔偿特性，进而又出现了在客观责任中限制赔偿金数额的思想萌芽：将针对人身的不法行为排除在财产赔偿之外，等等。

和罗马法史料的对话是开放的。在法典化进程（过分）简化了流传给我们的复杂画卷之后，或者在以一种受到过分的个人主义和目空一切的财产至上主义所影响的片面的方式阅读它之后，一些特性再次浮现。然而，针对原则的研究并非任意而为：它由法学家之间的不断对质所引导，由我们所进行的论证的可验证性所引导，由对公正自由即认为自由是平等的，特别是对弱势人群进行保护的呼声所引导。

8. 将第 9 卷从拉丁语转译为中文的工作由两位学者分别完成。首先是当时来自中国政法大学的米健博士，在 1992 年于罗马翻译了第 9 卷的第 2 题。这一翻译立刻被收入刚刚开展的《民法大全片段选译》出版丛书，作为其中的一卷，即使和其余各部分一样，它并不是一个完整的文集。在那部作品中，这个译文被编排在第 IV. 2. A 卷《债私犯之债阿奎利亚法》，随后是第 IV. 2. B 卷《债私犯之债（II）和犯罪》（徐国栋译，中国政法大学出版社 1998 年版，第 1~225 页）。最后，由李钧博士于罗马期间翻译了剩余的第 1、3、4 题，并由纪蔚民（Terracina）博士校对，该工作属于国家科研委员会主持的"法律迁徙——法规的合并以及共同原则在不同文化中的生长"项目中的一部分。细心的读者自然会注意到两部分译文的不同之处，在个别术语的协调问题上两位译者保留了各自的见解。然而无论如何，他们都致力于呈现高水平的译文。目前，李钧博士已经完成了博士学业，回到中国人民大学任教。她对这些片段表现了浓厚的兴趣，我希望通过她的解读和杨立新教授的支持能够扩大民法学者与罗马法的对话范围。这部译本的出版受到意大利罗马第一（la Sapienza）大学、罗马第二（Tor Vergata）大学、意大利国家科研委员会文化遗产部和中国政法大学共同合作的"罗马法体系下中国的法典化研究及法学人才培养计划"的支持。整个第 9 卷的出版对我个人而言是一件幸事，我要感谢两位译者和一直负责出版工作的费安玲教授。

  （本文原为米健、李钧译《学说汇纂（第九卷）》序言，中国政法大学出版社 2012 年版）

《民法大全·学说汇纂（第十二卷）·
请求返还之诉》序

[意] 桑德罗·斯奇巴尼　著　翟远见[*]　译

　　1.（1）第 12 卷开启了《学说汇纂》的第三大部分。这个部分是"关于物"（De rebus）的规定。本卷第 1 章的标题开头即是"关于物"二词（关于若通过诉讼对某确定物提出主张，人们相信会归还给我们的物，以及关于请求返还之诉）。该标题已经出现在之前的裁判官永久告示中，且这里所涉及的诉讼其历史相当悠久。

　　当代法学家可能会为第 12 卷的体系安排而感到费解，可能会为该卷内容的异质性而感到困惑。

　　实际上，这个领域的线索有两个。它们表面上看相互对立，实则相互依存。二者不仅决定了这一卷，甚至决定了《学说汇纂》整个第三大部分的结构安排。这两个线索，一个由"请求返还之诉"（condictio）和与之相关的"严法诉讼"构成；一个由严法诉讼和诚信诉讼的对立构成。在紧接着这一卷的后面几卷中，优士丁尼手下的这些法学家们安排了关于诚信诉讼的内容。

　　（2）我们知道，《学说汇纂》分为七大部分，如此划分是为了、但又不仅限于教学的目的。优士丁尼皇帝在颁布《学说汇纂》之际，于公元 533 年 12 月 16 日的 Omnem 谕令中，也改革了法学课程的设置。他规定，法科学生第一年应该学习这部作品的前面几卷，即所谓的 Prota（希腊语中的意思是"第一部分"）；第二年，他们可以选择，要么学习"关于审判"的部分（la pars "De iudiciis"）（即第 5 卷至第 11 卷），要么学习"关于物"的部分（la pars "De rebus"）（第 12 卷至第 19 卷）。后一个选择恰恰就涵盖了这个翻译的

---

　　[*]　译者系意大利罗马第二大学法学博士，中国政法大学比较法学研究院副教授。

对象，即第 12 卷。

在整个“关于物”的部分中，第 12 卷主要涉及的是消费借贷和诸请求返还之诉（condictiones），而接下来的几卷则是关于债的其他渊源的规定。具体而言，第 13 卷首先结束了“请求返还之诉”这个主题，然后规定使用借贷和质押；第 14、15 卷是关于营造司诉讼的内容；第 16 卷规定的是寄存；第 17 卷规定的是委托和合伙；“关于物的部分”以第 18、19 卷结束，它们规定的是买卖和租赁，以及与之相关的诸多问题。

（3）第三大部分各卷内容的顺序是与裁判官通过其告示而安排的体系相一致的。古罗马的法学家们在他们对告示的鸿篇巨制式的论述中也遵循了告示的内容顺序，而这些论述又成为了《学说汇纂》的编纂者们在汇编第 12 卷时的取材对象（特别是乌尔比安《论告示》的第 26 卷和保罗《论告示》的第 28 卷）。

确实，裁判官告示的第 17 章，除其他内容之外，还包括消费借贷、使用借贷以及质押的相关规定。从某种意义上说，它与第 19 章形成了对比。后者涉及的是关于寄存、信托（这种契约在优士丁尼时代的法中已经消失，故而未被优士丁尼提及）、委托、合伙、买卖与租赁这些方面的规定。[1]正如前文所述，这种对比体现在：一些契约是严法审判［为了简便，这里人们也曾用“请求返还之诉”（condictiones）以代指“严法审判”（iudicia stricti iuris）］所保护的，另外一些契约是诚信审判（iudicia bonae fidei）所保护的。

所以，裁判官告示的第 17 章是围绕着严法审判这个主题构建的，而请求返还之诉又是这些与第 19 章涉及的诚信审判相对比的严法审判中的典型。所以，相应地，《学说汇纂》第 12 卷至第 19 卷的内容既涉及了严法审判，也涉及了诚信审判。这也解释了为什么优士丁尼为全部相关内容确定的题目是“人们相信会返还给我们的物”［pars de rebus（creditis）］。

正是因为谙熟这一对比关系，基于要用点笔墨做些说明之考虑，优士丁尼本人才在第 12 卷第 1 章的开篇（前面已经说过，它同时也构成了《学说汇纂》一个新的部分的开篇），做了一些“预先解释”（Proteoria）。该解释与法学家乌尔比安在其《论告示》第 26 卷中，当论述到相同的问题时所使用的语

---

〔1〕 Vd. O. Lenel, *Das edictum perpetuum. Ein Versuch zu seiner Wiederherstellung*，莱比锡，1927，pp. 231 ss.

词，极为相似。[1]在 D. 12，1，1，1（Ulp. 26 *ad ed.*）中，这位法学家明确指出，此标题（但是这里的解释不仅适用于整个第 12 卷，而且甚至适用于整个"关于物"的部分）是"人们相信会归还给我们的物"，这个表述可以用于一系列的契约（*iura pertinentia ad varios contractos*），包括质押和使用借贷。

2. 现在有必要就第 12 卷的前一个线索，即"请求返还之诉"（*condictio*）稍作说明。

请求返还之诉是严法诉讼，直接发端于早期的"请求返还之法律诉讼"（'*legis actio per condictionem*'）。在这个诉讼中，原告的主张是被告应该给他某确定物（*certum dare oportere*）：该物可能是一笔金钱（*certa pecunia*），也可能是某个特定的物（*certa res*）。[2]

这个诉讼是抽象的，也就是说，无需在程式中指出"确定"诉求所依据的具体法律原因。正因如此，虽然在早期的法学中，就能看出不断总结提起"请求返还之诉"之条件的努力，但是，由于这个诉讼的抽象性特征，这些条件不可避免地隐没在黑暗的角落。西塞罗明确说[3]，发生下述三种情况之一，便产生"应给付确定之物"的义务（*certum dare oportere*），即可提起"请求返还之诉"：其一，曾经给付了某物（*datio*）；其二，曾经通过要式口约承诺给付某物（*stipulatio*）；其三，或者在文字契约中载明了此项义务（*expensilatio*）。

不过，上述三种类型中，文字契约逐渐消失（从公元前 1 世纪开始，人们已经看不到这种契约的任何踪影了）。要式口约被单独加以规定（对此，裁判官的告示不仅规定了"裁判官担保要式口约"，即在诉讼过程中，裁判官要求当事人缔结的要式口约；而且规定了以"不确定物"为对象的要式口约，它们决定了这个制度的内容；最终，优士丁尼在 D. 45，1 中对之进行了专门

---

〔1〕 这段话，也许是乌尔比安为其《论告示》（*libri ad edictum*）中关于裁判官告示第 17 章（"人们相信会归还给我们的物"）的论述而所写的导言的一部分。有人猜想通过这段话和其他论述，乌尔比安追溯了"请求返还之诉"在罗马法中一度具有的广泛的适用范围。它没有被编纂者们删去，或许是因为在他们的时代，"请求返还之诉"也承担了众多的制度功能，而这段话与当时的情况是相一致的；并且，也有可能的是，这段话对于这个塞维鲁时代的法学家而言，最初起的作用就是导入他对关于"请求返还之诉"的裁判官告示的论述。

〔2〕 关于这一点，vd. A. Saccoccio, *Si certum petetur. Dalla condictio dei veteres alle condictiones dei giustinianei*, Milano, 2002.

〔3〕 相关内容见 Cic., Pro *Rosc. com.* 4，13 – 5，14.

规定）。[1] 所以，可以提起"请求返还之诉"的情况最终只剩下一个，即先前曾经完成了一个"物的给付"（datio）。

在某些东西被给出的情况下［即"物的给付"（datio）曾被作出］，给出之物，或者给出的一定数量的金钱，只要是"确定的"，就可以通过"请求返还之诉"而被要回。在这一点上，早期的法学家们——很可能是共和时期的法学家们——已经提炼出了一条规则：一个人通过"物的给付"拿到了某物，但是如果他没有法律根据保有它，那么，可以对他提起"请求返还之诉"以要回他所有收到的物。在重申这个规则的时候，萨宾和乌尔比安在片段 D. 12，5，6（Ulp. 18 ad Sab.）中认为，可以通过这个诉讼要回所有基于"不正当原因"（ex iniusta causa）而处于被告那里的东西，换句话说，被告一方继续占有它是不正当的（iniustum）。

这个规则奠定了裁判官告示第 17 章的基础，并且结果是，它也构成了我们这里的考察对象即《学说汇纂》第 12 卷的基础。

3. 所以说，第 12 卷中唱主角的是"请求返还之诉"。通过提起该诉讼，可以向被告索回他没有法律理由而保有的一切。[2] 于是，尽管消费借贷契约在古罗马经济中起着举足轻重的作用，但是却没有被单独规定。[3]

而在《学说汇纂》接下来的各卷中，所有其他的契约类型，无论是要物契约、还是诺成契约，按照上文说过的篇章顺序，都有附带相应小标题的单独规定。在这一点上，它们与消费借贷不同。就像是任何"物的给付"一样，消费借贷被看作是可以提起"请求返还之诉"的诸多原因之一，虽然在这个"物的给付"中，当事人有缔结一个契约（即消费借贷契约）的意思。实际

---

〔1〕 总而言之，片段 Ulp. lib. sing. pand. D. 12，1，24 证明，"请求返还之诉"（condictio）最初还是适用于以"确定物"（certum）为标的物的要式口约（stipulatio）的。

〔2〕 应当说，对于有些"物的给付"（dationes），比如说"金钱消费借贷"（mutua pecunia），仍然通过"请求返还之诉"（condictio）来保护；但是对于其他形式的"物的给付"，比如说基于使用借贷或质押的给付，这种保护随着相应的"事实诉讼"（in factum）的诞生而逐渐淡出舞台，因为相对于严法诉讼，后者能为当事人提供更为适当的利益保护。事实上，关于对质押的早期保护形式，片段 Ulp. 34 ad ed. D. 12，1，4，1 可以算一个残留下来的证据。这个片段表明，在履行完所担保的债务之后，早先是可以提起"请求返还之诉"以要回质物的。对于使用借贷，片段 Ulp. 26 ad ed. D. 12，1，1，1 中所引用的法学家杰尔苏的论述，似乎很有说明意义，他说裁判官在这个关于"请求返还确定物"的告示中，也规定了质押和使用借贷。

〔3〕 与此不同的是优士丁尼皇帝的《法学阶梯》，其中第 3 卷第 14 章是关于要物契约的规定［"以要物方式缔结债的各种形式"（Quibus modis re contrahitur obligatio）］，而在这些契约中，第一个被论述的恰恰就是消费借贷。

上，古罗马的消费借贷，尽管它的契约性质得到了确认，但是"物的给付"仍被认为处于绝对核心的位置。这也意味着该契约是无偿的。之所以如此，是因为返还之债的原因即"物的给付"，决定了债的内容。对该内容，当事人不能增加分毫，消费借贷的贷与人只能要求返还借出的金钱。万一想附加利息，只能专门再缔结一个单独的契约——"利息要式口约"（*stipulatio usurarum*）。[1]

这就是为什么谁要想在整个《学说汇纂》中找到关于消费借贷的论述，那么他就不应该在小标题中苦苦寻觅，因为没有一个是关于我们这里所说的契约的；相反，在编纂者规定"请求返还之诉"的各章中的第 1 章（D. 12，1），他却可以找到关于这个契约的规定。

4.（1）最终的结果是，关于消费借贷的问题被统一放在了 D. 12，1 专门规定。编纂者将这一章的标题拟为"若通过诉讼对某确定物提出主张"（*Si certum petetur*）。它在一定程度上照应了裁判官告示中的标题。

如果我们审视一下 D. 12，1 这一章的结构，就会发现，优士丁尼的法学家们，在结束前面提到的"预先解释"（*Proteoria*）部分之后，借杰尔苏和乌尔比安之口，指出这类契约的基石是"*fides*"。"*fides*"是罗马法的典型制度，也许我们可以将之译为"信任"：消费借贷中，贷与人相信借用人会返还给他所借出的金钱，可以说，整个制度就是围绕着这个信任而运转的。[2]生活在公元前 2 世纪的古希腊历史学家波利比乌斯（Polibio），对罗马的这一制度设计与希腊的对应制度之间的差异惊叹不已：罗马的消费借贷只以"*fides*"（信任）为基础，而希腊的消费借贷则要求书面形式，且其程序极为烦琐。[3]

在后面的片段中，法学家保罗谈到了"*mutuum*"（消费借贷）的词源。他认为，之所以称为"*mutuum*"（消费借贷），是因为根据该契约发生了所有

---

〔1〕 消费借贷的无偿性之基础，罗马法从不认为存在于什么伦理原则之中，而是认为这纯粹是出于程序和技术因素的考虑。这些因素与"物的给付"（*datio*）所扮演的角色以及"请求返还之诉"制度相关。此外，在当时金钱"本身"还不被认为可以产生孳息（cfr. R. Cardilli, *La nozione giuridica di* fructus, Napoli, 2000）。现代制度的安排与此恰恰相反，例如 1942 年《意大利民法典》的第 1815 条规定，消费借贷之性质是有偿的，除非当事人作出了相反的意思表示。

〔2〕 Vd. Ulp. 26 *ad ed.* D. 12，1，1，1："正如杰尔苏在其《问题集》第一卷中所言，'相信某物会归还给我们'的表达具有一般意义……"。

〔3〕 Vd. Polib. 6，36，13："希腊人借出一笔钱，哪怕只是一塔兰，也要作成十个文书，盖上十个印章，还要准备双份；在他们身上你找不到'信任'（fides）。但是在罗马人这里你能够找到它，即使涉及的钱数相当可观，他们也言而守信。"

权的移转，即物由"我的"变成了"你的"（*de meo tuum fit*）。[1]几乎尽人皆知，他的这个词源学上的考察是错误的（"*mutuum*"一词大概是由希腊词根"*moit – on*"变化而来，传递的是"流动""变化"的思想，是金钱从贷与人那里移转到了借用人那里的思想）。尽管这个考察被一代又一代的法律学子传为笑柄，但是毫无疑问它在大家的脑海里深深刻下了这种契约的起源及其功能。另外，要知道的是，古罗马法学家们很少使用"消费借贷"（*mutuum*）这一术语，他们更喜欢"消费借贷的给付"（*mutui datio*）这个表述方式。正如前文所言，后者凸显的是这种契约的核心要素，即"物的给付"。

（2）接下来的内容始终围绕两点展开：一是对这种契约的标的物的界定，众所周知，它应该是可替代物（正像保罗在片段 D. 12，1，2 和 D. 12，1，6 中所说的那样，"消费借贷针对那些以重量、数目、尺寸计量的物而成立"（*res quae pondero numero mensura consistunt*）；另外一点是，返还之物应与借出之物同属一类、品质相当（D. 12，1，3）。

消费借贷的要物性质在片段 D. 12，1，11，1（Ulp. 26 *ad ed.*）中得到了明确肯定。乌尔比安于该片段中论述道，如果以消费借贷的形式给出了 10 币，那么不能要求返还 11 币；但是可以要求只还 9 币，因为就剩余部分的金钱，应该理解为在当事人间形成了赠与。这种契约的要物性是如此强大，以至于即使给的是他人的金钱，或者是无行为能力人——比如说精神病人，或者没有得到监护人准许的未成年人——给的金钱，消费借贷也照样被认为成立。在这些情况下（D. 12，1，12～13，分别是彭波尼和乌尔比安的片段），一旦这些钱被借用人花掉，就认为构成了消费借贷。中世纪的法学家们在相当长的时期内都将这种法律现象称为"消费借贷的再生"（*reconciliatio mutui*），甚至有人［如法学家库亚奇乌斯（Cuiacio）］称它是"代消费借贷"（*promutuo*）。

将消费借贷规定为要物契约还是诺成契约，这个问题学界已经讨论了数个世纪，且至今该讨论仍在继续。在这个问题上，古罗马的法学家们会毫不犹豫地将消费借贷归到要物契约的类型中（在 I. 3，14 pr. 中，我们读到："以要物方式缔结的债，可举消费借贷为例。"此外，Paul. 28 *ad ed.* D. 12，1，2，3 这个片段，也强调了移转金钱所有权的必要性），而尽管学者们的意见

---

[1] Vd. Paul. 28 *ad ed.* D. 12，1，2，2，但是盖尤斯之前也做过相同的词源考察：vd. Gai. 3，90.

不尽一致，现代的民法学说似乎更倾向于承认这种契约的诺成性。[1]

我们无法先验地判断这两个制度构建孰优孰劣，因为它们分别满足了当事人的不同需求。简言之，我们可以说它们之间的差别是：一种是消费型消费借贷的模式，而另一种是投资型消费借贷的模式。还有就是，欧洲各国的民法典，有的承继了罗马法消费借贷的要物性，比如《法国民法典》和1942 年的《意大利民法典》（尽管它的第1822 条承认了"消费借贷承诺"这一制度）；有的则采纳了诺成消费借贷的模式，比如《瑞士债法典》（*Obligationen-recht*）的第312 条，2002 年改革后的《德国民法典》（BGB），无论是针对金钱消费借贷，还是针对其他物的消费借贷，也都采取了诺成契约的立法模式（分别参见修正后的第488 条和第607 条）。

不过，可以肯定的是，无论在古罗马的现实生活中，还是在当时法学家的理论中，都可以明显看到试图构建一套体系，以期超越过于严苛的要物性要件的努力。

职是之故，比如说，罗马法中产生了一些"特殊的"消费借贷，规范它们的相应制度也构成了消费借贷领域的"特别法"（片段 Ulp. 31 *ad ed.* D. 12，1，15 有言："在金钱消费借贷之债领域，引进了一些特别规则"）。在这些特殊的类型中，一般情况下作为消费借贷契约之基础的"交付"（*traditio*）事实上被"虚拟"，甚至几乎消失。于是，允许贷与人委派其债务人向未来的借用人交付金钱，以设立消费借贷（即所谓的委托交付 *delegatio dandi*），甚至还允许以单方的意思表示将消费借贷之债的债权归到非实际交付金钱之人的名下（片段 Ulp. 26 *ad ed.* D. 12，1，9，8 中说，如果我将自己的金钱用作消费借贷，同时声明说该交付归到你的名下，那么，你取得请求返还之诉，哪怕你全然不知已经发生的交付）。不过亦为事实的是，无论如何改进，"物的给付"都是必须的，在罗马法中它始终没有被一个以"给付行为"为内容的债所取代。

---

〔1〕 在罗马法领域，关于这两种观点的论述见：G. Longo，*s. v. Mutuo*，in《NNDI》，X，1964，1048 s.（要物契约）和 V. Giuffrè，*s. v. Mutuo* (storia)，in《ED》，XXVII，1977，414 ss.；e Id.，*La "datio mutui". Prospettive romane e moderne*，Napoli，1989（诺成契约）。关于这个问题，以及对现代制度的讨论，vd. L. Nivarra – G. W. Romagno，*Il mutuo, in Il diritto privato oggi. Serie a cura di P. Cendon*，Milano，2000，11 ss.；A. Saccoccio，*Mutuo reale e mutuo consensuale nel sistema giuridico latinoamericano, in Roma e America. Diritto romano comune*，XXVII，2009，101 ss.，此文已被译成中文，发表在费安玲主编：《学说汇纂》（第3 卷），知识产权出版社2011 年版，第21～53 页。

（3）消费借贷还有其他一些特殊情形。例如，以寄存的名义交付了一笔钱，同时授权受托人可以使用它；那么，这笔钱一旦被使用，受托人则应依消费借贷之规范而负返还之责（参见 D. 12，1，4 中保罗的论断，以及 D. 12，1，9，9 和 D. 12，1，10 中乌尔比安的论断）。另外一个例子是所谓的"以出售某物的价金而设立的消费借贷"（contractus mohatrae），即向某人交付一个物让他出售，并与此人达成协议说，就此物所售之价金而设立消费借贷（参见片段 Ulp. 26 ad ed. D. 12，1，11 pr. 。之前的法学家们，如尤里安和阿弗里卡努斯。见 Afr. 8 quaest. D. 17，1，34 pr. 中二人的观点，认为不能以这样的方式设立消费借贷之债；乌尔比安则认为可以，他的观点标志着法学在这个问题上的一个转折）。

此外，所谓的"附有要式口约的消费借贷"（用德国学说所创制的术语，即 Stipulationsdarlehen）在实践中也是屡见不鲜，这一点已被出土的达奇亚碑（Tavolette daciche）以及穆勒奇内碑（Tavolette dell'archivio di Murecine）所证实。在我们所说的第 12 卷中，片段 Paul. 3 quaest. D. 12，1，40 讲述的就是一个这样的例子。在这个片段中，保罗提到了法学家帕比尼安整理的一个含有要式口约的文件。从这个文件可以看出，借用人收到了一笔金钱，同时为了使作为债权人的贷与人更为放心，他以要式口约的形式承诺返还这笔钱（也许还为了在要式口约中加进关于利息的约定，使之最终成为一个关于返还本金和利息的承诺）。

关于这一点，有必要关注一下古罗马法学家的讨论：在这种情况下，到底是产生两个债，一个产生于物的给付，一个产生于口头契约的订立，还是只产生一个债；倘若认为只产生一个债，那么它到底是要物契约之债，还是口头契约之债，抑或是要物和口头契约之债的结合（re et verbis）。应该说，根据古罗马法学中占上风的观点，附有要式口约的消费借贷中只导致一个口头之债（obligatio verborum）的产生[1]。假如关于返还的要式口约是在金钱尚未给付之时作出的话，那么，应该给借用人提供一个抗辩，以对抗产生于要式口约的请求，因为要式口约是一个抽象的契约，即使还没有数出金钱（numeratio），也照样可以提起相应的诉讼：罗马法最初规定债务人可以主张诈欺抗辩（exceptio doli），后来又专门为这种情况设立了一个抗辩，即尚未数给金

---

[1] Vd. Pomp. 24 ad Sab. D. 46，2，7；Ulp. 46 ad Sab. D. 46，2，6，1；关于这个问题，还可参见 M. Talamanca，"Una verborum obligatio" e "obligatio re et verbis contracta"，in IURA，L，1999，7 ss.

钱的抗辩（*exceptio non numeratae pecuniae*）（在《学说汇纂》中我们看不到它的影子，而在《优士丁尼法典》的 C. 4，30 中则有专门的规定）[1]。

5. 第 12 卷的第 2、3 章的主题是纠纷解决过程中所做出的宣誓。这两章只是表面上偏离了请求返还之诉这条主线。具体而言，D. 12，2 是关于"法律审判宣誓"（*iusiurandum in iure*），也就是所谓的"决案宣誓"的内容。

"决案宣誓"由一方当事人提出，承审员据之对全部争议作出裁判：作出宣誓的被告，或者自己提出的宣誓要求遭到了被告拒绝的原告，将赢得诉讼。具体而言，如果被告不宣誓，那么他将被视为"不辩护人"（*indefensus*）[2]；相反，如果他宣誓，那么他将受到"诉权否定"（*denegatio actionis*）或者专门创设的"宣誓抗辩"（*exceptio iusiurandi*）制度的保护[3]。

这个所谓的"必要"（*necessarium*）宣誓，之所以会被放在这一章，是因为最初它只适用于"确定金钱债务之诉"（*actio certae creditae pecuniae*）领域[4]。只是到了后来，这个宣誓的适用范围才被扩大到少数的其他诉讼，比如说，"金钱债务协议之诉"（*actio de pecunia constituta*）以及"妻物之诉"（*actio rei uxoriae*）。

与上面所说的"必要"宣誓不同，"自愿宣誓"（*iusiurandum voluntarium*）是可以针对任何类型的诉讼（因此，也可能是请求返还之诉以外的领域）、在司法程序之外而作出的宣誓，但是它不能决定纠纷的解决结果，尽管拒绝作出这样的宣誓可能会被承审员当作一个（消极的）因素来考量。优士丁尼的法学家们认为它是"根据协议而作出的宣誓"，甚至将提出宣誓要求和作出宣誓看作了一个简约（*pactum*）。[5]

紧接着，下一章 D. 12，3 规定了"估价宣誓"（*iusiurandum in lite*）。在对物之诉或诚信审判中，如果被告拒不出庭或者非常跋扈地拒不返还应该返还的物，那么承审员可以允许原告就诉讼标的物的价值进行宣誓[6]。由于原

---

〔1〕　关于这一点的讨论，vd. ora A. Petrucci, Applicazioni della stipulatio in materia creditizia e problema della causa nel diritto romano classico, in Atti del *Congreso Internacional de derecho civil e romanos comparados*（*Mexico*，7~9 de septiembre 2005），247（http://www. bibliojuridica. org/libros/4/1943/15. pdf）.

〔2〕　这是对 Ulp. 26 *ad ed.* D. 12，2，346 这个著名片段的解读。在这个片段中，乌尔比安引用了裁判官的原话："对于被要求宣誓之人，我会强制他要么履行债务，要么进行宣誓"。

〔3〕　Vd. Ulp. 22 *ad ed.* D. 12，2，7 e 9.

〔4〕　Vd. O Lenel, *Das edictum perpetuum*3 cit. , pp. 235 ss.

〔5〕　Vd. Paul. 18 *ad ed.* D. 12，2，17 pr.

〔6〕　Vd. Marc. 4 *reg.* D. 12，3，5 pr. ; Marcell. 8 *dig.* D. 12，3，8.

告可能基于情感价值或者重新要回该物的强烈愿望等因素，而将估价定得比市场价格高，所以这种宣誓也构成了迫使被告作出具体履行的间接手段[1]。

6. 第4、5、6、7章又回到了"请求返还之诉"这一主题。需要指出的是，第十二卷并没有囊括所有的相关内容，剩余的部分被放在了第13卷靠前的几章。D. 13，1一章是关于"要求返还被窃物之诉"（condictio ex causa furtiva）的。对于这个制度，古罗马法学家们（《学说汇纂》的编纂者们亦不例外）一直都感到有点抓心挠肝[2]。D. 13，3一章是关于所谓的"请求返还小麦之诉"的（triticum在拉丁语中的意思是"小麦"）。这个制度则完全是优士丁尼皇帝手下的这些编纂者们的发明，它只有四个很小的片段。横插在这两章中间的是D. 13，2，其中唯一的一个片段，还只有寥寥数行。这个片段是关于"依法律规定的请求返还之诉"（condictio ex lege）的，它强调了编纂者们赋予"请求返还之诉"的一般诉讼的特征，即如果某人根据任何"新的法律"（lex nova）享有债权，则他可以提起该诉讼。

7. 现在我们来看一下学理上复杂得多的几章。《学说汇纂》编纂委员会的法学家们，在第12卷中规定了"目的不达的请求返还之诉"（causa data causa non secuta）［也称作"因为一个结果（ob rem）或者一个原因（ob causam）的请求返还之诉"，或者"因给付的请求返还之诉"（ob causam datorum）］；还规定了"卑鄙或不正当原因引起的请求返还之诉"（ob turpem vel iniustam causam），以及"非债清偿请求返还之诉"（indebiti）和"无因所得之请求返还之诉"（sine causa）。

有必要指出的是，古典法时期的法学家们似乎并没有对"请求返还之诉"作如此错综复杂的划分，相反，他们只在整体概念上使用这个诉讼；后世的法学家才开始将请求返还之诉区分为因"契约"产生的（比如消费借贷请求返还之诉）和因"契约外"的原因产生的（非债清偿请求返还之诉即为其典型）这两大类。应该说，这种思想到了帕比尼安（公元3世纪）才开始萌芽，并主要经过了乌尔比安的发展。"多个请求返还之诉"（multae condictiones）

---

〔1〕 因此，承审员也可以为宣誓设定一个上限，使宣誓人在此限额内发誓：vd. Ulp. 36 ad ed. D. 12，3，4，2；Marc. 4 reg. D. 12，3，5，1。

〔2〕 从 Gai. 4，4 中已经可以看出这一点。由于窃贼无法移转所盗之物的所有权，而这又恰恰正是"请求返还之诉"的程式所要求的，所以，盖尤斯解释说，允许提起"要求返还被窃物之诉"（condictio ex causa furtiva），是为了通过使窃贼受到多种诉讼的追究，以使他得到更大的惩罚［"出于对盗窃的憎恨"（odio furum）］。

是《学说汇纂》的编纂者们的发明，或者是之前不久的法学学说上的创造。

在 Ulp. 43 *ad Sab.* D. 12，7，1 pr. 中，编纂者们将乌尔比安的原话改头换面，讲述的却是他们自己的关于"复数的"请求返还之诉（*condictiones*）的理论。

第一种类型是所谓的"因给付的请求返还之诉"（*ob causam datorum*，即为了得到对待给付而给出一些物）。在这些情况中，倘若一方履行了给付，而另一方没有作出对待给付，那么履行一方有权要求返还已经给付之物，为了达到这个目的，他可以运用这个再也合适不过的法律手段——"目的不达的请求返还之诉"（*causa data causa non secuta*）。

在这一点上，彭波尼在片段 D. 12，6，52（*27 ad Q. Muc.*）中，区分了"为了一个原因的物的给付"（*dationes ob causam*）和"为了一个结果的物的给付"（*dationes ob rem*）（与此不同但不够清晰的分类，见 Paul. 17 *ad Plaut.* D. 12，6，65 pr. -9）。在前一类别中（*dationes ob causam*），作出物的给付是因为一个已经实现或者已经过去的原因（*causa praeterita*），比如说，我给你某物，是因为我从你那里拿到了某物或者你为我做了某事：这些给付不能被要回，即使后来发现这个原因（*causa*）"不是真的"（*falsa*），也就是说是不存在的。相反，在后一类别中（*dationes ob rem*），作出物的给付是为了在未来得到一个对待给付（*ut aliquid sequatur*）：假如此事后来没有实现，那么，可以依法要回已为的给付（*quo non sequente repetitio competit*）。

当然，此给付应当不是不光彩的（*non inhonestae*），比如可以是：我给你一笔钱，目的是让你解放你的一个奴隶（Ulp. 26 *ad ed.* D. 12，4，1 e 3）；或者，我给你一笔钱，目的是让你前往一个城市，例如卡普阿（Ulp. 2 *disp.* D. 12，4，5）；或者，我给你一笔钱，前提是你要缔结一桩婚姻（Ulp. 3 *disp.* D. 12，4，6）。

在这些情况下，如果对待给付（解放奴隶、前往卡普阿、缔结婚姻等）没有被作出或者没有实现，给出金钱之人有权要回它；当然，除非对待给付本身因为不可归咎于对方的偶发事情而变得不可能，例如奴隶死亡、疾病或恶劣天气使得无法启程，等等。

前面已经说过，这种类型的"请求返还之诉"之所以被冠以"目的不达"（*causa data causa non secuta*）几个词，是因为作出物的给付是为了追求某个特定的目的（奴隶的解放，旅行等）：如果这个目的没有实现（*causa non secuta*），那么，允许要回已给之物。然而，有的时候，"目的"即使好像是实现了，但是由于某个理由的出现，它似乎又消失了，在这种情况下也照样可以提起"请求返还之诉"。现举一例：在买卖过程中，我以定金之名义给了某人一个物（常常是戒指），买卖完成后，我主张要回它。在这种情况下，"给付"之原因（即买卖），从纯技术的角度看是"实现"了［即"达到"了（secuta）］，所以，好像不应该再提起"请求返还之诉"；但是，这个原因又"结束"了（finita），因此，一旦买卖完成，买受人不再有继续保有定金的权利，而应该将之返还。[1]对此，优士丁尼的法学家们称之为"原因结束的请求返还之诉"，并在片段 Ulp. 43 ad Sab. D. 12，7，1，2. 中对它做了原则性的规定。

8. 这里只需扼要介绍一下第 5 章。如果是为了一个卑鄙的目标而作出了物的给付，那么，将发生"卑鄙或不正当原因引起的请求返还之诉"（condictio ob turpem vel iniustam causam）。在这些情形中，秽行可能属于双方当事人（比如，我给你一笔钱，目的是让你判我胜诉：参见 Paul. 10 ad Sab. D. 12，5，3），也可能只属于给付人（比如，我给你一笔钱，目的是让你不渎神，或者不盗窃，或者不杀人：参见 Ulp. 26 ad ed. D. 12，5，2 pr.），也可能只属于受领人［比如，我给你一笔钱，目的是为了履行一个迫于暴力而做出的承诺：参见 Pomp. 22 ad Sab. D. 12，5，7；或者目的是让你归还给我曾以使用借贷之形式借给你的物（res commodata）］。

在最后一个情形中［即秽行只属于受领人（accipiens）］，即使原因实现了（res secuta sit），也照样可以提起"请求返还之诉"。例如，我给你了一笔金钱，目的是让你返还给我曾以使用借贷之形式借给你的物：即使你返还给我了该标的物［因此，从纯法技术的角度看，"结果"（res）是"达到"了（secuta）］，但是，我仍将可以提起请求返还之诉（Paul. 5 ad Plaut. D. 12，5，9）。

9. 关于"非债清偿请求返还之诉"的部分，篇幅稍长。首先需要说明的是，其中的给付应是在履行人错误地以为自己具有该义务的前提下完成的，因为如果物的给付人（dans）知道他不必作出该给付［也就是说，他是"明知的"（sciens）］，那么，他不能提起"请求返还之诉"（Ulp. 26 ad ed. D. 12，6，1；Pomp. 5 ad Q. Muc. D. 12，6，50）。在彭波尼看来，这一章的法理基础是自然的公正，即任何人都不得从他人的损害中得利［Pomp. 21 ad Sab. D. 12，6，14："的确，任何人都不得损人而利己，此乃自然之公正"（nam hoc natura ae-

---

［1］ 法学家乌尔比安在片段 Ulp. 32 ad ed. D. 19，1，11，6 中对这种情况进行了讨论。

quum est neminem cum alterius detrimento fieri locupletiorem）]。这直接导致了此章的"请求返还之诉"被认为是顺应"自然的"（*naturalis*）（Paul. 10 *ad Sab.* D. 12，6，15 pr. ），是建立在"善良与公正"（*bonum et aequum*）原则之上的（Paul. 17 *ad Plaut.* D. 12，6，65，4；Pap. 8 *quaest.* D. 12，6，66）。

　　其次，给出某物之人（*dans*）作出的、以某种方式表现出来的给付，应该给受领人（*accipiens*）带来了财产上的增加，因为如果受领人因其他理由拿到了他人之物，那么将不会产生请求返还之诉。在这个问题上，尤里安（Iul. 39 *dig.* D. 12，6，33）否认在他人土地之上修建建筑物的人可以提起"请求返还之诉"以要回建筑材料，因为在这种情况下，土地的所有人可能已经基于添附的规则、而不是通过给付之人广义的交易行为而取得了对这些建筑材料的所有权。在非债清偿中，给付之人的一个这样的行为是不可或缺的（*aliquid negotii gerere*）。在这一点上，学界原来通常认为，为了要回"非债"，给付某物之人的财产范围和受领之人的财产范围之间仍然需要存在一个"社会接触"（contatto sociale）；但是，又不能构成介于非债清偿和消费借贷之间的一个类型，即在主观要件方面介于二者之间的"预期的非债清偿"。[1]

　　此外，非债可能是客观的，也可能是主观的。在第一个类型中，给付的义务根本就不存在，有人误以为存在而履行了它。在第二个类型中，存在给付的义务，不过，要么是不负有该义务的主体履行了它，比如说，有人误以为自己是继承人而履行了遗赠（即所谓的"产生于给付方的主观非债"：参见Pomp. 22 *ad Sab.* D. 12，6，19，1，此片段还列举了属于这个类型的其他情形）；要么是向真正债权人以外的人履行了该义务，比如说，我认为自己欠你和提丘斯某物，而实际上我只欠提丘斯，或者，甚至两个人我谁也不欠（即所谓的"产生于受领方的主观非债"：参见 Pomp. 22 *ad Sab.* D. 12，6，22）。

　　还有就是，非债不单指给付义务根本就不存在，而且指给付义务虽然曾经存在过，但是债务人受到无限期抗辩的保护（Ulp. 26 *ad ed.* D. 12，6，26，3 和7；Pap. 8 *quaest.* D. 12，6，56），或者用他物代替原物（*aliud pro alio*）（例如，用油代替钱）履行了债务。

　　如果给付的背后有一个债务，哪怕是不可诉之债，比如产生于关于支付利息的裸体简约的债，那么，将不能要求返还。在只存在自然之债（*obligatio naturalis*）的情况下亦同。如果说解放自由人向庇主提供了非债劳作（*ope-*

---

[1]　这种观点，参见 vd. L. Berliri, *Appunti sui contratti reali*, in RISG, 7, 1932, p. 170.

rae），那么就像是非债给付了某物（*res indebita*），而此物又被受领人不是出于故意而卖掉了一样，只能索回估价（*aestimatio*），而不能索回给付本身。

10. 第 12 卷的最后一章是关于"无因所得之请求返还之诉"的。这一章看起来更像是剩余片段的汇总，也就是说，编纂者们将很难体系化的放到别处的片段全都放到了这里。

片段 Ulp. 32 *ad ed.* D. 12，7，2 即为这种工作方法的一个例证。在这个片段中，乌尔比安引用了卡修斯的观点，认为染坊主（*fullo*）可以提起"请求返还之诉"（还可以提起承租之诉），如果他曾经丢失了要他漂洗的衣服，并向所有权人作出了照价赔偿，但是后来这些衣服又被这位客人找到。这些衣服的重新找回，使得衣服的所有权人没有任何原因（*causa*）再继续有效地保有染坊主对他作出的给付。严格来讲，在这种情况下，不能使用"目的不达的请求返还之诉"（*condictio causa data causa non secuta*），因为从法技术的角度来看，染坊主作出的物的给付的"原因"（*causa*）是他无法再归还自己弄丢的衣服；只是，一旦这些衣服被找到，这个"原因"便消失，同时使得受领金钱（即这些衣服的价金）之人，不再拥有一个法律理由来继续保有给他的那笔金钱。如此一来，因为无法使用在《学说汇纂》其他几章中的"请求返还之诉"的模式，所以，优士丁尼的法学家们就创制了这个诉讼的一个新类型，并将之称为"无因所得之请求返还之诉"（*condictio sine causa*）。在这个类型中，"原因"虽然最初存在，但是后来消失了。

11. 除了前面提到的、在第 13 卷中规定的一些"请求返还之诉"〔"要求返还被窃物之诉"（*condictio ex causa furtiva*）；"依法律规定的请求返还之诉"（*condictio ex lege*）；"请求返还小麦之诉"（*condictio triticiaria*）〕外，还有一系列其他的"请求返还之诉"，也不见于第 12 卷，但是它们又必为优士丁尼的法学家们所知晓，并且也许就是被他们所创造。不过，它们没有重要到足以在《学说汇纂》中独立成章，或者足以在《市民法大全》的其他作品中独立成一部分。我这里指的是，"不确定物请求返还之诉"（*condictio incerti*）、"占有请求返还之诉"（*condictio possessionis*）以及一些其他的"请求返还之诉"（*condictiones*）。最后一类"请求返还之诉"的存在，是经过考察那些编纂《学说汇纂》的法学家们的作品，或者它最初的论述者们的作品之后得出的结论。这些论述者有泰奥菲洛（Teofilo）、多罗泰奥（Doroteo）、斯特凡诺（Stefano）等：从他们的作品中〔部分或片段性地保存在对《巴西里奇》

（*Basilici*）的注释中[1]，我们可以看到的"请求返还之诉"有："不具备法律形式的消费借贷请求返还之诉"（*de bene depensis*）、"根据善良与公正原则的请求返还之诉"（*de bono et aequo*）、"对转换物的请求返还之诉"（*de in rem verso*）。这些诉讼遵循的是"诉讼性质"（*natura actionis*）的标准，而该标准对优士丁尼的法学家们来说相当陌生，并且经常不太容易判断它的存在。

借助于"依法律规定的请求返还之诉"（*condictio ex lege*）等模式，或者"诉讼性质"等概念工具，"请求返还之诉"所发挥的制度功能越来越广泛，越来越像是对所发生的任何不当得利的制裁。然而，大体而言，尽管它被一些现代法典所继受，但是毫无疑问，现在它的角色和作用，与它曾在整个罗马古典法中所扮演的角色和所发挥的作用并不相同。在欧洲的法典化运动中，诸"请求返还之诉"的模式（*condictiones*）被 1900 年的《德国民法典》（BGB）所承继。该法典（vd. §§812 ss.）扩大了"请求返还之诉"的适用范围，并将"物的给付"（*datio*）从该诉讼的诸要件中剥离了出去。而在整个罗马法体系的形成时期，这个要件对于"请求返还之诉"而言是必不可少的。在德国法中，与给付不当得利（*Leistungskondiktionen*）相区分的是非给付不当得利（*Nichtleistungskondiktionen*）。前者以受损害者的给付行为（*Leistung*）为前提，而后者不是缘于受害者的给付行为，而是缘于权益侵害（*Eingriffskondiktionen*），或者，于他人之物上支付费用且造成了其价值的增加（*Verwendungskondiktion*），或者最后，对他人债务的清偿（*Rückgriffskondiktionen*）。

12.《学说汇纂》第 12 卷的中译本由翟远见博士译出，该译文经过了纪蔚民博士（Dr. Giuseppe Terracina）的校对。翟远见博士在罗马攻读由罗马第一大学和罗马第二大学联合培养的"罗马法体系及法的一体化"方向的博士学位期间，完成了本卷的翻译工作。我是这个培养项目的协调人。翟远见博士在求学期间刻苦钻研，曾荣获过多项奖学金。他即将提交答辩的不当得利方面的博士论文，与本卷的主题密切相关。本卷的翻译是在"罗马法体系下中国法典化与法学人才培养研究中心"的项目框架下进行的，该中心由罗马第一大学、罗马第二大学、意大利国家科研委员会文化遗产部和中国政法大学共同组建。我们在出版了《民法大全选译》丛书之后，启动了将《学说汇

---

[1]《巴西里奇》（*Basilici*）是公元 10 世纪巴西里乌斯皇帝对希腊语版本的《学说汇纂》的再法典化。后来，文中提到的优士丁尼时期以及后世的一些法学家的论述又被补充了进去，它们构成了对这部法典的论述。

纂》全部从拉丁语译成汉语的宏伟计划。我非常高兴能够与中国同仁一道把它付诸实施，本卷的翻译将该计划向前推进了一步。此书的出版得到了"罗马法体系下中国法典化与法学人才培养研究中心"的资助。

　　（本文原为瞿远见译《学说汇纂（第十二卷）》序言，中国政法大学出版社 2012 年版）

《民法大全·学说汇纂（第十三卷）·
要求返还物的诉讼》序

［意］桑德罗·斯奇巴尼　著　张长绵[*]　译

1. 13 卷是《学说汇纂》第三部分《物》（人们可期待通过诉讼要求归还特定物；请求返还之诉）之延续。在某种意义上，首先延续的是关于请求返还之诉的论述；随后论及使用借贷和质押。实际上，《永久告示》中已经专题论述了使用借贷和质押，原因在于：①它们发生返还确定物之债；②最早保护它们的事实之诉，很可能是对请求返还之诉之模仿（《永久告示》中，在它们之后，论及的是抵消。而该论题，在《学说汇纂》被安排在第 16 卷。关于此等论题的体系化，参见笔者关于 12 卷的序言[1]）。

2. 对于盗窃，可提起罚金之诉。实际上，在罗马法中，盗窃被认为是私犯行为，即只能由受害人提起的侵权行为。它能发生以支付一笔金钱为内容的债，但是，该债不具有损害赔偿之性质，相反是一种金钱惩罚。根据不同类型的盗窃，它可以是被盗物价值的数倍：双倍、三倍、四倍（盗窃作为私犯，被安排在 D. 47.2 –6 中论述）。

然而，罚金的支付并非盗窃法律后果的全部。由于无正当的合法基础，被盗物存于盗贼——或者由于后者的原因，而存于第三人——的财产之中，故而，还涉及被盗物归还之问题。对于该问题，所有人可提起原物返还之诉，要求占有人归还被盗物：对此，所有人需证明其所有权人之身份（参见：D. 6）；所有人还可以通过占有令状——尤其是以"两地之一（utrubi）"为开

＊ 译者系意大利罗马第二大学法学博士，华东政法大学讲师。

〔1〕 由于印刷的原因，在 12 卷序言中，似乎未提及 A. Saccoccio 关于请求返还之诉的作品。笔者在本序言中引用之：A. Saccoccio, *Si certum petetur. Dalla condictio dei veteres alle condictiones giustinianee*, Milano，2002.

头的令状（根据该令状，相对于所有人，盗贼的占有人身份是不正当的，因此需依照裁判官之命令归还被盗物，而不能阻止所有人重获占有。参见：D. 43. 31）重获占有；另外，被盗人还可通过请求返还之诉（D. 13. 1 论及的主题），要求归还被盗物，因为被盗物持有人之持有不具有正当合法性基础，故而有义务归还之。

该三个诉（盗窃之诉、原物返还之诉、请求返还之诉）之间的关系，或是聚合的，或是竞合的（即可选择的）。

罚金之诉可与原物返还之诉、请求返还之诉聚合，因为虽然他们的请求权基础（causa petendi）都统一于盗窃，但请求权的内容（petitum）相异。申言之，罚金之诉的内容是请求一笔罚金；而后两者的内容却是恢复原状，即要求归还原物，或者在归还不能时赔偿与物等价之损失。

而后两个恢复原状之诉之间关系是竞合的。申言之，被盗人只能实现其中一个诉。由于两者都是恢复原状之诉，内容同一，故而其中一个诉的实现将会使另一个诉消灭（D. 13. 1. 7. 1）；选择实现原物返还之诉还是请求返还之诉，则由当事人自由决定。

还需指出：罚金之诉在被告人方面，不得移转（Gai. 4. 112；J. 4. 12. 1），除非在私犯行为人死亡之时司法程序已经启动（参见：D. 50. 17. 139pr.；D. 50. 17. 164；D. 44. 7. 59/58；D. 42. 1. 6. 3）。[1] 相反，原物返还之诉在被告人方面，则可以转移。另外，罚金之诉具有投偿性、连带性，而原物返还之诉不具有此等性质。

对于这些片段，玻蒂埃[2]在顺序上作出了不同于优士丁尼时代编纂《学说汇纂》的法学家的解读。如同其他卷一样，笔者愿意给出这一解读，[3]因为它便于人们理解。但是，笔者意图强调：对于论题的深入理解，能够发展出更完美的解读顺序，正如笔者在《学说汇纂》第 9 卷的序言中所呈现的那样。根据玻蒂埃的论述，D. 13. 1 可以如下顺序更好地被解读［笔者增加了本卷以外的片段（以括号示明），因为玻蒂埃认为，这些片段有利于完整地、有

---

〔1〕 另外片段 D. 44. 7. 36pr. 也非常有意义。根据该片段，私犯行为人死于诉讼启动之前的，若某人享有遗产时，基于该私犯行为而受益，则会被认为是不当得利。该片段提及的事例包括：故意的私犯行为、暴力或秘密占有、临时让与等。

〔2〕 R. J. Pothier, *Pandectae iustinianeae in novum ordinem digestae*, 1748~1752.

〔3〕 参见笔者序言：《学说汇纂》第 4 卷序言标题 6、7、8；《学说汇纂》第 6 卷标题 1；《学说汇纂》第 8 卷标题 1；等等。

顺序地展示该论题。如前所述，私犯中也论及该论题，D. 47. 2 – 6]。

诉的享有者：D. 13. 1. 1；（D. 47. 2. 14. 16）；D. 13. 1. 10. 2 – 3；D. 13. 1. 12pr. – 1；D. 13. 1. 14pr. ；（D. 47. 2. 52. 29）；D. 13. 1. 11；（D. 47. 2. 57. 4infine）；D. 13. 1. 12. 2。

对谁提起诉，该诉与盗窃之诉之区别所在：D. 13. 1. 10pr. – 1；D. 13. 1. 16；（D. 13. 6. 14）；D. 13. 1. 5infine；D. 13. 1. 6；D. 13. 1. 4；D. 13. 1. 5；D. 13. 1. 19；D. 13. 1. 15；D. 13. 1. 2；D. 13. 1. 9；D. 13. 1. 7. 2。

何种情况下，赋予盗窃之诉：D. 13. 1. 14. 2 – 3（D. 47. 2. 21. 10；D. 47. 2. 38. 1）。

诉讼期限：D. 13. 1. 10pr. ；（D. 47. 2. 81. 5）；D. 13. 1. 7pr. ；（D. 47. 2. 68. 5；D. 13. 1. 8pr. ；D. 13. 1. 20；D. 13. 1. 17。

诉的内容：D. 13. 1. 8. 1；D. 13. 1. 13；D. 13. 1. 14. 1；D. 13. 1. 8. 2；D. 13. 1. 3。

3. D. 13. 2 寥寥数语，只包含一个片段："依据法律（ex lege）的请求返还之诉。"编撰者赋予该诉一般诉的特征，他们宣称：该诉可保护任何新的法律（lex nova）创造的请求权。对此，我们也可以从 C. 3. 31. 12. 1，C. 6. 30. 22. 6 以及 531 年的两个谕令中找到痕迹。笔者以为，应当把该诉与法律作为债的发生原因之论述（D. 44. 7. 52. 5）[1]联系起来理解。

D. 13. 3 论述"请求返还小麦之诉"。它的名字源于拉丁语中"小麦（triticum）"一词。该诉涉及请求返还基于借贷产生的除现金之外的、可替代的、确定数额的物。它也是优士丁尼法学家的创造物。实际上，他们只规定了四个片段。关于涉及该诉的其他片段，参见前述12卷序言。

4. D. 13. 4 谈及的仍然是请求返还之诉，它涉及如下问题：在特定地点给付物。

就总体而言，罗马人并未深入分析债的履行地问题[2]：债的履行地有时由债的发生原因决定，有时可由给付的性质推知。后者特别适用于为之债。与之不同，若债的标的是种类物之给付，其履行地应在提起诉讼的地方，即一般而言，为债务人所在地；若债的标的是特定物之给付，如在遗赠情形，应在物之所在地履行，除非继承人（债务人）故意将物转移至他处（D. 5. 1. 38；

---

〔1〕 该片段，参见丁玫译：《契约之债、准契约之债》（民法大全选译），中国政法大学出版社1998 年版，第 7 页。

〔2〕 故此，笔者在选择具体片段时（《契约之债、准契约之债》），并未对该问题予以特别重视。

D. 30. 47 pr.〔1〕；D. 30. 108 pr.）。

在金钱之债中，如明确约定了履行地——而该履行地可不同于债的设立地，也可不同于债务人之所在地——此时履行地问题具有特殊意义。有时，债权人请求在约定之外的地方履行债务，可能给债务人带来更大的负担；但也可对债务人有利；有时，在约定地履行，符合债权人之利益，而在约定地之外履行，却对债务人有利。面对此等情形，裁判官创造了"特定地给付"之诉。该诉也是"仲裁诉讼"。据此，在程式诉讼中需赋予承审员自由裁量权，于最终判决时，考量如下因素：双方在约定履行地履行之利益，在他地履行时对一方造成的损失。此种自由裁量权通过在程式中载明不确定的、待定的债务数额加以实现——即使债务数额实际上是确定的。〔2〕

玻蒂埃建议的解读顺序如下：

履行地明确的债：D. 13. 4. 9；D. 13. 4. 2. 4；D. 13. 4. 2. 3；D. 13. 4. 2. 7；D. 13. 4. 1。

"特定地给付"之诉；赋予诉的具体原因；诉的享有者；向谁提起诉：D. 13. 4. 2. 1；D. 13. 4. 6；D. 13. 4. 7。

该诉应在某一履行地提起：D. 13. 4. 2. 2。

诉中承审员的职责：D. 13. 4. 2. 8；D. 13. 4. 3；D. 13. 4. 2 pr.；D. 13. 4. 4；D. 13. 4. 8；D. 13. 4. 10。

5. D. 13. 4 谈及"关于在确定期限内清偿的钱款债务"〔3〕。面对契约类型封闭性所造成的诸多困境，裁判官尝试通过多种方式加以解决，其中包括对法学家的理论建构进行整合。比如对某些自主协议（这些协议因告示条款获得保护）进行类型化，便是一种特殊的整合方式。但是，在许多其他情形，此等协议并非产生全新的束缚，而是强化某一基于其他原因产生的债，此等

---

〔1〕 参见［意］桑德罗·斯奇巴尼选编，费安玲译：《婚姻、家庭、遗产继承》（民法大全选译），中国政法大学出版社 2001 年版，第 558 页。

〔2〕 该节中，最饶有趣味的是 D. 13. 4. 3。在该片段中，考量了金钱在不同地方的不同价值。并规定：由于债权人的原因，金钱债务之履行会给该债务人带来更重负担时，则此等负担须有债权人承担。对该片段，笔者曾撰文强调：在国际债务中，如果金钱的价值差异由当事人一方的原因或者货币政策造成时，需考量此等价值差异。参见 S. Schipani, *Livio 35，7；Gaio D. 13，4，3 e il problema del debito internazionale*；in S. Tafaro（a cura di）：*L'usura ieri e oggi*，Bari，1997，271 ss.

〔3〕 该论题的现代经典罗马法著作：F. De Martino, *Le garanzie personali dell'obbligazione*，Roma，1940；P. Frezza, *Le garanzie delle obbligazioni*，*I. Le garanzie personali*，Padova，1962；F. Guizzi, "Constitutum debiti"，in *Novissimo Digesto Italiano*，4，Torino，1959，299 ss.

强化亦可通过第三人之介入而得以实现。

业已存在的市民法或裁判官法上的债（也许也可是自然法上的债），即使已经规定履行期限，若其内容为数额确定的金钱或可替代物，仍可通过某一行为规定该债一个确定的履行期限，且该债必须在该期限内履行。

原始文献并未将上述行为定性为"简约"，而是很可能将之界定为合意：它不是单方行为，也不是要式行为。申言之，该行为可在当事人不在场的情况下完成，也无需遵循特殊的形式。另外，它被认为是为了债权人之利益，故此人们不将该行为认为是单纯的债务人之主动行为，即使在债务人提出建议后，债权人也可处于单纯的消极状态——即使该行为可通过如下方式完成：债务人作出单方意思表示，而债权人知晓该意思表示，或者只要其未作出相反的意思表示。

还需指出，若在确定的期限内，债务人未履行债权，则债权人可选择提起基于原债权的诉讼（该诉并未消灭）或者本诉（该诉最早在拉贝奥时期即公元前 1 世纪由裁判官赋予）。后者的性质属于事实之诉，依据该诉，债权人的利益可获得更妥当的评估，尤其考虑到两个诉所涉及的不同履行期限。另外，只要履行期限届至而未履行，则债务人就必须承担责任。故此，债务人需对履行迟延后的意外事件承担责任，只有在未履行或履行迟延可归责于债权人时，方可排除债务人的责任。

"关于在确定期限清偿的钱款债务"的制度设计，其最早的功能在于商定一个业已存在的债的履行期限，随后其功能得到扩展：尤其具有了担保功能，即可以为第三人之债约定一个确定的清偿期限。优士丁尼法规定该担保功能，并且还规定了其他诸多便利（C. 4. 18. 2. 1）。另外，它还可为任何客体的债确定履行期限。因此，实质上，该制度的构成要件便是：①存在先前的债务，至于是自身或他人的债务，则在所不问；②为债权人之利益，确定一个履行期限；③在履行债务时，由承审员评估债权人利益的不同纬度。

本章涉及的问题非常丰富。玻蒂埃对该章片段的解读顺序如下：

该制度的实质：D. 13. 5. 1pr.；D. 13. 5. 16. 2。

何等债务可使用该制度：D. 13. 5. 1. 6；D. 13. 5. 29；D. 13. 5. 1. 7 – 8；D. 13. 5. 25. 1；D. 13. 5. 1pr. – 2；D. 13. 5. 19pr. – 1；D. 13. 5. 11pr.；D. 13. 5. 21pr.；D. 13. 5. 23；D. 13. 5. 18. 1；D. 13. 5. 19. 2；D. 13. 5. 20。

可承诺的内容：D. 13. 5. 13；D. 13. 5. 11. 1；D. 13. 5. 12；D. 13. 5. 1. 5；D. 13. 5. 14. 1 – 2。

可否以不同于原债权的方式承诺：D. 13. 5. 5pr. ；D. 13. 5. 4；D. 13. 5. 16. 1。

谁可以承诺；可为谁承诺：D. 13. 5. 1. 1 – 3；D. 13. 5. 5. 2；D. 13. 5. 7. 1；D. 13. 5. 8。

可否为他人之债承诺：D. 13. 5. 27；D. 13. 5. 31；D. 13. 5. 2；D. 13. 5. 1. 8。

可对谁人之债承诺；承诺人可为何人之利益商谈：D. 13. 5. 5. 4 – 6；D. 13. 5. 10；D. 13. 5. 6；D. 13. 5. 7；D. 13. 5. 5. 7 – 9。

如何完成该行为：D. 13. 5. 1. 4；D. 13. 5. 14. 3；D. 13. 5. 15；D. 13. 5. 5. 3；D. 13. 5. 24；D. 13. 5. 26；D. 13. 5. 14pr. ；D. 13. 5. 21. 1。

行为之效力：D. 13. 5. 28；D. 13. 5. 18. 3。

实现诉的前提：D. 13. 5. 21. 2；D. 13. 5. 25pr. ；D. 13. 5. 8infine；D. 13. 5. 9；D. 13. 5. 10；D. 13. 5. 30；D. 13. 5. 16. 3。

需考虑哪个时间点：D. 13. 5. 16. 4；D. 13. 5. 17；D. 13. 5. 18pr. 。

诉包含的内容：D. 13. 5. 18. 2；D. 13. 5. 16pr. 。

6. D. 13. 4 论及著名的、常见的一类合同：使用借贷[1]。在本章中，首先是对程式中用词的综合但不完整的分析。

使用借贷的保护，也是司法官基于对一类信托的分析而建构的。

从结构上而言，信托与要物合同相似；从功能上看，后来的使用借贷、质押、寄托一直发挥着信托之功能（但信托也一直存在于整个古典法时期），但是在债的发生原因里，却一直不包括信托。信托是通过庄严形式转让要式物（res mancipi）所有权的一种法律制度。在该庄严形式过程中，信托人通过言辞表达转移要式物的目标；而物的受让人基于信义（fides）向信托人承担实现上述目标的义务（该目标正是受让人转移所有权的原因）。上述目标实现后，受让人需向信托人返还所有权。信托制度产生的原因在于：一方面，远古罗马尚未承认权能小于所有权的权利；另一方面，亦未创造相应的法律行为类型以适应不断涌现的诸多的实践需求，而这些需求的实现最终只能求诸"与朋友的信托"、"与债权人的信托"。当然，就欲实现的目标而言，转让所有权可以说显得多余。于是，信托的原因、典型的法律事实逐渐地独立出来，具有了相应的法律效果。

---

〔1〕 该论题的现代经典著作参见：F. Pastori, *Il comodato nel diritto romano*, Milano, 1954, rist. 1997, Cisalpino；F. Pastori, voce "*Comodato（Diritto* romano）", in *Novissimo Digesto Italiano*, 3, Torino, 688 ss；G. Scherillo, "*Comodato（Diritto* romano）", in *Enciclopedia del Diritto*, 7, Milano, 1960.

当然，笔者无意在此分析信托制度，只是试图强调：隐藏于上述两个信托类型的某些特殊的原因，逐渐地显现出来。申言之，为实现交物于朋友使用并需归还或交物于债权人用于担保的目标而移转所有权的这件"外衣"显得过于"肥大"，故此，便制作了一件"得体的外衣"，其中一件便是使用借贷。对于使用借贷，司法官首先创造了一个事实之诉，据此，在未归还物的情况下，会作出损害赔偿之判决（如前文所述，该诉是在模仿请求返还之诉的基础上建构的）；其后，此等新的原因法律关系为市民法所移植，司法官又创造了以诚实信用为基础的诉（两种程式，参见 Gai. 4. 47）。该诉是诚信诉讼，因此一方面能以更灵活的形式描述借用人在归还不能的情况下的责任问题；另一方面又能更妥当地对归还之物的价值贬损进行评估。

需强调的是，使用借贷是"对使用之借贷"（prestito d'uso），实际上，我们在原始文献中可找到类似表达："给予以便使用（dare per usare）"。使用借贷是要物合同之一种，原因在于：债随着物之交付而产生，并以之塑造。申言之，债的内容是"归还"，不得超过"交付"的量度。无偿性是借贷合同的结构性特征，因为债是以物的交付为限度而建构的。故此，从功能上讲，借贷合同是单务合同：只有一方当事人承担债务。若存在对价义务的话，信用借贷则转变为租赁合同或无名合同。物之交付，是合同成立的充分要件；虽然在反思诸合同制度的过程（这一过程于公元 2 世纪古典法中得以成熟发展）中，合意总是被隐含地提及，但是，合意从未被认为是使用借贷合同的独立要素。

另外，若借用人在使用物之过程产生了相关费用，或者赔偿了因物而引起的损害，则可向出借人要求偿还。据此，规定了对立诉。

使用借贷的标的物须是不可消费物，该物的所有权一直为出借人所享有。标的物的不可消费性是相对于物之使用而言的。比如，就一般用途而言是可消费的物，如水果，则只能被出借用于展示。物之交付以有利于借用人之利益为目的。借用人可以使用物，但受到如下限制：①须归还物；②若有明确的约定，则须遵循之；③遵循习惯。

本章的内容非常丰富，需要深入分析。为简化解读，笔者引用玻蒂埃的解读顺序：

何等物可以被使用借贷：D. 13. 6. 1pr. － 1；D. 13. 6. 3. 6；D. 13. 6. 4。

如何完成标的物的交付，如何使用物，使用借贷的无偿性：D. 13. 6. 8；D. 13. 6. 9；D. 13. 6. 5. 11 － 12。

在何等人之间可以成立使用借贷：D. 13.6.1.2；D. 13.6.2；D. 13.6.3pr.；D. 13.6.13.2；D. 13.6.15；D. 13.6.1.2；D. 13.6.2；D. 13.6.3pr.；D. 13.6.13.2；D. 13.6.15；D. 13.6.16。

出借人之诉，诉的享有者，向谁提起诉：D. 13.6.6.8；D. 13.6.6；D. 13.6.7；D. 13.6.3.4 – 5；D. 13.6.3.3；D. 13.6.17.2。

何时可以通过诉要求返还出借物：D. 13.6.17.3。

诉的内容：（D. 44.7.1.4）；D. 13.6.5.2 – 3；D. 13.6.5.5；D. 13.6.21.1；D. 13.6.5.6；D. 13.6.5.13 – 14；D. 13.6.5.9；D. 13.6.18pr. infine；D. 13.6.5.10；D. 13.6.5.12；D. 13.6.20；D. 13.6.20；D. 13.6.12.1；D. 13.6.5.4；D. 13.6.18；D. 13.6.5.7；D. 13.6.3.1 D. 13.6.23；D. 13.6.10；D. 13.6.19；D. 13.6.21pr.；D. 13.6.3.2；D. 13.6.5.1。

可否要求逐次返还出借物：D. 13.6.13pr.。

借用人之对立诉：D. 13.6.13pr.；D. 3.6.5.8infine；D. 3.6.18.2 – 3；D. 3.6.22；D. 3.6.17.5；D. 3.6.21；D. 3.6.18.4；D. 3.6.17.1。

7. D. 13.4 论及与质押有关的诉[1]。这一论题颇具现代意义。对此，我们首先要做两个说明。

（1）需要强调指出：术语"质押"（pegno）指的是不向债权人移转标的物所有权的任一物保，即包括以交付标的物为基础的"给付质押"，也包括"协议质押"；后者最早被称为"抵押"（ipoteca），它无需交付标的物，而以双方的合意为基础（D. 20.1.5.1）。故此，在现代意义上，质押这一主题包括质押（以动产为标的物）和抵押（以不动产为标的物）两对存在差异的范畴。当然，这两对范畴已经出现在原始文献中（（D. 13.7.9.2；J. 4.6.7）。

（2）同样需要强调的是：本章中质押是从诉的角度、从最初的保护手段的角度而被加以论述的。如前所述，裁判官认为此等法律关系值得保护；而最初赋予的保护形式便是事实之诉。从某种意义上讲，是诉的赋予塑造了该

---

[1] 该论题的现代罗马法经典著作参见：P. Frezza, *Le garanzie delle obbligazioni. II. Le garanzie reali*, Padova, 1963；A. Burdese, Lex commissoria e ius vendendi *nella fiducia e nel* pignus, Torino, 1949；A. Burdese, s. v. *Pegno*（*diritto romano*），in *Enciclopedia del Diritto*, 32, Milano, 1982. 意中之间的合作成果参见 A. Petrucci, *La legge sulle garanzie delle obbligazioni della R. P. C.*, in *Dir. comm. int.*, 1996, p. 873 ss.，该文另载于 Formichella, Terracina e Toti 主编：*Diritto cinese e sistema giuridico romanistico*, Torino, 2005, p. 175 ss.；A. Petrucci, *Sistema giuridico romanistico e diritto cinese：considerazioni sui diritti reali di garanzia*, in S. Schipani e G. Terracina 主编：*Le nuove leggi cinesi ela codificazione. La legge sui diritti reali*, Roma, 2009, p. 249 ss.

诉所保护的主观权利。此种诉的优先性，反映在《学说汇纂》对该论题的安排中，正因为如此，它与请求返还之诉一起，被统一论述。我们知道，事实之诉要求关注事实，因为事实是裁判官赋予诉的理由。基于此，需要对作为该诉之前提的事实进行分析。《学说汇纂》并未将物的交付作为该事实的构成要件（但物的交付这一要件却是优帝《法学阶梯》将其列为要物合同的动因），原因在于：诉的事实要件具有一统性（unitarietà），而物的交付不存于所有质押之中，故而它不能被统一论述。另外，需提及的是质押包含的协议。该协议最初置身于信托的庄严仪式之中，而后从中分离出来，并且根据协议，即可在物上设立担保：这也决定了 D. 20.1（关于质押和抵押，它们如何成立，与它们相关的简约）的内容。但是，整合本章的论述时，需综合考虑上述两个角度（物的交付和协议）。

如上所述，"与债权人之信托"涉及要式物，须通过曼兮巴蓄完成。该制度中，物的所有权移转于债权人，当债务人履行债务时，债权人需返还所有权；而当债务未清偿时，信托所有权转变为债权人的纯正所有权；若信托物的价值高于债务时，债务人对差额不享有任何权利。鉴于此，在信托协议中经常约定如下条款：若信托物的价值高于债务时，则债权出卖后须向债务人归还差额；反之，若出卖信托物的价款不足以满足债权时，则债权人享有差额债权。早在公元前 2 世纪，就出现了一种以动产为标的物的担保。由于标的物是动产，不属于要式物，故而无须通过曼兮巴蓄完成。具体言之，此种动产担保涉及的是土地承租人携带至土地、用于耕作的农具，人们将之编制成清单。在这过程中，通过某种意义上的交付（携带至土地），农具的所有权很可能被土地的所有权直接吸收，从而设立了担保。还需指出：在早于程式诉讼之前的法律诉讼中，存在一种"扣押之诉"，据此，债权人在债务清偿之前，无义务归还标的物（参见 Gai. 4. 26 ~ 29）。

协议质押正是源于上述涉及农具之法律情形，它出现于公元前 2 世纪末。该制度的确定经历一个漫长的过程。最初，债权人可通过占有令状保护其占有，以对抗所有人之外的其他人；而对该制度最终成为物保起到决定性作用的是公元前 1 世纪赛尔维诉讼的创立。该诉实际上拟制的原物返还之诉，即旨在重获对物的实际控制的对物之诉。在失去占有的情况下，质权人可通过在程式中描述事实，对现占有人提起该诉。该诉的构成要件是：①质押是为业已存在的债务而设立；②质物为债务人之财产；③债务未清偿且债权未因其他原因而获满足。

给付质押遵循协议质押的径路。将物之交付作为一种合意、协议看待，也并非难事。

如前所述，质押可由债务人、第三人设立——只要质物属于他们的财产。需要指出的是，质押人对物的权利，可以是纯正所有权，也可以是裁判官所有权或行省所有权，甚至对某地享有赋税田权（Ius in agro vectigali）的人也可质押该地。并且，占有某物的人存在占有取得的可能性时，或许也可质押标的物。

质押物可以是有体物。在公元1世纪，出现了在整体财产上的抵押。在古典法时期，出现了债权质押。

质押的设立须以存在主债权为要件。若缺少这一要件，质押不成立。若债务因清偿或其他原因（如免除）而消灭，则质押消灭。在不完全消灭债权的情况下，质权在何种范围内消灭？对这个问题，争论纷纭。另外，主债权可以是自然债权。

在同一物上同时为多个债权人设定质押的，最初的规则是取得占有的债权人享有优先权；其后的规则是诸质权人平等享有质权。在同一物上先后为多个债权人设定质押的，则按设定时间的顺序依次受偿（即所谓抵押次序），后次序人在前次序人实现债权后的剩余价值上受偿。

古典法中若债权未获满足，债权人可获得质押物的所有权。但是，此等基于解约条款（lex commissoria）的取得所有权之权利，并非自动实现，而需要债权人作出使用该条款的意思表示（债权人和债务人之间的所有权移转的成立要件是饶有意味的）。相对于上述解约条款，作为后来成为质押行为常数的"出卖简约"（patto di vendita）在实践中更加流行。根据"出卖简约"，债权人享有处分质物的权利。与古老的信托制度中的信托所有权人不同，此处债权人并非作为所有权人处分质物（同样，此处的成立要件也是饶有意味的。但是笔者无法在此讨论）。当债权获得满足后，债权人有义务向债务人或质押人（第三人）归还差额。在债权人难以出卖质物时，根据最古老的模式，债权人有权自己购买之。而在君士坦丁堡时期，禁止债权人取得质物；优士丁尼时期，则采取了更谨慎的做法，以防止强势一方当事人进行投机行为而损害债务人。

本章逐个探讨了许多颇具意义的问题。玻蒂埃的解读顺序如下：

出质人之诉：诉的享有者，向谁提起诉：D. 13. 7. 33；D. 13. 7. 9. 4；D. 13. 7. 22. 2；D. 13. 7. 28. 1；D. 13. 7. 11. 6 – 7；（D. 20. 1. 2）。

何时提起诉：D. 13. 7. 9. 3；D. 13. 7. 11. 3；D. 13. 7. 11. 5；D. 13. 7. 8. 1；D. 13. 7. 22pr. – 1；（D. 46. 3. 74；D. 50. 17. 46）；D. 13. 7. 24. 1；D. 13. 7. 11pr.；D. 13. 7. 20. 3；D. 13. 7. 34；D. 13. 7. 39；D. 13. 7. 20. 2；D. 13. 7. 9. 3；（D. 23. 3. 50. 1）；D. 13. 7. 11. 2；D. 13. 7. 24. 3；D. 13. 7. 43；D. 13. 7. 9. 5；D. 13. 7. 10。

该诉包含的内容：D. 13. 7. 40. 2；D. 13. 7. 13. 1. 30；D. 13. 7. 14；D. 13. 7. 15；D. 13. 7. 24. 3；D. 13. 7. 43. 1；D. 13. 7. 42；D. 13. 7. 24. 2；D. 13. 7. 6. 1；D. 13. 7. 7；D. 13. 7. 13pr.。

质权人之对立诉：发生原因（五类原因）：D. 7. 3. 8pr.；D. 7. 3. 25；D. 7. 3. 22. 3；D. 7. 3. 3；D. 7. 3. 22. 4；D. 7. 3. 23；D. 7. 3. 36；D. 7. 3. 9；D. 7. 3. 16. 1；D. 50. 17. 32；D. 7. 3. 36. 1；D. 7. 3. 31。

对此，笔者需要指出：玻蒂埃一方面将本章中许多片断安排在《学说汇纂》的其他章节主题（尤其是在质押 D. 20）下加以论述；另一方面，又将《优士丁尼法典》（尤其是 C. 8. 13）中的许多片断安排在本主题中加以分析。对于《优士丁尼法典》的片断，笔者并未提及。

8. 本卷中译本由华东政法大学的张长绵博士从拉丁文译出。译文经过了腊兰（Lara Colangelo）博士的校对。整个翻译过程在罗马完成。张长绵博士是罗马第一大学（"Sapienza" Universitàdi Roma）和罗马第二大学（Universitàdi Roma Tor Vergata）合作博士项目"罗马法体系和法的统一化"（笔者是该项目的协调人）的注册博士生。张长绵博士在完成学业后，将回到华东政法大学进行学术研究活动。

该项翻译是"罗马法体系下的中国法典化和法学人才培养研究中心"系列项目之一。该中心由罗马第一大学、罗马第二大学、意大利国家科研委员会文化统一处、中国政法大学共同组建。在完成《民法大全选译》计划后，本卷的翻译又将我们宏伟的《学说汇纂》翻译工程向前推荐了一步。能与中国的同仁通力合作，共同完成这一工程，笔者深感荣幸。本书的出版得到上述中心的赞助。

（本文原为张长绵译《学说汇纂（第十三卷）》序言，中国政法大学出版社 2016 年版）

《民法大全·学说汇纂（第十六卷）·
抵销与寄托》序

〔意〕桑德罗·斯奇巴尼　著　李超[*]　译

1. 第 16 卷属于《学说汇纂》第三部分（第 12～19 卷），这一部分的内容是关于债，特别是第 17～22 卷（只有要式口约在第 45～46 卷的前面被谈及，而这两卷又被认为都是有关债的总论的提前论述）涉及的债。因此，在这一部分中存在一部分可以归为广义上的债的内容（第 14～16 卷第 2 章）。事实上，第 16 卷第 3 章以直接的方式论述寄托合同；第 16 卷第 1 章论述的则是关于为了他人利益而承担债务，特别是债的担保的相关规定；第 16 卷第 2 章涉及的是有关抵销的概括总结；在《法学阶梯》中的相关阐述则是从——关于债的履行的——诉讼中对判决进行评估的角度展开的（I. 4. 6. 30 e 39）。

本卷（Cost. Omnem 3～4）曾经是法学院学生在第二或第三年时学习的内容。

2. 第 1 章论述的是有关《韦勒雅元老院决议》的内容。该决议是在公元 1 世纪后半叶左右颁布的，其参照了之前奥古斯都（公元 14 年死亡）和克劳迪（公元 41～54 年在位）颁布的谕令（D. 16，1，2pr.）。^{〔1〕}它们涉及的是关

---

* 译者系意大利罗马第二大学法学博士，北京化工大学法律系副教授。

〔1〕 根据片段 Gai. 1，4；D. 1，1，7pr.；D. 1，2，2，9；J. 1，2，5；D. 1，3，10，12 的记载，元老院决议是法的一种渊源，它等同于法律，但这种与法律的"等同"是缓慢形成的。在这个形成过程中，需要我们注意的是，包括法律并不总是能够直接修改市民法（在《学说汇纂》第 1 卷的序言中我对此有所提及，更详细的论述，参见〔意〕朱塞佩·格罗索：《罗马法史》，黄风译，中国政法大学出版社 2009 年版）。在元老院会议上，主持会议的执政官们可以提出议案，如果该议案被通过，那么议案也以他们的名字命名，如本决议案。如果元老院会议是由君主主持而且议案是由他提出的，那么元老院决议则以该君主的名字命名，例如 Gai. 2，197 中提到的《尼禄元老院决议》。但某些元老院决议是因发生了特定的案件进而引起元老院作出的决议，有时这些元老院决议也会以该相关人的名字命名，如 D. 14，6 中提到的《马切多尼安元老院决议》。君主制定法律的机制形成得更为缓慢，最初是通过裁判官告示制度，即君主如同其他有司法管辖权的裁判官一样颁布告示（参见 Gai. 1，5～6；J. 1，2，6），而所谓的"君主谕令"的职权也是在之后才逐渐成熟起来的（参见《学说汇纂》第 1 卷的序言及前引格罗索：《罗马法史》）。

于妇女的适法行为的效力问题[1]。

在现代，上述问题常被置于"权利能力"或"行为能力"（capacità）下被讨论，但这种架构是有缺陷的，因为女性从一开始在公法领域内是肯定能够成为重要祭司社团的成员，又或者在私法领域内是肯定能够以继承人的名义获得（物）。当然，特别是在更古老的世纪里，女性无权实施那些含有行使家父权（比如收养）意味的行为。此外，为了实施其他种类的行为，她们需要监护人的辅助，即监护人通过自己的准可（auctoritas），来补充女性自己的意思表示，但片段 Gai. 1，190 认为关于这种监护的理由是"华而不实"的[2]。

本章论述的《韦勒雅元老院决议》显然为女性参与商业活动和贸易设置了障碍。在该领域中，术语 intercedere 指的是一个女人为了他人利益而有意承担责任进而所实施的具有重要法律意义的行为。被禁止的行为有：①担保他人债务之债和为了他人利益的被动消费借贷合同之债（在此种债中，虽然物形式上是借给妇女，但事实上却是由第三人领取，参见 D. 16，1，2，1）；②女性委托某人向第三人担保另一人的债务的委托合同之债（D. 16，1，6；D. 16，1，7）；③为担保他人债务而设定抵押和质押（D. 16，1，8pr.；D. 6，1，39，1）；④承担他人债务进而使原债务通过更新而消灭；⑤与另一债务人承担连带债务（D. 16，1，17，2；D. 16，1，18）；⑥女性承受一笔遗产及相应的债务责任，但其目的在于优先保障遗产债权人利益而非该女性的利益（D. 16，1，32pr.）；⑦女性在某人住所通过自己的表意行为承担的并使该人获得优势的任何债务（D. 16，1，8，14；D. 4，8，32，2）；⑧为了他人利益而实施的诉讼行为（D. 16，1，32pr.）。

尽管该禁令并不妨碍那些市民法上合法行为的效力，但在裁判官法层面，裁判官或者通过授予抗辩权来使债权人——基于该行为对该女人提起的诉——的要求变得可能无效，或者在（万一）已经发生法律效力时，通过授予该女人一个诉（condictio）来使其得以要求返还已经支付（的价金）。

与这种裁判官法上的无效相关的是，同一裁判官后来还另外规定，当某个女性的债务承保行为被认定为无效时，如果有必要，可以恢复债权人对原债务人享有的诉（该女人的债务承保行为可能使原债务人的债务消灭）

---

[1]　Cfr. B. Albanese, *Le persone nel diritto romano*, Palermo, 1979, 347 ss.

[2]　参见［古罗马］盖尤斯：《法学阶梯》，黄风译，中国政法大学出版社 1996 年版，第 70 ~ 72 页。

（D. 16，1，8，7～D. 16，1，14），或者给予债权人一个针对第三人的诉（如果第三人由于该女人的介入行为而被代替，进而被排除出债）。在随后的一段时期内，立法政策经过了多次改变，它们针对某些情形中（《韦勒雅元老院决议》）的适用做了调整（或者减轻或者加重），最后，优士丁尼皇帝在公元530年的一个谕令中规定，女性实施的有效的债务承保行为限于：为了某个对应的请求而实施的或者实施后超过两年并由其确认的；以书面形式实施，并有三名证人在场见证的；与解放奴隶相关，或者为了嫁资的目的实施的，或者为获得自己儿子的保护而放弃元老院决议给予的特权的[1]。此外，优士丁尼在公元556年的一个君主谕令中还规定，妇女为自己丈夫实施的债务承保无效，但债并未明显用于妇女的除外[2]。

关于该章以及该卷的其它几章，如同我在已经出版的其他卷中所说过的那样[3]，我认为有必要参照波蒂埃[4]在其著作 *Pandectae iustinianeae in novum ordinem digestae* 中所进行的重读。

根据波蒂埃的文本顺序，本章的片段可以被梳理为[5]：

《韦勒雅元老院决议》涉及的相关债务在书中对应为：D. 16，1，1pr.；D. 16，1，1，1；D. 16，1，2pr.；D. 16，1，2，1；D. 16，1，2，2。尤其是：D. 16，1，2，4；D. 16，1，32，2；D. 16，1，2，5；D. 16，1，23；D. 16，1，26；D. 16，1，2，5（in fine）；D. 16，1，32，5；D. 16，1，25，1；D. 16，1，27；D. 16，1，29，1；D. 16，1，32，3；D. 16，1，6；D. 16，1，7；D. 16，1，30，1；D. 16，1，28，1；D. 16，1，12；D. 16，1，11；D. 16，1，4pr.；D. 16，1，4，1；D. 16，1，27pr.；D. 16，1，19，5；D. 16，1，28。

---

〔1〕 C. 4，29，23pr. –2 e C. 4，29，24pr. del 530.

〔2〕 Novellae constitutiones 134，8.

〔3〕 参见《学说汇纂》第 22 卷序言及第 17 卷序言注释 2。

〔4〕 参见 R. J. Pothier, *Pandectae iustinianeae in novum ordinem digestae*, 1748～1752，以及本人在《学说汇纂》第 4 卷序言中对这种筛选所做的简要解释。我想强调的是，波蒂埃（Pothier）提出的这种编排顺序可以被其他顺序所替换，它仅仅是一种起始性和启发性的线索，历史上该线索在制定 1804 年《法国民法典》的预备工作中得到重视和沿用，但潘德克顿学派却另辟蹊径，提出了另一种更错综复杂的编排；此外，对 D. 9，2 笔者曾提出一种不同的编排，而对 D. 12，Saccoccio 教授也提出一种不同的编排。我认为它们对理解而言都是有益的。

〔5〕 《优士丁尼法典》第 4 卷第 29 章对该问题也有论述：君主通过谕令来解答疑问并不多见，但优士丁尼皇帝在公元 530 年和 531 年颁布了四个相关谕令，因此第一部分的一部分内容是在《学说汇纂》编纂期间颁布的。

那些未被《韦勒雅元老院决议》所涵盖的债务在书中有：D. 16，1，4，1（in fine）；D. 16，1，5；D. 16，1，8，5；D. 16，1，8，6；D. 16，1，8pr. ；D. 16，1，8，1；D. 16，1，19pr. ；D. 16，1，19，1；D. 16，1，19，2；D. 16，1，19，3；D. 16，1，19，4；D. 16，1，15；D. 16，1，32pr. ；D. 16，1，21pr. ；D. 16，1，13pr. ；D. 16，1，3；D. 16，1，27，2；D. 16，1，22；D. 16，1，24pr. ；D. 16，1，24，1；D. 16，1，17pr. ；D. 16，1，8，2；D. 16，1，17，2；D. 16，1，18；D. 16，1，21，1；D. 16，1，16pr. ；D. 16，1，2，3；D. 16，1，17，1；D. 16，1，30pr. ；D. 16，1，32，4。

《韦勒雅元老院决议》的法律效力是：

首先，相关女性的人身性债务或其财产所负的债务被废除：D. 16，1，16，1；D. 16，1，8，4；D. 16，1，8，3；D. 16，1，31；D. 16，1，32，1。

其次，因相关女性的债务承保行为而消灭的债权人（对原债务人享有）的债权予以恢复：D. 16，1，1，2；D. 16，1，8，7；D. 16，1，8，8；D. 16，1，13，2；D. 16，1，24，2；D. 16，1，8，9；D. 16，1，8，12；D. 16，1，8，10；D. 16，1，8，11；D. 16，1，9；D. 16，1，14；D. 16，1，20；D. 16，1，10；D. 16，1，8，13；D. 16，1，24，3；D. 16，1，13，1；D. 16，1，8，14；D. 16，1，8，15；D. 16，1，29。

《韦勒雅元老院决议》的内容已被摒弃：1811 年的《奥地利普通民法典》（ABGB）第 1349 条明确规定"任何人，无论性别，有管理自己事务的自由，可以承担他人的债务"；此外，1911 年的《瑞士债法典》第 177 条第 3 款在 20 世纪末也废除了这个规则的残余，这也使得该法典比其他法典保存该规则的时间更久。但仍然具有重要意义的是，在古罗马法学家有关该点的论述中，当他人利益通过间接形式出现时，古罗马法学家如何将其认定为他人利益，以及如何在废除行为效力的同时保护因此而受到损失的一方（的利益）。

3. 第 2 章论述的是抵销[1]。与前章不同的是，本章论述的内容（这些内容在《优士丁尼法典》第 4 卷第 31 章和《法学阶梯》第 4 卷第 6 章第 30 和 39 小节[2]也有论述）奠定了现代理论发展的基础。在盖尤斯《法学阶梯》

---

[1] Cfr. A. Burdese, *Diritto privato romano*, Torino, u. ed.

[2] 参见［古罗马］优士丁尼：《法学阶梯》，徐国栋译，中国政法大学出版社 1999 年版，第 473、483 页。

中我们也能找到一段非常重要的相关论述，即 Gai. 4，61～68[1]。

抵销最初是审判员在诉讼中运用的债务冲销方式，它是由审判员在进行裁判时，或者为了正确确定原告的请求而需考量被告对原告享有的债权时发生的。简而言之，尽管法官在总体上可能有一定的裁量余地，但应根据诚实信用来评估双方相互的请求，即也包括被告对原告的请求，而且为此目的无须援引任何抗辩（Gai. 4，61[2]、Gai. 4，63）[3]。针对相反的请求，法官可以决定是否同意进行抵销：当允许抵销时，在当事人间进行折抵清偿；反之，不同意时，被告应另行起诉以实现自己的债权，并为此而另行裁判（D. 16，2，7，1）。但是，银行家应从自己对客户享有的债权中抵扣自己对该客户所负的债务；但该规则的前提条件是，主动债权和被动债权的性质需相同（Gai. 4，66）。如果银行家在计算自己的请求时未考虑抵销，那么将会因过分请求（pluris petitio）而败诉。如果客户宣称对银行享有债权而银行予以否认，那么客户可以请求援引抗辩（D. 22，3，19，3）[4]。如果一个破产财产的买受人针对破产财产的债务人提起诉讼，那么只有在扣除债务人对破产人的债权后剩下的部分才归属于该买受人（Gai. 4，68），折抵扣除由法官计算（Gai. 4，68），还可以扣除那些不同质的债（Gai. 4，66）以及未届清偿期的债（Gai. 4，67）。

随着对与银行家关系的不断考量和总结概括，基本的理论逐渐发展。《优士丁尼法典》肯定了在关于债的履行的诉中或在为了返还某物而提起的诉（C. 4，31，14pr.；J. 4，6，30）中可以直接进行抵销，而这仅在少数几种例外［如受寄托人或某人通过暴力强占某物（I. 4. 6. 30；C. 4，31，14，1）］情况中被排除。由此抵销也成为一种债的消灭方式。关于抵销，债须存在于同一主体之间（D. 16，2，5）；债的客体可以不同质；被抵销的债应合法有效［即不会因抗辩而被宣布无效（D. 16，2，14）］和可要求［即已届清期（D. 16，2，7）］；有关的债务数额是可以清算的［即容易计算确定（C. 4，

---

〔1〕 参见［古罗马］盖尤斯：《法学阶梯》，黄风译，中国政法大学出版社1996年版。

〔2〕 尽管我们现在看到的 Gai. 4，61 片段是残缺的，但人们可以根据片段 I. 4，6，30（《优士丁尼法学阶梯》第4卷第6章第30小节）推断其涉及诚实信用的判断。

〔3〕 I. 4，6，30 援引了马尔库斯的一个敕令。根据该敕令，在严法诉讼中，在提出恶意诈欺之抗辩的情况下，抵销才采用。围绕关于它的解释，人们展开了广泛的讨论。

〔4〕 关于银行家，A. Petrucci 教授曾有过专门阐述，参见 P. Cerami – A. Di Porto – A. Petrucci, *Diritto commerciale romano. Profilo storico*, 2 ed. Torino, 2004, 186 ss.

31，14，1）]。纯自然之债也可以被用来抵销（D. 16，2，6）。双方互负的债务自抵销条件具备时消灭，同时依附的担保关系也消灭（D. 16，2，4），同样停止计算的还有可能发生的利息（C. 4，31，5）。

在重新排列本章的顺序后，我们可以看到：

有关抵销的概念：D. 16，2，1；D. 16，2，2；D. 16，2，3。

抵销的方式以及效力：D. 16，2，10pr.；D. 16，2，21；D. 16，2，11；D. 16，2，12；D. 16，2，10，1；D. 16，2，13；D. 16，2，7，1。

可以抵销的债的种类：D. 16，2，10，3；D. 16，2，10，2；D. 16，2，17；D. 16，2，24；D. 16，2，20。

可以被排除抵销的债：D. 16，2，14；D. 16，2，6；D. 16，2，7pr.；D. 16，2，16，1；D. 16，2，8；D. 16，2，22；D. 16，2，18，1；D. 16，2，18pr.；D. 16，2，5；D. 16，2，4；D. 16，2，9，1；D. 16，2，23；D. 16，2，16pr.；D. 16，2，19；D. 16，2，15。

4. 第 3 章论述的是寄托合同。该部分的主题在《优士丁尼法典》中规定在第 4 卷第 34 章，而在《优士丁尼法学阶梯》中则是在第 3 卷第 14 章第 3 节[1]关于签订实物契约［在盖尤斯法学阶梯中实物契约仅限于消费借贷（Gai. 3，90）[2]］的相关章节中被论述。

这种制度的前身是《十二表法》中的一项规定，即第 8 表第 19 条，其规定对拒绝返还寄托物的受寄托人可以处以寄托物价值两倍的罚金，这种拒绝返还因此也类似于非现行盗窃的情形（Coll. 10，7，11）。正如使用借贷和质押一样，之后寄托也被囊括进与朋友的信托中（fiducia cum amico）（关于使用借贷[3]我曾就信托做过简要的论述），并且在这种合同中，物的所有权的转让构建了一种超越寄托关系的效力，尽管在寄托中也有物的交付。

为此，在法学家的引导下，裁判官围绕寄托人把动产交给受托人持有这种简单的交付（与这种交付相伴的是当事人之间达成的保管寄托物的合意以及应要求完整返还寄托物的合意）创建了一种特别的保护措施。裁判官规定的这种保护措施最初是建立在寄托事实和因受托人故意不返还寄托物（参见 Gai. 4，47 援引的两个程式）而授予的诉的基础上。之后人们逐渐认为，如同

---

〔1〕 参见：［古罗马］优士丁尼：《法学阶梯》，徐国栋译，中国政法大学出版社 1999 年版。

〔2〕 参见：［古罗马］盖尤斯：《法学阶梯》，黄风译，中国政法大学出版社 1996 年版。

〔3〕 参见《学说汇纂》第 13 卷中译本序言。

诚实信用一样，寄托事实本身就足以产生债，由此精心设计了一种基于这种权利和诚实信用的诉[1]。此外还规定了一种寄托反诉，旨在对受托人在保管物过程中花费的费用或遭受的损失进行救济。由于寄托人并没有转让物的所有权，而只是物的持有，因此其不必是物的所有权人，而只需是占有人即可，甚至可以是盗贼。

寄托的核心要素是物的交付。它是无偿的，这是由于因物的交付而产生的债不能超出其交付的物和将要返还的物（D. 16，3，1，9）。如果还有报酬，那么此时就不再是寄托合同而是租赁合同，除非该报酬是寄托人自发给付的赏金（I. 3，26，13）。此外，如果没有把物实际交付给受寄托人也不能构成寄托，仅有当事人之间关于看管物的合意，此时或者是一个关于看管物的有瑕疵的简约，或者是一个关于保管物的委托合同。

受寄托人负有保管义务和返还义务。这值得我们深入研究，但在此限于篇幅仅能简单提及的一点是：保管的作用并非仅是产生返还义务。不可否认的是，在其他合同中，比如使用借贷，也存在返还义务，相应的责任也包括"保管"，但在寄托中受寄托人的责任仅限于存在恶意的情况（参见 Gai. 3，203~207，D. 44，7，1，5＝I. 3，14，3）。这两种合同的不同之处是，在使用借贷中借用人也处于优势，而在寄托中只有寄托人处于优势（D. 50，17，23）。该规则是与寄托原因的多样性相适应的，但不管出于何种原因，受寄托人的占有都是为他人占有，即为他人的利益而占有。受寄托人不能使用受寄托物，否则将被认为犯有窃用罪（Gai. 3，196）。受寄托人有义务根据作为债权人的寄托人的要求返还所接受的寄托物。由于寄托是为了寄托人的利益，约定的期限也仅是为了照顾其利益，因此他可以提前要求返还物。又由于返还义务来源于交付，因此，即便寄托人不是物的所有权人，或者物的所有权人出现并要求返还，返还也应向寄托人为之。最后一个规则（物的所有权人出现并要求返还）为优士丁尼所改变，但条件是所有权人需用确切的方式证明他的权利。在返还时，除了物本身外，还包括相关的附属物，以及在寄存期间所产生的孳息。

寄托也可能发生在寄托人处于紧急和急迫的情况下，此时其在选择受寄托人时不能像平常那样尽到善良家父的注意义务，也不能够保存合同的证据。

---

[1] 寄托之诉最初为事实之诉（actio in factum），后来发展为权利之诉（actio in ius）和诚信之诉（actio bonae fidei）——译者注

针对这种情况，裁判官预先规定了一种诉，而基于这种诉受寄托人可以被处于双倍罚金，这在某种程度上类似于非现行盗窃的责任。这种严重的惩罚性措施被优士丁尼限于受寄托人欺诈性地否认收到寄托物的情形，优士丁尼（因此）也消除了此类寄托与自愿寄托之间最重要的区别。

寄托也可以由多个寄托人通过共同行为实施，但其目的不是向所有人返还，而是当满足一定条件时（如某人赢得特定的诉讼）只向其中一人返还。在这种情况下，由于其目的是把寄托物返还给寄托人中的一人，但该人却尚不确定，因此，在条件具备之前任何一个寄托人都无权要求返还寄托物；而在条件具备后，则只有符合条件的人才有权要求返还。此外，受寄托人享有持有最佳物的权利，并且其占有受禁令的保护。

此外还有一种所谓的"非常寄托"。它与一笔金钱或其他可以被消费或代替的财产相关，寄托人授权受寄托人使用消费寄托物，与之对应的，在约定或要求的时间，受寄托人则返还相同质量和种类的物。该合同类型非常类似于消费借贷，但却被规定为寄托，之所以如此，很可能是因为：寄托人在银行家处"寄托"一笔金钱，而这笔钱会被"保管"和应寄托人要求被"返还"，而且即便银行家可以使用这笔钱，但当事人无意于将这种行为作为消费借贷处理。此外，这笔钱由一定数量的货币组成，如果交付时没有放在一个密封的袋子里，它们与银行家钱箱里的其他货币混在一起无法区分。但对这种行为也存在不同的观点：古典时代的法学家更偏重于交付的客观性和交付物的使用，因此认为也可以适用消费借贷之诉；反之优士丁尼更偏重当事人的意思，否认在这种情况下可以适用消费借贷的救济措施。

在重新编排本章文献的同时，我们可以看到如下情况：

关于寄托的概念：D. 16，3，1pr. 。构成寄托合同的核心要件：将物交付给受寄托人：D. 16，3，1，14；D. 16，3，26，2。寄托物不属于受寄托人所有：D. 16，3，31；D. 16，3，15。构成交付的事由：D. 16，3，1，12；D. 16，3，1，13；D. 16，3，1，34。无偿：D. 16，3，1，8；D. 16，3，1，9；D. 16，3，1，10。解释和说明：所有权或占有仍属于寄托人：D. 16，3，17，1。寄托物应被返还给寄托人：D. 16，3，1，36；D. 16，3，14pr. ；D. 16，3，1，37；D. 16，3，31pr. ；D. 16，3，31，1；D. 16，3，26pr. ；D. 16，3，11。寄托人可以在约定的期限前提出要求：D. 16，3，1，45；D. 16，3，1，46。受寄托人不承担任何其他费用：D. 16，3，12pr. ；D. 16，3，12，1。

虚假寄托：D. 16，3，27。

由寄托合同衍生而来的相关诉讼：

产生直接寄托之诉的事由：D. 16，3，1，1。故意的方式：D. 16，3，1，22；D. 16，3，13；D. 16，3，1，16；D. 16，3，34；D. 16，3，1，33；D. 16，3，1，25；D. 16，3，1，47；D. 16，3，2；D. 16，3，3；D. 16，3，4；D. 16，3，16；D. 16，3，1，38。如果重大过失等同于故意：D. 16，3，32；D. 16，3，1，7。如果物被置于受寄托人处：D. 16，3，1，14（in fine）；D. 16，3，1，15。如果存在过失或意外时不能提起诉：D. 16，3，1，32；D. 16，3，20。除非是不同的被告：D. 16，3，1，6；D. 16，3，1，35；D. 16，3，12，3；D. 16，3，14，1。

直接寄托之诉的起诉人：D. 16，3，25；D. 16，3，1，11；D. 16，3，1，39；D. 16，3，1，44；D. 16，3，1，17；D. 16，3，1，27；D. 16，3，1，28；D. 16，3，1，29；D. 16，3，1，30；D. 16，3，1，31；D. 16，3，19；D. 16，3，1，19。直接寄托之诉的被告：D. 16，3，1，43；D. 16，3，1，42；D. 16，3，21pr.；D. 16，3，21，1；D. 16，3，1，18；D. 16，3，7，1；D. 16，3，9；D. 16，3，10；D. 16，3，22；D. 16，3，18。

寄托之诉的内容：返还物：D. 16，3，1，20；D. 16，3，1，21；D. 16，3，1，40；D. 16，3，1，26；D. 16，3，1，41；D. 16，3，1，5；D. 16，3，1，23；D. 16，3，1，24。被寄托钱币的利息：D. 16，3，29，1；D. 16，3，25，1；D. 16，3，24；D. 16，3，26，1；D. 16，3，28。关于必要寄托的特别规定：D. 16，3，1，3；D. 16，3，1，2；D. 16，3，1，4。

寄托之诉的性质：D. 16，3，7，2；D. 16，3，8；D. 16，3，7，3。

与其他诉的竞合：D. 16，3，13，1；D. 16，3，29pr.。

寄托之诉反诉：D. 16，3，5；D. 16，3，23。

关于提存扣押：什么是提存扣押：D. 16，3，6；D. 16，3，17；D. 16，3，33。

提存扣押之债：D. 16，3，5，2。

由提存扣押而衍生的诉讼：D. 16，3，12，2；D. 16，3，5，1；D. 16，3，7。

5. 我很高兴看到本卷被李超博士由拉丁文翻译成中文，该译文经过了腊兰（Lara Colangelo）博士的校对。李超来自中国政法大学，该校也是意大利法和罗马法研究中心的所在地，而该中心是由著名教授费安玲创办的。经过学习，李超于 2013 年在罗马获得了由意大利罗马第一大学和罗马第二大学联合培养的"罗马法体系及法的一体化"方向的博士学位，现任教于北京化工大学。这项翻译工作是在罗马和北京开展的。

本卷的翻译是在"罗马法体系下中国法典化与法学人才培养研究中心"项目框架下进行的，该中心由罗马第一大学、罗马第二大学、意大利国家科研委员会文化遗产部和中国政法大学意大利法与罗马法研究中心共同组建。为完成《学说汇纂》中译本计划而与中国同仁的合作，无疑是一次重要的法学交流。

罗马法原始文献至今仍与当代的法学家进行对话，在提出问题的同时，也提出相应的解决措施。这些措施被用来获得法律相关问题的类型和科学思考的方式、共同的原则和规则〔所有这些并不构成最强有力的肯定，而是一种关于善和公正（bonum et aequum）的研究，一种关于更好和更公正的研究〕。这种研究应不断推进，它能丰富我们双方和促进我们的交流。

本书的出版得到了"罗马法体系下中国法典化与法学人才培养研究中心"的资助。

（本文原为李超译《学说汇纂（第十六卷）》序言，中国政法大学出版社 2016 年版）

《民法大全·学说汇纂（第十七卷）· 委任与合伙》序

[意] 桑德罗·斯奇巴尼　著　李飞[*]　译

1. 第 17 卷从属于《学说汇纂》的第三部分（第 12～19 卷），这一部分整体上论述的是债，第 17 卷论述的也是这个主题。全卷论述了两种重要的合同：委任与合伙。对于这两种合同，在《法学阶梯》中有两个专题（I. 3，25 与 I. 3，26[1]），在《永久告示》的"论诚信审判"[2]一题中也有两种相应的诉讼程式，而且第 17 卷中的大量片段来自于法学家盖尤斯、保罗、乌尔比安对告示的评注作品。

从本卷所属的部分来看，它是法科学生第二年或第三年的学习课程（Cost. Omnem 3～4）。

2. 就本卷的全部内容来说，我认为将玻蒂埃对本卷的片段所做的重新排序[3]介绍给大家——就像我对《学说汇纂》的其他各卷所做的那样——是非

---

[*]　译者系意大利罗马第二大学法学博士，华侨大学法学院讲师。

[1]　参见 Gai. 3，148 ss；Gai. 3，155 ss.

[2]　在《永久告示》中，"论诚信审判"一题包括了如下诉讼的程式：寄托之诉、信托之诉、委任之诉、合伙之诉、买卖之诉、租赁之诉。在《学说汇纂》中，对寄托的论述被安排在第 16 卷第 3 题，紧随其后就是对委任与合伙的论述（第 17 卷）。信托还出现在尤里安、盖尤斯、保罗、乌尔比安等法学家的作品中（例见 Gai. 2，60；Gai. 4，62），但它逐渐被借贷、寄托和质押所取代而不再被使用。在《学说汇纂》中，要式买卖与拟诉弃权，以及与之相关的制度被废除了，关于信托的论述也不复存在。因此，关于委任的论述紧随寄托之后。对委任等的论述没有与寄托安排在同一卷中而是另起一卷，表明了向合意合同的转换。这种论述次序兼顾了以诉讼为基础的告示体系和以"缔结债"为核心的盖尤斯体系（Gai. 3，89；Gai. 3，135）。关于诚信，参见 F. Gallo，'*Bona fides*' e '*ius gentium*'，e M. Talamanca，*La ' bana fides' nei giuristi romani*；'*Leerformel' e volori dell' ordinamento*，in A. A. V. V.，*Il ruolo dello buona fede oggettiva nell' esperienza giruridica storica e contemporanea. Atti Convegno internazionale in onore di A. Burdese*，rispettivamente 2 e 4，Padova，2003，115 ss；1 ss. 亦可一般性地参见这套论文集中的其他论文。

[3]　参见 R. J. Pothier，*Pandectae iustinianeae in novum ordinem digestae*，1748～1752. 并参见我在《学说汇纂》第 4 卷的中译本序言中对于这种选择及其局限性所做的简要阐释 [[古罗马] 优士丁尼：《学说汇纂》（第 4 卷），窦海阳译，中国政法大学出版社 2012 年版]。

常有益的，尽管这种重新排序存在一定的局限性，对此我已经指出，在此不予重述[1]。

3. 本卷第 1 题讨论的是委任合同、产生于此等合同的诉讼、委任合同何时解除，以及如何解除。

关于委任合同，第一部分内容关乎其本体，包括三点：①它必然涉及处理某项具有下列特征的事务：此等事务必须是尚待处理的（D. 17，1，12，14；D. 17，1，12，15）；此等事务的客体必须是正当合法之事（D. 17，1，6，3；D. 17，1，22，6；D. 17，1，12，11；D. 17，1，12.13）；此等事务必须创设某种可以诉诸委任人的关系（D. 17，1，10，4；D. 17，1，6.6；D. l7，1，22，3；D. l7，1，54pr.；D. l7，1，19；D. 17，1，54，1；D. 17，1，8，5）；此等事务必须创设某种还可以诉诸受任人的关系（D. 17，1，22.4；D. 17，1，34，1）；此等事务必须不能仅仅有益于受任人（D. 17，1，2pr.；D. 17，1，2，6；D. 17，1，48，1；D. 17，1，48，2；D. 17，1，6，5；D. 17，1，6，4；D. 17，1，2，1；D. 17，1，2，2；D. 17，1，2，3；D. 17，1，2，4；D. 17，1，2，5；D. 17，1，22，2；D. 17，1，45，7；D. 17，1，45，8；D. 17，1，32；D. 17，1，16）。②所委任的事务必须被无偿地处理（D. 17，1，1，4；D. 17，1，6pr.）。③双方当事人必须自愿受约束（D. 17，1，12，12；D. 17，1，10，7）。第二部分内容关乎其形式［D. 17，1，1pr.；D. 17，1，1，1；D. 17，1，27pr.；D. 17，1，1，2；D. 17，1，18；D. 17，1，53（第一种情形）；D. 17，1，6，2；D. 17，1，1，3；D. l7，1，27，1］。

关于委任之诉，存在一种直接诉讼和一种反诉（D. 17，1，41；D. 17，1，62pr.；D. 17，1，8，4）。对于直接诉讼，相关的内容又包括：①由何人提起（D. 17，1，8，3）；对何人提起（D. 17，1，60，2）。②可以基于哪些事由提起以及此等诉讼包括哪些内容，首先是委任人在如下情形享有的利益：如果受任人没有执行他所承担的事务［D. 17，1，22，11（第一部分）；D. 17，1，

---

［1］ 参见我对《学说汇纂》第 22 卷的中译本中所写的序言［［古罗马］优士丁尼：《学说汇纂》（第 22 卷），胡东海译，2015 版］。我只提及一点，文本的"无序"是由于下述原因造成的，即这些文本是编订委员会对大量作品进行分析整理之后归拢在一起的：首先，委员会下设几个分委员会，然后委员会将分委员会所整理归集的文本进行适当地调整，但并不将它们进行"有序化"地处理——这是玻蒂埃所做的工作。一方面，这些法学家不关心文本的内部次序，无意于将各个片段进行体系化地整理；另一方面，以事例为基础进行阐述所带来的问题是——比以规则和概念为基础进行阐述带来的问题更甚——对各个事例的多重使用以及事例之间的联系的多样性，这些联系多多少少、直接或附带地涉及在事例中所讨论的问题。对我们来说，对"次序"的选择不应忽视文本之间其他可能的联系！

8，10（第二句）；D. 17，1，8，2；D. 17，1，27，2；D. 17，1，8，6]，或者如果受任人在执行事务的过程中遗漏了某事（D. 17，1，31；D. 17，1，56，2），或者如果受任人恶信行事（D. 17，1，42；D. 17，1，8，1）；其次是受任人对于他在执行事务的过程中所留下之物或因其过错而没有获得之物，以及此等物的孳息和利息的返还［D. 17，1，20pr.；D. 17，1，8，10（最后一部分）；D. 17，1，10pr.；D. 17，1，10，1；D. 17，1，9；D. 17，1.43；D. 17，1，59pr.；D. 17，1，10，6；D. 17，1，17；D. 171，8，10（中间部分）；D. 17，1，8，7；D. 17，1，30；D. 17，1，39；D. 17，1，10，2；D. 17，1，10，9；D. 17，1，10，8；D. 17，1，10，3；D. 17，1，12，10]。③此等诉讼的性质（D. 17，1，8，9；D. 17，1，44）。

关于委任反诉，相关的内容包括：①何时可以提起，这又包括如下几种情形：其一，如果受任人完成了他被委任之事（D. 17，1，5pr.；D. l7，1，3pr.；D. 17，1，3，1）；其二，如果受任人所做之事全然不同于他被委任之事（D. 17，1，5，2；D. 17，1，36，2；D. 17，1，36，3；D. 17，1，45，4；D. 17，1，62，1；D. 17，1，46）；其三，如果受任人所做之事多于或少于他被委任之事（D. 17，1，33）；其四，如果受任人执行了委任，但使状况变得更糟（D. 17，1，3，2；D. 17，1，4；D. 17，1，22pr.；D. 17，1，59，6）；其五，如果受任人执行了委任，且使状况变得更好（D. 17，1，5，5）。②何人可以提起（D. 17，1，12，7；D. 17，1.12，5；D. 17，1，12，6）；对何人提起［D. 17，1，59，3；D. 17，1，53（第二部分）]。③委任反诉的内容，首先是对受任人由于委任而遭受的财产减少的偿还，包括四个问题：其一，何时考虑受任人财产减少的问题（D. 17，1，12，9；D. 17，1，26，2；D. 17，1，50pr.；D. 17，1，12，1；D. 17，1，26，3；D. 17，1，47pr.；D. 17，1，10，13；D. 17，1，12pr.；D. 17，1，26，4；D. 17，1，12，2；D. 17，1，12，3；D. 17，1，12，4）；其二，何时认为受任人因委任财产遭受了减少（D. 17，1，35；D. 17，1，36pr.；D. 17，1，36，1；D. 17，1，45，6；D. 17，1，26，7；D. 17，1，26，6；D. 17，1，26，5；D. 17，1，10，10；D. 17，1，21）；其三，何时认为受任人无过错而遭受了财产减少（D. 17，1，8，8；D. 17，1，29pr.；D. 17，1，29，1；D. 17，1，29，4；D. 17，1，48pr.；D. 17，1，10，12；D. 17，1，29，6；D. 17，1，26，8；D. 17，1，52；D. 17，1，50，1；D. 17，1，27，4；D. 17，1，56，4）；其四，对于受任人支出的费用，以哪个时间点为准（D. 17，1，37）。其次是委任人不使受任

人由于为了委任缔结的债务而遭受损失的义务，以及相关的赔偿（D. 17，1，45pr.；D. 17，1，45，2；D. 17，1，45，3；D. 17，l. 45，1；D. 17，1，38pr.；D. 17，1，38，1；D. 17，1，45，5）。再次，是否还要计算利息［D. 17，1，12，9（第二部分）］。最后，存在一种授予代理人的非常诉讼，以便取得有时可能享有的报酬（D. 17，1，56，3）。

委任因下列事由而解除：受任人死亡（D. 17，1，27，3；D. 17，1，14pr.；D. 17，1，14，1）；委任人死亡（D. 17，1，26pr.；D. 17，1，26，1；D. 17，1，58pr.；D. 17，1，12，17；D. 17，1，13）；撤销（D. 17，1，12，16；D. 17，1，15）；放弃［D. 17，1，22，11（最后一部分）；D. 17，1，23，D. 17，1，24；D. 17，1，25］。

4. 在罗马法传授给我们的委任中，有许多要点继续作为现代委任的基础，也有许多要点发生了变化。在中国《合同法》中，委任被规定在第 396 条以后；在 1942 年《意大利民法典》中，委任被规定在第 1703 条以后（在同一章中，第 1731 条以后规定了行纪合同，第 1737 条以后规定了承运合同，它们被界定为委任）。我们几乎可以在每一部法典中找到有关它的规定。在此，不予讨论这个问题，[1]我只提供一个定义：委任是一种合意合同，据此，某个主体（受任人）向另一个主体（委任人）承诺，无偿管理他的某项或多项事务，而后者（委任人）向前者（受任人）承诺，补偿他在管理事务中支出的费用和遭受的损失。[2]

我认为有必要引述一下《永久告示》中规定的程式，该程式厘定了诉讼的界限[3]：

"任命盖尤斯·阿奎流斯为法官。争讼的事实是：奥路斯·阿杰流斯委任努梅流斯·内基丢斯……【此处需要确定做何事，比如在一定期限内进行金钱放贷，或者购买图斯库卢姆附近的土地，或者管理奥路斯·阿杰流斯的事务，等等】考虑到所有这些情况，根据此等关系，努梅流斯·内基丢斯应当

---

〔1〕 参见 V. Arangio – Ruiz, *Il mandato in diritto romano*, rist. Napoli, 1965；H. Tapanni Klami, *Teneor Mandati*, Turku（Finlandia），1976.

〔2〕 参见 A. Burdese, *Manuale di diritto private romano*, 4 edn., Torino, 1993, 476（该著作正由翟远见博士翻译为中文），关于这种"相互性"的具体论述，参见下文。

〔3〕 在公之于众的告示的书面程式中，使用的均为化名：盖尤斯·阿奎流斯为法官，奥路斯·阿杰流斯为原告，努梅流斯·内基丢斯为被告。我引述的这个文本建立在勒内尔所进行的重构的基础之，参见 O. Lenel, *Das Edictum perpetuum*, Leipzig, 1927；rist. Aalen, 1974, 295 ss.

依诚信对奥路斯·阿杰流斯给某物或做某事，如果内基丢斯没有这么做，法官盖尤斯·阿杰流斯要为奥路斯·阿杰流斯对努梅流斯·内基丢斯作出判罚；如果查明并非如此，则开释被告。"

反诉只是变换一下原告和被告的名字，原告变为受任人而不是委任人，但其他方面基本是一样的。

我们首先考察一下诚信诉讼的性质，[1]因为是诚信产生了受任人与委任人的各种义务。

关于这一点，最好做一个阐释，因为诚信合同被拉贝奥界定为最优质的合同，其特征为功能上的双边性，即双务性或给付的对待性（D. 50，16，19）：即使委任合同并不在拉贝奥所列举的双务合同的示例之内，它也是双边性的。尽管对产生于委任合同的两种不同的给付并不存在两种不同的诉讼（与买卖中的情况相反），而只是存在一种可以变换原披告名字的诉讼（在合伙中也不存在不同的给付与诉讼，对此参见下文），并且尽管是无偿的，即委任人不负有酬报受任人的义务，但委任合同仍然是双边性的，因为受任人有义务完成委任给他的事务，而受任人有义务使受任人不因支出费用等而遭受任何财产损失。这两项义务处在同一层面上。这种双边性与合意有关，就像其他合意合同一样。[2]

一种特别的委任是信用委任，即委任某人向第三人给予金钱的消费借贷。这种制度被用以对债进行个人担保。想要就其债务向债权人提供清偿担保的债务人，请求有清偿能力的第三人对向他提供消费借贷的债权人给予委任。向债权人给予委任的第三人成为如下意义上的债务人：如果原债务人没有清偿，债权人可以要求他清偿。[3]

古代委任的一个基本特征，同时也是它与现代委任的一个不同点在于，

---

〔1〕 在 Gai. 4，62 中有一个诚信审判的清单。

〔2〕 Gai. 3，155："如果缔结了委任之债，我们要对各自根据诚信应当履行之事相互负责。"盖尤斯还一般性地引入了合意合同，他在 Gai. 3，137 中写道："在这种合同中，人们就根据善良与公正应当履行之事互受约束。"关于这个问题，参见 G. Provera, *Cotributo allo studio dei indicia contratia*, Torino, 1951; Id., s. v. *Mandato（Negozio giur.: storia*）, in *Enciclopedia del Diritto*, Milano; G. Grosso, *Il Sistema romano dei contratti*, 3 edn., Torino, 1963, 144 s.;〔意〕桑德罗·斯奇巴尼："中国的新《合同法》与罗马法及罗马法系其他法典的联系"，载《桑德罗·斯奇巴尼教授文集》，中国政法大学出版社 2010 年版，第 228 页及以后。

〔3〕 参见 A. Guarino, *Mandatum credendi*, Napoli, 1982; L. Zandrino, *La delegatio nel diritto romano. Profili semantici ed elementi di fattispecie*, Napili, 2010, 110 ss.

受任人从未获得对委任人的直接代理权，由此产生将受任人所从事的活动的效力转嫁于受任人的问题。这个问题比委任合同本身具有更加广泛的重要意义。

"委任"一词并非总是仅仅指向合同，也指向委任人委任给受任人的事务。因此，我们必须注意，不要认为它与具有相同基础的其他"委任"毫不相干。一个相关的问题是公法中的"委任"（这个问题在本题中并没有涉及），对该术语我们看到有两种使用方式：一种是"元首的委任"（C. 1，15[1]），其起源可追溯到元首制初期，是皇帝的谕令权行使的一种方式；[2]另一种是被"委任"的长官的谕令权和司法权。[3]第一种使用方式涉及向附属于某个层级性的官僚机构的官员下达指令；第二种使用方式展示了国家制度的轮廓，即在管理人民事务的过程中，刚开始是如何建构选民与被选官员之间的关系的。关于这种关系和建立在这种关系之上的委任，很可能与发生在公元前 2 世纪的两位平民保民官（提贝留斯·格拉古与屋大维）之间的冲突有关：提贝留斯·格拉古提出一项关于土地的平民会决议的草案，屋大维通过行使否决权阻止了对该提案的投票表决。"提贝留斯的观点很可能是，保民官不能阻止平民投票通过一项法律提案，因为他们当选的职责就是保护和捍卫平民，而不是剥夺平民的表决权。……提贝留斯向民众大会提议终止屋大维的保民官职务，他声称，倘若一个平民保民官反对有利于选举他做保民官的平民的措施，就不能留在这个职位上。……屋大维被免职。"[4]政治关系中的委任是否具有约束性的问题此后在意大利城市自治政府时代以及在最近都得到了广泛讨论。近来，《委内瑞拉宪法》重新提出了这个问题，规定了被选官员的可撤销性。

5. 本卷第 2 题讨论的是合伙合同、合伙的各种类型、合伙之诉、合伙合同何时解除，以及如何解除。

关于合伙合同，需要规定它的本体，即何为合伙，以及具有哪些特征（D. 17，2，3，3；D. 17，2，52，7；D. 17，2，5，2；D. 17，2，29，2；D. 17，2，30；D. 17，2，29，1；D. 17，2，52pr.；D. 17，2，44）；人们以何

---

〔1〕 在《新律》171 中谈到一种"委任书"，此等委任书是在官员赴任时颁发给他们的。

〔2〕 例见 D. 1，18，3。

〔3〕 参见 D. 1，21（标题），D. 1，21，1，D. 1，21，4pr.，D. 1，21，5pr.，等等。［古罗马］优士丁尼：《学说汇纂》（第 1 卷），罗智敏译，中国政法大学出版社 2008 年版，"序"，第 23 页。

〔4〕 参见［意］弗朗切斯科·德·马尔蒂诺：《罗马政制史》（第 2 卷），薛军译，北京大学出版社 2014 年版，第 388 页。

种方式缔结合伙，以及通常在合伙合同中加入哪些条款（D.17，2，4pr.；D.17，2，29pr.；D.17，2，76；D.17.2.77；D.17，2，78；D.17，2，79；D.17，2，80；D.17，2，75；D.17，2，6；D.17，2，1pr.；D.17，2，70）。

合伙有哪些类型（D.17，2，5pr.）：全物合伙（D.17，2.5，1；D.17，2，1，1；D.17，2，2；D.17，2，3pr.；D.17，2，74；D.17，2，52，16；D.17，2，3，1；D.l7，2，73；D.17，2，65，16；D.17，2，66；D.17，2，73，1；D.17，2，81；D.17，2，52，17；D.17，2，53pr.；D.17，2，54；D.17，2，52，18；D.17，2，59，1；D.17，2，55；D.17，2，56；D.17，2，57）。全益合伙（D.17，2，7；D.17，2，13；D.17，2，8；D.17，52，8；D.17.2.9；D.17，2，10；D.17，2，11；D.17，2.71，1；D，17，2，12；D.17，2，82）。单项事务的合伙（D.17，2，58，1；D.17，2，58pr.；D.17，2，52，5）。特定物或单个物的合伙（D.17，2，3，2；D.17，2，52，6；D.17，2，63，9）。合伙人对合伙享有的权利（D.17，2，68pr.；D.17，2，39；D.17.2，19；D.17，2，20；D.17，2，21；D.17，2，22；D.17，2，23pr.；D.17，2，23，1；D.17.2，24；D.17，2，25；D.17，2，26）。

关于合伙之诉，必须考察提起该诉讼的前提是什么（D.17，2，31；D.17，2，32；D.17，2，33；D.17，2，34）；由何人提起以及对何人提起（D.17，2，84；D.17，2，65，14；D.17，2，63，8；D.17，2.36）；何时可以提起（D.17，2，65，15；D.17，2，52，13）；如果在多人之间存在多个合伙，只提起一个合伙之诉是否已足（D.17，2，52，14）。合伙之诉包括哪些内容：①各合伙人对合伙所负欠的［D.17，2，62；D.17，2，63，5；D.17，2，59，1（最后一句）；D.17，2，52，1；D.17，2，52，2；D.17，2，52，11］。②合伙对各合伙人所负欠的（D.17，2，72；D.17，2，52，3；D.17，2，52，12；D.17，2，52，15；D.17，2，65，13；D.l7，2，27；D.17，2，67pr.；D.17，2，28；D.17，2，38pr.；D.17，2，60，1；D.17，2，61；D.17，2，52，4）。③合伙合同的附加协议（D.17，2，69）。④是否还要计算利息（D.17，2，67，1；D.17，20，60；D.17，2，67，2）。此外，还要考察合伙人的能力限度利益（D.17，2.63pr.；D.17，2，67，3；D.17，26，3，1；D.17，2，63，2；D.17，2，63，3；D.17，2，63，6；D.17，2，63，7；D.17，2，68，1；D.17，2，63，4）；合伙之诉有时会与哪些诉讼竞合（D.17，2，38.1；D.17，2，43；D.17，2，47，1；D.17，2，49；D.17，

2，50；D. 17，2，45；D. 17，2，46；D. 17，2，47pr. ；D. 17，2，51pr. ；
D. 17，2，51，1；D. 17，2，52，10）。

合伙因下列原因而解散：人的原因 [D. 17，2，4，1；D. 17，2.63，10；
D. 17，2，65，9；D. 17，2，59pr. ；D. 17，2，35；D. 17，2，52，9；D. 17，
2，59pr. ；D. 17，2，65，10；D. 17，2，65，2；D. 17，2，65，9（第二部
分）；D. l7，2，40；D. 17，2，37；D. 17，2，65，12；D. 17，2，58，2；
D. 17，2，65，11；D. 17，2，58，3]。物的原因（D. 17，2，63，10；D. 17，
2，65，1；D. 17，2，65，10）。意愿的原因 [D. 17. 2，63. 10（末尾）；D. l7，
2，65，3；D. 17，2，65，4；D. 17，2，65，5；D. 17，2，65，6；D. 17，2，
65，7；D. 17，2，65，8；D. l7，2，17，1；D. 17，2，14；D. 17，2，15；
D. 17，2，16pr. ；D. 17，2，16，1；D. 17. 2，17pr. ；D. 17，2，17，2；
D. 17，2，64；D. 17，2，18]。诉讼的原因（D. 17，2，65pr. ）。

6. 在现代法中，合伙合同基本上是一个独立的部门，其外延也有所扩张。
中国立法是以特别法的形式来规定它的，1942 年《意大利民法典》则将它放
在专门规定"劳动"的第 5 编：在论述了各种形式的劳动（职业活动的劳动、
企业中的劳动、自由职业劳动、从属性劳动）之后，用一大章论述了合伙。

在各种类型的合伙中，罗马法中的合伙特别接近于《意大利民法典》中
的简单合伙，这种合伙并非一个法律实体，并且仅以非商业活动为客体，因
此诸如农业活动等可以成为其客体（第 2247 条、第 2251～2290 条）。其他类
型的合伙通常构成一个企业实体，它们起源于中世纪，其中股份公司得到越
来越多的大型企业的青睐，它在很多方面与罗马法中的合伙大相径庭：首先
是它具有的法律人格与具体的个人相分离，其次是用以维持它的资本的永续。
然而，对这些类型的合伙来说，对古代合伙的批判性反思也是一种参照。

此外，在合伙制度形成阶段（从罗马建城直到公元 6 世纪），商业和生产
都取得了很大发展，那么有人会问，为什么合伙合同的发展如此缓慢？这主
要与社会结构和合伙的管理机制有关，实际上，仅仅假设"由于在古代晚期
合伙制度就没落了，因此合伙合同的有关规定没有流传下来，而买卖或租赁
却没有没落"是不够的。更深层次的原因似乎在于，在这种情况下，奴隶制
度的存在对合伙制度产生了很大影响，使得该制度的某些方面变得没有意
义：诉诸奴隶和由奴隶进行财产管理的制度——这些财产的所有权属于某
个所有权人或由多个所有权人按份共有。这种制度成为合伙以外替代性的
组织模式。这就变成了所有权的问题：所有权人将财产或财产组合交给作

为其代理人的奴隶来管理。财产组合/企业以这种方式获得经营、管理和责任承担上的自治。[1]

即使古罗马的合伙合同的建构路径非常简单，在此我也无意于赘述其特征，而只给出一个定义："合伙是一种合意合同，据此，两个或两个以上的主体（合伙人）相互约定，将他们的全部或部分财产或劳务活动进行共有，以获得对他们所有人都有益的结果（这种结果产生于单纯的管理活动或营利活动）。"[2]此外，我要引述一下合伙之诉的程式：

"任命盖允斯·阿奎流斯为法官。争讼的事实是：奥路斯·阿杰流斯与努梅流斯·内基丢斯缔结了一个有关全部财产的合伙，[3]考虑到所有这些情况，根据此等关系，努梅流斯·内基丢斯应当依诚信对奥路斯·阿杰流斯给某物或做某事或承担责任，如果内基丢斯没有这么做，法官盖尤斯·阿杰流斯要为奥路斯·阿杰流斯在努梅流斯·内基丢斯的能力限度内对努梅流斯·内基丢斯作出判罚；如果查明并非如此，则开释被告。"[4]

就像上述程式中的言辞所表明的，我们完全沉浸在诚信合同的范围内，这种合同最初是在万民法的范围内得到发展的。无疑，合伙合同植根于非常古老的制度，比如"不分遗立共同体"（Gai. 3, l54a – b）。可以这样来界定合伙合同："它是两个或两个以上的人据以将其财产和活动进行共有，从而根据预先确定的份额分享收益并分担损失的合意合同和双边合同（在某些情形也可能是多边合同），合同当事人相对于第三人所具有的身份不予考虑。"[5]

在合伙合同中，最为根本的是合伙人将其财产和服务投入到合伙中——这也是合伙人的主要义务——的共同目的。此外，合伙人可以随时退伙，而且某个合伙人的退伙将导致合伙解散。在这个意义上，人们认为合伙合意是

[1] 参见 D. 14 ~ D. 16 各卷的标题，涉及船东、总管、处在家父权下之人对事务进行的管理，特有产与总资产的关系，等等。对此，参见 A. Di Potto, *Impresa collettiva e schiavo 'manager' in Roman antica (II sec. a. C. – II sec. d. C.)*, Milano, 1984; Id., *Servus e Libertus. Strumenti dell' imprenditore romano*, in P. Cerami – A. Di Porto – A. Petrucci, *Diritto commerciale romano*, 2edn., 2004, 64 ss.

[2] 参见 A. Burdese, *Manuale di diritto privato romano*, cit., 470.

[3] 典型的程式是有关全物合伙的程式，对于这种合伙，通过前面的相关正文我们已经有所了解。

[4] 我引述的这个文本建立在勒内尔所进行的重构的基础之上，参见 O. Lenel, *Das Edictum perpetuum*, Leipzig, 1927; rist. Aalen, 1974, 297 ss.

[5] 参见 V. Arangio – Ruiz, *La società in diritto romano*, Napoli, 1950; 亦参见 A. Guarina, *Societas consensu contracta*, Napoli, 1972, 该文此后与其他文章一起被重印，参见 A. Guarino, *La società in diritto romano*, Napoli, 1988; A. M. Fleckner, *Antike Kapitalvereiningungen. Ein Beitrag zu den Konzeptionellen und historichesn Grundlagen der Aktiengesellschaft*, Köln – Weimar – Wien, 2010.

持续性的。在合伙合同中必须存在双方当事人的给付，在这个意义上，合伙合同是双边性的。拉贝奥就将合伙合同界定为双务合同（D. 50，16，19），盖尤斯在《法学阶梯》3，137 中也同样强调了这种给付的对待性（第 4 页注释 2）。实际上，毫无疑问在合伙合同中，各合伙人都必须对其他合伙人承担合伙之诉的责任。尽管他们达成协议的利益是同质的，但在诉讼的意义上，各合伙人可以成为其他合伙人的相对方。从合伙合同中并不能产生一个独立的法律人格，而且除非有特别约定，我们没有显著的证据可以证明，从此等合同中能够产生某合伙人对合伙财产和对其他合伙人的财产的管理权。某合伙人与第三人达成的关系对其他合伙人没有任何效力，除非系全体合伙人共同所为；但如果他被委任这么做，他可以对其他合伙人提起委任之诉；如果他没有被委任这么做，在条件成立的情况下，他也可以提起无因管理之诉。即使某合伙人与其他人缔结了另外的合伙合同，我的合伙人的合伙人也无法成为我的合伙人（D. 17，2，20）。

有关利益与损失份额的讨论也十分重要，我们可以在 D. 17，2，29，2、D. 17，2，30、Gai. 3，149 和 I. 3，25，2 中看到这种讨论。此外，有关合伙份额的确定的讨论也非常有趣。关于由第三人来确定合伙份额的重要文本有如 D. 17，2，75、D. 17，2，76、D. 17，2，77、D. 17，2，78、D. 17，2，79、D. 17，2，80。[1]

我必须要指出的一种制度是"能力限度照顾"，根据这种制度，在合伙人之间的诉讼中，就不能履行的债，对应受判罚的合伙人进行判罚时不能超过其能力的限度，从而不使他陷入贫困。证成这种制度的是将合伙关系类比为"兄弟关系"。在我看来，这是整个人类一直都在宣扬的"兄弟关系"开始扩张的一个标志，对此，从衡平考虑的角度来看，需要给予高度关注。[2]

"Sacius（合伙人）"一词及其衍生词（合伙、结为合伙等）的用法也非常广泛。一方面，必须注意合伙合同的技术性含义以及合伙制度的特征要素；另一方面，也要记住某些其他用法。比如，财产共有人也被称为"socius"（D. 10，3，9），而在意大利语中，这种人不能被称为"socio"（socius 的意大

---

〔1〕 参见 F. Gallo, *La dottrina di Proculo e quella di Paoloin materia di arbitraggio*, in Studi in Onore di G. Grosso, 3, Torino, 477 ss.

〔2〕 V. Abelenda, *Beneficio de competencia：fuentes romanas, derecho intermedio y latinoamericano. Ejemplos y propuestas de extensión en su proyección contemporánea*, Buenos Aires, 2010；亦参见 P. P. Onida, Fraternitas e societas：i termini di un connubio, in Diritto e Storia, 6, 2007.

利语形式），以免产生歧义，但它一直残存于具有统一性和衔接性元素的语义学的范畴内，并且可以追溯到古老的"不分遗产共同体"（参见前文）。因此，在家庭法中，妻子被称为"socia",[1]这个词使人想到婚姻的合意，婚姻也被称为"consorzio"（D. 23，2，1）；在公法中，我们可以找到对"人民"的经典定义："人民是许多人基于法的合意和利益的共享而结合起来的（sociata）集合体"（Cicerone，de Rep. 1，39），[2]在这个定义中出现了本属于合同的合意和共享。这种多样化的视角有助于聚焦由于各种元素的不同组合所带来的差异性。

7. 到了要收尾的时候。我很高兴地指出，这项对拉丁语进行的翻译工作是由李飞博士完成的，译文由腊兰（Lara Colangelo）博士进行了校对。李飞先前曾在厦门大学攻读博士学位，在这所大学，徐国栋教授创建了罗马法研究所。此外，此外，这项翻译工作是李飞博士在罗马攻读博士学位期间进行的，他攻读的专业是罗马第一大学和罗马第二大学联合培养的"罗马法系与法的一体化"。李飞在2014年7月通过了博士学位论文答辩，此后前往华侨大学进行研究和教学活动，现为华侨大学法学院讲师。

这项翻译工作是"罗马法系框架下的中国法典化与法学人才培养中心"、罗马第一大学、罗马第二大学、意大利国家科研委员会文化认同部以及中国政法大学合作研究项目的一部分。与中国同道合作完成《学说汇纂》的翻译项目是一种双赢的进行法学对话的机会。译文的出版得到了上述中心的资助。

（本文原为李飞译《学说汇纂（第十七卷)》序言，中国政法大学出版社2014年版）

---

〔1〕 Quintiliano, Declamationes, 277.

〔2〕 ［古罗马］西塞罗：《论共和国·论法律》，王焕生译，中国政法大学出版社1997年版，第39页。

《民法大全·学说汇纂（第二十一卷）· 保护买卖的配套诉权》序

［意］桑德罗·斯奇巴尼 著 徐铁英* 译

1. 公元533年，优士丁尼通过《Tanta敕令》公布了其《学说汇纂》，我们可在在该敕令的第5段看见这样一段话："第四部分的某些内容可以说是整部著作的中心，它占了8卷。（D. 21~28）……这8卷中的第2卷包括了市政官告示、解除买卖契约之诉以及就追夺约定的双倍要式口约。所有这些均与买卖各题［D. 18[1]与D. 19，1[2]］相联系，此前提到的那些诉权也是为它们服务的。的确，在古代的告示规定里，它们分散在孤立远绝的几个部分里面，然而通过我们的深谋远虑，如今被集中在了一起放在买卖的规定旁边，这是因为有必要将几乎是相同的主题放在毗邻的部分当中。"

使这一领域具备逻辑顺序的努力缓慢地增长，然而未曾停止，于是形成了本卷。

2. 本卷第1题规定的是市政官告示，后者安排了一项用以返还货物和价金的诉权，以及一项在发现隐蔽瑕疵的情形中降低价金的诉权[3]。第二项告

---

* 译者系罗马第二大学法学博士，四川大学法学院副研究员。

〔1〕 我们在北京完成了《民法大全选译》第1~6册的工作之后，便开启了新的项目，不再翻译选集，而是翻译《学说汇纂》各卷的完整译本。D. 18正是该项目的第一项成果。它由刘家安教授翻译并于2001年在北京出版。

〔2〕 D. 19，1是与D. 18紧密相关的一题，规定了买物之诉与卖物之诉。D. 19其余各题分别是：租赁（D. 19，2），在多个方面强调这种契约与买卖的相似之处，于是长期以来被稳固地置于后者一旁（Gai. 3，139 ss. 和142 ss.，以及J. 3，23 3 24），尽管对此不乏疑问（D. 21，1，63）；估价契约（D. 19，3）；互易（D. 19，4），以及其他与买卖或者租赁具有相似性的非典型契约（D. 19，5）。因此，牵涉到买卖的包括D. 18~19的内容，尽管确实存在若干不明和存疑之处。

〔3〕 其他敕令也对这类事项进行了规制，尤其是《法典》的短题中有关市政官法诉权的C. 4，58。就其一般问题，参见A. Burdese, *Vendita（Diritto romano）*, in *Novissimo Digesto Italiano*, 20, Torino, 2975, 598 s.

示规定的是与道路安全相关的事项。

这些市政官属于民选的执法官，他们的重要性次于执政官与裁判官，尽管不享有后两者所具有的"谕令权"（*imperium*）。但是他们对于城市治安、市场以及公共场所的表演和游戏具有管理职权。[1]

对于在罗马的市场进行管理的职能范围，有不少物证可予说明，例如，依然驻留在特思达乔区的宏伟建筑的遗址：由市政官于公元前193年的修建的弗鲁维亚勒港的货仓和通向市场的道路，完工于公元前174年，它们沿着台伯河长达487米，宽60米，面积达25 000平方米。这一处空间被划分为50间中殿，每间的宽度略长于8米，上有拱顶，面向台伯河的一面高度逐渐下降。坐落于该区域的货仓，由于供不应求，在这个世纪末的时候数目已经大大增长。[2]这些设施使人思考，它们是通过怎样的法律形式来运作的：包括用来管理它们，从而保证粮食和其他财货对这座城市的日常供给的数量与质量，又包括存放地点的分配、使用与维护，货物正是保存在此处并获得监管的，以及更为一般的问题，也就是它们是在哪里被出售并交付的，又是从何处去组织对它们的进一步的运输，从而送至最终目的地或者某位零售商的小店里的；还有，在不同的集市以不同的汇率换来的价金，又是存放在哪儿，诸如此类（关于货币的价值的衡量，参见D. 18，1，pr.；关于负责对其进行兑换并用来放贷的金融业者，参见D. 13，4，3）；等等。[3]

毫无疑问，买卖契约是在这些市场中最常缔结的契约类型，承载了商人之间/商人与非商人之间发生的交易。它在市场之外肯定也频繁发生。

市民法上的"买——卖"起源于最古老时期的要式买卖（*mancipatio*）这一类型，移转若干类型的物必须采用这一庄重的行为，[4]它借助物的双倍价

---

[1] 关于其间的差异，参见 G. Grosso, *Storia del diritto romano*, 5 ed. , Torino, 1965, trad. Huang Feng, par. 85 e 94.

[2] 后来在帝国时期修建的市场不再由市政官负责，然而之前提到的那些却是罗马商业大发展的象征，与其相伴而来的正是建立在诚实信用、给付间的相互依存并追求它们之间的平衡之上的万民法的大发展。

[3] 关于罗马商法的总体情况，参见 P. Cerami – A. Di Porto – A. Petrucci, *Diritto commerciale romano. Profilo storico*, 2 ed. , Torino, 2004.

[4] Gai. 1, 119 告诉我们要式买卖的庄重形式。它被认为是一种"拟制的买卖"，因为后来已不再使用它来进行买卖，这一功能由合意式买卖承担。因此它只是用作一种移转物或者设立物权的抽象的方式，其移转或设立要求庄重的形式：意大利土地，古老的地役权，用来牵引、驮、负重的牲畜、奴隶，这些在农业社会中最为珍贵的物。

值之诉（见下文），令出卖人对物被追夺承担责任；也可以就出卖之物的瑕疵承担责任，只要在前述要式买卖的词句之中加上了相关条款；抑或是，在要式买卖之外，还加上了一个用作担保的庄重的要式口约。担保的要式口约还可以加进对其他的物的非庄重的买卖中。无论如何，在这两种情形中，由之产生的诉权均为要式口约之诉。[1]

在公元前 4 世纪至前 3 世纪的时候，发展出了万民法上的合意式买卖，这是一种诚信契约。在此等买卖之中，如果出卖人已经明确地确认了某事，或者他诈欺地就某事项保持缄默，即便没有采用要式口约这种庄重形式（所谓的"表明"/ dicta），也会通过买物之诉被追究责任。

在这幅市场运作的图景之中，我们不应当将拍卖遗漏掉，尽管法学家们对之所言甚少。

"诚信"（bona fides）在为数众多的私人间交易之中获得持之以恒的贯彻，而市政官所扮演的角色，除了此前提到的对基础设施的建设与管理进行规制一职，还包括在市场内维护人与人之间的端方（correttezza）。市政官在承担这些职能的时候，同样拥有裁判权。正如裁判官告示那样，他们在其极为简洁的告示中规定了若干程式，几乎可以看作是一部由确定、简明、稳定的规则组成的法规，在超国家的视角下，由来自不同的民族的人们加以利用。与裁判官告示不同的是，这里的告示所涉及的是一个十分特定的问题域，仅仅是法的一小部分。[2]

于市场内缔结的合意式买卖和/或拍卖的场合中，市政官采取措施对其加以规范，为奴隶和挂鞍的动物还有驮兽的买卖中发现的隐藏瑕疵提供保护，告示后来通过一条解释性的表述亦将此保护扩张至牛和较小的四足兽。对于奴隶的出卖人而言，其有义务在市场内的售卖牌上指出所售奴隶的瑕疵，只要此等瑕疵非属明显，从而一望可知；其也有义务在各笔出卖缔结之时将前

---

〔1〕 要式口约是一种双方行为，通过提问与回答的方式缔结。要式口约人要求允诺人履行一项特定给付，允诺人则一致地给出肯定的回答。它是一种要式行为，必须遵守口头的方式。它的效力是单方的，产生由允诺人面向要式口约人负担的债，后者成为债权人。可作为此种债之客体的给付，既可以是给，也可以是做或者不做。因此，它具有极佳的延展性，几乎可容纳一切内容，并且易于实行。《学说汇纂》主要在 D. 45，1 中谈到它，还有优士丁尼《法学阶梯》的 J. 3，15 ~ 19，这几题涉及许多契约领域的一般问题。它的延展性亦使其常为执法官尤其是裁判官所用，用来使当事人负担功能性的给付，以便使他们受理的争议获得良好的解决。《学说汇纂》在 D. 46，5 里谈论了裁判官的要式口约。

〔2〕 关于市政官告示，参见 O. Lenel, *Das Edictum perpetuum. Ein Versuch zu seiner Wiederherstellung*, Leipzig, 1927（rist. Aalen 1974），554 ss.

述情势，亦即隐藏瑕疵，大声地重复出来。这些情势会显著地影响对它们的利用。

在优士丁尼法中，市政官的规定扩张至任何有瑕疵的出售之物（D.21，1，1pr.）。[1]除此之外，对物的瑕疵的责任本身还被归入不履行责任，于是，可基于契约诉权主张之，[2]尽管其与市政官诉权的竞合之路一直是敞开的。[3]

3.《学说汇纂》往往是以这样的方式展开论述的：先是对告示规定的复述，随后根据其关键词的顺序——评论。玻蒂埃的阐述方式——如同在他的其他著作，我在此袭之[4]——则以主题的顺序加以阐述为特征，该标准不怎么考虑原文的标题顺序，更加具有逻辑一体系性。总之，顺着这些原始文献往下走，在第一个层面的是告示的文本：D.21，1，1，1。它构成三项诉权的基础：解除买卖契约之诉，其含义被特别阐明（D.21，1，21pr.）。关于该项诉权，我们从文本可知，就出卖人的主观心理状态未置一言，所提及的仅仅是物本身的状况；在它一旁的是估价之诉，同样不考虑主观心理状态；最后是就出卖人实施诈欺行为之情形规定的诉权。[5]

告示的文本中接下来是 D.21，1，1，2，在这里回顾了该告示的功能，亦即满足阻却出卖人之虚假要价的现实需要，并且向期待落空了的买受人施以援手，确保商业活动的可靠性。在这里，对于恰当平衡互负给付的各方当事人之间的利益以及使他们之间的义务趋向对等（aequitas / uguaglianza），这事实上导致了，即便出卖人的行为没有诈欺，也会遭受制裁。正如前面所说那样的，主观心理状态并不构成一项一般性的要件，因此，他要对物具有的、

---

〔1〕 参见拉贝奥在法言 D.21，1，1pr. 中被引述的观点，人们认为它是遭受添加的结果。因此，这种一般化是《优士丁尼法典》带给我们的。

〔2〕 Cfr. D.19，1，11，3 Ulpiano nel libro 32 All'editto：“拉贝奥与萨宾认为，而我们亦持相同见解，解除买卖契约之诉亦为买物之诉所包含在内。”这一法言将上述观点归于拉贝奥和萨宾名下，然而有人认为此乃添加之结果。

〔3〕《学说汇纂》当时的法学家通过种种与当前采纳的方式不同的工作方式，本题与有关买卖契约诉权的 D.19，1 之间的协调只得交给读者去完成。类似的情况还有关于追夺的责任。

〔4〕 参见 R. J. Pothier, *Pandectae Iustinianeae in novum ordinem digestae*，1744～1752，相关的阐释见我在中译本《学说汇纂》第 4 卷序言的注释 6～8，以及 16 卷的注释 6。

〔5〕 该项诉权规定在 D.21，1，1 记载的告示文本的最后一句中，可是我们在该题当中却没有发现它具有任何清晰的特殊后果。人们设想，它与安东尼努斯·皮尤斯在公元 214 年的一道敕令的文本有关，载于 C.4，5，1，规定：“如果某人出售给你一名逃奴或者有其他瑕疵的奴隶，你不知道，不单是（根据这方面的其他诉权的要件），而是有意欺骗你。然后这名逃奴不在了，你，就像之前认为的那样，可以起诉出卖人，不仅仅是使得奴隶的价金获得返还，具有管辖权的法官还将判令你由于这一事由而遭受的损害获得赔偿。”

然而他不知的，从而在契约缔结之时难以认识到的瑕疵承担后果，此等瑕疵只是在后来才在买受人那里显现出来，却使得物不具可用性或者仅有较小的可用性，而这本是买受人购买此物的目的（另外，切勿忘记，出卖人在未出售之前是该物的所有权人，或是可比作所有权人的权利人，因而应当由他而非别的人来承担其可用性和价值的变动）。

可提起前述诉权的契约有：D. 21，1，63（前半部分）、D. 21，1，19，5（后半部分）、D. 21，1，63（后半部分）、D. 21，1，62。可适用这些诉权的物有：D. 21，1，1pr. 、D. 21，1，4，6、D. 21，1，31，25、D. 21，1，32、D. 21，1，33pr. 、D. 21，1，48，8、D. 21，1，44pr. 。

就患病或有瑕疵的奴隶解除买卖契约诉权，规定在了一系列对他们进行出售的情形当中：患病或瑕疵所指为何：D. 21，1，1，7、D. 50，16，101、D. 21，1，14，1、D. 21，1，14，2；心灵的瑕疵是否也包含在内：D. 21，1，4，3（后半部分）、D. 21，1，1，9、D. 21，1，1，10、D. 21，1，1，11、D. 21，1，2、D. 21，1，3（前半部分）、D. 21，1，4pr. 、D. 21，1，4，2、D. 21，1，52、D. 21，1，65pr. 、D. 21，1，1，9（最后几句）、D. 21，1，4，1、D. 21，1，4，4。

使解除买卖契约之诉得以发生的身体的瑕疵有：D. 21，1，1，8、D. 21，1，4，6、D. 21，1，6，1、D. 21，1，10，2、D. 21，1，12，1、D. 21，1，12，3、D. 21，1，12，4、D. 21，1，12，2、D. 21，1，3、D. 21，1，10，5、D. 21，1，6，2、D. 21，1，7、D. 21，1，11、D. 21，1，5、D. 21，1，14，10、D. 21，65，1、D. 21，1，4，5、D. 21，1，6pr. 、D. 21，1，1，11、D. 21，1，9、D. 21，1，14，5、D. 21，1，10pr. 、D. 21，1，10，1、D. 21，1，1pr. 、D. 21，1，14，6、D. 21，1，13、D. 21，1，12pr. 、D. 21，1，10，3、D. 21，1，10，4、D. 21，1，14，8、D. 21，1，14，4、D. 21，1，50、D. 21，1，15、D. 21，1，14，3、D. 21，1，14，7、D. 21，1，14pr. 。

不属于身体上的却可导致解除买卖契约之诉发生的瑕疵有：首先，奴隶是逃跑者或游手好闲之人，此等瑕疵需要各种情形的竞合从而将其认定为逃跑者：D. 21，1，17pr. 、D. 21，1，17，2、D. 21，1，17，1、D. 21，1，17，10；具言之，要求必须有具体的逃跑行为：D. 50，16，225、D. 21，1，17，13、D. 21，1，17，9、D. 21，1，17，15、D. 21，1，17，8、D. 21，1，17，4；以及永远脱离其主人的意图：D. 21，1，17，3、D. 21，1，17，5、D. 21，1，17，4（后半部分）、D. 21，1，43，1、D. 21，1，17，7、D. 21，1，43，

2、D. 21，1，17，16、D. 21，1，17，3（后半部分）、D. 21，1，17，6、D. 21，1，17，12、D. 21，1，43，3、D. 21，1，17，11、D. 21，1，17，14；其次，是奴隶为损害投偿之诉的对象以及其他瑕疵：D. 21，1，17，18、D. 21，1，17，19、D. 21，1，23，2、D. 21，1，23，3、D. 21，1，43，4、D. 21，1，4，3。

根据前述解除买卖契约之诉的瑕疵中的某一个，竞合起来从而导致解除买卖契约之诉发生的情形有三：在契约缔结之时，瑕疵存在：D. 21，1，54、D. 21，1，16、D. 21，1，53、D. 21，1，17，17；瑕疵未被宣明：D. 21，1，14，9；瑕疵不为买受人所知：D. 21，1，1，6、D. 21，1，48，3、D. 21，1，48，4、D. 21，1，51pr.、D. 21，1，51，1、D. 50，17，49、D. 21，1，51，1（后半部分）。

关于就奴隶解除买卖契约的其他情形：如果售出的奴隶不是所宣明和允诺的那样：D. 21，1，18pr.（前半段）、D. 21，1，17，20、D. 21，1，31，1、D. 21，1，19、D. 21，1，19.3、D. 21，1，19pr.、D. 21，1，19，1、D. 4，3，37、D. 21，1，18pr.（后半段）、D. 21，1，18，2、D. 21，1，19，4、D. 21，1，18，1；如果售出的奴隶并非新手，而是已经服务多年：D. 21，1，37、D. 21，1，65，2；如果出卖人未曾宣明奴隶的出身：D. 21，1，31，21。

在动物和一切其他物的买卖中，论述也是以告示条款的文本开头的：D. 21，1，38pr.。

接下来的论述是：D. 21，1，38，1、D. 21，1，38，4、D. 21，1，38，5、D. 21，1，38，6、D. 21，1，38，2、D. 21，1，38，3、D. 21，1，8、D. 21，1，38，7、D. 21，1，64，2、D. 21，1，43pr.、D. 21，1，4，3（最后一句）、D. 21，1，38，8、D. 21，1，38，9、D. 21，1，38，10、D. 21，1，38，11。

将这项诉权扩展至其他的物：D. 21，1，49。

关于估价之诉：D. 21，1，48，1、D. 21，1，48，2、D. 21，1，61、D. 21，2，15，1（后半段）[1]。

---

[1] 关于该项诉权，我们还可从法学以外的作者那里获得信息，参见奥卢思·杰流斯：《阿提卡之夜》（*Noctes Atticae*）4，2，5。有关在解除买卖契约之诉和估价之诉之间的选择，亦可见 D. 44，2，25，1。

关于向哪些人以及针对哪些人授予这些诉权，评论从程式的词句开始，就像在他处一样，先重复一番：D.21，1，19，5。在这些词句之后就是评论：D.50，16，70，1（最后一句）、D.21，1，44，1、D.21，1，1，5、D.21，1，1，4、D.21，1，1，3、D.21，1，23，4、D.21，1，23，6、D.21，1，23，5、D.21，1，48，5、D.21，1，56。

解除买卖契约之诉是否具有可分性：D.21，1，31，10、D.21，1，31，5、D.21，1，31，7、D.21，1，31，6。

所作出的解除买卖契约的判决应当使得各方当事人，出卖人和买受人各自的状况恢复至原先的样子，就仿佛这笔买卖从未发生过一般，正如尤里安在 D.21，1，23，7 和保罗在 D.21，1，60 中说的那样。

关于买受人所担之债的客体，以下说明必不可少：D.21，1，31，11、D.21，1，31，12、D.21，1，31，13、D.21，1，38，12、D.21，1，38，14、D.21，1，39、D.21，1，40pr.、D.21，1，35、D.21，1，34pr.、D.21，1，64，1、D.21，1，34，1、D.21，1，23，1、D.21，1，33，1、D.21，1，31，3、D.21，1，43，8、D.21，1，25pr.、D.21，1，25，6、D.21，1，23pr.、D.21，1，25，5、D.21，1，25，7、D.21，1，25，1、D.21，1，25，2、D.21，1，31，15、D.21，1，25，3、D.21，1，31，14、D.21，1，25，4、D.21，1，31，9、D.50，16，75、D.21，1，23，9、D.21，1，31，2、D.21，1，23，9（后半部分）、D.21，1，43，5、D.21，1，31，4、D.21，1，24、D.21，1，25，8、D.21，1，23pr.（最后几句）。

至于与其对应的出卖人所担之债的客体，也是一样的：D.21，1，25，9、D.21，1，27、D.21，1，64pr.、D.21，1，36、D.21，1，29，2、D.21，1，30，1、D.21，1，23，8、D.21，1，29，1。

在当事人之间，有时候应当提供担保：D.21，1，21，2、D.21，1，30pr.、D.21，1，21，3、D.21，1，22、D.21，1，21，1、D.21，1，46。

双方当事人中哪一方应当首先履行其给付：D.21，1，25，10、D.21，1，26。

作为解除买卖契约之诉的对象的各自给付在买受人与出卖人之间的差异：首先有 D.21，1，57pr.、D.21，1，57，1、D.44，1，14；其次是 D.21，1，29pr.、D.21，1，45、D.21，1，29，3、D.21，1，23，8（后一半）、D.21，1，31pr.、D.21，1，58pr.、D.21，1，58，1。

在估价之诉中，出卖人所担之债的客体则是就部分价金予以免除：D.21，

1，38，13；然而问题有时候却更为复杂：D. 21，1，43，6。

市政官法上的诉权自何时发生：D. 21，1，43，9、D. 21，1，43，10；何时终止：D. 21，1，19，6、D. 21，1，20、D. 21，1，55、D. 21，1，47pr.、D. 21，1，47，1、D. 21，1，48pr.、D. 21，1，38，3（最后一句）、D. 21，1，44，2、D. 21，2，16，2、D. 21，1，48，7。

关于与解除买卖契约相关的另外两项诉权，首先是加在契约之上的简约所产生的解除买卖契约之诉，据之可将并不满意的物予以退还：D. 21，1，31，22、D. 21，1，31，23、D. 21，1，31，24。此外，就已售出之物的价金的退还的诉权：D. 21，1，31，17、D. 21，1，31，18、D. 21，1，31，19。

4. 如前所述，本题还涉及市政官的另一份告示，它禁止将野兽带至经常有行人的道路上，以免造成损害；它还规定在一名自由人因此受伤的情形中，法官将判处一笔他认为是善良与公正的补偿性质的罚金；如果使其受伤，判处一笔定额的罚金；至于对物的损害，要赔偿该物估值的两倍（D. 21，1，40，1、D. 21，1，41、D. 21，1，42）。这是一项覆盖了《十二表法》未规定的一系列有关对家畜造成损害的情况的规定，它们的行为方式不符合其所属的动物种类的通常本性（D. 9，1）。这部告示在若干方面，与裁判官有关物件坠落危及公共道路安全的告示配合（D. 9，3），同它一样，也没有就自由人规定损害赔偿，因为自由人没有一项可估价的损害，但是它就这些人遭受的冒犯规定了一笔补偿性质的罚金。[1]

5. 第2题审视的是以下情形：物并非为出卖人所拥有，或者该人并无权合法地处分它，随后真正的权利人提起了返还诉；抑或是出卖人虽然是所有人，却未曾将所有权予以移转，他后来又提起了返还诉，试图藉由所有权并未移转这一事实谋取利益。[2]

要式物乃该类问题的出发点，这类物在最初的时候是不能被出售给异邦人的，他们无法实施要式买卖（mancipatio），即对于移转这类特殊的物的归属所必备的庄重的买卖形式。然而随着商贸的发展，以及对不同类别的物的

---

〔1〕 亦可参见 J. 4，9，1，关于 D. 9，1 和 D. 9，3，亦可见我为李钧博士所译的《学说汇纂》第9卷作的序言。

〔2〕 参见 A. Burdese, *Vendita*（*Diritto romano*），cit.，598；M. Talamanca, *Vendita*（*Diritto romano*），in *Enciclopedia del Diritto*，46，Milano，400 ss.；T. dalla Massara, *Garanzia per evizione e interdipendenza delle obbligazioni nella compravendita romana*，in *La compravendita e l'interdipendenza delle obbligazioni nel diritto romano*，a cura di L. Garofalo，2，Padova，2007，279 ss.

评价的变化，万民法上的买卖产生了，它绕开了前述市民法上的限制，于是出卖人不负责移转所有权，而仅仅对物的安宁享有不会由于其诈欺而受到干扰承担责任。为了扩张出卖人的责任，买受人预防性地通过要式口约，使出卖人向自己允诺可以享有对物的完全处分（*habere licere*），而一旦买受人由于遭受追夺从而丧失了对物的上述处分，出卖人即承担物的价值的两倍的责任（*stipulatio duplae*）。我们在这项允诺里面，可以听到要式买卖中就追夺承担双倍责任的回响。就真正的所有权人已经向其提起追夺一事，买受人应当通知出卖人，以使得后者有机会采取措施协助买受人进行辩护，依据在于他虽然非为所有权人，却是凭借某种缘由完成对物的处分行为的。在买受人对物的享用由于合法的所有权人之故而受到干扰之时，出卖人承担的前述经扩张而来的责任，随着时间的流逝，却被认为是买卖契约的一项当然的要素，于是就追夺承担的责任可以通过契约诉权而直接主张之。在将对买受人的利益的评估囊括进去之后，他所能获取的数额便有所不同（D. 19，1，11，3）[1]，另外，利用要式口约提供双倍的担保则维持不变。

　　一般性前见问题是关于物的价值的双倍要式口约的构造。事实上，就其而言，问题在于它们是单纯的要式口约，抑或还包含了多个要式口约：D. 21，1，28、D. 21，2，32pr.、D. 21，2，32，1、D. 19，1，11，14、D. 19，1，11，15（第一句）；如下面这些加进去的要式口约：D. 21，2，37pr.、D. 21，2，4、D. 21，2，56、D. 50，16，18，1，可以在契约里面把它们加上去从而提供双倍的担保：D. 21，2，52；人们常常通过这些要式口约作出允诺：D. 21，2，37pr.、D. 21，2，6、D. 21，2，37，1。

　　关于追夺的要式口约：何时在要式口约中加入追夺：C. 8，44（45），3、D. 21，2，62pr.、D. 21，2，61；何时认为物遭受了追夺，以及何时没有：D. 21，2，16，1、D. 21，2，21，2（最后一句）；D. 21，2，22pr.、D. 21，2，21，2（第一部分）、D. 21，2，57pr.、D. 21，2，57，1、D. 21，2，21，1、D. 21，2，21，3、D. 21，2，33、D. 21，2，9、D. 21，2，41，1、D. 21，2，34，2、D. 21，2，35、D. 21，2，34，1、D. 21，2，39pr.、D. 21，2，

---

[1]　参见 D. 21，2，8 与 D. 19，1，11，18，它们规定了买受人可就买来之物的一切类型的追夺起诉。需强调的是尤里安在 D. 19，1，11，18 里面的表述：根据这一文本，即使在当事人之间存在一项不追究追夺责任的简约，只要物遭受追夺，出卖人根据契约诉权，即应当返还价金，因为"可以认为他不是由于买物之诉就买受人的利益的大小承担责任；承担返还价金的责任……事实上，一项诚信契约不能容忍前述协议，从而使买受人失掉物，出卖人却保留价金。"

56，1。

哪些情形应就追夺发生竞合，发生了追夺要式口约的罚金：瑕疵应当是一个未为出卖人指明的事由：D. 21，2，69pr.、D. 21，2，69，1、D. 21，2，69，2、D. 21，2，69，3、D. 21，2，54，1、D. 21，2，69，4、D. 21，2，69，5、D. 21，2，46，2、D. 21，2，46，3；不能是在契约已经缔结之后的嗣后事由：D. 21，2，3；不能是针对买受人遭受的不法，因为出卖人并不对其负责：D. 21，2，51pr.；也不能是由于买受人的行为或者过错而发生的：D. 21，2，34pr.、D. 21，2，29，1、D. 21，2，27、D. 21，2，28、D. 21，2，66pr.、D. 21，2，39，1、D. 21，2，55pr.、D. 21，2，54pr.、D. 21，2，56，3、D. 21，2，66，1、D. 21，2，63，1、D. 21，2，63，2、D. 21，2，17、D. 21，2，18、D. 21，2，19；D. 21，2，73。最后，买受人应当通知出卖人自己所被提起的诉讼：C. 8，44，8、D. 21，2，53，1、D. 21，2，49、D. 21，2，56，7、D. 21，2，56，4、D. 21，2，39，1（最后一句）；C. 8，44，7、D. 21，2，29，2、D. 21，2，56，6、D. 21，2，55，1、D. 21，2，63pr.。

关于就何物在要式口约中规定追夺：D. 21，2，10、D. 21，2，46，1、D. 21，2，56，2、D. 21，2，72、D. 21，2，62，2、D. 21，2，39，5、D. 21，2，46pr.、D. 21，2，75、D. 21，2，42、D. 21，2，43、D. 21，2，8。

买受人的利益不仅在于物不会从他这里被追夺，而且在于物也不会从其继承人那里被追夺。于是提出了这个问题：一旦追夺的要式口约被认为已遭违反，应该对谁进行追夺：D. 21，2，22，1、D. 21，2，23、D. 21，2，24、D. 21，2，71、D. 21，2，41，2、D. 21，2，41pr.、D. 21，2，40。

至于产生自要式口约被违反这一事实的诉权，在这里澄清了其归属：D. 21，2，59；针对谁提起：D. 21，2，51，4、D. 21，2，39，3、D. 21，2，65、D. 21，2，19，1、D. 21，2，62，1；什么物归追夺之诉来管：D. 21，2，64pr.、D. 21，2，64，1、D. 21，2，64，2、D. 21，2，64，3、D. 21，2，1、D. 21，2，14、D. 21，2，13、D. 21，2，15pr.、D. 21，2，15，1、D. 21，2，53pr.、D. 21，2，48、D. 44，4，15；追夺之债何时消灭：D. 21，2，21pr.、D. 21，2，51，2、D. 21，2，25、D. 21，2，26、D. 21，2，76。

有时候，还会在追夺要式口约中加入一个特殊条款。

在市政官的要式口约里面，除了就追夺的规定，还包括就售出的奴隶或者动物的损害和瑕疵的规定：加上这些要式口约是为了向买受人担保，奴隶非为盗窃之诉或者投偿之诉的对象：D. 50，17，31、D. 21，2，31、D. 21，

2，30、D. 50，16，174、D. 50，16，200、D. 21，2，11，1；有关牲畜的瑕疵：D. 19，1，11，4。

即便买受人之前知道出售之物的瑕疵，他依然享有基于这些要式口约发生的诉权：D. 44，4，4，5。

有关交付充分占有的要式口约：D. 19，1，3，1、D. 45，1，52，1、D. 22，1，4pr.、D. 22，1，4，1。

6. 本卷第 3 题检视的是一种较为特殊的情形，是一种与前述买卖的构造紧密相连的欺诈：也就是说，对物提起返还请求的人，正是出卖人自己，他明知自己并未移转所有权，依然作为所有人或是在后来成为所有人之后，向自己对之为出售之人提起返还诉。

有关何人享有这一抗辩：D. 21，3，1，5、D. 21，3，3、D. 21，3，1，4；以及可对何人提起这一抗辩：D. 21，3，1pr.、D. 19，1，46、D. 50，17，156，1、D. 17，1，49、D. 21，3，1，2、D. 17，1，5，3、D. 17，1，5，4、D. 17，1，5，3、D. 21，3，1，1、D. 21，3，3，1、D. 44，4，4，32。

7. 本卷规定的两项制度在后世的民法典中均获得了继受。我在前面已经提到，玻蒂埃尝试对片段进行重整以便利其解读，他也在其著名的 D. 50，17 用了一节来谈论这两项制度。

《学说汇纂》中的 D. 50，16 和 D. 50，17 两题分别与“词句的含义”和“关于古代法的若干规则”相关。它们被解读成是对法的共同部分的思索，然而我并无意于此处展开问题的这一方面。我想在这里强调的是，玻蒂埃通过将许多优士丁尼的法学家放置进去的规则之外的一些规则归入其中，从而使得 D. 50，17 的内容更为丰富。他将上述规则从《国法大全》中摘出来，将它们通常获得适用的事例“去情境化”，从而凭借他重整之后的阐释体系，重新界定其含义。这是一项相当精细复杂的解释工作，是对规则的更为一般性含义的抓取，虽然我们在这里只是在一个极为有限的范围中谈起它，被他囊括进来以支撑其观点。然而，这项工作同时也允许对规则本身进行更为自由的解读。对于玻蒂埃而言，此等解释工作植根于在数个世纪之中发展起来的围绕该题的研究传统，在这个过程中，强调对这些规则的反思，也必然对构思近代民法典中的去掉了相关例子的条文的方式产生了影响。此外，还有必要指出，玻蒂埃不仅大量增加了本题的规则数量，而且依照《法学阶梯》的体例将其重新整理，在一个关于法之一般的部分之后，接下来是关于人的法、关于物（包含一章占有）和有体物的所有权，接下来是对他人所有的物的权

利；随后的一章是继承法，接下来的一章是关于债权即债关系；最后是关于
审判的一部分，以及关于公法的一个部分，后者在《法学阶梯》中原本是没
有的，《学说汇纂》却用好几题来谈论它。在债关系一章的契约节里面，他论
及买卖（第 1060 段及以下），紧随其后的是就我们在本卷中读到的对它的担
保（第 1103 段及以下）。与《法学阶梯》相比，他在其论述的题与节当中加
入了许多其他的划分，此处不赘。玻蒂埃该卷的 D. 50，17 提供了一个对未来
的 1804 年《法国民法典》具有基础秩序性质的选项。现在回到本文的限定主
题上来，从前述玻蒂埃作品的那一节中，对追夺和隐藏瑕疵责任的论述被传
递到了《法国民法典》第 1603 条（第二个债）、第 1625 条及以下（第 1626
条及以下是关于追夺的担保[1]；第 1641 条及以下关于隐藏瑕疵的担保）。它
又从这部法典传播到许多法典中，这往往是通过对原始文献的进一步解读实
现的，当然，有时候也并非如此。就这样，1942 年《意大利民法典》第 1476
条第 3 项；第 1483 条及以下关于追夺；第 1490 条及以下关于隐藏瑕疵（在
这里，第 1492 条第 1 款可在解除契约与减低价金间进行选择），它们由于
"质量缺陷"而在概念上被区分开来，也就是第 1497 条是不一样的，后者被
归入更为一般的第 1453 条及以下因为不履行而解除契约的规范之中，因除斥
期间和消灭时效的除外。和其他民法典一样，这可被看作是两条相互交织的
工作路线的偏离，一个是对古代原始文献的直接解读，另一个则是后世对其
进行的加工。《中华人民共和国合同法》尽管也采纳了瑕疵的范畴，却在较狭
隘的样品买卖的领域运用它（第 169 条），于是要以类推的方式运用于物的质
量缺陷的情况（第 148 条、第 153 条、第 155 条、第 157 条、第 158 条），但
是它们抓住的是事物的另一面；间接地对追夺责任进行规制（第 132 条第 1
款与第 135 条）。这些差异自然值得展开极为有趣的科研探讨。

    8. 在结尾处，我很高兴地指出将本卷从拉丁文翻译而来的工作是由当时
来自吉林大学的徐铁英博士承担的，他成功地在罗马第二大学就其关于"一
般诈欺抗辩"的论文完成答辩，并取得法学博士学位。本项工作是徐铁英博
士在取得博士学位之后在成都进行的，与其在四川大学的教学工作同步进行，

---

〔1〕 一件很有趣的事情是，前引的尤里安在 D. 19，1，11，18 里面表达的观点，可看作是对买
受人（较弱势的一方，消费者？）予以特殊保护的先声，然后为《法国民法典》第 1629 条、《西班牙
民法典》第 1477 条、1942 年《意大利民法典》第 1488 条所接纳。与其相近的有《德国民法典》第
435 条与第 475 条。后两者与该法典第 444 条有所不同（这方面，参见 M. Kaser – R. Knütel，19 ed.，
München，2008，par. 41 n. 33）。

并得到了腊兰博士的校阅帮助。

本部译著属于"罗马法系框架下中国民法典编纂及法学家培养观察站"研究项目之一，罗马第二大学、罗马第一大学、意大利国家科研委员会人文与社会科学学部以及中国政法大学均参与其中。本观察站十分自豪地提供出版资助。

一年又一年，为了落实《学说汇纂》的翻译项目而进行的合作都因为许许多多年轻同事的持续努力而向前推进。在这个对科研工作的评价愈发重视形式标准的时代，请允许我指出，这些译著是十分精妙复杂的科研工作，要求细微的文章写作能力，理应得到高度评价。罗马共同法体系的特点在于其乃"多（种语）言，一法"，这同时也意味着在对这同一个法的理解中，存在诸多细微差异，它们使得此等理解愈发丰富，亦使得它与即将诞生的中国民法典——其总则部分已经施行，使得前述体系获得了新的发展——之间进行对话的永恒的现实性愈发丰满。

（本文原为徐铁英译《学说汇纂（第二十一卷）》序言，中国政法大学出版社 2018 年版）

《民法大全·学说汇纂（第二十二卷）·利息、证据、对法的不知》序

[意] 桑德罗·斯奇巴尼　著　胡东海[*]　译

1. 第 22 卷属于《学说汇纂》第四部分（第 20 ~ 27 卷），它也属于由 17 卷书组成且均被称作"单行卷"的那组。该卷讨论了利息、孳息、海运借贷、书证、证人、证据和推定。在关于《学说汇纂》的批准的 Tanta 敕令（Cost. Tanta 5）中，优士丁尼指出，与前面两卷（第 20、21 卷）一样，该卷在内容上更接近第三部分；该部分涉及的是应当给付的物，也就是债。我们还将看到，由于问题的类似性，该卷中也穿插了与物权保护相关的问题的论述。

就如其他卷那样，该卷书中也未清晰地显现关于讨论对象的共同点，以至于在永久告示中不存在对应的标题，在法学阶梯中也没有相应的论述。然而，可以这样来理解，即前两章的共同点在于除主物之外还应当被给付的附属物；随后三章的共同点在于证据和推定。

这卷书的编排很少援用告示评注方面的著作，而这类著作在其他卷中经常被引用。在这卷书中，片段多是从其他类型的著作，如《问题集》、《解答集》中截取的，其中援用较多的是帕比尼安的著作。此外，在大学教育层面，这卷书的内容被安排在第四年的课程中；也就是，它应当由那些即将完成培养计划的学生来学习，这些学生已具备良好的法律素养，将被称作"法律问题的解决者"（Cost. Omenm. 5）。

2. 即使我会降低玻蒂埃关于重新编排这卷书中的片段的建议的价值——因为我不打算援引他参照过的其他卷或法典中的片段，我仍认为，就如我在

---

* 译者系意大利罗马第二大学罗马法学博士，中南财经政法大学副教授。

其他卷的序言中所做的那样，在此提出该建议也是有益的。[1]另外，即使这种编排建议所依循的解释进路有待进行批评性的修正，事实上，该建议仍是对原始文献进行"重读"的出发点；这种重读，通过教科书作者的工作的补充完善，有助于法国的法典制定的理论准备。基于该编排建议，随后进行了原始文献的其他"重读"：德国潘德克顿学派的重读、现代添加学派的重读和历史学派的重读等。该编排建议对我们也并非没有意义，它以十分直接的方式促成了我们的共同"重读"：这种重读应该从文本的法律意义出发，由此它将开启共同法和作为其分支的市民法、万民法和自然法（D. 1. 1）的法律体系及其原则的连续性建构的图景。

这卷书中也包括一些可实现该目标的至关重要的原则。

3. 第 1 章涉及三项议题：利息、孳息和迟延。但玻蒂埃将孳息放在利息之前论述，就好像利息也属于孳息。我保留了原始的顺序，这是因为，即使利息在一些情况被认为替代了孳息，但利息并非孳息。古罗马的基本观念在于：金钱不产生孳息；在商事合同的情形，为使金钱债务包括利息，必须有专门的约定；这种约定受诚信保护。利息所具有的约定的本质特征，使得从十二表法（Tab. 8. 18）开始，法律经常介入其间并对之进行限制。但法律时常被规避，故而法律政策的干预被一再重提。我们知道，仅适用于市民之间的法律被认为也适用于异邦人的首个问题就是关于利息的，以此来防止市民欺诈性地作为异邦人的中间人来规避法律。[2]

关于利息，该章探讨了哪些情形适于产生利息（D. 22. 1. 15；D. 22. 1. 9. 1；D. 22. 1. 17pr. ；D. 22. 1. 12；D. 22. 1. 3. 4；D. 22. 1. 17. 8）；探讨了利息的不同类型：①约定利息（D. 22. 1. 30；D. 22. 1. 6pr. – 1）。对于约定利息，考察了其合法限额（D. 22. 1. 31；D. 22. 1. 41. 2；D. 22. 1. 44；D. 22. 1. 9pr. ；D. 22. 1. 29；D. 22. 1. 20[3]）、利息从何时起算（D. 22. 1. 40；

---

[1] 参见 R. J. Pothier, *Pandectae iustinianeae in novum ordinem digestae*, 1748 ~ 1752；以及我在第 4 卷序言中对这种选择及其限定所作的简短说明。

[2] 关于这项法律，参见 Liv. 35. 7；S. Schipani, Livio 35，7；Gaio D. 13. 4. 3 *e il problema del debito internazionale*, in *L' usura ieri e oggi*, a cura di S. Tafaro, Bari, 1997, 271 ss.

[3] 应当注意的是，不仅在较古老的时期由民众会议通过的法律对利息进行限制，优士丁尼以及他之前的多位皇帝也均通过谕令持续不断地限制约定利息的额度。相关的谕令主要在 C. 4. 32 中；其中，关于利息超过本金的禁止，参见 C. 4. 32. 27. 1；关于复利的禁止，参见 C. 4. 32. 27. 1。对于这些禁止规定，还可参见 D. 12. 6. 26 关于非债清偿的返还的规定（参见［意］纪蔚民校，翟远见译：《学说汇纂》（第 12 卷），中国政法大学出版社 2012 年版）。

D. 22. 1. 41. 1；D. 22. 1. 7；D. 22. 1. 35）、利息可以被免除（D. 22. 1. 13）。②没有约定，可能也应当支付利息。对此，探讨了在哪些合同或准合同中，即使没有约定，对于迟延仍应当支付利息（D. 22. 1. 32. 2 – 3；D. 22. 1. 34；D. 22. 1. 16pr. ；D. 22. 1. 17. 5）；或者，在没有约定以及在发生迟延之前的情形，基于合同性质或债权人的优先权，也应当支付利息（D. 22. 1. 1. 3；D. 22. 1. 17. 5 – 6；D. 22. 1. 43；D. 22. 1. 16. 1）；在没有约定的情形，出于什么原因应当支付利息以及利息率是多少（D. 22. 1. 1pr. ）；没有约定仍应支付的利息何时停止计算（D. 22. 1. 1. 3 – 4；D. 22. 1. 1. 2；D. 22. 1. 41pr. ）。[1]

关于孳息，我们首先来看 D. 50. 17. 121。该片段明确了金钱的利息不属于孳息，这是因为，利息基于债而产生，而非从实体意义上的物（金钱）中产生。由此可知，租金也仅是类同于孳息（D. 22. 1. 36），它被认为是法定孳息。本义上的孳息可分为通过劳务获取的孳息和自然孳息。关于后者；D. 50. 17. 31 指出草场的草就是孳息，只需收割就可以了。

就本序言而言，应当注意的是，该章探讨了在不同类型的主张物权的诉讼中是否以及从何时起应当交付孳息和其他物，对此，一般区分存在善意占有人的情况（D. 22. 1. 25. 1 – 2；D. 22. 1. 48）和存在恶意占有人的情况（D. 22. 1. 25pr. ，对此还要加上 D. 41. 1. 48）；随后探讨了对于哪些物应当返还孳息以及返还的范围；还分析了混合诉讼（D. 22. 1. 38. 14）、对人诉讼（D. 22. 1. 38 pr. – 3. 6. 4. 12. 16）、禁令（D. 22. 1. 38. 10 – 11. 13. 5）、取得不属于我们的物的诉讼，并区分究竟是严格法审判（D. 22. 1. 38. 7；D. 22. 1. 2），还是诚信审判（D. 22. 1. 38. 8 – 9. 15；D. 22. 1. 14pr. ；D. 22. 1. 39；D. 22. 1. 8；D. 22. 1. 5）；直到何时均应交付孳息（D. 22. 1. 3pr. – 1）以及以何种方式进行计算（D. 22. 1. 46）。[2]

关于迟延，一般区分债务人的迟延与债权人的迟延。对于前者，它以有效债权的存在为前提，该章讨论了其不同方面的问题：D. 22. 1. 32pr. – 1；

---

[1]. 利息问题在《学说汇纂》其他很多地方都有论述。关于该问题的专题性讨论，参见 Paolo：*Libro unico sugli interessi*，对此可参照 D. 22，1，17。关于该问题的不同角度的讨论，参见 G. Cervenca，*Contributo allo Studio delle《usurae》c. d. legali nel diritto Romano*，Milano，1969；R. Cardilli，*Il periculum e le usurae nei giudizio di buona fede*；M. Solidoro Maruoti，*Sulla disciplina degli interessi convenzionali nell' età imperiale*，entrambi in *L' usura ieri e oggi*，cit. ，11 ss. ，177 ss. ；A. Petrucci，*Profili giuridici delle attività e dell' organizzazione delle banche romane*，Torino，2002，67 ss.

[2] 关于孳息，参见 R. Cardilli，*La nozione giuridica di fructus*，Napoli，2000，particolarmente 369 ss.

D. 22. 1. 21 － 23pr. ；　D. 22. 1. 24pr. ；　D. 22. 1. 47 － 48；　D. 22. 1. 24. 2；　D. 22. 1. 23. 1；　D. 22. 1. 17. 3。[1]

4. 第 2 章的标题是"关于海运借贷"，它是本义消费借贷的一种形态。消费借贷是在 D. 12. 1 中讨论的，而此处我们面对的是消费借贷的一种特殊形态：虽然金钱以消费借贷的形式被给予，但其目的在于，金钱（或者用这笔金钱购买的货物）应被运往海外使用。消费借贷的这种形态之所以独特，是因为并非从受领金钱时起，而是从海船抵达目的地时起，风险由借款人承担。此外，由于普通消费借贷是指可替代物的给予以及由此包括的一项返还同样数量的物的义务，故而它从本质上不包括关于利息的约定；事实上，在普通消费借贷中，为约定利息，需要完成以此为目的的庄严的要式口约。然而，在海运借贷中，由于其本质上的商业特征，人们可通过简约来约定利息，并且，这种利息可超出法定数额。

该章探讨了海运借贷合同的本质（D. 22. 2. 1；D. 22. 2. 3；D. 22. 2. 6）、海运借贷的利息的特殊性（D. 22. 2. 7；D. 22. 2. 4pr. ）、通常附加的惩罚性的要式口约（D. 22. 2. 4. 1；D. 22. 2. 9；D. 22. 2. 2）、与海运借贷相近的消费借贷的其他类型的合同（D. 22. 2. 5pr. －1）。

5. 第 3 章涉及证据和推定，它们构成一个非常重要的主题。对此，还应参照 C. 4. 19。

证据手段可以是书证、证人证言、专家意见、众所周知的事实、审判机关的调查、当事人的同意和法官要求原告作出的关于争议物的宣誓（以此可评估争议物的价值）。在优士丁尼时期，证据指导属于法官的职权范围，法官可讯问当事人，可以从法院地去其他地方调查，也可非常广泛地运用宣誓等。[2]

---

〔1〕 该章关于迟延的讨论是片面的，此处并未展开对债权人迟延和迟延效果的讨论；该章显然对这种讨论并无兴趣。另外，此处所引片段并未包括该章所有关于迟延的片段，这是因为，在其他问题（尤其是利息问题）中，有些片段已经被提及了，如 D. 22. 1. 38. 1。对此可参见 G. Segré, *Miscellanea esegetica*, in *Scritti di G. Segré*, 2, rist. , Torino, 1973, 513 ss. ；关于迟延的概述，可参见 A. Montel, *La mora del debitore*, *requisiti nel diritto romano e nel diritto italiano*, Padova, 1930; C. A. Cannata, *l'inadempimento delle obbligazioni*, Padova, 2008.

〔2〕 关于证据的概述，多卷本 *La preuve*, della *Recueil J. Bodin*, 16～19, Bruxelles; G. Pugliese, *La preuve dans le procès romain de l'époque classique*, in *Scrtti di G. Pugliese*, 1, Napoli, 1985, 341 ss. ; G. Broggini, *La prova nel processo romano arcaico*, in Id. , *Coniectanea. Studi di diritto romano*, Milano, 1966, 133 ss; G. G. Archi, *La prova nel diritto del Basso Impero*, in Id. , *Scritti*, Milano, 1981, 1855 ss.

将证据所涉及的问题以如下方式排列比较妥当：证据概述、当事人自认、推定、以特殊方式探讨涉及人的身份的案件的问题。

关于证据概述，首要的问题便是谁承担证明责任（D. 22. 3. 2；D. 22. 3. 18. 2；D. 22. 3. 1；D. 22. 3. 17；D. 22. 3. 18. 1；D. 22. 3. 11；D. 22. 3. 19pr. – 1. 3 – 4；D. 22. 3. 21），[1] 随后探讨了一方当事人已证明其主张时的情况（D. 22. 3. 23；D. 22. 3. 6；D. 22. 3. 22；D. 22. 4. 4 ~ 5），以及应当何时以及如何采信书面证据或证人证言（D. 22. 3. 10；D. 22. 3. 13）。

关于自认：D. 22. 3. 25pr. – 4；D. 22. 3. 27。[2]

关于推定：D. 22. 3. 26；D. 22. 3. 5；D. 22. 3. 19. 2；D. 22. 3. 9；D. 22. 3. 5. 1；D. 22. 3. 3；D. 22. 3. 24；D. 22. 3. 4；D. 22. 3. 18pr.。[3]

关于其中涉及人的身份的案件，明确了哪种证据在这类案件中是有效的（D. 22. 3. 29pr. – 1），以及在这类案件中什么是主要的推定（D. 22. 3. 8；D. 22. 3. 14；D. 22. 3. 20；D. 22. 3. 30）。

6. 第4章以十分限定的方式涉及书证的证明力及其遗失的问题。该章得到了 C. 4. 21 的补充。在 C. 4. 21 中，优士丁尼的多个谕令均反映了在法典化过程中对该问题的讨论和重新编纂。

在古代罗马法中，要式行为的首要形式是手势和言辞，此后则更多地依赖于为证明的目的而使用的书面形式。可以说，虽然通行的规则逐渐变为法律行为的形式自由，但作为行为意志的文字载体的书面，已广泛适用于所有重要的法律行为。在特定案件中，书面形式对于行为的本质变得不可或缺。事实上，这种要式行为在较古老的时期就已存在，它表现为在家父的收支簿中所作的债权债务登记（债权誊账）。随后，书面形式被用于异邦人之间的

---

〔1〕 关于罗马法中的证明责任，参见 G. Pugliese, *L' onere della prova nel processo romano per formulas*, in *Scritti* cit. , 171 ss. ；E. Giuffré, *Necessitas probandi*, Napoli 1984. 本卷的译者就该主题完成了一篇博士论文，并将发表其成果，他肯定会比我更恰当地援引这方面的文献。

〔2〕 尽管优士丁尼时期具有不同类型的诉讼，一般仍应强调，此处所探讨的问题并非是指诉讼开始时在执法官面前的自认的问题。对此可参见 D. 42. 2，其中适用的是"自认者业经判罚"的原则（参见 S. Di Paola, s. v. Confessio in iure, in *Novissimo Digesto italiano*, Torino）。此处涉及的主要是证据手段：明示或默示的"同意"，它们与关于言辞和行为的解释规则联系在一起。

〔3〕 "法律推定"是指通过适当的论证从已知事实推知未知事实。法律推定在修辞学中主要被用于法律诉状或法律辩护中，它在法学家的解答中也得到了广泛的运用。就如在上引片段中，法律推定经常被具体化为对言辞或行为的解释规则。法律推定可被对方当事人提出的反证推翻。仅在一些例外情况下，法律推定不能被反证所推翻，这被称为"绝对推定"。参见 G. Donatuti, *Le praesunmptiones iuris in diritto romano*, in Id. , *Studi di diritto romano*, 1, Milano, 1976, 421 ss.

"文字"债：约据和亲笔字据（二者均是可反映其渊源的希腊文名）。前者一式两份，缔约人各执一份；后者仅一份，由债权人保留。最后，书面形式被用于证人签章的情形。书面形式的实践促使其进一步发展：起初要求特定人来保管书面文件，随后要求保管人的资质，最后要求在一些情形中将书面文件列入专门的登记册中（登记）。[1]

在该章中可区分如下议题：谁应当在诉讼期间向对方出示书证以及在何处出示（D. 22. 4. 1）；哪些书证可采信（D. 22. 4. 2）；关于书证伪造或日期造假的上诉（D. 22. 4. 3）；关于书证的保存［D. 22. 4. 6（D. 22. 4. 4 – 5）］。

7. 第 5 章涉及证人，它比前一章内容充实；该章在 C. 4. 20 中也有对应的标题。

作为证据手段的证人是众多立法改革的对象，有些改革激进，有些则相对保守。君士坦丁将人证（显然不能仅基于唯一的证人）等同于书证。优士丁尼对人证较不信任，证人的可信性取决于其社会地位（社会等级、信誉、德行、严谨）（D. 22. 5. 2）；但他规定了任何人除特定的豁免之外都须作证的义务，还规定了宣誓，以及在实践中禁止为获得可信证言而使用刑讯。询问证人起初是当事人或其辩护人的事情（采用交叉询问的方式），如今则由法官来负责。[2]

关于证人，玻蒂埃区分了四个议题：构成证据的证人的品质和必要数量；证人的传唤；如何以及何时在法官面前提出证人；作伪证的证人应如何以及由哪个法官来判罚。

关于第一个议题区分了两类证人：旨在完成交易行为的证人（D. 22. 5. 22）和出席审判的证人（D. 22. 5. 1. 1）。对于第二类证人，探讨了适格或不适格的证人（D. 22. 5. 18；D. 22. 5. 7；D. 22. 3. 7；D. 22. 5. 3. 5；D. 22. 5. 9；D. 22. 3. 16；D. 22. 5. 24；D. 22. 5. 6；D. 22. 5. 15pr. ；D. 22. 5. 21pr. ；D. 22. 5. 20；D. 22. 5. 21. 2；D. 22. 5. 25；D. 22. 5. 23；D. 22. 5. 11；D. 22. 5. 10）、法官采信或不采信证人的职权范围（D. 22. 5. 13；D. 22. 5. 2；D. 22. 5.

〔1〕 Cfr. F. Gallo, *s. v. Pubblicità（diritto romano）*, in *Enciclopedia del Diritto*, 37, Milano, 1988, 966 ss. ; M. Amelotti, *Genesi del documento e prassi* negoziale; *Dall' epoca post – classica all' età di Giustiniano*; *Documento e documentazione*, in *Scritti giuridici*, Torino, 1996, 162 ss. ; 181 ss. e Id. , *Documento e documentazione*, in *Scritti giuridici*, Torino, 2014.

〔2〕 Cfr. U. Vincenti, *Duo genera sunt testium. Contributo allo studio della prova testimoniale nel processo romano*, Padova, 1989.

1；D.22.5.3pr.－2）、构成证据的证人的必要数量（D.22.5.12；D.22.5.17）。

关于第二个议题，探讨了可被传唤或不可被传唤的证人（D.22.5.21.1；D.22.5.4－5；D.22.5.3.6；D.22.5.8；D.22.5.19pr.－1）、应传唤的证人数量和传唤的方式（D.22.5.1.2）。

关于第三个议题，探讨了证人是否仅在宣誓后才能被采信：D.22.5.3.3－4。

关于第四个议题：D.22.5.16。

8. 第6章涉及对法和对事实的不知两方面的问题；不知还与意思形成相关的错误——瑕疵问题紧密关联。有意思的是，《优士丁尼法典》第1卷在法的渊源之后紧接着就讨论该主题（C.1.18）。另外，某些法学家详细阐述了该主题——我们知道保罗关于该主题的论著：《论对法和对事实的不知》单卷本（D.22.6.9）。事实上，该主题通常在与特定行为或救济方式的关系中来讨论。正是由于这种原因，该章的标题显得相当具有"总论性质"。对此，保罗的前引著作具有开创性的意义，它构成关于解释性的体系重构的出发点。在我们当代教义学体系中，惟有认真通读教科书，我们才会清楚地了解该主题。

关于该主题，首先区分了不知的类型（D.22.6.1pr.；D.22.6.1.3－4－2）；然后探讨了以下几个问题：对法或事实的不知是否构成对不知人的利益的规则，或者是否是先决问题的规则（D.22.6.8；D.22.6.7）；根据第一项规则，对法的不知而非对事实的不知损害不知者的利益（D.22.6.1.1；D.22.6.4；D.22.6.9.5；D.22.6.2）；该规则的例外（D.22.6.9pr.；D.22.6.10；D.22.6.9.1－3－2；D.22.6.6；D.22.6.3.1；D.22.6.3pr.）；以及某人的智识或不知是否可损害他人的利益（D.22.6.5）。[1]

9. 我很高兴在序言的结尾指出，本卷的拉丁文翻译工作由胡东海博士在罗马完成，腊兰（L. Colangelo）博士对译文进行了校对。译者曾在湖南大学攻读博士学位，该校活跃着由徐涤宇教授创立的罗马法系研究中心。在承担这项翻译工作的同时，胡东海博士攻读了由意大利罗马第一大学和罗马第二大学联合培养的"罗马法体系与法的统一"专业的博士学位。他于2014年7月结束了在罗马的学业，将回到中南财经政法大学开展其教学研究工作。

---

[1] 关于该问题的讨论，参见 E. Betti, *s. v. Errore*, in *Novissimo Digesto Italiano*, 5, Torino; F. Vassalli, *Iuris et facti ignorantia*, in Id., *Studi giuridici. III/1. Studi di diritto romano*, Milano, 1960, 425 ss.；P. Voci, *Errore. Diritto romano*, Milano, 1937；U. Zilletti, *La dottrina dell' errore nella storia del diritto romano*, Milano, 1961.

　　本卷的翻译是在"罗马法体系下中国法典化与法学人才培养研究中心"的项目框架下进行的。该中心由罗马第一大学、罗马第二大学、意大利国家科研委员会文化遗产部和中国政法大学共同组建。在完成《民法大全选译》后，我们启动了将《学说汇纂》全部从拉丁语译成汉语的宏伟计划。本卷的翻译将我们的计划又向前推进了一步。能与中国的同仁通力合作来完成该计划，我深感荣幸。本书的出版得到上述中心的资助。

　　（本文原为胡东海译《学说汇纂（第二十二卷）》序言，中国政法大学出版社 2015 年版）

《民法大全·学说汇纂（第二十三卷）· 婚姻与嫁资》序

［意］桑德罗·斯奇巴尼　著　罗冠男* 译

1. 学说汇纂第 23 卷的翻译，开始了对罗马法体系中非常重要的一个主题的翻译：婚姻和家庭法，包括人身关系和财产关系。

在这一领域，我们已经有了《民法大全选译》其中的一卷（《民法大全选译·家庭：婚姻，监护和保佐，他人权利之下的人》，费安玲译，中国政法大学出版社 1995 年版，1~156 页），这一卷之后被扩展并入了关于继承的一卷（《民法大全选译》，费安玲主编，中国政法大学出版社 2001 年版）[1]。我已经在这些卷的序言中进行了简短的评论（也被收录在本人中文出版的《桑德罗·斯奇巴尼文集》中，中国政法大学出版社 2010 年版，第 353 页及以下，第 377 页及以下）。这一主题需要非常深入细致的研究，但是，在这里，我只对这一卷的解读提出一些特别的意见。在《学说汇纂》中，这一卷之后还紧跟着关于婚姻和相关问题的其他两卷（D. 23~25），同时与关于监护和保佐的其他两卷（D. 26~27）相邻，毫无疑问，这一制度与对一些人的考虑联系在一起，首先就是儿子，他们需要一种"权力"和一种"抚养"，因为他们还不能保护自己，不能自立。与儿子相关的权力的内容以及第 23 卷到第 27 卷的内容的相近在《法学阶梯》J. 1，9~26 中实现了，这里，家庭法的根本的核心被简化和合一了。此外，婚姻和生育、历史的延续和种族的繁衍之间的关系是很多文献详细阐述的对象。[2]

---

* 译者系罗马第二大学法学博士，现系中国政法大学副教授。

〔1〕 在这篇序言中，当我引用不包含在学说汇纂第 23 卷中的法学家的文本时，我倾向于使用我这里提到的文集中的文本。

〔2〕 例如，西塞罗《论义务》：1，4，11："所有的生物都具有为繁衍而结合的欲望和对所生育的后代的某种哺育本能。"（参见〔古罗马〕西塞罗：《论义务》，王焕生译，中国政法大学出版社 1999

2. 在第 23 卷中，共有五章，三个主题：订婚，婚姻的缔结和嫁资。

（1）古老的订婚仪式是庄严的：这是通过妇女处于其父权之下的家父做出的承诺，或者，如果妇女在法律上是独立的，由妇女在监护人的授权之下做出的承诺。拉丁作者阿乌罗·杰里奥（Aulo Gellio）（公元 2 世纪）引用了法学家塞尔维奥·苏尔皮丘（Servio Sulpicio）（公元前 1 世纪）的话说道："妇女处于其权力之下的那个人，也是将来未婚夫从他那里接受妻子的人，询问想要娶妻的那个人是否娶妇女为妻。"这个人"庄严地承诺娶妻"（spondebat），这一要求和允诺的合意就是"庄严的承诺"（sponsalia），即"庄严地承诺"。被承诺的人是未婚妻，而承诺的人是未婚夫（Noctes Atticae 4，4）. 另外，由此产生的约束并不使婚姻成为必然，但是在缺乏有效的理由而承诺落空的情况下则需要赔偿损失。

之后，庄严的形式用得越来越少，仅仅是同意就足够了（D. 23，1，4），对婚约破裂的任何惩罚都是非法的，即使惩罚是在刑法条款中规定的（D. 45，1，134pr），"在古代，人们就认为婚姻是自由的"（C. 8，38，2）。

尽管有解除婚约的自由，之后婚约解除的后果是未婚夫和未婚妻之间的赠与的返还。这些赠与事实上是在婚姻的缔结的（默示）条件下做出的，那么在婚姻没有缔结的情况下自然在法律上是可以返还的。因此，对婚姻未能缔结负有责任的一方失去追回已做出的赠与的权利。另外，在一定的领域内，在罗马法被接受之前已有的关于婚约定金的习惯仍然有效（参见 C. 5，1，3pr.）。

进行了概述之后[1]，我们再回头解读关于订婚的有效要件的这一章，特别要注意订婚的形式，可以订婚的人，以及它的解除。

（2）罗马法学家给出的婚姻的定义，也就是后来优士丁尼使用的婚姻的定义，已经被铭刻在罗马法体系的历史中：其中的一个，由法学家莫德斯丁（公元 3 世纪开始）作出，开始了我这一卷的第二章，它建立在几个关键的概

年版，第 15 页。）1，17，54："由于自然赋予生物的共同特性是具有繁衍后代的欲望，因此人类的最初关联是夫妻关系，然后是和子女的关系，再后来是组成一个家庭，一切都共有。这便是城邦的开始，并且可以说是国家的起源。"（参见［古罗马］西塞罗：《论义务》，王焕生译，中国政法大学出版社 1999 年版，第 55 页。）D. 50，16，220，3："大自然也教导我们，慈爱的父亲，以生育子女的目的和意愿来娶妻，子女包括他们所有的后代。所以，没有比'孩子'更慈爱的称呼来称呼我们的孙子。因此我们孕育和生育子女，因为通过他们的子女我们要留下永远的记忆。"等等。

［1］ Cfr. R. Astolfi, *Il fidanzamento nel diritto romano*, 3 ed., Padova, 1994.

念之上：*coniunctio*：结合，指出了这一"结合"[1]中肉体结合的必要性。

maris et feminae：男女之间，指出了不同性别的必要性。[2]

con-sortium：由和一起（con）和命运（sors）组成，这是一种非常古老的名词，表示的是一种非常古老的共同体——父亲死后，兄弟之间的合伙变成了法律上自治的团体，共有家庭财产，每个人都有完全的处置权（参见，如Gai. 3，154a；帕比尼安在 D. 17，2，52，8 中；Festo 72；Gellio, Noctes Atticae 1，9，12[3]）；关于合伙这一概念的发展，我们能够找到的表述：*societas*（如西塞罗的《论义务》1，17，54）；*societas coniugalis*：夫妻合伙（Quintiliano, *Declamations* 19，7）；*societas vitae*；生活共同体（如 D. 25，2，1；D. 42，1，52；Columella, *de Re rustica* 12 praef. 1）；妻子被定义为人事和神事的合伙人（*socia rei humanae atque divinae* C. 9，32，4pr）；要强调的这一合伙的特点是要在各个时代延续（*omne saeculum*, Quintiliano, loc. cit.），不可分离（*inseparabilis*, Gellio, loc. cit.）[4]，在其中儿子完全属于任何一方（Seneca, *de Beneficiis* 7，12，2）；要强调的后果是，虽然家庭的财产全属于家父，在家父的人格中就包含了家庭的整体利益，但是妇女也是这些财产"某种意义上的所有者"（D. 25，2，1）[5]。

omnis vitae：生活的全部，其中"全部"也意味着生活的"各个方面"。

communicatio：交流。

divini et humani iuris：人法和神法，将对所有人类适用的罗马法的各个部分都联系起来，而将神放在了法律体系的顶端。

在《法学阶梯》中有另外两个定义：一个是在 J. 1，2 pr. 附带提出的，在对包括所有动物在内的自然法的论述中，因此，只关注 *coniugatio*：肉体的

---

〔1〕 在 D. 23，3，39pr. 中，这个词用来表示男奴隶和女奴隶之间的"结合"，由于他们的人身状态，不能构成婚姻，但是如果他们获得了自由，就转化成为婚姻，同时在还处于奴役状态下以嫁资为目的而赠与的财物就默示转化为嫁资。在 D. 36，1，79，1 中，这个词被用来表示狭义的孕育然后生育女儿的行为；D. 39，5，3 中"结合"的含义更加广泛。关于这一用语和生育之间的关系，见上引西塞罗：《论义务》1，4，11。

〔2〕 关于同性婚姻，在文献中我们只能找到滑稽的模仿：cfr. D. Dalla, "Ubi Venus mutatur". *Omosessualità e diritto nel mondo romano*, Milano, 1987, 63ss.

〔3〕 "Consorzio"一词除了古老的用法，我们在 D. 14，2，5pr. 可以看到这一词语在艾尔莫折尼亚诺（*Ermogeniano*）法典中的使用。

〔4〕 这一延续一生的观点也反映在嫁资中（见下文）。

〔5〕 关于这些观点，非常重要的是 G. Labrano 在 *Uxor quodammodo domina. Riflessioni su Paul.* 25，2，1，Sassari, 1989 中开始再次展开的讨论。

结合（乌尔比安在 D. 1，1，3 中对文本的专门论述中使用 *coniuncti* 一词）；另一个关于所有人类的定义在 J. 1，911，其中使用了"男女之间的""结合"，并且强调"不可分离亲密的习惯的生活（*individuam consuetudinem vitae*）"[1]。另外，在后古典的著作 *Tituli ex corpore Ulpiani*（5，2）中有另一个定义，提出了"合法婚姻"的要件。

　　Gai. 1，110 中列举了婚姻最古老的形式：夫妻生活的习俗（*usu*），麦子面包的宗教仪式（*farro*），买卖（*coemptione*），然后在 Gaio1，111；1，112；1，113 ~ 114 中进行了叙述。列举的第一个形式来源于稳定的同居，也是三个形式中最新的一个，但是也早于公元前 5 世纪的《十二表法》，并且已经出现了婚姻和妻子处于夫权，或者在丈夫不是自权人的情况下，处于丈夫父亲的父权之下的分离（这种分离后来又进一步发展）[2]。最古老的形式是对朱庇特的麦子面包和水果的奉献（*confarreatio*）。在这一行为中，形式立体地表现了内容和效果：仪式要求十个见证人和一个神甫（*flamen Dialis*）在场，新娘和新郎蒙着头坐在连接在一起的两张凳子上，凳子上铺着仪式前牺牲的羊皮。他们奉献面包，而且这些麦子面包成为他们的第一餐。仪式中也用到水和火。根据希腊的历史学家普鲁塔克（Plutarco）（公元 1 到 2 世纪），新郎要这样说：你叫什么？新娘要回答：你是 Gaio，我就是 Gaia，你是男主人，我就是女主人（*Quaestiones Romanae*，30）。在交换这些套话的时候，要伸出右手，这一姿势也出现在纪念碑上（Festo，197 a *s. v. pronubae*）。另外还记载了在新娘进入丈夫家的时候，要将新娘举过丈夫家的门槛（Nonio Marcello，*s. v. nubentes*）。庄严的买卖的形式仅仅是形式上的买卖，仅仅是象征性的，不需要支付价款，仅仅是权力从一个人（妇女的父亲）向丈夫（或者丈夫的父亲）的转移[3]［要式买卖（*macipatio*），在原来的功能，即用商品换来价款

---

　　[1]　亲密的习惯的生活（*consuetu*）在这一章中，在 D. 23，2，24 中出现，指与自由的妇女之间的关系，指的是婚姻的关系；另 do 外，在 D. 48，5，35pr. 中强调的是同一个自由妇女之间的非婚姻也非姘居的"亲密的习惯的生活"的不合法性；同样的"亲密的习惯的生活"也构成通过正式的行为承认父母之间关系是婚姻，从而使子女准正的前提。

　　[2]　Cfr. I. Piro, "Usu" in manum convenire, Napoli, 1994.

　　[3]　关于婚姻的这一行为的结构被讨论。因此，对 Gaio《法学阶梯》1，113 的手写本中的用语提出了疑问，"妇女买了他"可能是"妇女买了他，他买了妇女"（cfr. P. Bonfante, *Corso di diritto romano.* I. Famiglia, rist. Milano, 1963, 62 ss. ）。对这一行为的结构，对应的还有古典时代晚期（公元五到六世纪）的拉丁作者 Beozio 的记录，根据这一记录，男子问女子："是否愿意成为他的妻子和家庭的母亲"，而妇女则问男子："是否愿意成为她的丈夫和家庭的父亲"（Boezio, *ad Topica Ciceronis* 3, 14）。

之外的功能之外的另一项功能，比如在遗嘱方面]。

之后，在所谓的古典时代，这些形式衰落并消失了，没有被明确的、总是被遵守的形式所代替，没有一个形式能够根据社会认可的方式，明确表示在古典时期，罗马婚姻由法律行为构成，这种法律行为以最初的协议，相互的同意的交换，相互认为对方是丈夫和妻子的意愿（affectio maritalis）的形成为中心，由此产生一直延续到离婚的效果。

面对文献考证的一系列摇摆不定，从19世纪末开始的最近的罗马法学，对这种起初的行为的存在提出了质疑。由于这些质疑，就认为罗马婚姻存在或者处于简单的事实状态，在一定意义上类似于占有，对其后果和法律效果有一定的规定；或者夫妻俩有持续的作为丈夫和妻子生活的意愿，即一种应当伴随着婚姻状态的持续的同意，而且一旦夫妻一方不再同意，婚姻也不复存在；或者最初的同意是必要的但是并不足够，之后要有持续的意愿；等等。[1]

根据支持上述最后那种观点的罗马法研究，婚姻的概念作为起初的行为，未婚夫和未婚妻之间相互的同意，也因为基督教的原因而重新兴起。

然而，更加传统的观点将婚姻作为妻子和丈夫的同意的行为，以不同的形式表现出来，只要得到社会认可并且在不同的环境中可以被认可，其中妻子进入丈夫家的行为，尽管不是以严格的形式，是最经常被记载的[2]。这些传统的观点在之后认为基督教中的"圣事"的观念与罗马的概念相重合，并且利用了罗马的概念[3]，其最明显的效果是对已经存在的"不可解散"这一观念价值的肯定以及对离婚的反对，基督教婚姻在面对不能解决的婚姻危机

---

〔1〕 Cfr. P. Bonfante, Corso. cit., 255 ss.; E. Volterra, s. v. Matrimonio, in Enciclopedia del Diritto, 25, Milano, 1975, 726 ss.; R. Orestano, La struttura giuridica del matrimonio romano dal diritto classico al diritto giustinianeo, Milano, 1951; R. Astolfi, Il matrimonio nel diritto classico, Padova, 2006. 我认为对"认为对方是丈夫和妻子的意愿"（affectio maritalis）持续性的价值的肯定，显然是个非常重要的贡献，但是缺乏夫妻之间达成统一的起初的行为并没有得到足够的证明，因此，也有一些持续同意的支持者承认这一行为的存在。持续同意的原则遇到了意愿多变的挑战（比如 D. 24，2，3；D. 50，17，48；D. 24，2，7），或者在一定情况下由于神志不清而无法保持这种意愿（参见 D. 1，6，8；D. 23，2，16，2），因此，事实上离婚也需要满足表达意愿的必要形式（同样在关于子女的关系，对子女的承认，构成重婚的案例，以及财产方面等等关系的重要效果上，这种确定也是必要的）。

〔2〕 Cfr. O. Robleda, La definizione del matrimonio nel diritto romano, in La definizione essenzialmente giuridica del matrimonio, Roma, 1980; J. C. Moreira Alves, A natureza Jurídica do CasamentoRomano no Direito Clásico, in I. C. Moreira Alves, Estudos de Direito Romano, Brasília, 2009, 227 ss.

〔3〕 我们可以注意到最新的天主教1983年的法典中第1055条中的概念，来自于罗马法，来自于上面提到的由男人和女人（vir et mulier）构成的"生活的合伙"（consortium totius vitae）。

时，会对构成起初行为无效的最初婚意的瑕疵问题进行更深层次分析。

婚姻作为最初行为的概念，是优士丁尼和他的法学家们在法典中采用的概念。[1]

这一章主要针对有效的要件、构成要素和前提，特别关注其中人身方面的要件，和相应的禁止，请参见文献。

（3）嫁资[2]伴随着婚姻，构成对婚姻的一种物质支持，是夫妻平等的一种表现，是对家庭财产所有权一种特别的共同参与的要素和关键。

对于嫁资，除了定义，我们能够找到对其基础，对其复杂的各个方面的解释：这是一种给予/赠与，正如 Festo 强调的词源学的解释（Festo，48，24 s. v. *Dotem*），它有特别和必要的原因，即承担婚姻的负担（D. 23，3，56，1），这样没有婚姻就不用履行嫁资（D. 23，2，3）。由于这个原因，我们强调其永恒性，与对婚姻的解释一致（见上文），也表示希望嫁资总是由丈夫占有（D. 23，3，1）。

关于妇女从自己原来的家到了丈夫的家里，或者到了新婚夫妇组成的新家，也伴随着嫁资从原来的家（或者从代表这个家的别人那里）到了新家里。因此，妇女就进入了"夫妻合伙"，为了家庭未来的物质需要做出自己经济上的贡献。也因为这一物质基础，妇女才可以在与丈夫平等的地位上面对未来，正如已经提到的婚姻仪式的套话中或者是妇女作为，即使不是形式上的，也是实质上的家庭财产的"所有者"的资格（见上文）。对这一经济贡献，要考虑在妇女的父亲死亡时，分割原来家庭财产的过程［D. 37，7 关于嫁资的混同（*collatio dotis*）[3]］，也要考虑子女。

但是，这一经济贡献不能和新家庭其他的财产混淆，而要受其原因的束缚，即从妇女角度出发的婚姻，并且强调妇女的嫁资受到保护是符合政治团体的利益的（D. 23，3，2）。

在关于嫁资的规则中，出现了对妇女地位保护的关注，除了对嫁资原因

---

〔1〕　这一问题的发展，从注释法学家开始，又出现了婚姻作为合同（合伙合同，事实合同）的理论，对这些理论进行反对的学者强调这一行为非财产性的特点，强调义务和债之间的区别（参见，R. Orestano，上引。）

〔2〕　Cfr. P. Bonfante，*Corso cit.*，385 ss.；C. A. Cannata，*s. v. Dote*，*in Enciclopedia del diritto*，14，1965，Milano.

〔3〕　参见［意］彼得罗·彭梵得：《罗马法教科书》，黄风译，中国政法大学出版社 2005 年版，第 215 页。（Cfr. P. Bonfante，*Istituzioni di diritto romano*，trad. cin. Di Huang Feng，Pechino，p. 215.）

的永久性的预见，也要考虑生活的各种可能性，即婚姻由于丈夫的死亡或者离婚而解散，在这些情况下嫁资［被命名为妻子的物（*res uxoria*）[1]］，被返还，用来满足妇女自身的需要，并且根据上述的罗马婚姻的条件，能够平等地再次结婚。

在对嫁资的研究中，我们找到了另一个罗马法上财产结构多样性的例子：的确家父是财产的统一主人，这一中心也与他将自己集家庭和家庭成员利益于一身的需要相联系，对他们要履行基本的扶养责任。然而，这样集中的财产还与家庭中个人角色的多元性相联系，不论是以或大或小的自主性和复杂性从事经济活动的人（比如家子和奴隶[2]的特有产），或者是这里说到嫁资，妇女－妻子作为所有者的角色[3]。

3. 正如我在其他的序言中提到的，在同一章之中的不同法学家的片段，常常不是以一种容易识别的标准来排列的，有时其顺序取决于法学家团体分析整理片段来自的著作的工作方法，而不是逻辑的标准。但是，改变这样的顺序是不对的，因为这需要仔细研究，而且可以对优士丁尼法学家的观点提供重要的阐释。另外，每一次对文献的"重读"都带着新的需求并会得到之前的"解读"没有领悟到的收获。因此文本没有被改变。然而，正如在其他卷中[4]，在这一卷中，同样为了更方便第一次的解读，我更倾向采用罗伯特·J. 波蒂埃（Robert J. Pothier）在《新编优士丁尼学说汇纂》（*Pandectae Justinianeae in novum ordinem digestae*）[5]中提出的新顺序。这里，就不再提波蒂埃在从其他卷中拿出的文本或者归入其他卷的文本[6]，而按照从注释法学家，甚至更早开始的长期的传统。

D. 23，1：关于婚姻的承诺

关于婚姻的承诺：D. 23，1，1；D. 23，1，2；D. 23，1，3；怎样结成婚约：D. 23，1，4pr.；D. 23，1，7pr.；D. 23，1，18；D. 23，1，4，1；

---

〔1〕 关于"妻物之诉（*actio rei uxoriae*）"，参见 Gai，4，62；J. 4，6，29.

〔2〕 Cfr. A. Di Porto，*Impresa collettiva e schiavo "manager" in Roma antica*.（II sec. a. C. – II sec. d. C.），Milano，1984.

〔3〕 Cfr. G. Lobrano，*Uxor quodammodo domina* cit.

〔4〕 特别参见第 4 卷的序言。

〔5〕 罗伯特·J. 波蒂埃（1699～1772）于 1748～1752 年出版了这一著作。

〔6〕 在这一卷中，波蒂埃提出了将很多片段放到之后的第 2 卷和第 24 卷，我们已经提到，特别是关于嫁资，放到了 D. 24，3："在婚姻结束后以何种方式合法地要求嫁资"。还有很多法典的片段被放回在第 5 卷，第 1～15 章，讨论的是《学说汇纂》这一卷相应的主题。

D. 23，1，7，1；D. 23，1，11；D. 23，1，13；D，23，1，5；D. 23，1，8；
D. 23，1，6；D. 23，1，12pr.；D. 23，1，12，1；D. 23，1，7，1（从 *Intellegi tamen* 开始）；D. 23，1，9；可以订婚的人：D. 23，1，14；D. 23，1，16；
D. 23，1，15；D. 23，2，60，5；解除：D. 23，1，10；D. 23，1，17。

D. 23，2：关于婚姻的缔结

结婚的定义：D. 23，2，1。

婚礼的形式：

谁的同意是必要的：D. 23，2，2。

未婚夫和未婚妻的同意：D. 23，2，30；D. 23，2，16，2；D. 23，2，
22；D. 23，2，21；D. 23，2，28；D. 23，2，29。

未婚夫和未婚妻处于其权力之下的人或其他人的同意：D. 23，2，35；
D. 23，2，18；D. 23，2，33；D. 23，2，3；D. 23，2，34pr.；D. 23，2，9，
1；D，23，2，10；D. 23，2，11；D. 23，2，19；D. 23，2，16，1；D. 23，
2，9pr.；D. 23，2，25；D. 23，2，20。

行为的实质是否需要有特别的形式：D. 23，2，5；D. 23，2，6；D. 23，
2，7。

不能结婚的人：

和谁都禁止结婚的人：D. 23，2，26；D. 23，2，34；D. 23，2，51；
D. 23，2，45，1；D. 23，2，45，2；D. 23，2，50；D. 23，2，45pr.；D. 23，
2，46；D. 23，2，45，3；D. 23，2，48pr.；D. 23，2，48，2；D. 23，2，45，
6；D. 23，2，45，5；D. 23，2，48，1；D. 23，2，45，4。

只在他们之间不能结婚的人：

因为亲戚关系：D. 23，2，53；D. 23，2，17，2；D. 23，2，39；D. 23，
2，54；D. 23，2，14，2；D. 23，2，8；D. 23，2，55；D. 23，2，17pr. - 1；
D. 23，2，12，4；D. 23，2，14，4；D. 23，2，40；D. 23，2，14，3；D. 23，
2，34，2。

因为公共道德：D. 23，2，42；D. 23，2，55，1；D. 23，2，14pr. - 1；
D. 23，2，12，pr. -2；D. 23，2，14，4（在最后：*item eius matrem*）；D. 23，
2，12，3；D. 23，2，15；D. 23，2，62，1；D. 23，2，13。

因为权力的行使：D. 23，2，36；D. 23，2，66pr.；D. 23，2，64pr.；
D. 23，2，67，4；D. 23，2，60pr. - 4；D. 23，2，60，8；D. 23，2，59；
D. 23，2，60，7；D. 23，2，60，6；D. 23，2，67pr.；D. 23，2，67，3；

D. 23，2，64，1；D. 23，2，67，2；D. 23，2，37；D. 23，2，66，1；D. 23，2，67，5；D. 23，2，64，2；D. 23，2，62，2；D. 23，2，62pr. ；D. 23，2，67，1；D. 23，2，67，6；D. 23，2，38pr. ；D. 23，2，63pr. ；D. 23，2，57pr. ；D. 23，2，38，2；D. 23，2，65pr. ；D. 23，2，38，1；D. 23，2，65，1。

因为不同的社会地位：D. 23，2，23；D. 23，2，43pr. −3；D. 23，2，41pr. −1；D. 23，2，43，6～9；D. 23，2，43，4～5；D. 23，2，43，10～13；D. 23，2，44，8；D. 23，2，49；D. 23，2，44pr. −7；D. 23，2，16；D. 23，2，42，1；D. 23，2，31；D. 23，2，32；D. 23，2，27；D. 23，2，34，3。

乱伦及非法的婚姻以及惩罚：D. 23，2，39，1；D. 23，2，52；D. 23，2，61；D. 23，2，68；D. 23，2，57，1；D. 23，2，58。

D. 23，3：关于嫁资法

四种嫁资：D. 23，3，5pr. ；D. 23，3，5，13；D. 23，3，5，11；D. 23，3，6，1；D. 23，3，5，1；D. 23，3，5，7～8；D. 23，3，5，2～5；D. 23，3，51；D. 23，3，5，6，14，10，11（在最后：*sed ita demum*），9。

嫁资的设立：设立者：D. 23，3，5，12；可以作为嫁资的物：D. 23，3，57；D. 23，3，44，1；D. 23，3，45；D. 23，3，46，1；D. 23，3，72pr. ；D. 23，3，60；D. 23，3，61；D. 23，3，5，69，4；怎样设立嫁资：通过转移交付：D. 23，3，58，1；D. 23，3，77；D. 23，3，25；通过承诺：D. 23，3，41pr. ；D. 23，3，48pr；D. 23，3，79，1；D. 23，3，20；D. 23，3，41，2；D. 23，3，76；D. 23，3，64；D. 23，3，40；D. 23，3，63；D. 23，3，30～31；嫁资向何人以及何时设立：D. 23，3，46pr. ；D. 23，3，58pr。

由设立嫁资产生的权利：承诺的嫁资和遗赠留下的嫁资：D. 23，3，69，6；D. 23，3，48，1；D. 23，3，69，3；D. 23，3，84；转移交付的嫁资：D. 23，3，7，3；D. 23，3，1；D. 23，3，62；D. 23，3，75；D. 23，3，34；D. 23，3，69，7；特殊的情况：D. 23，3，59，1；D. 23，3，78pr. −2；关于婚姻成就对嫁资的影响：D. 23，3，41，1；D. 23，3，21；D. 23，3，22；D. 23，3，44pr. ；D. 23，3，36；D. 23，3，37；D. 23，3，38；D. 23，3，80；D. 23，3，83；D. 23，3，23；D. 23，3，10，4；D. 23，3，17，1；D. 23，3，10，5；D. 23，3，7，3（从 *fiunt autem* 开始）；D. 23，3，8；D. 23，3，9pr. −1；在婚姻无效的情况下是否产生权利：D. 23，3，3；D. 23，

3，39，1；D. 23，3，59，2；D. 23，3，68；D. 23，3，39pr.；D. 23，3，67。

嫁资以外的财产：D. 23，3，9，2 ~ 3。

D. 23，4：关于嫁资简约

什么时候和什么东西可以合法地作为嫁资简约：D. 23，4，1pr.；D. 23，4，12，1；D. 23，3，2；D. 23，4，2；D. 23，4，14；D. 23，4，15；D. 23，4，16；D. 23，4，17；D. 23，4，19；D. 23，4，18；D. 23，4，6；D. 23，4，21；D. 23，4，29pr.；D. 23，4，32pr.；D. 23，4，32，1；D. 23，4，5，2；D. 23，4，4；D. 23，4，31；D. 23，4，28；D. 23，4，1pr.；D. 23，4，5pr. –1；D. 23，4，20pr. 。

在那些人之间订立嫁资简约：D. 23，4，1，1；D. 23，4，7；D. 23，4，20，1；D. 23，4，8。

嫁资简约的形式：D. 23，3，72，2；D. 23，4，29，2。

嫁资简约的解释：D. 23，3，70；D. 23，4，20，2；D. 23，4，11；D. 23，4，26，5；D. 23，4，30；D. 23，4，3。

特别简约：D. 23，4，12pr.；D. 23，4，24；D. 23，4，26，2；D. 23，4，25；D. 23，4，12，3 ~ 4；D. 23，4，13。

D. 23，5：关于嫁资田宅

禁止转让的物品：D. 23，5，13pr. –1；D. 23，5，11；D. 23，5，14，1；D. 23，5，14，3；D. 23，5，9pr. –3；D. 23，5，10；D. 23，5，3pr.；D. 23，5，13，2；D. 23，5，14，2；D. 23，5，16；D. 23，5，14pr.；D. 23，5，4；D. 23，5，12pr. 。

哪些关于嫁资田宅的转让是禁止的：D. 23，5，5；D. 23，5，6；D. 23，5，1pr.；D. 23，5，7pr. –1；D. 23，5，12，1；D. 23，5，3，1；D. 23，5，13，3；D. 23，5，17；D. 23，5，13，4。

4. 正如我已经提到的，我介绍了波蒂埃（Pothier）这一"解读"的结构是可以被超越的，或者是与其他相似的解读线索相比是有优势的。波蒂埃致力于将文本集中起来，而对规则进行阐释，并将它们根据一种顺序组织起来（他工作的顶点是对 D. 50，17 的重新排序和扩充），由于这样带来的简化，在此基础上出现了 1804 年的拿破仑民法典，形成了一种从优士丁尼及其法学家的法典到我们今天所有法典之间的现代的桥梁。他的"解读"之后，也出现了其他的解读，它们重新解释了制度、它们不同的形态，不同的历史和社会背景，对原则的阐释，渗透了几个世纪，并且表达了一些永恒的原则：未婚夫和未婚妻人格上的前提；同意的自由和原来的家庭介入的限制；男女包括肉体上全面的结合；生活的全部方面；夫妻之间的平等；为了未来家庭和子女以及对妇女的保护的物质基础；对政治共同体的重要意义；人和宗教的方面；另外也使得人们看到文本对看起来遥远的问题可能的贡献（我们想到对财产的各种结构）。

对法典文本"翻译"的工作标志着罗马法体系形成的时代，从罗马建成到优士丁尼，指导并且持续指导我们这个有巨大变革和现代法典化的时代，这是一个非常重要的主题，我相信能够促进法学家之间，我们今天对文献的"解读"之间的对话，并且有助于我们在更广阔的环境中追求法律共同化。

5. 我很荣幸地介绍，这一卷拉丁文的翻译是由罗冠男博士完成的，她来自中国政法大学，现在任教于北京工商大学。这一工作是在罗马二大（Tor Vergata）完成的，罗冠男这些年在那里攻读罗马一大（Sapienza）和罗马二大联合培养的"罗马法律体系和法律一体化—罗马法与中国法方向"的博士学位，其博士论文的主题是关于姘居的。意大利国家科研委员会（CNR）的腊兰（Lara Colangelo）博士同罗冠男博士一起进行了校对。翻译工作是在"罗马法体系下中国法典化与法学人才培养研究中心"的项目框架下进行的，该中心由罗马第一大学、罗马第二大学、意大利国家科研委员会文化遗产部和中国政法大学共同组建。本卷的翻译将《学说汇纂》[1]的翻译计划向前推进了一步。此书的出版得到了"罗马法体系下中国法典化与法学人才培养研究中心"的资助。

（本文原为罗冠男译《学说汇纂（第二十三卷）》序言，中国政法大学出版社 2012 年版）

---

［1］ 参见［意］桑德罗·斯奇巴尼主编和作序的《民法大全：学说汇纂》：第 18 卷，刘家安译，2000 年；第 48 卷，薛军译，2005 年；第 1 卷，罗智敏译，2008 年；第 6 卷，陈汉译，2009 年；第 8 卷，陈汉译，2009 年；第 41 卷，贾婉婷译，2010 年；第 12 卷，翟远见译，2011 年；第 4 卷，窦海阳译，2012 年；第 9 卷，米健、李钧译，2012 年。以上均由中国政法大学出版社出版。

《民法大全·学说汇纂（第二十四卷）·夫妻间财产关系》序

［意］桑德罗·斯奇巴尼　著　黄美玲*　译

1. 本卷《民法大全》是《学说汇纂》的第 24 卷，包括三章：①夫妻间赠与；②离婚与单方面地解除婚姻关系；③婚姻关系解除时的嫁资返还。

《学说汇纂》第 23 卷就开始讨论婚姻与家庭的主题。在该卷中已经谈论了财产关系中的嫁资问题，嫁资为妇女而设立，并且与其婚姻的要式口约直接相关。该主题在本卷的最后一章又回归为我们论述的对象，讨论的是婚姻关系解除后的嫁资返还；对其论述在下一卷还会继续。赠与的问题看上去像是一个插曲，但是对它的论述却是至关重要的联结点：事实上，仅仅在涉及婚姻关系时论述这一主题以进行禁止，论题的关联性在于夫妻间实质关系上的无偿性，这点在第 24 卷第 1 章的第 1、2 两个片段中已经阐明，但是在整个问题中都有映射。

另外，这一无偿性应该与下面这些要素保持平衡：婚姻的定义[1]中所表达的诉求以及它们在日常生活中的体现；婚姻中所产生的负担[2]，但是婚姻关系的解除，因不同的解除原因（死亡、丈夫财产所有权变动、离婚）、后代以及从父母开始的整个家庭关系等，有时候会导致这些负担消灭，有时候则会以不同的方式继续；还要与幸存的或者是离开共同生活的配偶的未来（生活）保持平衡。在这种背景下，赠与的禁止、禁止的限度与禁止的恢复、婚姻关系解除时的嫁资返还与其他必要的关联交汇到一起。

---

* 译者系罗马第二大学法学博士，中南财经政法大学副教授。

〔1〕 Cfr. D. 23, 2, 1. 莫德斯丁，《规则集》第 1 卷：婚姻是男女间的结合，是生活各方面的结合，是神法与人法的结合。西塞罗：《论义务》1.54：这便是城邦的开始，并且可以说是国家的起源。

〔2〕 Cfr. D. 23, 3, 56, 1ecc.

2. 除了夫妻关系之外，赠与还有其他的实施范畴。对它们的论述我们大致能在 D. 39，5 中找到，关于临死前所作出的赠与则在 D. 39，6 中（这一主题还可以参见 C. 8，56）。公职人员与权威人士之间的赠与我们已经在 D. 1，16，6，3 中有了简要的论述。父母对子女的赠与出现在《法典》的一章中（C. 5，16，在该章中也论述了我们这一卷《学说汇纂》中所考察的夫妻间赠与）。结婚时所作出的赠与在《法典》中也被列为特别的一类（C. 5，3），而附条件的赠与也在专门的一章中进行论述（C. 8，54）。优士丁尼的《法学阶梯》中有一章论述了赠与，而在盖尤斯的《法学阶梯》和《永久告示》中却都没有提及。这点很重要，因为它表明"赠与"在古典法中并不是一种特定的法律行为，而是一种取得行为的"原因"；它是设立或移转物权、设立债权或是解除债务等取得行为的合法依据。

前面强调过，有一些原因证成着不同行为的合法性，即一些在很长时间内没有转化为具体法律行为的社会功能，但是它们可以通过求诸不同的法律行为而得以实现。这些社会功能或是偶然的或是抽象的，由于不同的原因而对应于抽象的或者偶然的法律行为。嫁资就是其中的一个例子：正如我们提到过的，它是对即将结婚的妇女（就即将结婚的妇女的利益）所作出的慷慨贡献，虽然她并不附属于她自己的家庭。这一"原因"可以转化为一种典型的、特定的行为，即嫁资允诺（dotis dictio）（参见 Gai. 3，95），但是它也可以通过向未来的丈夫移转嫁资物所有权或者是对其他物设立物权来进行转化，或者通过对未来的丈夫作出关于一笔款项的具有债权效力的要式口约来进行转化。另一个例子是和解协议，其内容是当事人之间相互的妥协以结束纠纷：这一"原因"可以转化为不同的法律行为，大约公元 2 世纪才出现在互易（do ut des）行为中，我向你给付是为了你给我一个和解协议（transactio）（D. 2，15）。第三个例子当然是赠与，这些赠与构成一种"原因"。其特点是赠与人对受赠人最终分配某种财产性权利，实施时并不与对应给付相关联，而且表现为受赠人财产的增长以及赠与人财产的减少。后者本身也有这样的意图，即实现一种赠与。

罗马法学家在这一原因上投注了很多注意力，特别是对于实现赠与时的禁止。

第一次禁止是公元前204年的《琴其亚法》，该法禁止超过一定数额的赠与，但是没有对这种行为的无效性进行规定（根据 Tituli ex corpore Ulpiani，属于不完全法律)[1]。这一法律中所规定的禁止在后古代时期消失了，一些对它进行评注的相关文本因其他规定而被重新适用。

另外一次禁止就是我们所考察的这一章中的论述。它出现在公元 1 世纪之初，根据这一禁止，夫妻间通过移转、物权、债权或弃权行为所实施的赠与无效，即使以抽象行为得以履行。其他与赠与混合的行为也包含在这一禁止和无效性中，即这样一种负担行为：一方有赠与的意图，而接受对方明显低于他所履行给付的客观价值的对价[2]。

夫妻间禁止赠与[3]：D. 24，1，1pr. ；D. 24，1，2；D. 24，1，3。

对哪些人扩大禁止：哪些赠与被认为是夫妻间赠与：D. 24，1，66pr. ；D. 24，1，66，1；D. 24，1，D. 24，1，27；D. 24，1，5pr. ；D. 24，1，35；D. 23，4，27；D. 24，1，64。哪些夫妻包含在这种禁止中：D. 24，1，32，28；D. 24，1，32，27；D. 24，1，65；D. 39，5，31pr. 。除夫妻外，哪些人之间禁止赠与：D. 24，1，3，6；D. 24，1，3，2；D. 24，1，3，5；D. 24，1，3，3；D. 24，1，D. 24，1，3，8；D. 24，1，38pr. ；D. 24，1，38，1；D. 24，1，3，7；D. 24，1，60pr. 。

哪些赠与包括在夫妻间被禁止的赠与中，哪些不：D. 24，1，13，2；D. 24，1，46；D. 23，3，73，1；D. 24，3，20；D. 23，3，85；D. 24，1，3，9；D. 24，1，7，6；D. 24，1，5，5；D. 24，1，31，3；D. 24，1，31，4；D. 24，1，31，5；D. 23，3，12pr. ；D. 24，1，7，5；D. 24，1，5，6；D. 24，1，5，7；D. 24，1，44。哪些夫妻间的赠与不被禁止：夫妻间因死因做出的赠与：D. 24，1，9，2；D. 24，1，10；D. 39，6，43；D. 24，1，

---

[1]　参见［古罗马］彼德罗·彭梵得：《罗马法教科书》，黄风译，中国政法大学出版社 2005 年版，第 181 页。

[2]　1942 年的《意大利民法典》第 781 条禁止配偶间在婚姻存续期间的赠与；宪法院 1973 年 6 月 27 日第 91 号判决声明了整个条款的违宪性。

[3]　考虑到优士丁尼法学家们在片段中所使用的方式，跟在其他卷一样，提议一种不同的阅读顺序或有裨益。正如注释法学家们很早就开始使用的，他们将相隔甚远的片段关联到一起。如同几乎所有其他卷一样，我推荐波蒂埃所制定的顺序（Pandectae Iustinianeae in novum ordinem digestae，参见第四卷序言）。波蒂埃有时还引用正在排序的该卷之外的、甚至是该卷之外的文本，并且有时候引用法典或者是其他法学文献文本，比如说保罗（Paulisententia）或是乌尔比安作品的摘录（Tituli ex corpore Ulpiani）等。在其他的卷里面，我并没有引用外部片段；而在这卷，我提到了本卷之外的其他片段，但是仍然是在《学说汇纂》范围之内。现在该书已经翻译了很多卷，还有一些正在翻译中。另外，在本卷中，第 3 章和 D. 23，3 的交错不可避免地非常之多。这些对外部片段的引用也解释了，为什么有时候某章的某一片段根据新的顺序并没有被提及：事实上，它在其他主题中被提到。

11pr.；D. 28，5，77（76）；D. 24，1，11，1；D. 39，6，40；D. 24，1，20；D. 24，1，52，1；D. 24，1，11，9；D. 24，1，11，3；D. 24，1，11，4；D. 24，1，11，5；D. 24，1，11，2；D. 24，1，11，6；D. 24，1，11，7。夫妻间因离异或者是流放所作出的赠与，以及离异或者流放导致的死因赠与无效：D. 24，1，60，1；D. 24，1，61；D. 24，1，62pr.；D. 24，1，11，11；D. 24，1，12；D. 24，1，13pr.；D. 24，1，43；D. 24，1，11，10；D. 24，1，13，1。或不使赠与者变穷，或不使受赠者增富的夫妻间赠与：D. 24，1，5，16；D. 24，1，25；D. 24，1，5，13；D. 24，1，5，14；D. 24，1，31，7；D. 24，1，5，8；D. 24，1，5，9；D. 24，1，5，10；D. 24，1，5，11；D. 24，1，5，12；D. 24，1，5，17；D. 24，1，7，9；D. 24，1，8；D. 24，1，9pr.；D. 24，1，7，8；D. 24，1，9，1；D. 24，1，49；D. 24，1，14；D. 24，1，53，1；D. 24，1，18；D. 24，1，28，2；D. 24，1，31，1；D. 24，1，47；D. 42，8，18；D. 24，1，31，6。节日礼物以及因其他原因而产生的、不可分离的赠与：D. 24，1，31，8；D. 24，1，58，1；D. 24，1，31，10；D. 24，1，21；D. 24，1，15pr.；D. 24，1，28，7；D. 23，4，26，3；D. 24，1，33，1；D. 24，1，58pr.；D. 24，1，36，1；D. 24，1，67；D. 24，1，5，15。哪些赠与在岳父和女婿或者公公和媳妇、妻子和丈夫的儿子之间被禁止或者不被禁止：D. 24，1，26，1；D. 24，1，53；D. 24，1，34。

夫妻间赠与无效以及该"无效"的后果：配偶间关于转移所有权的赠与无效以及赠与者要求归还的权利：D. 24，1，3，10；D. 24，1，3，11；D. 24，1，3，12；D. 24，1，3，13；D. 24，1，4；D. 24，1，56；D. 24，1，36pr.；D. 24，1，63；D. 24，1，45；D. 24，1，31，2；D. 24，1，28pr.；D. 24，1，37；D. 24，1，29，1；D. 24，1，30；D. 24，1，31pr.。夫妻间因赠与而作出的允诺或偿还债务收据无效：D. 24，1，3，10（从中间开始）；D. 24，1，5，1；D. 24，1，5，3；D. 24，1，39；D. 24，1，5，4。受赠人变得更为富有，赠与者有权提起返还诉讼：D. 24，1，5，18；D. 24，1，6；D. 24，1，55；D. 24，3，66，1；D. 24，1，28，5；D. 24，1，7pr.；D. 24，1，7，3；D. 24，1，28，3；D. 24，1，7，4；D. 24，1，28，4；D. 24，1，29；D. 24，1，7，7；D. 24，1，50pr.；D. 24，1，50，1；D. 24，1，31，9；D. 24，1，7，1；D. 24，1，51；D. 24，1，58，2；D. 24，1，57。如果夫妻一方并没有因为赠与物而变得更为富有，应该抵消；以及在何种情况应该这么做：D. 24，1，7，2；D. 24，1，48。夫妻间赠与物的利息、孳息和原因：

D. 24，1，15，1；D. 24，1，16；D. 24，1，17；D. 22，1，45；D. 24，1，19pr.；D. 24，1，17，1；D. 24，1，19，1。

夫妻间的赠与是否以及如何恢复效力：D. 24，1，32pr.；D. 24，1，32，2。根据安东尼卡拉卡拉的提议，元老院决议中包括哪些人：D. 24，1，32，16；D. 24，1，32，20。哪些赠与包含在此项元老院决议中：D. 24，1，32，22；D. 24，1，32，1；D. 24，1，32，23；D. 24，1，11，8；D. 24，1，59；D. 24，1，23；D. 24，1，33pr.；D. 24，1，33，2；D. 24，1，32，9；D. 24，1，32，24；D. 24，1，32，25；D. 24，1，32，26。根绝安东尼卡拉卡拉的演说词，如何、在多大范围内、对哪些人恢复赠与的效力：D. 24，1，32，1。哪些原因中夫妻间赠与不因赠与者的死亡而生效：离婚：D. 24，1，62，1；D. 24，1，32，10；D. 24，1，32，11；D. 24，1，32，12；D. 24，1，32，13；D. 24，1，32，19；D. 24，1，32，20。受赠人的死亡：D. 24，1，32，18；D. 24，1，32，6；D. 24，1，32，14。撤销：D. 24，1，32，4；D. 24，1，22；D. 24，1，32，5；D. 24，1，32，15；D. 24，1，32，3。其他不恢复效力的原因：D. 24，1，32，7；D. 24，1，32，8；D. 24，1，32，6；D. 24，1，32，16；D. 24，1，32，17；D. 24，1，32，21。

3. 如上所述，D. 24，2 探讨了婚姻解除的两种具体方式，离婚和单方面地解除婚姻关系（婚姻也可以因夫妻一方死亡而解除；或者因为夫妻一方的状态改变而解除，如果变成奴隶或者敌人的俘虏；或者丧失市民籍但是仍然是自由人身份，解除市民法上的婚姻但是在万民法上仍保持婚姻关系；还因为不可抗力而解除）。关于离婚之后儿女的委托，在《法典》很简短的一章中有所论述（C. 5，25）；单方面的解除婚姻则出现在法典的另一章。（C. 5，17）。

很可能在古老的年代并没有离婚：实际上，没有任何历史文献提及。可以肯定的是，公元前 2 世纪开始出现离婚。关于婚姻（参见第 23 卷的序言，它涉及第 2 章的内容），我简要地提到了，我们理解罗马婚姻的方式也反映出我们了解离婚的模式，对于后者而言有时候只需要不再具有作为丈夫或者妻子的"继续的意图"，或者必须有一种平行和相反于开始的合意的行为。

无论如何，如果结婚时妇女归顺丈夫的家庭或者丈夫是自权人时归顺夫权，离婚并不使其丧失家父权。盖尤斯在《法学阶梯》中（Gai. 1，137）提到执法官规定丈夫在离婚之后要将前妻从夫权（*manus*）中解放出来。

随后，单方面地解除婚姻关系被一则法律所证实，历史学家普鲁塔克认为该法律出自罗慕洛。根据该法律，在向子女投毒、通奸和酗酒的情况下，丈夫不仅仅可以单方面地解除婚姻关系，还可以杀死妻子；如果丈夫单方面地解除婚姻关系而不能证明这些原因中的一个，他将被判处祭祀上的刑罚，因此他的一部分财产将属于妻子，另一部分财产将被用来献祭给克瑞斯，即地母神和丰穰神。这一制度后来被全面超越，但是保留了单方面地解除婚姻关系——大多数情况下是男人的单方行为——的可能性。在后古时候发展出一些更严格的形式，比如说书面形式的通知，以及一系列对于除法律规定之外的情形下单方面地解除婚姻关系的夫妻一方处以的人身、财产或者刑事惩罚。我们在 D. 50，16，191 中可以发现两种行为之间的差异："离婚与单方面地解除婚姻关系存在差异，单方面地解除婚姻关系也可以针对未来的婚姻（也就是只存在婚约的情况），因此不能说未婚妻离婚了，而离婚是针对分道扬镳的离婚的双方而言的。"

什么是离婚：D. 24，2，1；D. 49，15，12，4。谁可以离婚或者谁可以单方面地解除婚姻关系：D. 24，2，2pr.。离婚的形式：D. 48，5，16，6；D. 24，2，9；D. 24，2，1，1；D. 24，2，3；D. 24，2，7；D. 24，2，3；D. 24，2，4；D. 24，3，22，7；D. 24，3，22，8；D. 24，3，22，9。离婚在什么情况下以及如何被判罚：D. 48，5，12（11），13；D. 24，3，39；D. 24，3，47；D. 24，3，38；D. 23，3，69pr.；D. 48，5，12（11），3。

4. 《学说汇纂》第 24 卷第 3 章的章名与《法典》第 5 章第 18 节相呼应，该章名可能来自于永久告示中的嫁资财产之诉。就此，J. 4，6，29 中指出，优士丁尼通过专门的谕令（C. 5，13）以要式口约之诉取代了嫁资财产之诉。即使没有缔结任何要式口约，对于其他赋予妇女的、以丈夫的全部财产来保障返还嫁资的债权的抵押而言，也可以因诚信而使默示抵押产生效力。[1] 与此同时，还存在请求返还之诉，因为，正如优士丁尼在前一年的谕令（C. 5，12，30，1）中说到的，妇女在婚姻期间已经取得嫁资的"自然所有权"。这一保护妇女的特别关注，并不在于消灭对丈夫的能力限度照顾（*beneficium competentiae*）。

关于嫁资的返还，还应该区分婚姻是因为妻子的死亡，还是因为丈夫的

---

〔1〕 参见［古罗马］彼德罗·彭梵得：《罗马法教科书》，黄风译，中国政法大学出版社 2005 年版，第 68 页。M. Varvaro, *Studi sulla restituzione della dote*, I, *La formula dell' acio rei uxoriae*, Torino, 2006.

死亡或是因为离婚而解除。婚姻存续期间妻子死亡的情况下应当返还嫁资：D. 23，3，6pr. ；D. 23，3，79pr. ；D. 37，7，6；D. 24，3，10，1。因离婚或者丈夫的死亡而解除婚姻的情况下返还嫁资应该遵循什么：D. 24，3，35；D. 24，3，30pr. 。妻子成为自权人时谁拥有请求返还嫁资的权利：D. 24，3，2pr. ；D. 24，3，42pr. ；D. 24，3，66，2；D. 24，3，31，2；D. 24，3，59；D. 24，2，5。以及当她是家女时：D. 24，3，2，1；D. 24，3，3；D. 24，3，22，1；D. 24，3，22，4；D. 46，3，65；D. 24，3，22，10；D. 24，3，22，11；D. 23，3，24；D. 24，3，34；D. 24，3，22，5；D. 24，3，2，2；D. 24，3，22，6；D. 46，3，34，6；D. 24，3，4；D. 24，3，22，3；D. 24，3，37。因夫妻一方被奴而解除婚姻的情况下嫁资返还的发生：D. 24，3，10。在什么期间内应该返还嫁资：D. 24，3，24，3；D. 24，3，24，2；D. 24，3，60；D. 24，3，24pr。

嫁资返还的诉讼：对哪些人提起嫁资返还的诉讼：D. 24，3，22，12；D. 23，3，73pr. ；D. 24，3，22，12；D. 24，3，24，1；D. 24，3，31，3；D. 24，3，53；D. 24，3，25pr. ；D. 24，3，31pr. ；D. 24，3，44pr. 。

公公或者岳父收到嫁资的情况下，哪些物品包含在嫁资返还诉讼中：是否为可替换物：D. 23，3，42。在给付的时候是否估值：返还物本身：D. 24，3，11；D. 24，3，25，2；D. 24，3，26；D. 23，3，17pr. ；D. 24，3，66pr. ；D. 23，3，72，1；D. 24，3，24，5；D. 24，3，25，1；D. 24，3，9。丈夫或者公公以取得物代替没有估值的物，或者是在没有过错而失去了占有的物的情况下的返还：D. 23，3，78，4；D. 23，3，32；返还所有产生于嫁资物的附属物：D. 23，3，10，1；D. 23，3，4；D. 23，5，18；D. 23，3，47；D. 23，3，65；D. 23，3，10，2；D. 23，3，69，9；D. 23，3，78，4；D. 24，3，67；D. 23，3，7，1；D. 23，3，7pr. ；D. 23，3，10，3；D. 17，1，60，3；D. 24，3，5；D. 24，3，6；D. 24，3，7，1；D. 24，3，7，2；D. 24，3，7，3；D. 24，3，7，4；D. 24，3，7，9；D. 24，3，7，10；D. 24，3，7，11；D. 24，3，7，6；D. 24，3，7，7；D. 24，3，7，8；D. 24，3，7pr. ；D. 24，3，7，16；D. 24，3，8，1；D. 24，3，7，15；D. 23，5，18，1；D. 24，3，7，12；D. 24，3，7，13；D. 23，5，18pr. ；D. 24，3，8；D. 24，3，7，14；D. 23，3，69，1。就这些物应该作出的保证金：D. 24，3，25，1；D. 24，3，25，4；D. 24，3，55；D. 24，3，25，3。设立的嫁资用益物权的返还：D. 23，3，66；D. 23，3，78，3；D. 24，3，57；D. 23，3，7，2。丈夫或者

公公收到已经估值的物品的情况下，婚姻解除之后，哪些物品包含在返还范围内：D. 24，3，51；D. 23，3，69，8；D. 23，3，10pr.；D. 24，3，49，1；D. 23，3，16；D. 23，3，52；D. 23，3，6，2；D. 23，3，12，1；D. 24，3，50；D. 24，3，66，3；D. 23，3，18。什么时候应该认为丈夫或者公公已经收到嫁资：D. 23，3，19；D. 23，3，59pr.；D. 23，3，49；D. 24，3，66，6；D. 23，3，35；D. 23，3，71；D. 23，3，41，3；D. 23，3，53；D. 24，3，33；D. 24，3，41。

婚姻解除之后，丈夫承认自己因为嫁资收到了他并没有收到的东西的情况下，嫁资诉讼包含哪些物品：D. 24，3，66，4；D. 24，3，52。或者在没有被支付所被允诺之物的情况下：D. 24，3，30，1；D. 23，3，41，4；D. 24，3，66，7；D. 24，3，31，1；D. 23，3，14；D. 23，3，33；D. 24，3，49；D. 23，3，56pr.。或者丈夫在嫁资中收到了债务的免除的情况下：D. 23，3，43，2；D. 23，3，12，2。

嫁资诉讼中可以发生哪些扣留：D. 24，3，15，1；D. 24，3，7，5。在什么范围内丈夫及其岳父应该返还嫁资（能力限度照顾）：D. 24，3，12（第一阶段）；D. 24，3，15，2；D. 24，3，16；D. 24，3，15pr.；D. 24，3，28；D. 24，3，18，1；D. 24，3，54；D. 24，3，43；D. 24，3，14，1；D. 24，3，17，2；D. 24，3，27；D. 24，3，36；D. 24，3，12；D. 24，3，13；D. 24，3，18；D. 24，3，14。

嫁资诉讼的特权：D. 24，3，1。

属于嫁资返还的诉讼什么时候消灭：嫁资给付以及婚姻完善：D. 24，3，31，4；D. 24，3，22，2；D. 24，3，19；D. 23，3，13；D. 23，3，69，2；D. 24，3，42，3。关于遗赠的接受、妻子的死亡以及嫁资的没收：D. 24，3，46；D. 24，3，24，7。

所谓的不合理嫁资返还：D. 24，3，42，1；D. 24，3，23；D. 24，3，22，13；D. 23，3，54；D. 23，3，74；D. 42，5，17，1；D. 47，5，18；D. 47，5，19pr.；D. 27，6，11，4。

根据《尤利亚和帕比亚法》，关于丈夫根据庇主权对他所解放的嫁资奴隶所取得的物品，其返还诉讼由妻子提起：D. 24，3，61；D. 24，3，62；D. 24，3，63；D. 24，3，64pr.；D. 24，3，24，4；D. 24，3，64，1；D. 24，3，64，3；D. 24，3，64，2；D. 24，3，64，4；D. 24，3，64，5；D. 24，3；D. 24，3，64，6；D. 24，3，64，10；D. 24，3，64，7；D. 24，3，64，8；

D. 24，3，65；D. 24，3，64，9。

5. 最后我很感激地指出，本卷中译本由中南财经政法大学黄美玲副教授完成，腊兰博士进行了校对。黄美玲博士来自湖南大学，在罗马第二大学学习并于 2013 年以论文《单方允诺的历史渊源及其现代出路》获得了博士学位，随后入职中南财经政法大学。今年，她回到罗马，并在罗马第一大学法学系、"罗马法体系下中国法典化与法学人才培养研究中心"完成了本卷的翻译工作。

本卷的翻译是在"罗马法体系下中国法典化与法学人才培养研究中心"的研究计划中进行和出版，罗马第一大学、罗马第二大学、意大利国家科研委员会人类与社会科学部、中国政法大学参加了该项计划。这卷翻译是我们已经开始的《学说汇纂》拉丁语翻译计划的一部分，我们已经出版了许多卷。此书的出版得到了"罗马法体系下中国法典化与法学人才培养研究中心"的资助。

（本文原为黄美玲译《学说汇纂（第二十四卷)》序言，中国政法大学出版社 2016 年版）

《民法大全·学说汇纂（第四十一卷）· 所有权、占有与时效取得》序

[意] 桑德罗·斯奇巴尼　著　贾婉婷[*]　译

1. 优士丁尼《学说汇纂》第41卷是关于"所有权与占有的取得以及确定占有的法律原因"，该卷标题的内容可以更为详尽。

首先，应当了解的是，在这一卷中，如同在《学说汇纂》其他各卷中一样，各章节内的片段并非总是仅仅按照论题的顺序进行编排。实际上，片段的编排顺序部分地取决于选择片段的委员会的工作方式，该委员会先分成3~4个分委员会，然后再在每个分委员会已经挑选出的片段中进行选择并且在安置片段的过程中没有对它们在整体上进行重新编排。此外，有时在收集选择结果的过程中，委员会会尊重源于同一法学家的著作的片段的统一性，即使对片段的"剪裁"已使得原著作中的顺序失去了意义[1]。对于研究《学说汇纂》的学者来说，这种编纂者之间的复杂结合，一方面使他们了解了一种研究针对同一问题但彼此之间并不紧密的片段和段落之间的关系的研究方法，另一方面也造成了人文法学派（该学派产生于15~16世纪，时至今日仍有一些法学学派受其影响）的学者们对特里波尼安领导的委员会的法学家们提出了诸多批评。

其次，这些片段和段落的编排顺序还部分地取决于古罗马和优士丁尼时期的法学家们在对某一问题进行系统性阐述的过程中所明确确立的联系，他们这种得到普遍认可的阐述更注重具体制度学理上的内在连贯性，而不是说明上的顺序。这种"认可"构成了一种依照不同方法已经完成并将继续进行的"重

---

　*　译者系罗马第二大学法学博士，北京师范大学法学院讲师。
　〔1〕关于《学说汇纂》的编纂方式可参见 [意] 朱塞佩·格罗索：《罗马法史》，黄风译，中国政法大学出版社2009年版，第335页；[意] 桑德罗·斯奇巴尼："扬弃优士丁尼《学说汇纂》以继续发展和解释罗马法体系"，载《桑德罗·斯奇巴尼教授文集》，中国政法大学出版社2010年版，第94页。我们不要忘记《学说汇纂》只包含了委员会选取5%的片段。

读——解释"，方法上的多样性带来了一些学理上的争论与分歧，这些争论与分歧在对具体制度进行重建以及定义、规则的重要性方面具有重要意义。

现在，我要提出 18 世纪法国著名法学家波蒂埃（J. Pothier）在其著作 *Pandectae Justinianeae in novum ordinem digestae* 中对《学说汇纂》第 41 卷所进行的重读，波蒂埃的这本著作是 1804 年《法国民法典》的基础。[1]

我想说明的是，即使是不同的"重读——解释"也是非常有用的，并且对某一卷中所论述的制度进行重建经常要与《学说汇纂》其他卷中，甚至要与《民法大全》的其他部分（《法典》、《法学阶梯》等）中有关该制度的论述相结合。确定《学说汇纂》中的一卷或一章与《学说汇纂》其他部分以及《民法大全》的其他内容之间的外在关系的工作已经由从博洛尼亚注释法学派到 19 世纪德国潘德克顿法学派以及今天的罗马法学家们所完成。

波蒂埃也确定了《学说汇纂》第 41 卷所论述的制度与该卷以外的著作所论述的相关内容之间的联系。例如，波蒂埃在他的著作中是把 D. 41，1，52，而不是 D. 41，1，1 放在了对第 41 卷第 1 章的论述的开头，D. 41，1，52 这一片段与源于裁判官法的对所有权的占有保护直接相关，因而也与《学说汇纂》第 6 卷中返还所有权的市民法和裁判官法上的诉讼相联系。[2]这一联系非常重要，因为它表明了罗马法中确定所有权的中心内容，即实体权利与诉讼保护之间的关系。此外，这一联系也可以且必须得以扩充，因而我们应当将其与包括令状保护在内的其他保护手段相联系。

为了重建所有权制度，我们不仅应当了解有关所有权的取得、丧失和保护，而且还应当关注有关所有权的行使、禁止所有权滥用以及相邻关系等方面的内容。在此我想重申一下 J. 1，8，2 所确立的著名原则，即"任何人不得滥用其物，乃公共利益之所在"[3]。然而，波蒂埃和《法国民法典》制定

---

〔1〕 Robert J. Pothier（1699～1772 年）于 1748～1752 年出版了该著作，这部著作在法国的流传范围非常广。我所使用的该书的意大利语版第 3 卷（拿波里，1826 年版）证明了该书在《意大利民法典》制定过程中在意大利也广为传流。应当强调的是，波蒂埃从 1761 年才开始写他的另一部著作《论债法》，因此可以说只有在完成了对《学说汇纂》进行重新编排之后——它代表对罗马法进行重读的第一步——才能进行第二步，即具体法律制度的实现。

〔2〕 ［古罗马］优士丁尼：《学说汇纂》（第 6 卷），陈汉译，中国政法大学出版社 2009 年版。

〔3〕 S. Schipani, *Expedit enim rei publicae ne quis re sua male utatur*, in *Sistema giuridico romanistico e diritto cinese*；*Le nuove leggi cinesi e la codificazione*；*La legge sui diritti reali*, a cura di S. Schipani - G. Terracina, Roma, 2009, 335 ss.；O. Diliberto, *Il diritto di proprietà: estensione e limiti*, *Dal diritto romano ai codici contemporanei. Cenni critici*, Pechino, 2009.

时期的人们为了确定所有权的绝对性而将这一原则放在了一边。[1]对所有权绝对性的确立，针对的是同一块土地归属于不同人的这种功能上的划分所带来的封建负担，在反对封建负担以及将所有权集中于主要使用者手中的历史任务完成之后，法学家们对罗马法原始文献进行了更为完整的重读，并注意到了这些原始文献中存在的有关政治共同体的公共利益——平衡个人对不同生产方式的利用与"社会公益"之间关系的必要性——的内容。

在对本卷的外部联系进行确定之后，我希望也能够阐明本卷不同章节之间存在的为数众多的重要的内部联系，对此，我提出了一种能够提供一种解释的对片段和段落的编排。在这里，我的论述仅限于《学说汇纂》第41卷中的内容。

现在，我就把波蒂埃对该卷的"重读——解释"介绍给读者，这种"重读——解释"对许多问题而言都是一种现实的研究方法，这种研究方法揭示了不同片段之间存在的关联；同时，正如我在上文中指出的，它也构成了《法国民法典》及许多其他民法典的基础。当然，它也可以被新的研究所超越，正是这种研究才使得我们体系得以不断丰富。

2. 下面我将通过援引根据波蒂埃的顺序编排的片段，来介绍第41卷的主要内容。根据以下的顺序，该卷中的片段和段落可以被重新理解。[2]

（1）第41卷第1章：关于对物的所有权的取得

关于所有权和所有权的不同取得方式：D.41，1，52；62；1pr。对无主物的先占：D.41，1，3pr.；1，1；3，1；55；5，1。固有意义上的先占：D.41，1，7，3；30，4；l4pr.；15；50。发现埋藏物：D.41，1，31，1；63，4。对敌人之物的先占：D.41，1，5，7；7pr.；51。处于我们所有权之下的物的孳息：D.41，1，6；66。添附：D.42，1，26，1；27，2（*sed si neutra*）；60；28；7，13；8，1；9pr.1.2；27，2；27pr.；26，2；7，10；7，12。因冲击的添附：D.41，1，7，1.2。废弃的河床：D.41，1，7，5；38；7，6；

---

〔1〕 参见1804年《法国民法典》第552条，该条被1865年《意大利民法典》第436条所沿袭，此处立法者强调对所有权的使用和处分不存在任何限制。在1942年《意大利民法典》第832条中，在以完满和排他的方式行使和处分所有权上，立法者用"由法律规定的限制与义务"取代了原来的"不存在任何限制"。现行的《意大利宪法》也强调了"所有权的社会功能"以及"所有权向所有人开放"的必要性，但要实现这一目标还有很长的路要走。

〔2〕 如上文所言，此处我不参考《学说汇纂》第41卷以外的内容。波蒂埃的这本著作可从国际互联网上查阅，网址：www.archive.org；该书的法文版也可在互联网上找到，是对一个添加了很多评论的版本的扫描版。

30，3；56，1。产生于河流中间的岛屿：D. 41，1，30，2；7，4. ；65，2；65，4；7，3（*in flumine nata*）；65，3；29；30pr. ；56pr. ；65，1；16；l2pr. 。加工：D. 41，1，7，7；26pr. ；24；26，3；25；27，1。混合：D. 41，1，7，8.9；12，1。转移交付：D. 41，1，9，3；64；9，6；9，5；21，1。要件：D. 41，1，20pr. ；9，4；D. 41，3，44，1；D. 41，1，46；31pr. ；37，6；9，7；35；36；20，1。

为他人取得物的所有权的人——他权人：D. 41，1，10pr，1；63pr. ；32；37，4。共有奴隶：D. 41，1，63，1；45；37，2.3；63，2；17；37，1。遗产中的奴隶：D. 41，1，33，2；34；61；33pr. 1。处于用益权或使用权之下的奴隶：D. 41，1，10，3；49；47；43，2；63，3；37，5。他人的奴隶或出于善意作为我们奴隶的自由人：D. 41，1，10，4；21pr. ；23pr. ；43；23，2；23，3；10，5；19。根据以下原因，占有人不能通过他人取得占有：D. 41，1，37pr. ；22；51；23，1。在特殊情况下占有人通过他人取得占有：D. 41，1，40；39；13；D. 41，3，44。通过家外之人取得占有：D. 41，1，53；20，2；65pr. ；59。

丧失所有权的方式——抛弃：D. 41，1，9，8；58。我们的物被野生动物夺走：D. 41，1，44。我们正在获取的物到何时为止仍归我们所有：D. 41，1，14，1；3，2；5pr. ；4；5，5.2.3；5，4.6。

（2）第 41 卷第 2 章：关于占有的取得和丧失

何为占有及占有的种类：D. 41，2，lpr. 1；52；3，22。市民法上的占有和正当占有：D. 41，2.3，21；5；33；11。自然占有和非正当占有：D. 41，2，37；12；1，4；16；6，1；6pr. ；40，2.3。占有不存在：D. 41，2，3，23。根据不同原因进行占有：D. 41，2，3，4.5。

关于占有的取得——哪些物可被占有及取得占有的方式：D. 41，2，3pr. 1.2；26；41；34；1，21；18，2；51；18，4；3，3；23pr. ；30，5。可以取得占有的人：D. 41，2，1，3；32，2；1，13；32，2；1，22；2；49，1。为他人取得占有的人：D. 41，2，1，2；1，12；D. 41，1，10，2；D. 41，2，1，5；44，1；24；1，15；D. 41，3，31，2；D. 41，2，4；1，14；50，1；D. 41，1，18；1，16；48；38，2；1，17.18；1，7.8；49pr。可通过被善意占有的人取得占有：D. 41，2，1，6；23，2；50pr. 。家外之人：D. 41，2，1，20；42，1。对这些人的要求：D. 41，2，1，9.10.11；1，19。

保持占有的方式：D. 41，2，25，1；42pr. ；9；32pr. 1；3，6；3，

11. 12；31；40，1；3，8（*quod si servus*）。

占有的丧失——仅失去持有并不导致占有的丧失：D. 41，2，8；27；25，2；3，7；44，2；45；46。因失去持有和占有意愿而失去占有：D. 41，2，18，1；D. 41，1，11；38，1；3，8.9；7；18，3；40pr；30，2.3；3，17；15；3，10；3，18；20；47；3，13；25pr. ；13pr. ；3，14.15.16；44pr. 。因心素而丧失占有：D. 41，2，3，6；30，4；17，1；29。因物的灭失而失去占有：D. 41，2，30，4（*item si quod possidebam*）；30，1；38pr. 。30，3（*aut si is qui possidet*）；23，1。

改变占有的原因：D. 41，2，3，19；D. 41，5，2，1.2；D. 41，3，31，4；33，1；D. 41，2，3，20；19，1；18；l9pr. ；21，3；28。

（3）第 41 卷第 3 章：时效取得与时效取得的中断

何为时效取得与时效取得的中断：D. 41，3，3，2；4pr. ；1。可因期间的经过而时效取得的人；D. 41，3，4，1.2.3；28；8，1；D. 41，1，54，4；D. 41，4，7，8；D. 41，3，44，7；45，1；44，3；40；D. 41，4，6，2；D. 41，4，7pr. 。

可被时效取得的物；D. 41，3，9；D. 41，1，43，1；D. 41，3，10，1；D. 41，3，4.29。不可被时效取得的物——非交易物：D. 41，3，45pr. 。国库中的物：D. 41，3，18。被盗之物：D. 4l，3，37，1；38；D. 41，4，7，3；36；37pr. ；4，20；4，19；33pr. ；D. 41，4，10；D. 41，4，9；4，16. 17.18；10，2；4，15；4，6；4，21；D. 41，4，5；D. 41，3，49；4，12. 11；D. 41，4，7，7；D. 41，3，41；4，7.8.9.10；4，13.14；32pr. 。被暴力占有的不动产：D. 41，3，4，27.22.28；33，2；4，23.24.25.26。关于法律禁止时效取得之物的一般规则：D. 41，3，24pr. 。物的一部分是否可被时效取得：D. 41，3，32，2；23pr. ；D. 41，2，30pr. ；D. 41，3，26；39；23，2；D. 41，1，7，11；D. 41，3，30；D. 41，4，7，1。

时效取得的要件——占有：D. 41，3，25。期间：D. 41，3，6；7；31，1；20；D. 41，2，13，4.5；D. 41，3，31，5；22；31，6；D. 41，4，2，19；D. 41，3，43pr. ；24，1；D. 41，4，2，18；2，20；D. 41，2，13，2；D. 41，3，19；D. 41，2，13，6；13，11；13，10；D. 41，3，14，1；D. 41，2，14；13，3；D. 41，2，13，13；D. 41，4，2，17；D. 41，2，13，1.8.9.7；D. 41，3，14pr.。占有未被中断：D. 41，3，5；D. 41，6，5；D. 41，3，11；l5pr. ；21；D. 41，2，39；36；D. 41，3，16；33，4.6.5；D. 41，5，2pr. ；

D. 41，4，12；D. 41，3，44，6；31，3；D. 41，6，2；D. 41，4，2，21；D. 41，4，l3。正当原因：D. 41，3，13，2；13pr. ；27；D. 41，10，5，1；D. 41，9，2；D. 41，4，2，2；2，3.4.5；6pr. ；D. 41，3，46；D. 41，10，3；D. 41，4，7，2；D. 41，3，48；33，3。善意：D. 41，4，2，1；D. 41，3，47；12；D. 41，4，7，5；D. 41，4，2，15；D. 41，7，5pr. ；D. 41，4，14；D. 41，3，34；D. 41，4，2，15 (*quod sis scias*)；D. 41，3，31pr. ；32，1；44，4；D. 41，4，8；D. 41，3，10pr. ；15，3；15，2；D. 41，4，7，4；D. 41，3，44，2；D. 41，10，4；D. 41，3，43，1；D. 41，4，2，10；2，14；D. 41，3，8pr. ；D. 41，4，7，8；2，11.12.13；7，6；4；D. 41，2，43pr. ；D. 41，4，6，1；D. 41，2，43，1.2。时效取得的效力：D. 41，3，44，5。

（4）第41卷第4章：作为买受人【的时效取得】

D. 41，4，1；2pr. 7.6.8.9. ；11；2，16；D. 41，3，13，1。

（5）第41卷第5章：作为继承人或作为占有人【的时效取得】

D. 41，5，3；4pr. 4；1；D，41，3，29。

（6）第41卷第6章：因赠与【的时效取得】

D. 41，6，1pr. ；6；1，2；3；4；D. 41，10，4，1；D. 41，6，1，2 (*item si vir uxori*)。

（7）第41卷第7章：因抛弃【的时效取得】

D. 4l，7，1；2pr. ；5，1；7，6；7；8；4。

（8）第41卷第8章：因遗赠【的时效取得】

D. 41，8，1；5；6；8；2；3；4；9；D. 41，10，4，2；D. 41，8，7。

（9）第41卷第9章：因嫁资【的时效取得】

D. 41，9，lpr. ；3；1，1.2.3.4。

（10）第41卷第10章：作为自己之物【时效取得】

D. 41，10，1；5pr. ；D. 41，3，17；D. 41，10，2；D. 41，3，4，5。

3. 法学家们可以根据这个概要来认识 1804 年的《法国民法典》：第 712 条："所有权因添附或混合，以及因时效取得而获得。"该条可被概括于第 2 卷第 2 编 "所有权" 之中：由原物所产生之物的添附权；对于因结合或混合而形成的添附，关于不动产（在土地上建造建筑物、种植、河流的冲击、废弃的河床、因河水的冲击而引起的土地转位、产生于河流中的岛屿），关于动产（原物和添附物、加工、混合）。（先占被移到了第 3 卷的开头；时效取得与占有一起被放在了第 3 卷的末尾，即第 2219 条；而《法国民法典》中的转

移交付则从实际效力被转变为意愿）

这些内容也同样存在于 1900 年的《德国民法典》第 3 编第 3 章——所有权中：所有权的内容；土地所有权的取得与丧失；动产所有权的取得与丧失（交付、时效取得、添附、混合、加工、由原物产生之物、先占、发现埋藏物）。

1942 年的《意大利民法典》亦是如此，将这些内容规定在第 3 编"所有权"之中：所有权的取得方式（先占和发现、添附、加工、附合与混合）；在第 6 编的末尾规定了时效取得，即第 1934 条。

《奥地利民法典》《西班牙民法典》《葡萄牙民法典》《阿根廷民法典》《智利民法典》《巴西民法典》《俄罗斯民法典》等也都包含了同样的内容。

在中国，这部分内容被规定在了最近颁布实施的《物权法》中，该法规定了这些内容中的某些方面，包括物权取得方式的一般规定以及取得所有权的特别规定。

由重读所产生的相似与区别正是科学探讨的结果，这种探讨在共同的理论基础以及不同的现实需要之间发挥着调节的功能，并产生了并非任意而是受某种逻辑指引的接近与区别，这种逻辑应当始终关注政治、经济、文化、传统等人类生活的各个方面，其是一种法律逻辑，它始终受制于学理上的批评以及法学家集体的理论检验。[1]

重读并不仅仅是为了解释法典，同样也是为了不断地做出新的解释，同时也与研究作为规则基础的概念与原则并行不悖。不是单个的规则，而是概念与原则的体系以及对这些内容的共同探讨产生了区别中的统一。法学家的研究与探讨也能够通过将一般原则适用于现实中不断增长的多样性与丰富性来填补立法中的漏洞。对于中国而言，中国的同行们在从事这一工作的过程中也会考虑到罗马法中的内容，在与罗马法系其他国家的法学家的合作与交流中也会吸取他们的成果，同时中国法学家的研究成果也丰富了罗马法系。[2]

---

〔1〕 古罗马法学家乌尔比安曾说过"法学是有关神和人的事物的知识，是正义与非正义的科学"（D.1，1，10，2），他强调法学家应当认识到现实的各个方面，然后通过建立一种"善良与公正"的体系（根据乌尔比安所援引的更为古老的法学家杰尔苏对法律所做的定义 D.1，1，1pr.）来发展出旨在使每个人"各得其所"的学说（D.1，1，10，1；J.1，1pr.）。

〔2〕 关于罗马法体系下中国的法典化研究及法学人才培养中心所从事的活动，参见 *Sistema giuridico romanistico e diritto cinese*；*Le nuove leggi cinesi e la codificazione*；*La legge sui diritti reali*，a cura di S. Schipani – G. Terracina，Roma，2009；本书得到了关注学术交流的中国法学家的支持，这种交流在我看来是非常有益的，这些中国同行包括：王利明、尹田、刘凯湘、苏号朋、费安玲、刘保玉、马新彦、徐涤宇等。

4. 我很高兴地看到本卷被曾就读于中国政法大学、现任职于北京师范大学的贾婉婷博士由拉丁文翻译成中文，并由纪蔚民博士承担了校对工作。这项工作是在罗马第二大学完成的，贾婉婷博士今年以关于占有的论文通过了该校的博士论文答辩。这一研究成果的完成与出版，是罗马法体系下中国的法典化研究及法学人才培养中心所主持的项目的一部分，该中心由罗马第一大学、罗马第二大学、意大利国家科研委员会、中国政法大学共同组建。在《民法大全片段选译》（*Corporis Iuris Civilis fragmenta selecta*）出版以后，我们又计划将优士丁尼《学说汇纂》的全部内容由拉丁文翻译成中文，这一译本就是该计划的一部分。本译本的出版得到了罗马法体系下中国的法典化研究及法学人才培养中心的资助。

（本文原为贾婉婷译《学说汇纂（第四十一卷)》序言，中国政法大学出版社 2010 年版）

走向民法法典化的中国民法 *

[意] 桑德罗·斯奇巴尼 著 翟远见** 译

尊敬的中国政法大学校长黄进教授、尊敬的意大利驻华大使白达宁先生、尊敬的会议主席费安玲教授、各位领导、同仁、同学们：

非常荣幸能够代表"罗马法体系框架下中国法典编纂与法学人才培养研究中心"向诸位致以真诚的问候。

首先，请允许我特别问候江平教授。在黄风教授的协调沟通下，江平教授25年前访问罗马，并参加了学术会议和学术沙龙。当时我们签署了一项合作协议。该协议我们仍在付诸实施，今天的会议便为例证。我还要特别感谢中国政法大学校长，他代表学校续签了"中心"的合作协议。很多工作我们正在开展，不少合作我们即将启动。

除古代文献以外，我们的研究对象还自然而然地扩大到了当代法律体系。我们每次会议的题目都会提及民法典。优士丁尼《市民法大全》的编纂促进了体系的完善，推动了制度间的和谐（lmperatoriam 谕令第2条）和罗马共同法的统一。《市民法大全》并未消灭不同制度的多样性，而是以制度内部的一致性为其目标追求。

经过25年的合作，虽然自己不敢冒昧提什么建议，但是在这个已是第五届且仍与民法典编纂相关的会议上，我想就中国正在进行的法典化运动谈些粗浅的看法。

---

* 本文为在第五届"罗马法·中国法与民法法典化"国际研讨会开幕式上的致辞。
** 译者系意大利罗马第二大学法学博士，中国政法大学比较法学研究院副教授。

优士丁尼《市民法大全》与近世法典之编纂方式不同；它的每部法典都有其特殊的历史。

在今日之中国，通过私法领域和行政法等公法领域中一些举足轻重的法律的制定，通过实力日益增强、成就不断得到认可的法学界的贡献，通过一代又一代法学家新生力量的培养，通过法学家对"掌管法律"重任的承担（D.1，2，2，13 及 D.1，2，2，35 ss.[1]其中强调许多法学家曾被选举担任共和国的重要职务），法律制度建设事业取得了长足的进步。

在我看来，借助法律，中国人民在如火如荼的变革中已经取得了伟大的成绩。我认为，应当百尺竿头、更进一步，即编纂中国的民法典。为此目的，着手开展准备性的法律汇编工作不无裨益。

我认为，现在可以做的一件非常有意义的事情或许是，让一位能担重任的权威法学家负责，当然最好在两三位助手的配合下，结合法学界的不刊之论及最高人民法院的审判经验，将民商事领域的法律规定和谐地收集于一个文件之中。

这个按照一定顺序汇编在一起的文件，其内容是"具有连续性的法"。它近于一部民法典。

这个文件之编纂要求编者具备相当的能力与十足的谦逊，易言之，不要塞进一些"私货"。

这个文件要将法律和最高人民法院发布的最具一般性的司法解释之规则汇集在一起，使它们成为"具有连续性的法"，而不对它们作任何修改。

在这个文件中，应当以注释之形式为每一条文标明其直接及间接渊源。

这个文件还应使涵盖其中的法律与相应的司法解释之间，以及与其他领域的所有相关法律，特别是位阶更高的规范如宪法之间，和谐统一。

它还要充分利用罗马法体系之财富，并使之符合中国的具体情况，以填补现存的漏洞。

专家们虽然不是官方指定的，但他们对这些"具有连续性的法"所作的科学汇编，将保留收集于其中的法律和最高人民法院司法解释的效力。同时，由于它是一个协调连贯的体系，其内部的一致性及其与国家整体法律制度间的和谐，还会使它具有额外的功能，即可对个别规范之解释起到

---

[1] 《学说汇纂》第 1 卷已由罗智敏译成中文，于 2008 年由中国政法大学出版社出版。

指引作用。[1]

汇编工作将描绘出民商法之全景。然而，此项工作并不取消特别立法；与之相反，前者是后者的基础与体系参照。

汇编工作也许是法学界可以做出的重大贡献。它不会阻止创新，恰恰相反，它可以成为便于创新、巩固协调已有制度的手段：的确，"对具有连续性的法的法典化"，可以构成推进、提高以及补充相关部分（例如至为粗略的人格权和付之阙如的债法总论）的基础，或者相反，可以构成更好甄别哪些是需要舍弃或修改的制度之基础。

在 19 世纪，巴西泰西特拉·德·弗莱塔斯（Teixeira de Freitas）发表于 1858 年的《民事法律汇编》非常著名。[2]该汇编为制定 1917 年的民法典争取了必要的时间。现在，1917 年的法典已被 2003 年的民法典所取代。此种方法是所有法典化运动的潜在前提。它不是仅属于过去。比如，在今天的法国，尽管存在争议，但在有多部法律、却没有一部法典作为更新和修改基础之领域（比如行政法），以及在某些 19 世纪便已编纂法典、然而迄今又有不少新的法律出台之领域（典型的例子就是商法典），[3]上述方法也被明确采用。在意大利，类似的方法在制定所谓的"法律汇集"（testi unici）时

---

〔1〕 "具有连续性的法之汇编"这一表述在法国是在"规范内容基本具有连续性的立法文件"之意义上被使用的，详见下文。

〔2〕 Cfr. A. Teixeira de Freitas, *Consolidacão das Leis Civis*, 3 ed. , Rio de Janeiro, 1876. 对此参见桑德罗·斯奇巴尼为齐云翻译的《巴西新民法典》所写的"序言"。在弗莱塔斯的《汇编》中，每一条文均有其注释。这些注释相当准确地指出了条文的渊源。在注释问题上，有意思的是，《阿根廷民法典》也有注释，不过其注释构成正式文件的一部分。1917 年《巴西民法典》的注释是法典的起草者撰写的，这些注释虽然不是正式文件，但是对于了解与法条相关的古代和近代渊源至关重要。

〔3〕 1989 年法国政府组建了个法典编纂高级委员会。该委员会的职责是对某些领域"具有连续性的法"进行法典形式的编纂。但是这些工作由于议会投票的需要而被延缓。后来，人们认为可以避免上述投票。1999 年的 1071 号法律授权政府，可以基于《宪法》第 38 条之规定，开展纯粹的"整理"工作。2000 年生效的《商法典》即为通过这一方式编纂而成的法典之一。实际上，在法国"对具有连续性的法进行法典化"意思是对于已经生效的法的重新整合，包括体系化调整法律规范的先后顺序，以及修改它们的文字表述。及至条文表述，只有基于法律规范的位阶要求以及整合在一起的条文之文字上的连贯性的考虑，有必要明确规范内容之时方可予以修改。这一概念颇具争议。此处我是作具有科学性的工作之意义上使用它的。正如前文所述，规范内容只是"基本上具有连续性"，因为解释性、体系化与和谐化的作业，会使内容更加完善和清晰。相应的法之修改，仅在指导上述作业的科学正确的意义上具有法之生成的价值。正如我所强调的，这里我不是用它来指一个类似的程序或者结果，而是用它来指一项具有科学性质的作品。

亦被采用。[1]依我之见，对中国而言，非由立法机关完成的对既有法律规范之汇编，将深具科学价值。

本次会议我们讨论的有些话题在上几届会议中还没有讨论过。我们认为，有必要更好地调整对共用物、公有物、集体或私人所有的物的使用：如空气、水源、海滩、土地等（cfr. J. 2，1，pr. － 11；D. 1，8）。所以，我们将认真审视能源、环境、食品安全等问题（这些问题不断丰富着我们继承下来的法律遗产）；我们将用新的眼光认真审视悠久的制度是否还能适应如下社会现实的问题：遗产继承，债的担保，以及更具一般性且与宪法上的平衡相关的问题，如法学和法官所扮演的角色。

展望未来，我们坚信民法典的制定会带来重大的革新。在法律制度中，法典是体系和谐的关键，它可以使每个人的法律地位更加平等，且在对所有人和每个人都有益的事情上，更大程度地实现平等。

罗马法体系国家期待着中国民法典对该体系做出自己的贡献。

（原载于费安玲主编《罗马法与学说汇纂》（第 8 卷），中国政法大学出版社 2017 年版）

---

〔1〕 扎诺比尼（G. Zanobini）认为："人们使用的'法律汇集'一词意指一部正式文件。该文件包括了某一领域的不同立法规范。文件中的这些规范已被体系化，且删去了多余的部分。一般而言，法律汇集是在部长建议和国务院同意的基础上让有权部委编纂的，且以法令之形式批准和通过。此类文件不具有立法的效力；其中的规定之效力与它们原来出处之效力完全相同；如有出入，不得适用。然而，在一些情况中，法律汇集的编纂可以导致法律渊源的更新；如法律汇集是同一立法者颁发的，或者在另外一种更为常见的情况中，行政机关取得了如下立法授权，即它们不但可以编纂，而且可以协调某一法律内部以及该法与其他法律之间的不同规定。在此情形中，法律汇集具有立法之效力，就如同任何其他以法律或授权立法之形式而颁布的文件那样。"

民法典制定中法学家的贡献[*]

[意] 桑德罗·斯奇巴尼　著　程科^{**}翟远见^{***}译

尊敬的各位同仁、亲爱的同学们：

经过两天十分紧张的研讨，在此作一个全面的总结并非易事。现在我只扼要地谈几点。

第一，关于第一个议题，即关于共用物、公有物和私有物的问题，请允许我告诉大家：10 月 25 日，在中国政法大学将召开一个关于环境法的学术研讨会。环境法的问题，已经主要由私法问题变成了行政法的问题。在此，希望我们这几天的讨论成果能够为环境法研讨会提供些许镜鉴。

聆听中国同行对遗产继承的讨论，对我们来讲非常正重要。涉及该问题，我认为，绝对应当避免个人主义所带来的危险。这些危险会使人忘记，自家庭关系开始，无论是被生育之人，还是生育抚养之人，抑或规划某些人的生活之人，只要涉及人与人之间的关系，法都应以保护复数的"人"为其宗旨（D. 1，5，2^[1]）。

债的担保议题也至关重要：债的担保主要是为了通过借助他人的财力支持，更好地使精力与劳动能力协同作用，但是担保永远不应按照自己的逻辑高高居于二者之上。特别是，当今中国热议的在优先为农业劳动者提供安全保障的前提下，如何担保为农业现代化助力的资金借贷这一非常重要的问题，亦深深吸引了我们。

---

　* 本文为在第五届"罗马法·中国法与民法法典化"国际研讨会闭幕式致辞。

　** 译者系罗马第二大学法学院博士研究生。

　*** 译者系罗马第二大学法学博士，中国政法大学比较法学研究院副教授。

　〔1〕《学说汇纂》第 1 卷已由罗智敏译成中文，于 2008 年在北京出版。

　　在我们的法律体系中，法律、法典和法学家的关系核心而关键；法学家和法官的关系棘手而微妙。法学没有权力，它是处于司法案件所涉纠纷之外的中立声音，应与法官形成建设性的互动关系。不仅在与立法者的关系上，而且在与法官及具他所有法律职业者的关系上，法学均应有自己的担当；法学的责任和作用应当通过日复一日，使法更加完善的劳作而得到社会的承认。这里的法是"活"的，尤其是当人们在生活中的大多数情况下，发现法乃以实现善良和公正为目的（根据片段 D. 1，1，1 pr. 中杰尔苏的定义）而自觉地遵守它，并据之来处理他们之间的相互关系；或者，就像有些论者所言．在需要为纠纷发生之"病态"提供医治方案，而权利却不一定得到实现，以及更为常见的、单单是要找到法的不同目标之汇合点，避免利益冲突的恶化之时，亦是如此（这一目标异常关键。因此，我的发言不应理解为对法官重要作用的贬损，而应被看作是寻找建设性合作途径的努力）[1]。

　　除了前面提及的议题外，我们还再次讨论了债的问题。从学术的角度，我本人确信，很有必要对债进行不间断的深入研究，正如物权法的研究不应仅仅停留在物权的取得和移转模式上，债法的研究也不应因《合同法》和《侵权责任法》的出台而终止。在许多方面，债法问题更加复杂，因为债是一种复杂且精心构建起来的法律关系：债不应如格劳秀斯所言成为"对我们一部分自由的所有权"，而当是自由人之间的一种合作形式

　　第二，借此机会，请允许我特别回顾一下近些年我们卓有成效地完成的翻译出版工作。

　　《学说汇纂》的翻译项目上，第四卷已由窦海阳译出，第九卷已由米健和李钧译出，第十二卷已由翟远见译出，第二十三卷已由罗冠男译出，第四十一卷已由贾婉婷译出。《学说汇纂》第十三、十七、二十二卷已经交给出版社，或许正在印刷。其他各卷亦在翻译过程中。

　　关于原始文献，李维《罗马史》第二部分的翻译亦已告竣。该项工作由王焕生先生和劳布兰诺教授合作完成。关于这部著作的相关内容，劳布兰诺教授在会上已给我们作了介绍。

　　我还要特别向大家介绍薛军对德马尔蒂诺《罗马政制史》的翻译。此部作品及其翻译，均可谓鸿篇巨制！

　　我们已经开始着手翻译私法著作，如萨科和卡德莉娜合著的《论占有》、

---

　　〔1〕　另请参名我提交的讨论法学家德西蒙内的会议论文中之相关内容。

萨科的比较法专著《比较法导论》等。

将中国法译成意大利语的工作仍在进行，目前正在翻译的是中国修订后的《专利法》和《商标法》。

与上述工作同时开展的，是与费安玲教授达成共识后，让她协调组织的"意大利民商法丛书"的中文翻译项目。此套丛书由雷希尼奥教授和在座的加布里埃利教授任主编。

第三，我还想强调指出两点。

（1）从第一届会议开始，罗马法研讨会就并非只是一个双边性的会议。不仅中国政法大学罗马法与意大利法研究中心曾邀请亚洲其他国家的同仁参加会议，中国和意大利"法典化和法学人才培养研究中心"也邀请了欧洲的学者与会。除了意大利的同事之外，欧洲的与会者还包括来自德国、俄罗斯、匈牙利的同仁。今年我们还邀请到了一位西班牙同仁（去年在澳门举行的会议，还有葡萄牙的学者参加）。相比于欧洲国家在罗马法体系中自身法律制度的发展，我们研讨会可以体现出一种更加丰富的多样性。来自非洲的一位埃及同行也曾出席了会议。他所在的国家正处于两种法律体系的融合阶段。在拉丁美洲，出席者来自的国家常常有所不同（与会者分别曾来自哥伦比亚、墨西哥、巴西、秘鲁等）。与拉美学者的合作业已启动。此项合作的重要性一直为我所强调。

（2）经俄国同事的介绍，通过20年前的一系列学术会议的召开，亚洲与东欧的罗马法学家逐步建立了联系。从符拉迪沃斯托克（Vladivostok）会议开始，在这一领域，费安玲教授、徐国栋教授、卡尔迪利教授与卡塔拉诺教授正在精诚合作。

金砖五国罗马圆桌会议以及之后的圣彼得堡会议实现了多国学者间的另一种联系。上述两条合作主线互相交织。

作为共同法的"万民法"（ius gentium）以互相信任（fides）、诚实信用（bona fides）、主体平等（aequitas）、追求普善（bonum）为基础；而上述要素亦是中国合同法、19世纪安德雷斯·贝罗（Andrés Belllo）起草的智利民法典、2003年巴西民法典、俄罗斯民法典以及意大利民法典，乃至整个罗马法体系共同追求的目标。此外，除了万民法，罗马法体系还一直囊括各个民族适用的自己特有的法。

我们需要加强学术交流和合作，以使这种共同法可以在一切具有国际要素的法律关系中被所有的国家适用，当然首先是被那些以罗马法为制度基础的国家适用。通过共同法的适用，经过不断的完善，让我们最终实现司法服务的经济以及正义的最大化。这里我们需要注意处理具有国际要素的合同所适用的法律！请允许我强调最近由纽约法官托马斯·格雷萨（Thomas Griesa）所作出的臭名昭著的判决。该判决支持了埃利奥特资本管理对冲基金（Elliot Managements）的诉讼请求。[1]此种做法与我们罗马法体系中的原则相冲突，因为根据公元 506 年的阿纳斯塔秀谕令，禁止向滥用政治性权力关系的主体转让债权（C. 4，35，22[2]）。

一个正义的共同法，用一以贯之的方式加以制定，在实现对于所有人的平等的同时，也应关注具体情况的特殊性、尤其是对弱势群体的保护。我乐于提及，债法与主体平等原则之间具有一致性；而且债法同时蕴含着下述目标，即在债的关系中，处于弱势一方的债务人不应因偿债而致赤贫状态（债务人在不使其财产减少为贫困状态的限度内进行支付：D. 50，17，173pr. ；D. 17，2，63pr. ）。我还乐于提及，即使面对公共利益的需求或者原始文献中提及的军事秩序，罗马法也仍致力保护穷人家里"唯一的灯盏及不多的陈设"（D. 1，18，6，5）。

（原载于费安玲主编《罗马法与学说汇纂》（第 8 卷），中国政法大学出版社 2017 年版）

---

[1] 众所周知，这位法官于 2014 年 7 月 30 日判决阿根廷向对方当事人支付 8. 32 亿美元的公债，而这些公债是原告以 0. 487 亿美元的价格购得的。

[2] 在古代社会，似乎也如彭梵得所言："债权转让被不光彩地滥用。取得债权成了一项真正的职业。有人用很少的钱买下他人的债权，然后用欺压的方法要求债务人履行全部债务"。为了防止对债权让与制度的滥用，正如布尔戴塞总结的那样，拜占庭皇帝阿纳斯塔秀规定，包括利息，"债权购买人向债务人要求支付的数额，不得超过他为受让此债权而支付的款项总额"。

致尊敬的中国政法大学终身教授
张晋藩先生的一封信

[意] 桑德罗·斯奇巴尼

在您的祝寿文集面世的如此重要和具有如此重大学术意义的活动之际，我非常荣幸能够给您写这封贺信。这是一个很值得我珍惜的机会。

我对您的了解谈不上非常深入，但是我们所仅有的两次交谈，给我留下了深刻印象。

我们的第一次见面是 2008 年在美丽的香山召开的"'社会转型与法律变革'国际学术研讨会"上。当时我很荣幸地被邀请出席并作了主题发言。香山的多彩、如画和宁静完全是美丽中国的象征。

我非常清晰地记得您在会议闭幕式上的讲话，对您所谈到的法律方法论印象深刻：法的历史并不是一门与现代法完全割裂开的学科。研究法的历史，是对过去的反思。对当代法律研究而言，法的历史的研究不仅不可或缺，而且有助于法学家们构建出更为正确的法律。法的历史是为法律服务的。罗马法学家盖尤斯曾经强调过：法学来自于对它的起源的研究，因为起源是任何事物的基础，它支撑并培育着后续事物的发展。（D.1.2.1）

我很高兴作为法史学者在这一点上能够与您形成共识。

在会议当天，我们还和朱勇副校长、费安玲教授一起做了小范围的交流。我记得您说起过您见证了中国人民大学法学院的成立，您还参加了"十一"国庆节的游行（您记得毛主席注意到了由中国人民大学年轻教授们和学生们组成的队伍，当时您就在这个游行队伍中）。此外，您也说起从中国人民大学转入到中国政法大学的往事。对我来说，中国政法大学是一所令人尊敬的大学。在它建校五十周年之际我曾经有幸被邀请至人民大会堂参与庆典活动。

而正是在人民大会堂这一重要的场所，以您为代表的中国法学界承担着创设并完善中国法制的伟大任务。

我们的见面也促成了在学术研究方面的具体合作。

1989 年 2 月在黄风教授的介绍下，我认识了中国另一位著名法学家：江平先生。江平教授在罗马做过一个学术报告，报告了中国在 1949 年新中国成立之后的法律现状。他在报告中使用了很多罗马法体系的术语。由此出发，在他本人的领导下我们开始了这二十多年的紧密合作，并且先后召开了三届"罗马法、中国法和民法法典化"国际研讨会。

通过那次香山上的见面，我们的国际研讨会得到了您及法制史学者们的支持，丰富了我们对话的主题。中国法与罗马法这两个古老法律文明的对话富有意义：两者都是通过成文法的形式来制定法律；都是统一的法律适用于多个民族，这也正是罗马法学者曾经所强调过的（ D.1，1，1 – D.1，1，9）。在 20 世纪，中国法制获得了显著的发展，这也得益于中国立法者与法学家们兼收并蓄了多个法律文明的优秀成果，同时这也要求我们今天在中国法制建设还处于相对活跃的发展时期进行深入研究，对于各国各民族所通用的法律原则进行确认，有助于实现世界的和平与正义。在这样的共识下，我们于 2009 年在北京联合召开了第四届"罗马法、中国法与民法法典化"国际研讨会。您与江平教授作为大会的共同名誉主席，这本身就使得研讨会得到进一步的升华，而您本人也亲自参加了研讨会，让我们的合作主题得到了再次的肯定：罗马法是人类的共同财富；法制史是为当代法制与正义服务的。

作为一个罗马法学者，我想强调的是，罗马法本身并不带有强制功利性，它是为各族人民服务的，而采用罗马法的各族人民反过来为罗马法的进一步发展做出了贡献。

通过这 20 年与中国学者的合作，我深刻体会到了中国、中国法制史对当代罗马法发展所做出的贡献。

在短短的一个世纪里，罗马法通过不同的途径传到了中国。在清朝末期，罗马法由于其出色的科学性及法典化的立法方式得到了当时的当政者的采纳，尽管当时也有出于通过制定成文法来排除不正义的治外法权问题的原因，但是，这种法典化的思想，则开启了中国法制近代化的进程。

在中华民国时期，罗马法的引入与当时的国家社会现实相结合，最终表现为《中华民国民法典》的制定。生平并不是一个罗马法的支持者的美国法学家庞德，当时就曾经高度评价过这一法典，认为是"罗马法的永存"，并且希望罗马法在中国得到进一步发展。

1949 年新中国成立初期，和前东欧国家一样，中国也是在社会主义建设的框架下开始了以罗马法为渊源的法制建设。

1978 年中国开始了改革开放，当时的社会发展需要通过制定新的法律来关注社会公共利益、自由、公平、诚实信用等问题。

在经历了政治、经济与社会变革的环境中完成的罗马法，在中国的新发展，我想也离不开对中国古老文化的肯定与延续，并且吸收了中国文化的积极因素。罗马法作为人类的共同财富，并不排斥任何一个国家，并且在进入一个新的国家之时，在肯定其他国家或者民族亦承认的法之外，也发展起具有本国特色的法律规定。为什么罗马法能够在那么多国家得到承认和发展呢？究其原因，就如罗马法学家艾尔莫折尼亚诺所言：因为这是一部保护所有人的法。

因此，罗马法总是在特定的历史环境中非常活跃地存在着。中国近些年所制定的《侵权责任法》、《物权法》和《合同法》，这些法律中具有不少创新之处，这些创新之处将来会得到传播，为他国所吸收，将成为人类的共同财富。法典化是罗马法体系的一大特征，它能够使所有的人、所有的民族得到平等的对待；法典化使得法律明确固定，但并不僵化；法律保护弱势一方；法典化也是立法者与法学家共同努力的结果。优士丁尼曾经将法学家称作"法的创设者"；法学家也影响着法律的适用。否则的话，法律将不是真正的活法，而只是立法者所写下来的僵化的文字。

尊敬的张先生，在此请允许我引用罗马法学家乌尔比安的一段话来向您致敬："由此，有人可能称我们为法的祭司：因为我们耕耘正义，传播善良和公正的知识，区分公正与不公正，辨别合法与非法，不仅利用刑罚恐吓而且也通过奖励鼓舞的方式使人们为善；如果我没有弄错的话，我们追求的是一种真正的而不是表面上的哲学。"（D.1，1，1，1）

祝您健康长寿！

（本文原载于朱勇主编《张晋藩先生执教六十周年暨八十华诞纪念文集》，中国政法大学出版社 2010 年版）